현대금융기관론

송 지 영 저

청목출판사

머리말

최근 우리나라의 금융제도는 금융혁신, 증권화 현상, 조직의 통합화 현상, 글로벌 금융위기에 수반한 규제의 강화, 핀테크 혁신 등의 외적 환경요인에 대응하여, 시스템 리스크 재발 방지 및 거시건전성 체계 형성에 주안점을 두면서 국제기준(global standard)에 입각한 제도를 적극적으로 도입하는 방향으로 변화・발전하고 있다.

이에 따라 우리나라의 금융기관도 지속적으로 재편성을 추구하지 않으면 안 되게 되었다. 최근 우리나라의 금융기관은 금융규제완화, 범세계화 현상, 증권화 현상, 겸업화 현상 등에 따라 시스템 리스크가 증대됨과 더불어, 금융과 IT 기술이 융합되어 새로운 서비스를 창출하는 핀테크화가 급격히 진전됨에 따라, 국내외 동 업종간은 물론, 타 업종 간에도 지금까지 경험하지 못했던 치열한 경쟁체제에 직면하고 있다. 따라서 이러한 환경변화에 능동적으로 대응해 건전성을 확보하면서 어떻게 수익성을 향상하고 국제경쟁력을 확보해 가는가가 금융기관의 핵심과제로 부상되고 있다.

이러한 관점에 의거 본서에서는 제반 금융이론, 대내외적인 금융환경요인과 그 현상에 대한 분석을 통해 금융제도에 대한 전반적인 이해를 증진시키고, 이를 바탕으로 우리나라의 금융제도가 각각의 경제발전단계에서 금융개혁의 과정을 통해 어떻게 변화・발전해 왔는가를 살펴봄과 아울러, 우리나라 금융기관의 기능과 역할, 업무영역과 그 특징, 금융기관에 대한 주요 규제와 감독 등 우리나라 금융기관의 제반적인 현상에 대하여 알아보고자 하였다. 이러한 취지에 입각해 본서는 크게 3편 23장으로 구성되어 있다.

제1편에서는 금융제도에 초점을 맞춰, 금융제도의 기본적인 이해를 바탕으로 금융제도와 관련한 제반이론과 최근의 금융환경요인이 금융제도의 변화에 미친 영향을 살펴봄과 더불어, 겸업주의제도, 시장중심제도 등의 금융제도의 유형, 금융기관의 소유구조, 금융제도의 안정성유지 등 최근의 금융제도의 변화・발전과 관련되어 부각된 현실적인 주요이슈에 대하여 구체적으로 알아보고자 하였다.

제2편에서는 경제발전의 정도에 따라 금융제도의 발전양상도 다르게 나타난다는 분석관점에 의거, 우리나라의 경제발전단계에 따른 금융제도의 발전양상을 1960~70년대의 발전도상국형, 1980년대의 NICs형, 1990년대의 선진국지향형, 1990년대 후반부터 2000년대 초반의 금융위기와 금융구조조정, 최근의 선진국형 등으로 크게 분류하고, 각각의 단계에서 우리나라의 금융제도가 어떠한 역할과 기능을 수행하며 적응·변화해 왔는가를 구체적으로 살펴봄으로써 금융개혁을 통한 우리나라 금융제도의 발전과정을 알아보고자 하였다.

제3편에서는 금융기관에 초점을 맞추어, 먼저 우리나라 금융기관의 업무영역 및 현황, 금융기관의 감독과 안정성유지 등 우리나라 금융기관에 대한 개괄적인 내용을 살펴보고, 중앙은행인 한국은행과 관련하여 한국은행의 기능과 통화신용정책에 대하여 구체적으로 알아본 후, 우리나라의 금융기관을 크게 은행, 비은행예금취급기관, 보험회사, 금융투자업자, 기타금융기관, 금융보조기관 등으로 구분하고 이들 각각의 금융기관의 연역, 기능과 역할, 업무 내용, 주요취급금융상품, 안정성유지 등에 대하여 구체적으로 살펴보고자 하였다.

이와 관련하여 본서에서는 다음과 같은 면에서 중점을 두고 추구하고자 하였다.

첫째, 기본적으로 각 장마다 주제 제시, 현실적 이해에 바탕을 둔 내용전개, 중요개념 및 용어, 연습문제 등의 일련의 구성 하에서, 독자 스스로가 체계적으로 학습하고 이해하는 데 도움을 주고자 하였다.

둘째, 금융제도와 금융기관에 관련한 제반 현상을 알기 쉽게 이해할 수 있도록 다양한 예와 각종의 그림, 그리고 최신 통계자료 등을 활용하고자 했다.

셋째, 금융제도와 금융기관에 대한 현실적인 이해를 돕기 위해 기본적인 이론은 전개하되, 현실문제에 중점을 두고 다양한 이슈와 사례를 제시하는 등 현실적 접근에 중점을 두고 내용을 전개하고자 하였다.

이처럼 본서는 금융분야에 관심이 있는 대학생과 일반인, 그리고 금융실무자들에게 금융제도에 대한 기본적인 지식을 바탕으로 우리나라의 금융제도 및 금융기관에 대한 폭넓은 이해를 증진하는데 도움을 주고자 저술하였다. 늘 그랬던 것처럼 집필을 끝내고 보니 많은 아쉬움이 남음을 숨길 수가 없다. 평소 준비한 강의안과 각종 금융 관련 서적 및 자료들을 참고하여 집필하면서 가능한 한 최신의 정보와 자료를 반영하도록 노력하였으나, 급격한 변화에 제대로 대응했는가에 대해서는 여러 가지 부족한 점이 많음을 시인하지 않을 수 없다. 독자들의 아낌없는 조언과 질책을 기대하며 향후 미진하고 부족한 점은 계속해서 수정·보완하고자 한다.

본서가 출판되기까지 도움을 준 모든 분들에게 감사드린다. 그리고 본인에게 있어 많은 에너지와 시간을 요하는 본서의 집필을, 언제나 격려해 주고 성원해 준 사랑하는 아내와 두 딸 인정, 인희에게도 감사한 마음을 전한다. 끝으로 본서가 출간되도록 애써 주신 청목출판사의 유성열 사장님과 그리고 출판관계자 여러분께 감사드린다.

2021년 7월

저자 씀

차 례

제1편 금융제도

제1장 금융제도의 이해

본 장에서는 금융제도에 대한 기본적인 이해를 증진시키기 위하여 먼저, 금융제도의 의의 및 기능에 대하여 알아보고, 다음으로 여러 가지의 금융제도의 구체적 특징을 금융거래의 형태의 관점에서 살펴본 후, 마지막으로 금융제도와 관련하여 금융제도의 유형에 대하여 알아본다.

제1절 금융제도의 의의와 기능

1. 금융제도의 의의

금융(finance)은 가계, 기업, 정부, 해외부문 등의 경제주체 간에 이루어지는 자금의 융통을 의미한다. 즉, 경제의 일부에는 적자지출단위가 존재하고 다른 한편에는 흑자지출단위가 존재함으로써 자금거래가 발생하고 이에 따라 현재의 구매력이 장래의 구매력과 교환·거래되는데, 금융은 이러한 활동전체를 지칭한다.

가계, 기업, 정부, 해외부문 등의 주요 경제주체들은 실물경제활동의 결과로 창출된 저축자금 또는 잉여자금을 금융기관에 공급하고, 경제활동에 부족한 투자자금이나 소비자금을 금융시장으로부터 조달한다. 금융시장에서 자금의 수요자와 공급자가 거래하는 대상을 금융수단(금융상품)이라고 하는데, 금융시장은 경제주체들 간에 금융수단(금융상품)이 거래됨으로써 자금조달 및 자금운용의 기능을 수행한다. 한편 금융기관은 금융수단(금융상품)을 창출하고 거래할 뿐만 아니라, 경제주체간의 자금이전을 촉진하는 기능을 수행한다. 이와 같이 금융은 금융시장, 금융기관, 금융수단으로 구성되어 금융제도를 형성한다.

금융제도(financial system)는 좁은 의미로는 금융거래와 관련된 조직을 의미하나, 넓은 의미로는 금융거래와 관련된 법규, 규제, 관행 등에 의거해 금융기관, 기업, 개인 등의 경제주체(금융주체), 금융수단, 금융시장이 입체적으로 기능하는 총체적인 체계를 의미한다.[1] 따라서 한 나라의 금융제도는 가계 및 기업의 금융행태, 금융기관들의 경영전략, 정부의 금융정책 등 다양한 요소에 의해 결정될 뿐만 아니라, 경제의 제반부문이 금융제도와 밀접한 관계를 맺고 있다고 말할 수 있다.

이와 같은 의미로서 금융제도가 형성되기 위해서는 다음과 같은 여건을 충족시켜야 한다. 첫째, 금융제도라고 말할 수 있기 위해서는 금융제도를 형성하기 위한 복

1) 이하에서는 금융제도를 넓은 의미의 금융제도로 정의하고, 내용전개를 해 나가고자 한다.

수의 구성요소가 있어야만 한다. 금융제도를 형성하기 위한 요소로서는 경제주체(금융주체), 금융수단, 금융시장 등을 들 수 있다.

둘째, 구성요소 상호간에 역할이 정해져 있어야 한다. 그리고 각각의 역할을 수행하는 복수의 구성요소가 법규, 규제, 관행 등에 의거해 일관되게 적용 내지는 취급되어야 한다. 예를 들어 금융주체로서 흑자지출단위, 적자지출단위, 금융중개기관을 고려할 때, 흑자지출단위는 금융중개기관을 통해 금융시장에서 일정한 조건으로 자금을 적자지출단위에게 공급할 수 있다.

셋째, 금융제도는 목적이 있다. 즉, 금융제도의 목적은 신용질서의 유지에 귀결된다고 말할 수 있다. 신용질서를 유지되어야만 금융의 효율화와 자금배분이 원활하게 이루어질 것이다.

넷째, 금융제도는 정태적인 존재일 뿐만 아니라 동태적인 존재이다. 따라서 금융제도는 금융수단의 스톡(stock)뿐만 아니라 플로우(flow)를 분석대상으로 하고 있으며, 금융조직과 그 기능을 체계적으로 분석한다. 또한, 금융제도는 변화·발전한다. 즉, 금융제도 자체가 경제의 역할을 담당해 발전해 가기 때문에, 경제의 변화에 대응하여 새로운 금융제도로 변화해 간다.

다섯째, 금융제도는 평가를 받는다. 즉, 금융제도는 평가가 가능하기 때문에 평가를 통해 제어 내지는 예측이 가능하며 새로운 제도로 변화·발전할 수 있다.

2. 금융제도의 기능

금융제도의 경제적 측면에서의 기능은 다음과 같이 정리할 수 있다.

첫째, 금융제도는 자금을 흑자지출단위에서 적자지출단위로 원활히 이전시키는 기능을 수행한다. 즉, 금융제도가 존재하는 경제에서는 흑자지출단위가 대부의 형태로 여유자금을 보다 유리하게 운용할 수 있기 때문에 흑자지출단위의 저축, 나아가서 경제전체의 저축이 원활히 이루어진다. 한편, 적자지출단위는 차입의 형태로 자금을 조달할 수 있기 때문에, 지출활동뿐만 아니라 투자를 원활히 수행할 수 있다. 이와 같이 금융제도가 흑자지출단위의 저축을 동원하여, 자금의 수요자인 적자지출단위로 하여금 효율적으로 사용하는 것을 가능하게, 하는 저축-투자 중개기능을 수행함으로써, 경제전체의 저축과 투자를 증가시키는 기능을 수행한다.

둘째, 금융제도는 저축과 투자의 양을 증가시킬 뿐만 아니라, 질적 개선을 가능케 하는 기능을 수행한다. 저축과 투자를 연결함에 있어서 금융기관은 분산된 저축을 투자로 전환하는 데에 수반되는 사회적 비용을 최소화하는 역할을 담당한다. 즉, 금융기관은 저축자의 직접적인 자금대출에 따른 위험을 대신할 뿐만 아니라, 대출을 통해 투자자로 하여금 자기금융의 제약에서 벗어나 적절한 투자기회의 선택을 가능케 한다. 이와 같은 금융중개과정을 통해 금융기관은 위험을 변형·분산시킴으로써 투자배분의 효율뿐만 아니라, 저축자·투자자 쌍방의 후생을 증대시킨다. 이와 같이 금융제도는 한 나라의 자원을 저축자로부터 투자자에게 이전시킴으로써 투자배분의 효율을 개선시키고, 경제전체의 생산력을 확대시킴과 아울러 경제성장을 촉진시키는 기능을 수행한다.

셋째, 금융제도는 지불결제기능을 수행한다. 시장경제체제 하에서의 제반 거래는 지급수단에 의한 대가의 지급을 수반하는데, 이는 금융제도를 통해 이루어진다. 즉, 금융제도는 지불결제기능을 통하여 실물거래의 불확실성을 저하시킴으로써 생산활동에 수반된 요소투입을 절약하고, 경제운영의 효율성을 제고시킨다.

넷째, 금융제도는 정책당국이 시행하는 금융정책의 경로를 제공함으로써 경제활동에 영향을 미치는 기능을 수행한다. 정책당국은 지불수단의 공급과 신용창조 등을 통해 물가수준과 경제안정을 추구하기 위한 금융정책을 수행한다. 그런데 금융정책은 금융제도의 경로를 통해 시행되므로 금융제도는 거시경제정책의 경로를 제공함으로써 경제활동에 중요한 기능을 수행한다.

제2절 금융거래의 형태

금융거래는 말할 필요도 없이 대부자(흑자지출단위)가 차입자(적자지출단위)에 대하여 일정 기간 자금을 융통하는 거래를 말하는 데, 여기서는 여러 가지의 금융제도의 구체적 특징을 금융거래의 형태의 관점으로부터 살펴보고자 한다.

1. 직접금융과 간접금융

이는 걸리(J. G. Gurley)와 쇼(E. S. Shaw)에 의해 강조된 구분방법으로, 적자지출단위(최종차입자)와 흑자지출단위(최종대부자) 간에 자금이 직접 이전되는 경로를 직접금융(direct finance), 금융중개기관을 경유하여 자금이 이전되는 경로를 간접금융(indirect finance)이라고 한다.

[그림 1-1] 직접금융과 간접금융

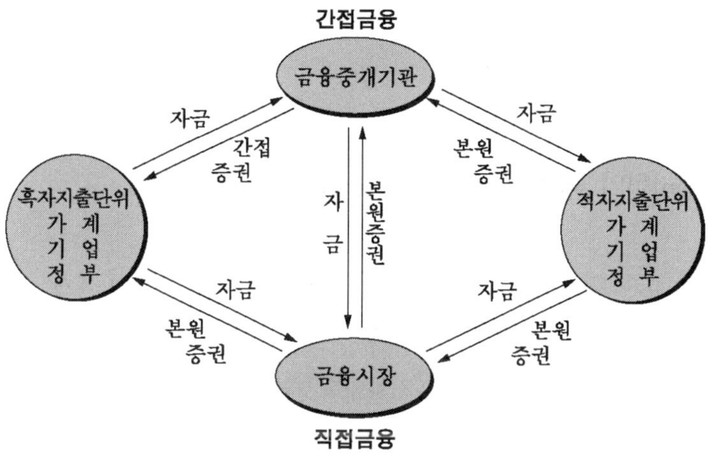

직접금융은 적자지출단위가 발행한 본원증권(직접증권)이 금융투자회사(증권회사)와 같은 시장중개기관을 통하거나, 혹은 직접 흑자지출단위에게 이전되어 자금을 조달하는 것을 말한다. 이와 같이 직접금융의 특징은 적자지출단위와 흑자지출단위가 금융중개기관을 통하지 않고 대차관계가 행하여지고 있다는 점에서 찾을 수 있다. 직접금융의 대표적인 예로는 단기금융시장(자금시장)과 자본시장을 들 수 있다.

간접금융은 적자지출단위가 발행한 본원증권(직접증권)이 금융중개기관에 이전되고, 금융중개기관은 이를 기초로 하여 금융중개기관의 명의로 된 간접증권을 흑자지출단위에게 이전되어 자금을 조달하는 것을 말한다. 이와 같이 간접금융의 특징은 금융중개기관이 증권의 형태를 바꾸지 않고 단순히 매매중개 혹은 알선의 역할만을 수행하는 시장중개기관이 아니라, 자금의 공급자와 수요자 사이에 참가하는 당사자로서 자산변환기능를 수행하는 중개기관의 역할을 행하고 있다는 점에서 찾을 수 있다. 간접금융의 대표적인 예로는 예금증권시장, 보험증권시장을 들 수 있다.

한편, 최근에는 뒤에 언급하는 바와 같이 금융의 증권화, 금융업무의 겸업화추세에 기인하여 직접금융과 간접금융의 구분을 시장중개기관인가 금융중개기관인가라고 하는 금융의 중개조직보다도 리스크 부담의 차이로 행하는 경향이 있다. 이러한 관점에 의하면 직접금융은 흑자지출단위(최종대부자)가 적자지출단위(최종차입자)의 리스크를 그대로 부담하는 경로라고 한다면, 간접금융은 금융중개기관이 리스크의 일부를 부담하는 경로라고 말할 수 있다.

2. 론(loan)형의 금융거래와 본드(bond)형의 금융거래

최근에는 적자지출단위가 자금을 조달하는 경우, 주로 금융기관차입에 의존하는가, 아니면 주로 증권발행에 의존하는가에 따라 금융거래를 분류하고자 하는 경향이 있다. 이러한 관점에 의거하여 적자지출단위가 주로 금융기관차입에 의존하여 자금을 조달하는 경우를 론(loan)형의 금융거래, 주로 증권발행에 의해 자금을 조달하는 경우를 본드(bond)형의 금융거래라고 말할 수 있다.

론(loan)형의 금융거래의 특징으로는 거래조건의 결정이 금융기관과 차입자간의 상대교섭에 의해 행해지고 있다는 점(고객시장), 거래참가자가 특정의 관계자에 한정되어 있다는 점(비공개시장), 대부를 유동화하는 유통시장이 존재하지 않는다는 점 등을 들 수 있다. 이에 비해 본드(bond)형의 금융거래의 특징은 거래조건의 결정이 경합(auction)에 의하여 결정된다는 점(경매매시장), 거래참가자가 불특정다수인 점(공개시장), 유통시장이 존재한다는 점 등에 있다.

이와 같은 론(loan)형의 금융거래와 본드(bond)형의 금융거래의 구분의 의의는 간접금융과 직접금융의 구분과는 다른 측면을 시현해 주고 있다는 점에서 찾을 수 있다. 최근의 금융의 증권화의 진전은 본드(bond)형의 금융거래의 비중이 확대되고 있음을 의미하는데, 이는 간접금융·직접금융의 구분과 론(loan)형의 금융거래·본드(bond)형의 금융거래의 구분이 동일하지 않아 대량의 증권이 금융기관에 의해 보유되고 있는 경우에는 간접금융의 우위와 본드(bond)형의 금융거래의 우위(혹은 발달한 자본시장의 존재)가 양립할 수 있음을 시사해 주고 있다.

3. 상대형 금융거래와 시장형 금융거래

뒤에 서술한 바와 같이 금융시장의 기능은 크게 두 가지가 있는데, 하나는 신규의 금융거래를 성립시키는 것이고, 다른 하나는 기존의 금융거래의 결과로서의 금융자산을 유동화하는 것이다. 여기서 살펴보고자 하는 상대형·시장형의 구분은 후자에 착목한 것이다.

금융기관을 제외한 자산보유자가 금융자산을 유동화하고자 할 때, 특정의 상대와 교섭하여 거래하는 경우가 상대형 금융거래이고, 특정의 상대가 아닌 불특정다수에 의해 성립된 시장에서 금융자산을 매도하는 경우가 시장형 금융거래이다. 주식, 채권 등과 같이 발달한 유통시장이 존재하는 자산의 유동화는 시장형이 되고, 어음, 차용증서 등의 유동화는 상대형이 된다. 이와 같은 구분은 일국의 금융기관을 제외한 경제주체가 보유하고 있는 각종의 금융자산이 유동화와 관련해 상대형인가 아니면 시장형인가의 상대적 비중을 계산하여 그 나라의 금융제도의 특징과 국제비교를 명확히 하기 위한 새로운 기준을 제공하는데 그 목적이 있다.

앞에서 서술한 직접금융·간접금융의 구분과 상대형·시장형의 구분을 조합하여 미국과 일본의 금융제도의 특징을 분석해 보면, 미국은 직접금융·시장형이 주류이고 일본은 간접금융·상대형이 우위라고 하는 결과가 도출된다.

제3절 금융제도의 유형

1. 전업주의제도와 겸업주의제도

금융제도는 금융기관의 업무영역 및 운영방식에 따라 크게 전업주의제도(sound banking system)와 겸업주의제도(universal banking system)로 구분된다.[2] 전업주의제도는 금융기관이 경영상의 비교우위 또는 특수한 목적에 따라 은행업무, 증권업무 등에서 특정한 업무만을 취급하는 방식을 말하고, 겸업주의제도는 금융기관이 은행업무, 증권업무 등을 여러 가지의 유형을 통해 함께 취급하는 방식을 말한다.

최근에는 전통적으로 겸업주의제도를 채택해 왔던 독일, 프랑스 등의 유럽국가들은 물론, 전업주의제도를 채택해 왔던 영국, 미국, 일본, 우리나라 등도 겸업주의제도로 이행되었다.

2. 시장중심제도와 은행중심제도

금융제도는 기업금융, 금융기관과 기업간의 소유·지배구조 등을 중심으로 크게 시장중심제도(market-based system)와 은행중심제도(bank-based system)로 구분된다.[3] 기업금융 측면에서 보면, 시장중심제도는 자본시장 등 직접금융을 중심으로 이루어지는데 비해, 은행중심제도는 은행대출 등 금융중개를 통한 간접금융을 중심으로 이루어진다.

금융기관과 기업간의 소유·지배구조 측면에서 보면, 시장중심제도는 은행과 기업간에 서로 소유와 지배관계가 없는 독립적인 관계를 유지하고 있어 기업에 대한 감시와 통제가 자본시장을 중심으로 한 시장규율에 의해 이루어지는데 비해, 은행

2) 전업주의제도와 겸업주의제도에 대해서는 제6장에서 구체적으로 살펴보고자 한다.
3) 시장중심제도와 은행중심제도에 대해서는 제7장에서 구체적으로 살펴보고자 한다.

중심제도는 은행과 기업이 상호주식을 보유하거나 또는 은행이 일방적으로 기업의 주식으로 보유하고 있어 기업에 대한 감시와 통제가 은행을 중심으로 이루어진다.

전통적으로 자본시장이 크게 발달한 미국과 영국은 시장중심제도를, 독일과 일본은 은행중심제도를 채택해 왔는데, 최근 주요국의 금융제도의 변화추이를 보면 금융환경의 변화에 따라 양 제도의 장점을 수렴하는 방향으로 진화해 가고 있음을 알 수 있다.

3. 단점은행제도와 지점은행제도

단점은행제도(unit banking system)는 지점이 없거나 지점이 있더라도 설치가 지역적으로 엄격히 제한되어 운영되는 제도로서, 대표적인 예로는 종래의 미국의 은행제도를 들 수 있다. 즉, 미국의 경우 1927년 맥파든 법(McFadden Law)제정을 계기로 은행이 여러 주에 걸쳐 지점을 운영하는 것을 제한하였는데, 이에 따라 미국 중서부 및 중남부 지역의 주들은 주 내에서 단점은행제도를 시행하였다.[4] 이 제도의 장점으로는 소수의 은행에 의한 경제력집중을 방지할 수 있다는 점과 지역 내 고객을 잘 알 수 있어 지역밀착 경영을 추구할 수 있다는 점 등을 들 수 있다.

지점은행제도(branch banking system)는 전국적으로 지점망을 형성하고 운영하는 제도로서, 우리나라와 일본 그리고 서구 국가들의 대부분이 채택하고 있다. 이 제도의 장점으로는 거액의 자금을 조달할 수 있다는 점, 전국적인 대출의 분산을 통해 대출의 위험을 분산할 수 있다는 점, 거의 모든 지역에 금융서비스의 혜택을 줄 수 있다는 점, 조직, 인사, 기타의 운영 면에서 규모의 경제(economies of scale)를 추구할 수 있다는 점 등을 들 수 있다.

4) 1994년에 '리겔-닐 주간 은행 및 지점설치 효율화 법(Riegel-Neal Interstate Banking and Branching Efficiency Law)'이 제정되어 1997년 6월 이후에는 주간(州間)지점설치규제가 폐지되었다.

4. 도매은행제도와 소매은행제도

금융제도는 금융기관의 거래고객성향과 금융중개의 양상에 따라 크게 도매은행제도(wholesale banking system)와 소매은행제도(retail banking system)로 구분된다. 도매은행제도는 영업구역, 즉 지점망이 대 도시 등에 한정된 상태에서 기업이나 정부, 정부기관 등 한정된 고객을 대상으로 거액의 예금이나 대출거래를 주로 행하는 도매은행(wholesale bank)들에 의해 형성된 제도를 말한다.

도매은행은 기업을 대상으로 한 예대업무 및 증권관련업무, M&A, 벤처캐피털(venture capital), 프로젝트 파이낸싱(project financing), 파생상품업무, 부유고객을 대상으로 한 자산관리업무 등을 주요업무로 취급하고 있다. 이 제도의 장점으로는 소수의 고객을 대상으로 거액의 자금을 취급하므로 직원 수가 상대적으로 적고, 지점망을 대도시로 제한함으로써 점포유지에 소요되는 비용을 절감할 수 있으며, 고객별로 전문적인 금융서비스를 제공할 수 있다는 점을 들 수 있다.

최근 은행들이 정보·통신기술의 발달과 정보산업이 결합된 전자은행제도(electronic banking system)와 전자자금이체제도(EFTS: electronic fund transfer system)의 발달로 다양한 소비자들의 서비스 수요를 저렴한 비용으로 충족시킬 수 있게 됨에 따라 소매은행이 급속히 확대되어 소위 소매금융혁명(retail banking revolution)의 시대가 이루어지게 되었다.

소매금융제도는 개인 등 다수의 고객을 대상으로 소액의 거래를 주종으로 취급하는 소매은행(retail bank)들에 의해 형성된 제도를 말한다. 소매은행은 개인을 대상으로 하는 예대업무, 주택관련 대출, 개인연금신탁, 카드 및 결제와 관련된 각종 수수료업무 등을 주요업무로 취급하고 있다. 이 제도의 장점으로는 주로 개인 등 다수의 고객을 상대로 소액거래가 이루고 있어 상대적으로 위험부담이 적어 은행의 안정성을 높일 수 있다는 점을 들 수 있다.

중요개념 및 용어

금융제도	경제주체(금융주체)	금융수단
금융시장	흑자지출단위	적자지출단위
저축-투자 중개기능	금융정책	직접금융
간접금융	금융중개기관	시장중개기관
본원증권(직접증권)	간접증권	론(loan)형의 금융거래
본드(bond)형의 금융거래	상대형 금융거래	시장형 금융거래
전업주의제도	겸업주의제도	시장중심제도
은행중심제도	단일은행제도	지점은행제도
규모의 경제	도매은행제도	전자은행제도
전자자금이체제도	소매금융혁명	소매금융제도

연 습 문 제

1. 금융제도의 개념에 대하여 설명하라.

2. 금융제도가 형성되기 위한 충족요건에 대하여 설명하라.

3. 금융제도의 경제적 측면에서의 기능에 대하여 설명하라.

4. 직접금융과 간접금융에 대하여 설명하라.

5. 론(loan)형의 금융거래와 본드(bond)형의 금융거래에 대하여 설명하라.

6. 상대형 금융거래와 시장형 금융거래에 대하여 설명하라.

7. 전업주의제도와 겸업주의제도에 대하여 설명하라.

8. 기업금융, 금융기관과 기업간의 소유 · 지배구조 등을 중심으로 시장중심제도와 은행중심제도를 비교 · 설명하라.

9. 지점은행제도의 개념과 장점에 대하여 설명하라.

10. 도매은행제도와 소매은행제도를 비교 · 설명하라.

제 2 장 금융제도의 구성

본 장에서는 금융제도의 구성을 크게 금융주체와 금융수단, 금융기관, 금융시장으로 구분하여 구체적으로 살펴봄으로써 금융제도에 대한 기본적인 이해를 증진시킨다.

제1절 금융주체와 금융수단

1. 금융주체

금융주체는 금융활동에 참가하고 있는 경제단위를 의미하는데, 이는 다음과 같이 크게 두 가지의 방법으로 분류할 수 있다. 하나의 방법은 거시경제에서 분류하는 바와 같이 가계, 기업, 정부, 해외부문을 금융주체로 간주하는 경우이고, 또 하나의 방법은 최종대부자(흑자지출단위), 최종차입자(적자지출단위), 금융(중개)기관 등을 금융주체로 간주하는 경우이다. 이하에서는 후자의 방법을 기준으로 금융주체의 성격에 대하여 알아본다.

최종대부자는 흑자지출단위를 의미하고, 최종차입자는 적자지출단위를 의미한다. 흑자지출단위는 경상수입이 경상지출보다 많고, 또한 저축이 투자보다 많다. 이에 비해 적자지출단위는 경상수지가 부(-)이고 저축 이상으로 투자한다. 경상수지가 정(+)인 흑자지출단위는 자금잉여주체이고, 경상수지가 부(-)인 적자지출단위는 자금부족주체이다. 따라서 흑자지출단위는 저축을 어떻게 운용할 것인가라는 의미에서 증권의 수요자이고, 자금운용자이며, 또한 금융자산 보유자이다. 한편, 적자지출단위는 자금부족을 어떻게 조달할 것인가라는 의미에서 증권의 공급자이고, 자금조달자이며, 또한 금융부채 보유자이다. 경제부문별로 볼 때 일반적으로 가계부문이 흑자지출단위이고 기업부문 및 정부부문이 적자지출단위이다.

그런데 흑자지출단위는 가능한 한 비싼 가격으로, 그리고 대부한 자금이 확실히 되돌아올 수 있도록 대부하려고 하고, 이에 반해 적자지출단위는 가능한 싼 가격으로 그리고 가능한 한 장기간에 걸쳐 차입하려고 한다. 이와 같이 흑자지출단위와 적자지출단위의 입장에 있어서 서로 간에 자금량, 대차의 시간, 기간, 거래가격 등에 있어서 합치하는 상대를 만난다는 것이 그리 간단한 일이 아니다. 또한, 상대방의 신용도, 지불능력 등에 대하여 잘 알지 못하는 경우도 많다. 한편, 대부자와 차입자는 최소의 비용으로 최대의 이익을 얻기 위해 가능한 한 금융비용을 절감하고 금융거래에 수반한 리스크 부담을 경감하고자 한다.

이와 같은 제반 요인에 의해 금융(중개)기관이 출현하게 되었다. 즉, 금융(중개)기관의 존재의의는 각각의 대부자와 차입자의 거래비용과 리스크 부담을 규모의 경제와 전문적 지식, 정보로 흡수해 자금의 배분, 금융의 효율화를 꾀하는 데에 있다.

2. 금융수단

1) 금융수단의 정의와 형태

금융거래가 발생하면, 대부자와 차입자간에는 채권·채무관계가 형성된다. 이때 채권의 내용은 일정액의 화폐의 청구권이고, 이는 대부자(흑자지출단위)의 입장에서는 자산이다. 한편, 채무의 내용은 일정액의 화폐의 변제의무이고, 이는 차입자(적자지출단위)의 입장에서는 부채이다. 이와 같이 금융거래에 의해 형성되는 자산과 부채를 금융자산(financial assets) 및 금융부채(financial debts)라고 하는데, 금융거래에 있어서 금융주체가 행하는 금융행위의 구체적인 대상을 금융수단(financial instruments)이라고 한다.[1] 따라서 금융수단은 대부자의 입장에서는 금융자산이 되고, 차입자의 입장에서는 금융부채가 된다.

금융수단의 형태는 여러 가지가 있는데 크게 화폐와 금융증권으로 구분할 수 있다. 여기서 금융증권은 금융거래 시 거래자들 간에 발생한 금융적 청구권, 즉 미래에 화폐 혹은 실물자원의 인도를 요구할 수 있는 권리를 나타내는 증서를 말한다. 이와 같은 의미를 지닌 금융증권은 적자지출단위나 금융기관이 금융시장에서 자금을 조달할 때에 발행되고, 이를 흑자지출단위나 금융기관이 금융시장에서 매입함으로써 자금공급이 이루어진다.

2) 금융수단의 특성

금융수단은 종류가 다양하기 때문에 각각의 다양한 특성을 지니고 있는데, 금융수단이 지니고 있는 기본적인 특성은 다음과 같이 세 가지 측면으로 분류해 볼 수

1) 금융상품이라고도 한다. 일반적으로 금융수단과 금융상품은 동일한 개념으로 사용한다.

있다.

첫째, 유동성(liquidity)의 측면이다. 여기서 유동성이란, 어떤 금융증권이 일정한 가격보다 낮지 않은 가격으로 원금의 손실위험이 없이 큰 불편이나 거래비용을 수반하지 않고 신속히 화폐로 전환될 수 있는 가능성을 의미한다. 화폐 그 자체는 가장 일반적으로 용인되는 지불수단이므로 유동성이 가장 높으나, 금융증권은 유동성의 정도에 있어서 큰 차이를 보이고 있다. 금융증권의 유동성을 결정하는 데에는 금융증권을 환금할 때 소요되는 시간, 시장가격의 하락으로 인한 가치손실의 정도, 환금에 따른 불편 및 거래비용의 정도 등의 요인이 영향을 미치는데, 일반적으로 환금에 소요되는 시간이 오래 걸릴수록, 환금에 따르는 불편 및 거래비용이 클수록, 그리고 원금의 손실위험이 클수록 그 금융증권의 유동성은 낮아진다.

둘째, 수익성(profitability)의 측면이다. 여기서 수익성이란 현재소득을 포기하고 금융증권을 매입·보유할 경우 이로부터 얻을 수 있는 수익의 가능성을 말하는데, 금융증권으로부터 발생하는 수익에는 소득과 자본이득이 있다. 소득은 이자 혹은 배당금 등과 같이 금융증권에 투자한 자금에 대한 보상으로 발생하는 수익을 의미하고, 자본이득은 증권의 시장가격 즉 매출가격이 매입가격을 초과함으로써 발생하는 수익을 말한다.

셋째, 안전성(safety)의 측면이다. 여기서 안전성이란 금융투자로 인해 손실이 발생할 가능성이 있는 금융투자의 위험으로부터 자유로운 정도를 말하는데, 금융투자로 인해 발생하는 위험은 크게 채무불이행위험(risk of default)과 시장위험(market risk)을 들 수 있다. 채무불이행위험은 채권발행자의 지급불능으로 채권에 약정된 이자의 지급과 원금의 상환이 약정된 대로 완전히 이행되지 않을 가능성을 의미하는데, 이는 채권의 종류와 채권발행자의 신용도에 따라 차이가 난다. 한편, 시장위험은 증권의 시장가격 즉 매출가격이 매입가격보다 낮은 수준으로 하락할 가능성을 의미하는데 이는 기본적으로 어떤 금융증권으로부터 발생할 수익의 현재가치를 미래의 수익과 비교해 시장이자율로 할인함으로써 계산할 수 있다.

제2절 금융기관

1. 금융기관의 의의와 기능

일반적으로 금융기관(financial institutions)은 금융을 스스로의 업무로서 수행할 목적으로 삼는 조직으로, 금융자산을 주요자산으로 보유함으로써 금융주체들에게 금융관련 서비스를 제공하는 기관을 의미하는데,[2] 넓은 의미의 개념으로서의 금융기관은 자금의 수요자와 공급자사이에서 자금의 중개를 수행하는 기관을 의미한다.

금융기관이 수행하는 기능은 각 금융기관의 특성에 따라 차이가 있으나, 다음과 같이 몇 가지로 구분하여 살펴볼 수 있다.

첫째, 금융기관은 거래비용절감의 기능을 수행한다. 금융기관은 다수의 자금공급자와 수요자를 대상으로 금융증권을 거래하기 때문에 거래비용면에서 규모의 경제(economies of scale)를 추구할 수 있을 뿐만 아니라, 금융거래에 관한 전문적 지식을 가지고 있기 때문에 금융거래비용을 절감시킬 수 있다.[3]

둘째, 금융기관은 자산전환기능을 수행한다. 여기서 자산전환기능이란 차입자로부터 본원증권을 구입해 대부자에게 간접증권을 공급하는 것을 의미한다. 이는 차입자가 발행하는 본원증권이 그 증권 1단위당의 금액, 변제까지의 만기, 유동성, 리스크(risk), 금융코스트(거래코스트와 정보코스트) 등의 제반사항에 있어서 반드시 대부자의 선호에 맞출 수가 없으나, 금융기관은 이와 같은 본원증권을 금융기관자신이 발행하는 간접증권으로 전환하여 금액, 만기, 유동성, 리스크, 코스트 등의 제반사항에 있어서 대부자의 선호를 만족시키는 자산을 공급하고 있다는 데에 근거한다. 이와 같이 자산변환기능을 통하여 금융기관은 유동성, 안전성을 향상시키고, 리

2) 최근에는 금융기관도 하나의 회사에 불과하다는 점을 강조하여 금융회사(financial firms)라고 호칭하는 경우가 증가하고 있다.

3) 여기서 금융거래비용은 정보획득비용, 거래수수료 등 자금의 가격을 제외한 거래에 수반한 제반비용을 의미한다.

스크를 축소·분산시킴과 아울러 금융거래비용을 절감시킴으로써 금융거래를 촉진시킨다.

셋째, 금융기관은 지급결제수단을 제공하는 기능을 수행한다. 즉 금융기관은 현금화폐 이외에 다양한 형태의 화폐 내지는 화폐대용물을 공급함으로써 거래를 구체적으로 이루어지게 하는 지급결제수단을 제공한다. 지급결제수단은 크게 현금방식과 비현금방식으로 구분할 수 있는데, 종래에는 은행이 지니고 있는 고유기능으로 인식되었다. 그러나 최근에는 정보·통신기술의 급격한 발달 등에 연유하여 신용카드, CD, ATM, 전자자금이체(EFT: electronic funds transfer), 전자화폐(electronic money) 등이 급격히 발달함에 따라, 전자결제수단의 이용이 급속히 증가하여 은행 이외의 금융기관으로 확대되고 있는 추세이다. 이와 같이 금융기관은 신속하고 낮은 거래비용으로 결제할 수 있는 지급수단을 제공함으로써 거래활성화는 물론, 생산과 소비를 촉진시켜 경제발전에 기여한다.

이외에 금융기관은 자본축적기능, 리스크 저감기능 등의 기능을 수행한다.

2. 금융기관의 형태

금융기관은 금융시장에서 자금중개의 역할을 수행하는 방식에 따라 크게 시장중개기관(market intermediaries)과 금융중개기관(financial intermediaries)으로 구분할 수 있다.

시장중개기관은 적자지출단위가 발행한 증권(주식, 채권 등)을 흑자지출단위가 원활히 구입할 수 있도록 단순히 매매중개역할을 수행하는 기관을 말한다. 증권회사, 투자은행, 브로커(brokers), 딜러(dealers) 등이 이에 해당한다.

금융중개기관은 최종대부자(흑자지출단위)에게 예금증권 등의 간접증권을 발행하는 한편, 최종차입자(적자지출단위)가 발행한 차입증서 등의 본원증권을 구입함으로써, 최종대부자로부터 최종차입자에게 자금을 이전시키는 역할을 수행하는 금융기관을 말한다. 일반적으로 좁은 의미의 개념으로서의 금융기관이라 함은 금융중개기관을 지칭한다. 금융중개기관으로는 은행, 종합금융회사, 생명보험회사 등이 있다. 한편, 금융중개기관은 일반적으로 은행과 비은행금융기관(non-bank financial institution)으로 구분한다.

제3절 금융시장

1. 금융시장의 의의와 기능

금융시장(financial market)이란 가계, 기업, 정부, 금융기관 등 금융주체들이 금융상품(금융수단)을 거래하여, 필요한 자금을 조달하고 여유자금을 운용하는 조직화된 장소를 말한다. 즉, 금융시장은 흑자지출단위로부터 적자지출단위로 자금의 유통이 이루어지는 장소를 말한다. 그런데 이는 구체적인 건물 내지는 장소를 한정하여 말하는 것이 아니라, 일반적·추상적인 개념으로서의 자금의 유통체계를 지칭한다.

금융시장은 다수의 금융주체에 의해 구성되어 있다. 금융시장을 구성하고 있는 금융주체로는 최종대부자(흑자지출단위) 및 최종차입자(적자지출단위)로서의 개인, 기업, 정부 등 뿐만 아니라, 중앙은행, 은행, 비은행금융기관, 시장중개기관(증권회사, 투자은행, 브로커, 딜러 등) 등이 있다.

금융시장의 기본적 기능은 대부자금의 공급과 수요를 적합하게 이루어지게 하는 기능을 수행한다. 즉 금융시장은 자금을 흑자지출단위(저축자)로부터 적자지출단위(투자자)에게 이전시켜 주는 기능을 수행함으로써 경제의 생산능력 증대, 저축자의 추가소득 증대 등의 효과를 창출하여 경제발전과 생활수준향상에 기여한다.

또한 금융시장은 자금의 공급자로부터 자금의 수요자로 구매력을 이전시키는 기능을 수행함으로써 재화와 서비스의 유통을 원활하게 하고 교환을 촉진시킨다.

이외에도 금융시장은 금융자산의 가격결정 및 정보제공기능, 금융자산에 대한 유동성제공기능, 거래비용(탐색비용 및 정보비용)절감기능, 다양한 금융상품 및 거래기회제공을 통한 위험관리기능 등의 기능을 수행한다.

[그림 2-1] 우리나라 금융시장의 구조

자료 : 한국은행, 『한국의 금융제도』, 2018년, p. 56.

2. 금융시장의 유형

1) 직접금융시장과 간접금융시장

금융시장은 자금의 융통경로를 기준으로 직접금융시장과 간접금융시장으로 분류할 수 있다.

직접금융시장은 금융중개기관을 거치지 않고 직접 자금의 거래가 최종대부자(혹자지출단위)와 최종차입자(적자지출단위)간에 주로 본원증권(직접증권)의 매매형태로 이루어지는 시장을 말한다. 즉 적자지출단위가 발행한 직접증권이 금융중개기관을 거치지 않고 직접 흑자지출단위에게 거래하는 시장을 말한다. 대표적인 예로는 단기금융시장(자금시장)과 자본시장을 들 수 있으며, 일반적으로 직접금융시장에서는 브로커나 딜러 등 시장중개기관의 중개를 통해 직접증권의 거래가 이루어진다.

간접금융시장은 최종대부자(흑자지출단위)와 최종차입자(적자지출단위)간에 금융중개기관이 개입하여 직접 또는 간접증권의 매매형태로 자금의 거래가 이루어지는 시장을 말한다. 즉 적자지출단위가 발행한 직접증권이 먼저 금융중개기관에게 거래되고 금융중개기관은 이를 기초로 하여 금융기관의 명의로 된 새로운 금융증권(간접증권)을 흑자지출단위에게 거래하는 시장을 말한다. 대표적인 예로는 예금증권시장, 보험증권시장을 들 수 있다.

2) 단기금융시장과 자본시장

금융시장은 금융상품의 만기에 따라 단기금융시장(money market)과 자본시장(capital market)으로 구분된다.

단기금융시장(자금시장)은 대체로 만기가 1년 미만인 금융상품이 거래되는 시장을 의미하는데, 주로 개인, 기업, 금융기관이 일시적 여유자금의 운용 및 부족자금조달 등 개별경제주체의 유동성보유에 따른 기회비용의 최소화에 활용된다. 국내 단기금융시장의 예로서는 콜시장(call money market), 기업어음(CP : commercial paper)시장, 양도성예금증서(CD : certificate of deposit)시장, 은행인수어음(BA : banker's acceptance), 환매조건부계약(RP 또는 repo : repurchase agreement)시장, MMF(money market fund)시장, CMA(cash management account)시장 등을 들 수 있다.

단기금융시장은 대량으로 거래되어 유동성이 매우 높고 만기가 짧아 금리변동에 따른 자본손실(capital loss)이 작은 것이 특징이다. 또한 중앙은행과의 통화정책의 관련성에 있어서는 금리조정 또는 유동성조절 등 중앙은행의 통화정책이 우선적으로 영향을 미치는 시장으로 통화정책의 변화에 민감하게 반응한다.

자본시장은 만기가 1년 이상인 금융상품이 거래되는 시장을 의미하는데, 주로 기업, 정부 등의 적자지출단위가 가계 등의 흑자지출단위로부터 장기적으로 소요되는 자금을 조달하는데 활용되기 때문에 장기금융시장이라고도 한다. 국내 자본시장의 예로서는 주식시장, 채권시장 등을 들 수 있다.

자본시장은 단기금융시장에 비해 상대적으로 시장위험과 부도위험이 높다는 특징이 있다.

한편, 단기금융시장과 달리 통화정책이외에도 시장수급 상황, 예상경제성장률, 기대인플레이션, 기업의 수익성 등 다양한 외적 환경요인에 의해 영향을 받기 때문에 통화정책과의 관계가 단기금융시장보다는 간접적이고 복잡하다.

3) 국내금융시장과 국제금융시장

금융시장은 거래당사자의 거주성(거주자와 비거주자), 거래장소(국내와 국외), 거래통화(자국통화와 외화) 등에 따라 국내금융시장과 국제금융시장으로 구분할 수 있다.

이와 같은 거래유형에 따라 구분할 때 일반적으로 국제금융은 전체금융거래에서 국내금융을 제외한 부분으로 정의하기 때문에, 국제금융의 정의는 국내금융을 어떻게 정의하느냐 여부에 따라 결정된다.

일반적으로 국내금융은 거주자 간에, 자국통화로, 국내에서 발생한 거래로 정의한다. 이와 같은 정의에 의하면 위에서 언급한 세 가지의 요건 중 어느 하나만이라도 해당되지 않으면 국제금융으로 분류한다.[4)]

국제금융시장은 국제간의 재화 및 용역, 자본거래에 수반하여 발생하는 국제간의 대차를 결제하고, 국가 간의 흑자부문과 적자부문을 연결, 국가간의 유동성 과부족을 조정하며, 개방경제하에서 기업 및 금융기관들이 국제자금관리상 필요한 각종 금융수단을 제공하는 기능을 수행한다.

5) 기타

이외에도 금융시장은 거래되는 표시통화가 자국통화인가 외화인가의 여부에 따라 자국통화시장과 외환시장으로 구분한다.

---

4) 여기서 거주자란 국적보유와는 관계없이 주 활동지역에 따른 분류로, 보다 구체적으로는 경제주체가 국제조세원칙상 어느 국가에 주된 조세부담을 지는가에 따른 분류개념이다.

또한 자금의 유통이 당사자 간의 계약형태인가 양도 가능한 증권형태인가의 여부에 따라 신용시장(credit market)과 증권시장(security market)으로 구분한다.

중요개념 및 용어

금융주체	최종대부자(흑자지출단위)	최종차입자(적자지출단위)
금융자산	금융부채	금융수단
금융행위	금융증권	유동성
수익성	자본이득	안전성
채무불이행위험	시장위험	금융기관
규모의 경제	자산전환기능	지급결제수단
시장중개기관	금융중개기관	금융시장
직접금융시장	간접금융시장	본원증권(직접증권)
간접증권	단기금융시장(자금시장)	자본시장
국제금융시장	신용시장	증권시장

연 습 문 제

1. 금융주체의 분류방법에 대하여 설명하라.

2. 금융주체인 최종대부자(흑자지출단위)와 최종차입자(적자지출단위)에 대하여 설명하라.

3. 금융중개기관의 존재의의에 대하여 설명하라.

4. 금융수단의 기본적 특성에 대하여 설명하라.

5. 금융기관이 수행하는 기능에 대하여 설명하라.

6. 금융기관의 형태와 관련하여 시장중개기관과 금융중개기관에 대하여 설명하라.

7. 금융시장의 의의 및 기능에 대하여 설명하라.

8. 직접금융시장과 간접금융시장에 대하여 비교 · 설명하라.

9. 국내금융시장과 국제금융시장에 대하여 비교 · 설명하라.

10. 신용시장과 증권시장에 대하여 비교 · 설명하라.

제 3 장 금융기관 이론

제 1 절 금융기관의 역할에 관한 전통적 이론
제 2 절 정보생산자로서의 금융기관
제 3 절 금융기관의 경영원칙

본 장에서는 먼저 금융활동과 거래비용, 자금거래와 위험부담, 금융중개 기능, 금융기관의 존재 이유, 금융중개와 규모의 경제성 등에 대하여 구체적으로 살펴보고, 다음으로 정보생산자로서의 금융기관의 기능에 대하여 알아본 후, 마지막으로 금융기관의 경영원칙에 대하여 구체적으로 살펴보고자 한다.

제1절 금융기관의 역할에 관한 전통적 이론

1. 금융활동과 거래비용

재화나 서비스의 교환과 마찬가지로 자금거래에도 거래비용이 드는데, 예를 들면 다음과 같다.

첫째, 자금의 차입을 원하는 경제주체는 적당한 대부자를 찾아야만 하는데, 대부자도 마찬가지의 입장이다. 적당한 거래 상대를 찾기 위해서는 비용이 든다.

둘째, 자금거래의 당사자들은 적당한 대차에 대한 조건을 교섭해야 하고, 계약을 체결해야만 한다. 또한, 계약이 충실히 이행되고 있는지에 대해 감시해야 하고, 계약불이행의 경우에는 응분의 조치를 준비해야만 한다.

셋째, 앞에서 언급한 둘째의 활동과 관련하여 대부자는 차입자의 변제능력에 관련한 각종의 정보를 수집해 분석하지 않으면 안 된다.

이처럼 자금거래도 거래가 원활히 실행되기 위해서는 관련된 당사자에 의한 거래비용의 부담이 필요하다. 이러한 부담이 상당히 크면 자금 대차의 잠재적인 가능성이 존재하더라도 자금거래가 실행되지 않을 수도 있다. 따라서 자금거래에 수반한 거래비용을 경감하는 것은 경제 전체의 중요한 과제라고 말할 수 있다. 결제수단으로서의 화폐의 효율적인 공급과 더불어, 자금거래에 관한 거래비용을 줄이는 것이 금융기관에 부과된 가장 중요한 역할이다.

2. 자금거래와 위험부담

자금거래는 크건 작건 간에 위험을 수반한다. 예를 들어 어떤 경제주체가 투자 프로젝트에 자신의 자금으로 지분(equity)을 획득한 경우를 가정해 보자. 이 경제주체는 지분에 따라 당해 프로젝트가 창출하는 수익을 획득할 수 있으나, 수익이 얼

마가 될는지는 미리 알 수가 없다. 프로젝트 자체의 성공·실패는 출자자의 부를 크게 하기도 하고, 작게 하기도 한다. 이처럼 프로젝트에 출자한 경제주체는 위험을 부담한다.

한편, 어떤 종류의 경제주체는 위험을 수반한 프로젝트에 투자하고자 하는 주체에게 자금을 제공한다. 이 경우 만약 대부이자 및 상환액이 고정된 조건으로 자금거래가 이루어져 이자 지급과 원본 변제가 약정한 대로 실행된다면, 대부자 측은 어떠한 위험도 부담하지 않는다.

그러나 이자 지급 내지는 원본 변제가 명시적으로 약정되어 있더라도, 차입자가 시행한 투자가 실패하여 채무변제를 이행할 수 없을 수도 있다. 이 경우는 자금대출을 통하여 차입자로부터 대부자에게 어느 정도의 위험부담이 이전된다. 이처럼 금융거래는 경제에서의 위험부담의 배분을 결정하는 측면을 지니고 있다. 한편으로는 적극적으로 위험을 부담하고자 하는 경제주체가 존재하고, 다른 한편으로는 위험부담에서 벗어나고자 하는 경제주체가 존재한다면, 후자로부터 전자로 위험부담이 이전되는 거래가 성립될 수 있다. 또한, 일반적으로 경제주체가 위험부담을 선호하지 않는 상황에서는 경제에 존재하는 위험을 줄이기 위한 사회적인 구조를 창출하는 것이 바람직하다. 이하에서 설명하는 것처럼 금융기관은 위험부담의 배분 내지는 경감이라는 측면에서도 중요한 역할을 할 수가 있다.

3. 금융중개 기능

금융이론에서 금융중개(financial intermediation)는 '자금의 차입자와 대부자 간에 존재하는 차이를 메워, 그들이 양립하기 어려운 필요 내지는 목적을 정합화시키는 것'[1]을 의미한다. 그리고 이러한 금융중개를 전문적으로 행하는 경제주체를 금융기관이라고 한다.

금융중개 기능은 다음과 같이 두 가지 종류의 활동으로 구분할 수 있다.[2]

1) P. F. Smith, *Money and Financial Intermediation : The Theory and Structure of Financial Systes*, Prentice-Hall, Inc., p. 128.

2) 금융중개의 메커니즘에 관한 본격적인 분류는 Gurley-Shaw에 의하여 행하여졌는데, 이하의 설명은 J. G. Gurley and E. S. Shaw, *Money in a theory of Finance, The*

첫째는 자금의 대부자와 차입자와의 직접적인 거래를 연결하는 중개활동이다. 이는 Gurley-Shaw에 의해 분배기술이라고 일컬어진 금융중개로 이루어진다. 이러한 금융중개 기능은 대부자와 차입자 간의 적절한 조합을 실현하는 것을 목적으로 하는데, 이와 관련된 금융기관을 앞 장에서 설명한 것처럼 시장중개기관(market intermediaries)이라고 하고, 이에는 투자은행, 증권회사, 금융브로커 등이 해당된다.

둘째는 대부자의 필요와 선호, 차입자의 필요와 선호 간의 갭을 메우기 위해 금융중개의 경제주체 자신이 증권(구체적으로는 간접증권)을 발행하여 최종대부자로부터 자금을 모으는 한편, 최종차입자에 대하여 그 자금을 대부하는(혹은 최종차입자가 발행하는 본원증권을 구입하는)활동이다. 이는 최종차입자가 발행하는 증권을 최종대부자에게 있어 보다 선호하는 증권(즉 간접증권)으로 변환된 것으로 볼 수 있는데, 이는 앞 장에서 설명한 것처럼 금융자산의 변환기능이라고 한다. Gurley-Shaw는 이에 관련한 기술을 금융중개의 기술이라고 부르고 있다. 이와 관련된 금융기관을 금융중개기관(financial intermediaries)이라고 하고, 이에는 은행, 생명보험회사 등이 있다.

4. 금융기관의 존재이유

앞에서 설명한 자금거래와 관련한 거래비용, 위험부담의 배분과 금융중개 기능과의 관련을 살펴봄으로써 금융기관의 존재 이유를 알아볼 수 있을 것이다.

최종대부자와 최종차입자를 직접 혹은 간접으로 연결하기 위한 거래비용에는 일반적으로 규모의 경제가 작용한다. 각각의 대부자가 차입자에 대한 정보를 폭넓게 모아 이에 근거해 적당한 차입자를 선택할 경우, 대부자가 운용하는 자금 1단위당의 비용은 운용하는 자금액이 크면 클수록 낮아지게 된다. 이는 정보수집과 이의 분석에 있어서 적지 않은 고정비용이 필요하기 때문이다. 따라서 운용자금액이 작은 대부자로서는 거래비용이 감당할 수 없는 수준이 될 가능성이 크다. 이처럼 규모의 경제성이 작용하는 분야에서는 전문업자가 다수의 차입자에 관하여 정보의 수집 · 분석을 하는 것이 거래비용 절감의 측면에서 합리적이다.

Brookings Institution, 1960.에 의거한다.

또한, 대부자의 자금 운용의 필요성 내지는 목적과, 차입자의 자금조달의 필요성 내지는 목적을 정합화시키는 활동에서도 규모의 경제가 작용한다. 예를 들어 각각의 대부자는 안전성이 높은 자산에로의 운용을 강하게 선호하고 있으나, 각각의 차입자에로의 대부는 결코 대부자가 만족할 정도로 안전하지는 않다고 하자. 대부자는 다수의 차입자에 대해 동시에 대부를 시행하면, 운용자금의 안전성이 높아진다는 것은 잘 알려져 있다. 그러나 각각의 차입자에로의 대부에 수반한 거래비용에 규모의 경제가 존재한다면, 비교적 소액의 자금을 운용하는 대부자에게 있어서 역시 대부 처를 다양화하는 경우의 비용은 감당하기 어려울 것이다.

여기서도 전문업자가 소액의 자금을 보유하고 있는 다수의 대부자로부터 자금을 모아 다양한 대출처에 운용함으로써 거래비용이 절약된다. 그 결과 전문업자는 상대적으로 싼 가격으로 각각의 대부자에게 안전한 자금 운용의 기회를 제공하게 된다. 이 경우의 전문업자가 금융중개기관이고, 보다 안전한 금융자산이 창출되는 과정이 금융자산의 변환기능이다. 자금거래의 많은 분야에 있어서 다양한 전문업자가 자금의 대차를 중개하고 있는데, 이러한 전문업자가 존재하는 주요한 이유는 자금거래비용에 있어서 규모의 경제를 추구할 수 있기 때문이다.

5. 금융중개와 규모의 경제

금융중개기관이 자산보유자에 대하여 안전성이 높고 동시에 유동성이 높은 간접증권을 공급할 수 있는 근본적인 이유는 금융거래에서의 규모의 경제에서 구할 수 있다. 이하에서는 크게 두 가지로 분류하여 살펴보고자 하는데, 이는 금융중개기관의 존재 이유를 설명하는 가장 전통적인 방법이기도 하다.

1) 안전자산의 공급

고액의 자금을 다수의 차입자에게 동시에 대부할 수가 있다면, 대부 단위당의 안전성은 차입자의 수가 클수록 높아진다. 소액의 자금을 공급하고자 하는 대부자가 수중에 있는 자금을 잘게 나누어 이를 다수의 차입자에게 대부할 수 있다면, 충분히 안전한 자금 운용이 가능할 것이다. 그러나 이와 같은 자금 운용의 세분화는 소액자산의 보유자에게 있어서 감당하기 어려운 거래비용을 수반한다.

이러한 상황에 대하여 금융기관은 다수의 소액 자산소유자로부터 자금을 모아, 이를 다수의 차입자에게 대출함으로써 거래비용을 절감할 수 있다. 금융기관은 자금의 수집 등에 필요로 하는 공통비용을 조금씩 최종대부자로부터 징수함으로써, 상당히 안전한 간접증권을 공급할 수 있다는 것이다.

2) 유동성의 공급

은행을 중심으로 한 금융중개기관의 중요한 기능의 하나는 유동성의 공급에 있다. 예를 들어 은행은 요구불예금을 공급함으로써 자산보유자의 요구에 응하여 예금을 현금으로 교환하는 약속을 하고 있다. 또한, 정기성예금은 그 자체로서는 결제수단은 아니나, 필요에 응하여(일정의 벌칙을 수반하지만) 아주 쉽게 현금으로 변환할 수 있다.

은행은 이와 같은 유동적인 가치저장 수단을 채무형태로 공급하는 한편, 상대적으로 유동성이 결핍된 본원 증권을 구입하고 있다. 다시 말하면 은행은 최종대부자와 최종차입자 사이에 존재하는 유동성에 대한 선호의 커다란 차이를 메우는 역할을 하고 있다. 이러한 기능이 가능한 것도 일종의 규모의 경제에 의한 것이라고 볼 수 있다.

우리나라를 비롯한 세계 다수의 국가에서는 개별은행이 넓은 지역을 커버하는 지점 네트워크를 형성하고 있다. 또한, 전통적인 은행간에 단기적인 자금 대차가 이루어지는 은행간 시장(inter-bank market)은 가장 잘 발달한 금융시장이다. 이와 같은 금융제도의 구조적 형성이 은행의 예금인출에 대한 준비금 유실의 확률을 낮추는 기능을 수행하고 있다. 중앙은행이 은행간 시장을 통하여 인출에 대한 준비금을 추가로 공급하여 최종대부자의 기능을 수행하고 있는 것도 앞에서 언급한 규모의 경제 측면에 의해 지탱되고 있다고 말할 수 있다.

3) 자산규모와 자산의 다양화

지금까지의 설명으로 이해할 수 있는 것처럼, 금융거래에 관련한 규모의 경제는 상대적으로 소액자산의 소유자가 다양한 저축수단에 자산을 분산함으로써, 자산 전체의 기대이익과 위험의 바람직한 조합을 달성하는 것을 방해하고 있다. 따라서 소액의 자산보유자는 분산하기 쉽고 동시에 자산가치의 안전성이 높은 자산에 보유자산을 집중하는 경향을 보인다. 예를 들어 선진국의 가계부문의 보유금융자산의 구성비를 보면 금융자산 잔액이 높은 계층일수록 자산구성을 당좌예금, 저축예금으로부터 주식, 펀드 등으로 다양화하는 경향을 보이고 있다.

이상의 원리는 단순하나, 경제발전과 금융제도와의 관계, 특히 금융기관의 역할에 중요한 시사를 주고 있다. 경제발전에 있어서 저축의 주요한 공급자가 다수의 소액자산보유자에 의해 구성되어 있는 경우, 이들의 저축을 동원하여 자본축적을 진전시키기 위해서는 분산이 쉽고 동시에 안전한 금융자산을 공급하는 금융기관, 즉 은행이 중요한 역할을 수행해야 한다. 역사적으로 볼 때, 경제발전의 초기 단계에서 은행이 상당히 중요한 역할을 담당하는 경향이 있다는 것은 여러 경제학자들에 의해 강조되었는데, 이러한 경향의 일단은 앞에서 설명한 바와 같은 금융거래비용에 관한 규모의 경제에 의해 설명할 수 있을 것이다.

역으로 저축의 주요한 공급자가 소액의 부호에 의해 구성되고 있는 경제에서는 경제발전과 은행과의 연결은 별로 중요하지 않을 것이다. 이 경우 고액의 자산을 운용할 수 있는 자산보유자들은 금융거래에서의 규모의 경제가 촉진하는 장벽을 쉽게 넘을 수가 있다. 이들의 저축을 국내의 자본축적으로 동원하기 위해서는 충분히 잘 발달한 은행조직도 구축하면서 다양한 투자기회를 제공할 수 있는 자본시장의 기능이 필요하다.

최근 발전도상국의 일부에서 볼 수 있는 자본도피(capital flight)는 이와 밀접히 관련하고 있다고 말할 수 있다. 자본도피는 고액의 자금을 해외로부터 차입에 의존하고 있는 경제에 있어서, 동시에 고액의 자금이 합리적, 비합리적으로 해외에 투자되고 있는 상태를 의미한다. 이러한 자본도피는 고액의 자산을 운용하는 자산보유자가 규제나 과세 등 때문에 충분히 매력적인 수익을 보증할 수 없는 국내시장으로부터 자유롭고 효율적인 국제금융시장으로 저축자금을 이전시키고, 그곳으로부터 선진국의 은행을 통하여 다시 국내로 자금을 환류시키고 있는 현상으로 간주된다. 즉 자본도피는 국제적인 규모에서의 간접금융이고, 고액의 자산을 보유하고 있는 소수의 저축자가 금융거래에 수반한 거래비용의 벽을 넘고자 하는 이유에서 발생하는 것이다. 주요한 공급 주체가 다수의 소액자산보유자에 의해 구성되고 있는 경제

에서는 이러한 자본도피는 별로 심각한 문제로 부상하지 않을 것이다.[3)]

제2절 정보생산자로서의 금융기관

1. 정보의 불완전성과 금융기관

1) 정보의 불완전성

금융거래에서는 최종대부자(흑자지출단위)로부터 최종차입자(적자지출단위)에게로 자금이 이전되는 경우(현재의 구매력과 장래의 구매력과의 교환거래), 장래의 구매력은 어디까지나 약속(보증)에 지나지 않아 사전에 확실히 해 놓을 수가 없다. 지금 자금이 부족한 투자 주체가 존재한다고 한다면, 투자 주체는 실물투자의 수익성이나 자기 자신의 금융적 포지션(position)을 알 수 있으나, 대부자로서는 차입자의 금융적 포지션에 관한 정보의 불완전성과 더욱이 실물투자의 수익성과 불확실성에 관한 정보의 불완전성이라는 문제가 따라다닌다.

이처럼 정보의 불완전성과 이에 수반한 커다란 거래비용이 존재하는 상황에서는 차입자, 대부자 모두 거래기회가 제약될 가능성이 커지고, 또한 효율적인 자금 배분이 저해될 가능성이 있다. 이러한 상태가 그대로 유지된다면, 열악한 차입자가 시장에 출현한다고 하더라도 대부자는 이를 인식할 수 없어서 빌려준 돈을 받지 못할 수가 있다. 이를 보다 구체적으로 살펴보면 다음과 같다.

대부자가 부담하는 리스크의 하나는 차입자의 장래 소득을 확실히 예상할 수 없어서 거래조건(구체적으로는 채무증서에 기재된 계약조항)이 실현되지 않는 위험이다. 거래조건의 주요한 요소를 상환해야 할 기일 및 금액, 지불해야 할 금리의 설정에 있다고 한다면, 대부자의 주요한 리스크는 상환기일에 계약으로 설정된 금액이 상환되지 않을 혹은 상환기일까지의 사이에 계약으로 설정된 금리가 지급되지 않을

3) 館 龍一郎 編, 『日本の金融[1] 新しい見方』, 東京大學出版會, 1987年, pp. 31~32.

위험(채무불이행의 위험)이다.

대부자의 또 하나의 리스크는 거래조건이 실현되었다고 하더라도 장래의 경제환경변화를 확실히 예상할 수 없어서 채무증서 보유에 수반한 기대수익이 실현되지 않을 위험이다. 상환금액과 금리가 일정한 수준으로 설정된다면 상환기일까지의 기간의 채무증서의 할인된 현재가치가 결정되는데, 장래의 시장금리 동향에 불확실성이 존재하는 한 채무증서의 시장가격이 할인된 현재가치에 항상 일치할 보증이 없다. 따라서 상환기일 이전의 시점에서는 채무증서의 평가·매각에 수반하여 예상외의 손실위험(가격변동의 리스크)이 발생한다.

이러한 사태가 계속되는 상황에서는 리스크를 회피하기 위한 비용을 반영해 금리가 상승하고, 상황에 따라서는 양질의 차입자를 시장에서 퇴출하는 일이 발생한다. 대부자와 차입자간에 정보의 유용성(availability)에 격차가 있는 비대칭 정보(asymmetric information)의 경우에는 정보 우위의 거래자(여기서는 차입자)가 정보의 전달을 고의로 조작함으로써, 자기의 이익으로 연결될 수 있도록 가격형성을 유도할 가능성이 있다. 또한, 이와 같은 정보조작이 존재하지 않을 시에도 정보 열위의 거래자(여기서는 대부자)가 리스크를 정확히 평가할 수 없는 경우에는 리스크에 대응한 가격형성이 이루어지지 않아, 리스크가 작은 우량한 차입자가 시장으로부터 퇴출해 버릴 가능성이 있다. 이러한 경우를 역선택(adverse selection)이 작용하고 있다고 말한다.

2) 정보의 불완전성과 금융기관

자본시장은 정보의 불안전성(특히 차입자와 대부자간의 정보의 비대칭성)을 완화시키는 중요한 하나의 금융제도이다. 증권발행은 어떠한 경제주체라고 임의로 행할 수가 없고, 증권발행이 원활하게 행해지기(양질의 차입자에게 자금이 원활하게 흘러가기) 위해 여러 가지의 구비조건이 마련되어 있다. 먼저 자본시장에 적합한 증권은 규격화되어 품질이 갖추어진 것이어야 한다. 개념적으로 채무불이행 위험(default risk)이 먼저 없다고 하는 국채가 그 전형인데, 국채 이외의 증권에 대해서도 증권회사는 인수기능을 발휘하여 증권발행자의 경영내용을 평가하고, 또한 그들 중 증권거래소에 상장되는 증권은 선별되어 적격으로 인정된 것에 한정된다. 차입자 측도 신용평가기관과 같은 제3자에 의한 신용평가를 받기도 하고, 재무상황 등을 공시(disclosure)하여 이와 같은 평가·선별이 실질적 내용을 수반하고 있음을 나타낸다.

이처럼 증권발행자의 범위는 상당히 우량한 차입자 등급에 한정되어 있다. 여기서 간과해서는 안 되는 것은 이상과 같은 몇 가지의 스크린을 통과하여 발행되는 증권은 양도성이 풍부하다는 것이다. 일반적으로 증권발행시장이 정비되어 있으면 증권유통시장도 확립되어 있다. 증권유통시장이 확립되어 있으면 거기서 성립된 가격에 의해 대부자는 투자 주체의 금융적 포지션에 관한 정보를 얻을 수가 있고, 또한 일단 투자한 후에도 예상과 틀린다고 판단할 때에는 매각할 수도 있다.

금융거래에서의 정보의 불완전성에 관한 문제를 완화·제거하는 또 하나의 중요한 금융제도는 금융중개기관의 존재에 있다. 자금량이 적은 대부자는 독자로 차입자에 관한 정보를 수집·분석하는 것(차입자 정보의 생산)이 비용(정보 비용)이 많이 들어, 공동으로 정보비용을 부담함으로써 차입자 정보를 생산하는 것이 수지가 맞는 경우가 있다. 정보의 관점에서 보면, 금융중개기관은 축적된 심사능력을 활용하여 차입자의 투자 프로젝트의 수익성·불확실성을 판단해 예금자 등으로부터 모은 자금을 대부로 운용함으로써, 차입자 정보의 공동적 생산기능을 수행하고 있는 것으로 간주할 수 있다.[4] 이러한 금융중개기관의 정보생산으로 차입자의 품질에 부합된 거래조건의 설정이 가능하게 되고, 자본시장에 참가할 수 없는 많은 차입자에게 있어서도 자금조달의 길이 열리게 되는 것이다.

거시경제이론 측면에서 보면 금융기관은 대부자와 차입자간의 자금수급의 조정기능, 특히 은행은 신용창조를 통하여 '사전적인' 투자초과와 저축초과의 차이를 메우는 중요한 기능을 수행하고 있다. 그런데, 이 기능은 단순히 양적인 수급의 조정뿐만 아니라, 앞에서 설명한 바와 같이 차입자의 질의 선택 등의 기능을 수반하고 있다. 또한, 금융기관의 존재로 각각의 거래자는 축소에 한도가 있는 거래비용·리스

4) 금융중개기관이 차입자에 관하여 수집·분석한 정보 그 자체를 대부자에게 판매한 경우에는 정보가 지닌 외부효과에 의한 무임승차(free-rider)문제가 발생하나, 차입자 정보는 금융중개기관이 지속적으로 사용하여(본원 증권의 형태로 운용), 예금 등의 간접증권이라는 상품으로 변환되어 대부자에게 판매(자금을 조달)됨으로써, 본원 증권과 간접증권과의 이율 격차를 정보비용으로 회수하고 있는 것으로 간주할 수가 있다.

크를 줄임으로써 자금 배분의 효율성이 높아진다. 실제로 최종대부자와 차입자는 직접 상대하는 것이 아니라, 이러한 기능을 수행하는 금융기관(금융중개기관이나 시장중개기관)과의 거래를 통하여 간접적으로 상대하는 경우가 많다.

2. 정보생산과 금융기관

Gutly-Shaw류의 어법에 따르면, 증권회사, 신용평가기관 등 정보수집서비스의 생산을 떠맡고 있는 전문업자는 금융시장에 있어서 분배에 따른 금융서비스를 공급하고 있다. 그러나 시장의 메커니즘은 정보의 공공재적 성격 및 정보생산자에 대한 신뢰성의 문제라고 하는 두 가지의 요인 때문에 제약되고 있다고 여겨진다.

대부분 정보는 사소한 비용으로 재생산할 수 있다. 따라서 정보의 생산자가 특정의 매입자에게 정보를 매각하더라도, 매입자는 쉽게 이를 다른 사람에게 전매할 수 있다. 즉, 정보의 생산자가 정보를 시장에서 매각하는 경우, 매입자가 다른 매입자에로의 정보의 판매자가 되는 것을 배제하는 것이 곤란하다는 것이다. 이와 같은 '배제 불가능성'이 정보의 생산 · 판매의 효율성을 방해한다.[5)]

이와 같은 상황에 대응하는 가장 손쉬운 방법은 정보의 생산 · 판매를 시장메커니즘에 맡기지 않고, 한 개의 생산조직 내에서 처리하는 것이다. 즉 정보의 생산과 이용이 동일 경제주체에 의해 행해지면, 앞에서 지적한 곤란은 완화될 것이다. 실제로 은행을 비롯한 금융기관은 정보의 생산(특히 차입자의 변제능력에 관한 정보수집 · 분석)과 이용을 동시에 조직 내에서 행하는 경제주체이다.

또한, 차입자의 변제능력에 관한 정보가 어느 정도 신뢰할 수 있는가의 판단은 쉽지 않다. 이러한 정보가 시장에서 거래된다면, 정보의 매입자는 정보의 생산자 자체의 질에 관하여 적절한 판단을 내려야만 한다. 이 경우에는 정보의 생산자가 정보를 직접 이용하는 것이 매입자에 대한 신뢰성의 신호로 될 수 있다. 즉, 생산자가 자기 자신의 자금을 투입함으로써 정보의 매입자에게 정보의 양질임을 전달해 줄 수 있다는 것이다. 여기서도 정보의 생산자 자신이 직접 대부자로서 정보를 이용하는 요인이 존재한다. 더욱이 일반적으로 정보의 생산자가 최종차입자와 직접 자금

5) 공공재에 대해서는 다음 장 참조.

거래를 함으로써 일종의 결합생산의 이익이 실현될 수 있다.[6] 예를 들어 정보공급자는 특정의 차입자와의 거래 경험을 통하여 차입자에 관한 정보수집의 비용을 삭감할 수가 있을 것이다.

이상과 같이 금융거래가 정보의 생산에 의존할 수밖에 없다고 한다면, 정보생산은 금융중개업자 자신의 손에 맡겨지는 경향이 강하다는 것이다. 금융시장에 있어서 금융기관이 상대적으로 중요한 역할을 수행하는 이유는 앞에서 설명한 규모의 경제라고 하는 요인과 더불어, 이와 같은 정보생산의 중요성에서도 구할 수가 있다. 특히 차입자의 변제능력에 관하여 확실한 정보를 얻는 것이 곤란한 경우 금융거래에서의 정보생산의 중요성이 높아짐과 동시에, 금융기관의 역할도 중요하게 된다. 예를 들어 금융시장에서의 주요한 차입자가 여러 업종에 속하는 민간기업이고, 더욱이 이 민간기업이 차입자로서의 신뢰성을 충분히 확립하고 있지 못한 경우에는 금융중개기관의 기능, 즉 Gutly-Shaw의 소위 금융중개의 기술에 의존하는 정도가 커지게 된다.

3. 정보생산과 금융거래

정보가 불완전한 상황에서는 대부자(금융기관)는 차입자와의 차이를 메우기 위해 차입자(비금융기업)의 경영내용, 기업이 속한 산업·업종의 장래 등에 관하여 적극적으로 정보를 수집한다. 차입자도 자금조달의 원활화를 위하여 필요한 정보를 대부자에게 제공해야만 한다. 대부자·차입자 쌍방에 의한 정보수집·전달을 위한 자원투입은 그 효과가 단지 그 시점뿐만 아니라 그 이후에도 유효할 수가 있다고 하는 의미에서 일종의 투자이다. 특정의 대부자와 차입자가 종래의 거래를 해소하면, 과거의 정보수집·전달에 의해서 축적되었던 눈에 보이지 않는 자본이 그 가치를 잃어버릴지도 모른다.

특정의 대부자와 차입자와의 거래 관계가 일단 체결되면, 대부자에게 있어서도 차입자에게 있어서도 그 관계를 장기적으로 유지하고자 하는 유인이 작동하고 있다

---

6) 결합생산의 이익은 '규모의 경제(economies of scale)'에 대응한 개념으로 '범위의 경제(economies of scope)'라고 한다.

고 볼 수 있다. 이처럼 특정의 금융기관과 차입자인 기업과의 사이에 매우 밀접한 거래 관계가 형성되어, 더욱이 이 거래 관계가 장기에 걸쳐 유지되는 것은 주로 정보수집·전달의 투자적 성격을 반영하고 있는 것이다.

대부자와 차입자와의 장기적인 거래 관계의 전형적인 예로서는 일본의 메인 뱅크(main bank)제도, 독일의 Hausbanken 제도를 들 수 있다. 두 제도 모두 대부자인 특정의 유력은행과 차입자인 특정의 대기업간에 장기적인 거래 관계가 성립되어 있다. 그리고 은행은 기업에의 가장 중요한 자금공급자일 뿐만 아니라, 주식의 보유 내지는 임원파견을 통하여 금융 내지는 기업경영에 관련한 여러 가지의 정보 혹은 어드바이스(advise)를 차입 기업에게 행하고 있다.

금융중개기관의 정보생산자로서의 기능에 주목하여 장기거래 관계를 언급할 경우, 일본과 독일의 은행과 차입기업과의 관계에 한정되지 않는다. 미국의 경우 유력한 투자은행(investment bank)과 대기업간에 'client relationship'이라는 장기적인 거래 관계가 이루어지고 있는 것을 볼 수가 있다. 이는 투자은행이 차입기업에 대한 직접적인 자금공급자로서가 아니라, 기업의 자금조달에 관련한 정보의 생산자로서 중요한 역할을 수행하고 있다는 것을 의미한다.

제3절 금융기관의 경영원칙

금융기관도 이윤 극대화를 추구하고 있다는 점에서는 일반기업과 큰 차이가 없다. 그러나 금융기관의 경우 국민경제에 미치는 영향이 매우 크기 때문에, 일반기업처럼 수익만을 추구할 경우 공공성이 저하될 우려가 있는 등 국민경제에 여러 가지의 막대한 폐해를 초래할 수가 있다. 따라서 일반기업에 비해 금융기관에 대해서는 안전성을 확보하기 위해 정부의 규제가 상대적으로 강할 뿐만 아니라, 건전성을 보다 강조한다.

이와 같은 관점에서 이하에서는 금융기관의 경영원칙을 유동성의 원칙, 안전성의 원칙, 건전성의 원칙, 수익성의 원칙, 공공성의 원칙 등으로 나누어 살펴보고자 한다.

1. 유동성의 원칙

금융기관의 유동성은 금융기관이 예금 또는 이에 준하는 부채의 인출요구에 대하여 즉시 응할 수 있는 능력을 말한다. 따라서 유동성의 원칙은 이와 같은 고객의 부채 또는 예금의 인출요구에 응할 수 있도록, 적정수준의 유동성, 즉 현금 또는 현금과 갈음할 수 있는 자산을 보유해야 한다는 것이다.

금융기관(보다 구체적으로는 금융중개기관)은 앞에서 설명한 것처럼 간접증권을 발행하여 자금을 조달하고 이를 본원증권에 투자하여 비유동적인 자산을 보유한다. 금융기관이 이러한 자산변환을 추구할 수 있는 근원은 고객들이 금융기관의 공신력을 믿고 있기 때문이다. 만일 고객(은행의 경우 예금주)이 현금인출을 요구했는데 금융기관이 이에 응하지 못한다면, 금융기관은 공신력을 잃게 되어 당장 도산에 직면하게 될 것이다. 이처럼 유동성 위험은 금융기관 자체의 존립을 위태롭게 할 수가 있어서 금융기관의 경우 충분한 유동성을 확보하는 것이 무엇보다도 중요하다.

그런데, 금융기관이 유동성 관리를 수행하는 데에는 유동성과 수익성 간에 상충관계(trade-off)가 존재함을 유의해야 할 것이다. 일반적으로 유동성이 높은 자산은 수익성이 낮고, 유동성이 낮은 자산은 수익성이 높다. 만약 금융기관이 과도하게 유동성이 높은 자산을 보유하면 수익률이 높은 자산에 대한 투자기회를 잃고 기회비용을 부담하게 되고, 유동성 자산을 과소하게 보유하면 투자자산의 손실매각이나 높은 차입비용을 부담하고 나아가서는 공신력의 상실과 더불어 도산을 야기시킬 수 있다. 이와 같은 관점에 의거 최근에는 콜머니(call money) 등 일시적인 자금차입이 쉬어짐에 따라 적정수준의 유동성만을 보유하고, 나머지 가용자원은 수익성 향상에 활용하는 방향으로 유동성의 원칙을 적용하는 것이 일반화되고 있다. 이에 따라 은행의 유동성 관리에 있어서는 고객(예금주)이 정상보다 더 큰 예금인출을 요구할 경우를 대비하여, 예금 유동성을 확보하는 예금 유동성뿐만 아니라, 고객의 대출요구에 신속히 응할 수 있도록, 대출조달원을 확보하는 대출 유동성의 확보도 그 중요성이 강조되고 있다.

일반적으로 유동성 정도를 나타내는 지표로는 유동성 비율(유동성 자산/유동성

부채), 예대 비율(=대출/예금), 유동성 자산비율(=유동성 자산 평잔/예금 및 저축채권), 고정자산투자비율(=고정자산/자기자본) 등의 재무비율들이 많이 이용되고 있다.

2. 안전성의 원칙

안전성의 원칙은 금융기관이 공신력을 유지하기 위하여 근본적인 지급능력을 갖추는 것을 말한다. 여기서 근본적인 지급능력이란 금융기관이 어떠한 시점에도 예금주 등 금융기관에 대한 청구권자들에게 부채를 모두 변제할 수 있는 능력을 의미한다.

앞에서 언급한 것처럼 금융기관의 도산은 해당 금융기관의 예금주 및 채권자에 대한 손실에 국한하지 않고, 부(-)의 외부효과를 통하여 국민경제에 커다란 충격과 혼란을 초래할 수 있다. 따라서 금융기관은 자기 자본화의 충실화 등 자체적으로 제반 위험을 효율적으로 관리함으로써 예금주, 채권자, 주주들을 도산위험으로부터 보호하고, 정책당국은 금융기관의 안전성과 나아가서는 금융제도의 안정성을 확보하기 위하여 금융기관의 업무에 대해 감시와 감독을 수행하고 있다.

안전성을 평가하는 지표로는 국제결제은행(BIS)이 정한 위험 가중자기자본비율(=자기자본/위험가중자산)이 가장 보편적으로 이용되고 있으며, 보조적으로 예금 대 자기자본비율[=자기자본/(예금+저축채권)] 등이 이용되고 있다.

3. 건전성의 원칙

금융기관이 직면하는 리스크는 사전에 충분히 계산된 리스크(calculated risk)로서, 금융기관은 이러한 리스크를 부담하고 이에 상응하는 수익을 추구한다. 이처럼 금융기관이 부담하는 리스크는 비록 사전에 계산된 것이라고 하더라도, 금융기관경영에는 부담을 준다. 이와 같은 관점에 의거 금융기관이 리스크를 부담하더라도 그것이 적정한 수준을 벗어나서는 안 된다는 것이 건전성의 원칙이다.

금융기관이 부담하는 리스크 부담은 크게 재무적 리스크(financial risk)와 비재무적 리스크(non-financial risk)로 구분할 수 있다. 재무적 리스크는 다시 운용된 자산의 회수불능이나 질적 저하에 따른 채무불이행 리스크(default risk)와 시장가격 변동에 따른 시장 리스크(market risk)로 나눌 수 있다. 한편 비재무적 리스크는 재무적 측면이 아닌 금융거래의 기술적·관리적 측면에서 부담하는 리스크로서 운영 시스템의 장애로 인한 시스템 리스크(systemic risk), 시장에서의 신뢰저하에 기인한 평판 리스크(reputational risk) 등이 이에 해당된다. 한편 최근에는 정보·통신기술의 급속한 발달에 기인하여 새로운 사업환경의 변화에 제대로 적응하지 못할지도 모르는 전략적 리스크(strategic risk), 컴퓨터나 네트워크기술에 부합하지 못함으로써 나타나는 운영 리스크(operational risk) 등의 새로운 리스크가 부각되고 있다.

금융기관의 재무적 리스크를 측정하는 지표로는 리스크자산비율[=(불건전 대출금+불건전지급보증)/(총대출금+지급보증)], 대출금연체율 등이 자주 이용되고 있다.

4. 수익성의 원칙

단기적으로 금융기관의 가장 중요한 관심사가 유동성과 안전성의 확보에 있음은 주지의 사실이다. 그러나 금융기관도 일반기업과 같이 수익성이 확보되지 않는 한 장기적으로 존속할 수 없어서 장기적으로는 수익성에 대한 고려가 중요하다는 것이 수익성의 원칙이다.

은행의 경우 주된 수익원을 수입 이자와 지급 이자간의 스프레드, 즉 순이자수익(net interest income) 또는 이자 마진(interest margin)에서 추구해 왔다. 예를 들어 이자 마진이 감소하면 순이익이 감소하고 주주들에게 지급하는 주당 배당금도 감소하게 된다. 그런데 최근에는 세계적으로 금융규제 완화(financial de-regulation) 현상과 더불어 금융기관간의 경쟁이 치열해지고, 또한 금융의 범세계화(globalization)와 증권화(securitization)현상이 급속히 진행됨에 따라 은행의 순이익 중에서 이자 마진이 차지하는 비중이 점차적으로 감소하고 있는 반면에, 다양한 수수료 수입과 정보화 투자 및 전문인력의 고용과 관련된 비금융비용의 중요성이 부상되고 있다.

금융기관의 수익성을 평가하는 지표로는 총자산이익률(return on asset: ROA=

세후순이익/총자산)이나 자기자본이익률(return on equity : ROE=세후순이익/자기자본), 총자금운용이익률[=(영업수익-영업비용)/총자금] 등이 이용되고 있다.

5. 공공성의 원칙

앞에서 언급한 것처럼 금융기관의 경영결과는 일반기업에 비해 국민경제에 미치는 파급효과가 크기 때문에, 금융기관의 경영방침이나 결과가 공익에 부합되어야 한다는 것이 공공성의 원칙이다.

예를 들어 은행의 경우, ① 은행경영에 있어서 예금보험제도, 지급준비제도 등을 통하여 예금자들을 보호해야 하고, ② 효율적인 결제망의 확충과 신용평가기능의 확충을 통하여 신용 질서의 유지에 기여해야 하며, ③ 예금주들에게의 적정한 수준의 이자지급 및 이에 상응하는 서비스 혜택 부여, 특정집단에 대한 여신집중배제 및 자금 수요고객에 대한 적기 적량의 자금대부 등, 자금의 조달이나 배분이 공정해야 한다.

이와 같은 공공성의 원칙에 기인하여 금융기관에 대한 정부의 각종 규제가 일반기업에 비해 상대적으로 강하게 적용되고 있다.

중요개념 및 용어

거래비용	위험부담의 배분	금융중개 기능
금융기관의 존재 이유	규모의 경제	안전자산의 공급
유동성의 공급	자산규모와 자산의 다양화	자본도피
정보의 불완전성	비대칭정보	역선택
정보생산	유동성의 원칙	안전성의 원칙
건전성의 원칙	재무적 리스크	비재무적 리스크
채무불이행 리스크	시장 리스크	평판 리스크
운영 리스크	수익성의 원칙	이자 마진
총자산이익률(ROA)	자기자본이익률(ROE)	공공성의 원칙

연습문제

1. 금융기관의 역할을 거래비용의 경감의 측면에서 설명하라.

2. 위험부담의 배분 내지는 경감의 측면에서 금융기관의 역할을 설명하라.

3. 금융의 중개 기능에 대하여 설명하라.

4. 금융기관의 존재 이유에 대하여 설명하라.

5. 금융중개와 규모의 경제에 대하여 설명하라.

6. 정보의 불완전성과 관련한 금융기관의 역할에 대하여 설명하라.

7. 정보생산과 관련한 금융기관의 역할에 대하여 설명하라

8. 금융기관의 경영원칙과 관련하여 다음에 사항에 대하여 설명하라.

   1) 유동성의 원칙과 유동성을 평가하는 지표

   2) 안전성의 원칙과 안전성을 평가하는 지표

   3) 건전성의 원칙과 건전성을 평가하는 지표

   4) 수익성의 원칙과 수익성을 평가하는 지표

   5) 공공성의 원칙

제 4 장 금융규제와 금융감독

본 장에서는 먼저 시장실패와 관련하여 금융규제의 논리를 설명한 공공이익가설을 중심으로 자연독점, 외부성, 정보의 비대칭성, 공공재 등의 측면에서 금융규제의 필요성을 제기하고, 다음으로 금융규제의 형태를 크게 이자율규제, 업무영역에 대한 규제, 진입 및 퇴출의 규제, 건전성규제, 소유와 지배구조에 대한 규제 등으로 구분하여 구체적으로 살펴본다. 마지막으로 금융감독과 관련하여 금융감독의 의의, 유형, 주요국의 금융감독체계 등에 대하여 살펴본 후, 최근의 금융감독의 특징에 대하여 알아보고자 한다.

제1절 시장실패와 금융규제

효율적인 시장을 형성하기 위해서는 반드시 경쟁이 필요하지만, 과다한 경쟁은 시장실패(market failure)를 초래할 우려가 있다. 시장실패는 경쟁의 제한 또는 불완전한 경쟁으로 인하여 시장이 자원배분의 기능을 제대로 수행하지 못하는 상태를 말하는데, 이 경우에는 정부의 개입이나 규제가 불가피하게 수반된다.

일반적으로 금융산업은 타 분야보다도 규제를 많이 받는 분야이다. 이는 기본적으로 금융산업의 과다경쟁에서 발생한 시장실패가 금융제도의 안정성 및 건전성을 해칠 뿐만 아니라, 나아가서는 신용질서의 혼란을 야기시킬 수 있기 때문이다.

규제란 문자 그대로 "규칙을 제정하는 것"을 의미하는 것으로, 제도적인 틀을 형성하는데 중요한 요인으로 작용한다. 이러한 관점에서 볼 때, 금융규제는 금융시장 내지는 금융산업의 활동에 대해 영향을 주는 모든 규칙(구체적으로는 법률 및 규정)의 체계를 의미한다고 말할 수 있다.

금융규제의 목적은 ① 금융제도의 안정성과 건전성을 확보해 신용질서를 유지하고, ② 다른 공공적 정책목적을 달성함과 아울러, ③ 일반 대중에게 제공될 편익의 양이 적절하게 전달될 수 있도록 하는데 있다고 볼 수 있다. 이러한 목적을 지닌 금융규제와 관련하여 여러 가지의 이론이 제시되고 있는데, 본 절에서는 주로 시장실패와 관련하여 규제의 논리를 전개한 공공이익가설(public interest hypothesis)[1]을 중심으로 어떻게 시장실패가 발생할 수 있는지를 살펴보고자 한다.

1. 자연독점

자연독점(natural monopoly)이란 규모의 경제 내지는 비용체감산업이 존재하여

1) D. Needham, *The Economics and Politics of Regulation : A Behavioral Approach, Little*, Brown and Company, Boston, 1983.

한 산업이 자생적으로 독점상태에 놓여 있는 상태를 의미한다. 자연독점의 대표적인 예로는 전기, 가스, 수도업 등 공익사업을 들 수 있다. 그런데, 금융산업도 규제완화와 정보·통신기술의 혁신 등의 영향으로 규모의 경제가 작용하는 산업분야로 볼 수 있다.

따라서 금융기관이 규모의 경제를 추구하기 위해 과다한 경쟁을 벌릴 경우, 결과적으로 소수의 금융기관만이 남게 되어, 경쟁력집중의 부작용을 야기시킬 수 있다.

이와 같이 금융산업이 자연독점의 상태에 놓이게 되면, 경쟁에 의한 가격조정이 불가능해진다. 따라서 자연독점의 가능성을 방지하기 위해서는 금융산업에 대한 규제가 시행되어야 한다는 것이다.

그러나 금융산업이 독과점상태를 형성함에 따라 발생하는 경제력집중의 문제가 반드시 국가경제에 부정적인 영향을 끼친다고 단정할 수는 없을 것이다. 최근과 같이 개방경제체제 하에서 금융의 범세계화(globalization)의 진전으로 국경을 초월한 무한 경쟁이 전개되고 있는 상황에서는 어느 정도의 금융산업의 독과점과 경제력집중이 불가피할 수 있기 때문이다.

2. 외부성

두 번째 유형의 시장실패는 외부성에서 발생할 수 있다. 외부성(externalities)이란 경쟁적 시장 내의 한 주체의 경제행위가 소비나 생산에 참여하지 않은 시장 밖의 세3사에세 미지는 영향을 의미한다. 외부성이 존재할 때, 소비와 생산에 참여하지 않은 시장 밖의 제3자가 아무런 대가를 지불하지 않고 이익을 얻는 경우, 외부경제(external economy)가 존재한다고 하고, 제3자 아무런 보상을 받지 못하고 손해를 보는 경우는 외부불경제(external diseconomy)가 존재한다고 한다.

일반적으로 외부성이 존재하면 사회적 비용(social cost)과 사적비용(private cost), 사회적 편익(social benefit)과 사적 편익(private benefit)간의 괴리가 발생하여, 경쟁적시장의 가격메커니즘만으로는 자원배분의 효율성을 이룩할 수 없기 때문에 시장의 실패가 일어난다.

금융산입은 외부성이 큰 산업으로 외부경제도 크지만, 외부불경제도 또한 매우 크다. 금융산업에 있어서 외부불경제의 대표적인 예로서 예금인출사태(bank run)를 들 수 있다. 만약, 어느 한 금융기관이 지급불능위기에 빠지면 그 여파는 해당 금융기관에 국한하지 않고 타 금융기관에게 까지 파급되기 쉽다. 이때, 예금자는 지급능력이 있는 금융기관과 없는 금융기관을 분별할 수 없기 때문에, 한 금융기관에서 발생한 지불불능 상태는 다른 금융기관에 대한 예금인출사태로 연결될 가능성이 높다.

이와 같이 예금인출사태가 발생하면 금융기관 전체의 금융중개 기능 및 지급결제 기능이 마비되는 시스템 위기(system crisis)로 발전할 가능성이 크며, 나아가서는 경제전체의 신용질서의 혼란을 초래할 수도 있다.

이처럼 금융산업에 있어서도 외부불경제는 자원 배분을 왜곡시킴과 아울러 시장 실패를 초래시킬 수 있기 때문에, 건전성규제(prudential regulation) 등 예방적인 규제를 시행하거나, 예금보험제도 등 금융안전망(financial safety net)을 구축해야 한다는 것이다.

3. 정보의 비대칭성

경쟁적 시장에서 시장실패가 발생하는 유형 중에는 정보의 비대칭성(informational asymmetry)에 연유하는 경우가 있다. 특히, 금융산업은 정보의 비대칭성에 따른 시장실패가 발생하기 쉬운 분야라고 말할 수 있다. 이는 기본적으로 금융거래가 그 속성상 공개되기 어려운 점이 많기 때문이다. 즉 금융거래자 간에는 이해가 상충될 소지가 많기 때문에, 금융기관의 경우 고객의 정보를 파악하는데 어려움이 있고, 고객의 경우는 더욱 더 금융기관의 영업내용을 외부에서 파악하기 어렵다.

이와 같이 금융산업에 있어 존재하는 정보의 비대칭성은 역선택, 도덕적해이 등의 문제를 촉발시킬 수 있다.

1) 역선택

역선택(adverse selection)이란 거래가 일어나기 전에 비대칭적 정보(asymmetric information)에 의해 발생하는 문제로서, 사전적으로 알려지지 않은 정보를 갖고 있지 않는 자는 정보의 부족으로 최선의 선택을 하지 못할 가능성이 크다는 것이다.[2)]

이와 같은 역선택 문제가 발생하면 시장에 대한 전반적인 신뢰가 무너져 시장실패가 발생할 가능성이 높다

금융산업도 역선택 문제가 발생하기 쉬운 분야이다. 예를 들어 은행의 자본 및 자산의 건전성과 안전성은 예금자의 이해와 직결되는 문제이나, 예금자는 이를 점검 혹은 감시할만한 충분한 장치를 갖고 있지 못할 뿐만 아니라, 설사 이를 구비하고 있을지라도 점검 및 감시로부터 얻는 혜택(benefit)보다 비용(cost)이 많이 든다면 이를 시행할 유인이 없어져 최선의 선택을 하지 못할 가능성이 있다.

이와 같이 정보의 비대칭에 따른 폐해를 방지하기 위해서는 금융규제가 필요하다. 즉, 역선택 문제에 따른 금융규제는 시장 내에서의 비대칭적 정보를 제거하여 시장참가자가 균등한 입장에서 정보를 고유할 수 있도록 정보의 생산을 증가시키는데 그 목적이 있다 하겠다. 이와 같은 관점에서 볼 때, 역선택문제에 따른 금융규제 중 제일 중요한 것은 정보의 공시(disclosure)에 있다고 말할 수 있다. 정보의 공시는 시장의 투명성과 공정성을 향상시킴과 더불어, 시장참가자 스스로가 자기책임의 원칙에 따라 적절한 주의(due diligence)를 기울임으로써 시장을 감시하고 제재를 가하는 시장규율(market discipline) 기능을 향상시킬 수 있다.

2) 도덕적 해이

도덕적 해이(moral hazard)란 거래가 이루어지고 난 후에 비대칭적 정보에 의해 발생되는 문제로서, 어느 제도적 변화에 대응하여 발생된 민간부문의 행동의 변화가 의도한 목적과는 다르게 바람직하지 못한 효과를 초래시키는 것을 말한다. 이의 대표적인 예로는 대리인 문제(agency problem)를 들 수 있다.

대리인 문제는 위임자가 실제로 의사결정을 하는 대리인이 행한 이기적인 행동을 감시할 수 없기 때문에 발생한다. 즉, 이는 대리인이 위임자(예를 들어 주주)의 이익을 위해 최선을 다하지 않고, 오히려 자신의 사적이익을 추구하는 행동을 행함으로써 결과적으로 위임자에게 피해를 주는 경우에 발생한다. 예를 들어 금융기관은 주주나 예금자를 대신해 대출관련 차입자를 감시하는 업무를 위임받았는데, 대리인

2) 흔히 역선택의 대표적인 예로써 소위 중고차문제(markets for lemons)를 들고 있다. 이는 정보의 비대칭성이 존재하면 시장에는 질이 좋은 제품은 빠져나가고 불량한 제품(lemon)만이 거래된다는 것이다.

인 금융기관이 이를 게을리한다거나, 제대로 수행하지 못하면 위임자인 주주나 예금자에게 폐해를 준다.

이와 같은 도덕적 해이 문제를 방지하기 위해서는 규제가 필요하다. 도덕적 해이 문제와 관련한 규제수단으로서는 ① 외부감사나 내부통제제도 등과 같이 대리인의 행동유인을 변경시키는 방법과, ② 경영자 인력시장의 활성화, 기업지배시장을 통한 주주들의 경영자에 대한 통제기능 강화 등과 같이 시장규율을 강화시키는 방법 등을 들 수 있다.[3)]

4. 공공재

공공재(public good)란 비경합성과 비배제성이라고 하는 특징을 가진 재화를 말한다. A가 어느 재화를 소비하더라도 이에 따라 B의 소비 가능량이 감소하지 않으면 그 재화는 비경합성을 갖는다고 말한다. 이와 관련한 대표적인 예로서 가로등을 들 수 있다. 가로등이 A가 걸어가고 있는 길을 비추고 있으면, 그곳을 동시에 걷고 있는 B에게 있어서도 그 길은 어두울 수가 없다. 비배제성이란 그 재화가 A에게 공급되면, 필연적으로 B에게도 공급되는 성질을 말한다. 앞에서 언급한 가로등을 다시 예로 들면, A가 걸어갈 때에는 가로등이 길을 밝히나, B가 걸어갈 때에는 소등되어 버리는 것과 같은 것은 있을 수 없다는 것이다.

이와 같은 특징 때문에 공공재의 비용을 그 이용자로부터 징수하는 방법을 채택하기가 어렵다. 즉, 공공재는 사적비용이 들지 않기 때문에 소위 무임승차(free rider) 문제가 발생한다. 이와 같이 무임승차문제가 발생한 상태에서 공공재의 공급을 시장기능에 맡겨두면 사회적 최적 상태보다 과소생산하게 된다. 예를 들어 예금보험제도의 가입 여부를 금융기관의 임의선택으로 맡기면, 아무도 보험료를 내고 예금보험제도에 가입하지 않을 것이다. 왜냐하면, 예금보험에 가입하지 않은 금융기관도 공짜로 예금보험제도에 따른 금융제도의 안정성의 혜택을 누릴 수 있기 때문이다.

이와 같이 금융제도도 공공재적 성격이 강하다. 즉, 금융시장에서 개개인이 거래

---

3) 강병호・김대식・박경서, 『금융기관론(제22개정판)』, 박영사, 2020년, pp. 94~97.

하여 얻은 혜택에 상응하는 대가 지불을 회피할 경우, 가격기능에 의한 금융의 효율적 배분이 어렵게 된다. 여기에 정부가 개입해야 하는 근거가 있다.

제2절 금융규제의 형태

금융규제의 형태에는 이자율규제, 업무영역에 대한 규제, 진입 및 퇴출규제, 건전성규제, 소유와 지배구조에 대한 규제 등이 있다. 이러한 규제들은 주로 시장실패에 따른 폐해를 방지하기 위한 목적으로 시행되고 있다.

1. 이자율 규제

금융산업에 대한 가격 규제는 금융상품에 적용되는 각종 금리나 각종 금융서비스 제공에 따른 수수료에 대한 규제를 의미한다. 여기서는 이자율규제를 중심으로 알아보고자 한다.

이자율 규제는 일반적으로 규제당국이 금융기관의 여수신 금리를 직접 통제하는 것을 의미한다. 예를 들어 과거 미국의 경우, Regulation Q라고 불리는 예금이자율에 대한 상한을 설정하였는데, 이는 기본적으로 예금유치를 위한 이자율 경쟁을 방지하는데 그 목적이 있었다. 즉, 은행들이 이자율을 무기로 경쟁을 하는 경우, 은행들은 자산수익률을 높이기 위해 보다 위험한 포트폴리오(portfolio)를 보유하게 될 것이며, 이에 따라 금융기관의 수지가 악화되고 나아가서는 금융기관이 도산하게 되어 시스템위기가 발생할 수 있다는 것이다.

한편, 1960~70년대의 우리나라의 예에서 볼 수 있는 것처럼, 발전도상국의 이자율규제는 선진국과 다른 목적에서 시행되어왔다. 발전도상국의 이자율규제의 근본적인 목적은 경제발전목표의 달성에 있다. 발전도상국의 경우, 기업의 금융비용을 경감시켜 투자를 촉진시킴과 더불어, 전략부문에의 자금공급을 효율적으로 수행하기 위하여 인위적으로 저금리체제를 유지해 왔다. 이와 같이 이자율규제는 각 국이 직면한 환경요인에 따라 서로 다른 배경에서 시행되었음을 알 수 있다.

최근의 금융규제완화 현상과 더불어, 이와 같은 이자율규제는 비가격경쟁을 유발함과 더불어, 자원의 효율적 배분을 오히려 저해하는 요인으로 지적됨에 따라, 금리자유화가 세계적인 추세로 자리 잡게 되었다. 그러나 여기서 유의할 점은 금리자유화라고 해서 금리결정을 단지 시장에만 맡기고, 규제당국은 수수방관하는 자세를 취하고 있는 것은 아니라는 점이다.

금융의 범세계화가 심화되어 금리가 환율 내지는 국제간의 자본이동 등과 밀접한 관련을 맺고 있는 개방경제체제 하에서는 금리, 통화, 환율, 주가 등 각 경제변수의 변화가 다른 변수에 지대한 영향을 미쳐 금융시장의 불안정성을 증대시킬 수 있기 때문에, 금리의 자율조정기능만으로 경제의 효율성을 추구할 수가 없다.

이러한 관점에서 볼 때 금리자유화란 금리의 결정을 시장기능에 맡기되, 거시경제운영과 관련하여 필요할 경우 정부가 간접적으로 조절하는 것으로 파악해야 할 것이다. 또한 금리자유화는 앞에서 언급한 것처럼 각국이 직면한 환경요인이 다르기 때문에, 그 나라의 경제발전의 정도 내지는 안정성의 수준을 고려해 추진하는 것이 바람직하다고 말할 수 있다.

2. 업무영역에 대한 규제

금융산업의 업무영역규제는 기본적으로 각 금융기관이 규제당국에 의해 인·허가를 받고 해당분야의 영업을 수행함과 더불어 규제당국의 감시와 통제를 받는 것을 의미한다. 이와 같은 업무영역에 대한 규제는 제6장에서 설명할 전업주의제도와 겸업주의제도의 주된 논쟁의 대상인 동시에 각 금융기관의 사활과 관계되기 때문에 금융기관간의 이해가 첨예하게 대립되는 문제이다.

금융산업의 업무영역을 합리적으로 조절하기 위해서는 우선적으로 업무영역 확대에 따른 장점과 부작용, 그리고 전문화에 따른 장점과 문제점을 비교해야 할 것이다. 제6장에서 구체적으로 살펴보겠지만, 업무영역의 확대, 즉 겸업화는 해당 금융기관의 경쟁력을 향상시키고 범위의 경제를 추구할 수 있는 장점이 있는 반면에, 경쟁의 심화를 통해 금융기관의 부실화 내지는 도산을 초래할 수 있으며, 또한 각종의 이해상충문제를 일으킴과 아울러, 금융업무의 전문성을 발휘하기가 어려운 단점을 지니고 있다.

최근 금융산업의 업무영역 조정은 금융혁신 및 금융규제완화의 진전, 금융의 범세계화, 금융의 증권화 현상, 정보·통신기술의 비약적인 발달 등의 환경요인의 변화에 의해 겸업화를 추진하는 것이 세계적인 추세였으나, 2008년의 글로벌위기를 계기로 겸업화에 대한 우려가 다시 부각되면서 이를 억제하기 위한 논의가 미국, 영국 등에서 진행되어 왔다. 따라서 업무영역조정은 기본적으로 겸업화에 따른 효율성을 최대한 살림과 아울러, 경쟁심화나 이해상충문제와 같은 부작용에 대해 적절한 대응조치를 마련하면서 추진해야 할 것이다. 이와 더불어 업무영역조정을 시행할 때에는 서로 다른 유형의 금융기관이 동등한 조건 하에서 경쟁할 수 있도록 공정성 문제도 간과해서는 안될 것이다.

3. 진입 및 퇴출규제

금융산업에 있어서의 진입규제는 진입에 따른 직접비용과 간접비용을 새로운 시장참여자에게 부담시키는 것을 의미한다. 이는 비대칭 정보 하에서 발생할 수 있는 역선택 문제를 완화시킴으로써 금융제도의 안정성을 추구하고자 하는 데 목적이 있다. 예를 들어 금융산업 진입에 대한 지나친 규제 완화는 금융기관 간의 경쟁을 유발시킴과 아울러, 금융기관의 면허 가치를 하락시킬 뿐만 아니라, 리스크 선호에 입각한 이윤추구로 금융제도의 안정성을 해칠 수 있다.

일반적으로 금융산업에 대한 진입규제는 금융기관의 설립, 전환, 합병, 특정 금융분야에 대한 참가 금융기관의 수 및 규모, 금융상품별 진입 등에 대해 규제 당국이 인·허가제도를 적용함으로써 이루어진다. 인·허가제도에 입각한 진입규제는 특정분야에 대한 잠재적 진입자에게 규제 당국이 선택권을 행사하거나, 또는 새로운 진입을 제한하기 때문에, 기존참여자에게 인위적인 우위성을 부과하는 결과를 초래한다. 이와 같은 관점에서 볼 때 인·허가제도에 입각한 진입규제는 기존 참여자들로 하여금 시장지배력을 행사하게 하거나, 경쟁 제한에 따른 비효율성을 갖게 함으로써 시장의 조절능력을 감소키고, 자원 배분을 왜곡시킬 수 있다.

이와 같이 금융산업에 대한 진입규제는 그 나름대로의 장·단점을 지니고 있기 때문에, 최근의 세계 각 국의 규제당국은 금융산업의 진입장벽의 수위를 조절함으로써 금융산업의 건전한 육성을 도모하고 있다. 그 예로서 각 국은 금융기관의 설립에 대해 공공성을 감안하여 최소한의 인가조건을 규정하고 있다.

한편, 금융기관의 퇴출의 경우, 금융제도 전체의 안전성을 고려하여 시행될 필요가 있다. 왜냐하면, 금융기관의 퇴출은 일반기업의 퇴출과는 달리 금융산업 전체의 시스템 위험으로 파급될 우려가 크기 때문이다.

따라서 금융기관의 퇴출은 금융제도의 안정성 유지, 금융제도에 대한 일반인의 신뢰성 유지, 파산처리 시의 비용의 효율성과 파산절차의 공정성 유지 등을 고려하여 시행되어야 할 것이다.

4. 건전성 규제

건전성 규제(prudential regulation)란 규제 당국이 금융기관경영의 건전성 유지와 금융제도의 안전성 확보를 위하여 금융기관의 자산운용, 자금조달 등의 행태를 규제하는 것을 의미한다. 이는 금융산업이 공공성과 외부성이 큰 분야이기 때문에 금융기관경영의 건전성과 안전성을 확보하는 것이 금융제도의 안정성 유지에 무엇보다도 중요하기 때문이다.

건전성 규제의 대표적인 예로는 자기자본규제, 자산운용규제 등의 대차대조표규제(balance sheet regulation)와 적기시정조치(prompt corrective action) 등이 있다.

자기자본규제는 금융기관의 도덕적 해이 문제 등의 발생을 감소시키기 위해 행하는 규제로서, 주로 최저자본금 요건 및 자기자본비율 유지에 대하여 규제를 행하는 것이다.

자기자본규제가 필요한 이유는 ① 은행 등 금융기관은 각종 위험에 직면하고 있음에도 불구하고 예금보험제도 등으로 인하여 도덕적 해이를 증가시킬 가능성이 높으며, ② 또한 개별은행은 예금인출사태와 같은 외부효과를 충분히 고려하지 못한다는 데에 있다. 따라서 규제 당국은 은행 등의 금융기관의 도덕적 해이를 감소시키고 외부불경제 효과를 방지하기 위하여 금융기관으로 하여금 충분한 자기자본비율을 유지하도록 규제한다는 것이다.

세계 주요국의 규제 당국은 은행의 도산을 방지하기 위한 일환으로 은행자본금에 대해 최저요건을 설정하고 있다. 특히, 1988년 국제결제은행(BIS : Bank for International Settlements)의 주관 하에 스위스의 바젤에서 예금은행의 신용위험을 관리하기 위해 자기자본규제에 관한 국제적 통일기준을 제정한 것을 계기로, 총 위험조정자산의 8%에 해당하는 자기자본을 보유하도록 하였다.

자산운용규제는 은행 등 금융기관이 위험자산을 지나치게 보유하는 것을 방지하기 위한 규제이다. 이는 예금주 등 이해관계자가 위험자산의 증대 등 은행의 위험한 영업활동에 대해 충분히 정보를 입수해 감시할 수 있는 능력이 없기 때문에, 규제 당국이 이를 대신해 규제를 행함으로써 은행들의 위험한 영업활동을 감소시키고자 하는 데에서 연유된다.

자산운용규제의 대표적인 예로는 은행들이 주식 및 부동산과 같은 위험자산의 보유를 직접 제한하거나, 분산투자를 촉진시키기 위해 편중여신을 규제하는 것 등을 들 수 있다.

한편, 적기시정조치(prompt corrective action)는 금융기관에게 부과된 자본충실도가 일정수준 이하로 저하된 금융기관에 대해 규제 당국이 시정조치를 의무적으로 시행하는 제도를 의미한다. 이와 같은 적기시정조치는 금융기관의 경영상태를 상시적으로 분석하고 이에 따른 건전성의 정도에 따라 시정 내지는 제재 조치를 단계적으로 취함으로써 금융기관경영의 부실을 미리 예방함과 아울러, 금융제도의 안정성 확보와 사회적 비용을 최소화하고자 하는 데 그 목적이 있다.

5. 소유와 지배구조에 대한 규제

금융기관의 소유와 지배구조에 대한 규제의 논리는 다음과 같이 몇 가지 측면에서 살펴볼 수 있다. 첫째, 금융기관은 사적 기업이지만 공공재적 성격이 강하기 때문에, 과다한 사적 이득을 추구를 자제하도록 소유자가 경영에 미칠 수 있는 통제력을 제한하여야 한다는 것이다. 둘째, 금융제도의 안정성 유지, 통화정책의 유효성 및 지급결제제도의 안정성 확보, 경쟁적인 금융제도의 유지 등을 위하여 소유와 지배에 대한 규제를 해야 한다는 것이다. 셋째, 금융기관은 유동성이 높은 타인의 자금을 운용하기 때문에 사적 목적을 위한 자금전용을 방지하기 위해서도 소유와 지배에 대한 규제를 해야 한다는 것이다.

이와 같은 논리에 의거하여 대부분의 국가에서는 일반적으로 산업자본의 금융기관의 소유 및 지배를 제한하고 있다. 우리나라의 경우 현재 은행 및 보험회사 등에 대해서는 산업자본의 지배를 막기 위한 소유규제가 행해지고 있다.[4] 다른 금융산업의 경우 소유 규제는 행하지 않고 있으나 소유에 따른 부작용을 방지하기 위하여 여러 가지의 규제를 행하고 있다. 한편 금융기관의 건전성 확보를 위해 금융기관의 지배구조에 대해서도 규제가 행해지고 있다. 은행의 경우 이사회 및 감사위원회를 설치·운용해야 하고, 또한 은행의 내부통제 기준에 대한 규정 등을 마련해야 한다.

제3절 금융감독

1. 금융감독의 의의

일반적으로 규제가 경제주체의 행위에 대해 사전적으로 규율하는 것을 의미하고 감독이 경제주체의 행위를 사후적으로 감시하는 것을 의미한다고 정의할 경우, 금융규제(financial regulation)는 금융과 관련된 규칙(rule)을 사전적으로 설정하는 것이고, 금융감독(financial supervision)은 이렇게 설정된 규칙이 잘 실행되도록 감시하는 것을 의미한다.[5]

이와 같은 관점에 의거 금융감독의 개념은 '금융주체의 금융행위로부터 발생하는 각종 리스크가 금융시장의 불안과 금융산업의 건전성의 저해를 야기시켜, 전체 금융시스템의 안정성을 해치는 것을 방지하기 위해 행하는 규제 등의 행위'로 정의할 수 있다. 보다 구체적으로는 '금융감독당국이 금융회사의 경영 건전성 확보, 금융시

4) 구체적인 내용은 제8장에서 살펴보고자 한다.
5) 권재중 외 9인 공저, 『금융기관론(제2판)』, 율곡출판사, 2013년, p. 686.

장의 신용 질서 및 공정거래 관행 확립, 금융소비자의 보호 등을 도모하고자 하는 금융회사와 금융시장에 대한 규제 등을 수행하는 제반 활동'[6]으로 정의할 수 있다.

최근 세계 각국은 금융시스템의 안정성확보를 위해 금융안전망(financial safety net)을 설치·운영함과 더불어, 이러한 금융안전망이 야기시키는 금융회사의 도덕적 해이를 방지하고, 금융제도의 안정성과 건전성을 확보하여, 예금자와 투자자를 보호하기 위해 금융회사에 대해 금융감독을 시행하고 있다.

2. 금융감독의 유형

1) 거시적 감독과 미시적 감독

금융감독은 거시경제, 금융시장 및 지급결제시스템 전반을 대상으로 하는 거시적 감독과 금융시장 참가자들의 개별적인 거래행위를 규율하는 미시적 감독으로 구분할 수 있다.

미시적 감독은 주로 개별 금융회사 경영의 건전성 확보를 위한 건전성 감독과, 시장참가자들의 정직하고 공정한 거래를 실현하기 위한 행위규제로 이루어진다. 한편 거시적 감독은 미시적 감독만으로는 금융시스템의 안정과 금융위기에 효율적으로 대처하기 어렵다는 견해에 의거 최근 정립된 개념으로, 이는 최근 범세계적으로 발생한 금융위기가 특정 금융회사에 국한된 위기보다는 전체 금융시스템에 영향을 미치는 공통요인과 금융주체들의 군집행동에 연유한다는 것이다.[7]

미시적 감독은 개별 금융회사의 부실화 위험을 방지하는 데에 주목적을 두고 있다. 따라서 금융회사 간의 연쇄 부실화의 위험은 고려하지 않은 채 개별 금융회사의 경영성과에 초점을 두고 있으며, 규모와 관계없이 모든 금융회사를 동등하게 취급하고 있다. 미시적 감독에서는 동류 그룹 비교분석(peer-group analysis)을[8] 기본

6) 금융감독원, 『2010 금융감독개론』, 2011년.
7) 강병호·김대식·박경서, 『금융기관론(제22개정판)』, 박영사, 2020년, p. 120.
8) 동류그룹 비교분석(peer-group analysis)은 시중은행·지방은행, 재벌계열 증권사·전문증권사 등에 적용되는 방식으로 금융기관들을 그 특성에 따라 집단화(grouping)하고, 개별 금융기관의 건전성·수익성 등에 대한 지표를 당해 집단의 평균치와 비교·분석하는 방법이다.

적인 감시수단으로 활용하고 있다.

한편, 거시적 감독은 금융혼란으로 인한 비용을 최소화함으로써 시스템 리스크(system risk)를 방지하는 데에 주목적이 있다. 따라서 금융회사의 연쇄 부실화 위험의 예방에 초점을 두고 있으며, 대형금융회사는 부실화할 경우 경제에 미치는 파급효과가 크므로 규모가 클수록 감시의 정도를 강화하고 있다. 거시적 감독은 동류그룹 비교분석에 대한 의존도가 낮다.

미시적 감독에서는 "개별 금융회사의 건전성이 금융시스템의 안정성을 좌우한다"는 것을 근간으로 삼고 있는데 비해, 거시적 감독에서는 개별 금융회사 차원의 건전성 확보 노력이 오히려 금융시스템의 안정성을 저해할 수 있다는 점에 초점을 맞추고 있다.[9] 즉, 거시적 감독의 관점에서는 금융회사 퇴출에 대한 과도한 방지책의 시행으로 시장규율이 약화되고 자원 배분의 왜곡을 초래할 수 있다는 것이다. 또한 금융감독 당국이 개별 금융회사의 건전성에 대한 정보에만 집착하면, 구조적 현상에 대한 감시 및 처방이 미흡할 우려가 있다는 것이다.[10]

그런데, 급격한 금융환경변화에 따른 대부분의 금융 불안정은 동일한 리스크에 다수의 금융회사들이 노출되어 있어, 동 리스크가 변동 시에는 이를 회피하기 위해 다수의 금융회사들이 집합적으로 행동함에 따라 내생적으로 발생한다. 따라서 금융불안정을 방지하기 위해서는 미시적 감독뿐만 아니라 장기적인 관점에서 리스크를 측정·관리하는 등 거시적 감독을 강화하여야 한다.

2) 시장감독과 기관감독

금융감독은 크게 금융시장 참가자들의 거래행위를 규율하는 시장감독과 개별 금융기관(금융회사) 들의 건전경영을 위해 이들에 대해 지도·감독을 시행하는 기관감독으로 구분할 수 있다.[11]

시장감독은 불특정다수의 거래자가 참가하는 금융시장에서 발생하는 각종 리스크를 최소화하여 금융시장의 안정을 도모하고 금융시장의 투명성과 공정성을 제고하

9) 금융감독원, 『금융감독 정보』 제2000-44호, pp. 59~61.
10) 예를 들어 경기침체기에 개별은행의 입장에서는 여신을 회수하는 것이 당연하나, 이에 부응하여 모든 은행이 여신을 회수하면 신용위기를 초래하게 될 것이다.
11) 강병호·김대식·박경서, 『금융기관론(제22개정판)』, 박영사, 2020년, pp. 122~124.

여 공정한 경쟁기회를 제공함으로써 선의의 시장참가자를 보호하는데 목적이 있다. 이와 관련하여 시장감독에서는 특히 공시(disclosure)가 강조되는데, 이는 공시를 통하여 금융시장의 정보 비대칭이 완화됨으로써 공정한 금융거래와 시장참가자의 자율과 책임에 의한 시장규율이 기대되기 때문이다.

기관감독은 금융기관(금융회사)의 건전성을 향상시켜 금융중개 기능의 효율성을 높이고, 개별 금융기관(금융회사)의 리스크가 금융시스템 전체의 시스템 리스크로 확산되는 것을 방지하는 데에 목적이 있다. 이와 관련하여 기관감독은 감독기구의 감독 및 검사 등을 통하여 주로 개별 금융기관(금융회사)들의 자본 적정성, 리스크 관리, 내부통제시스템 등을 점검하는데, 이 중에서도 특히 금융기관(금융회사)의 리스크관리에 초점을 맞춘 리스크관리 중심의 감독방식이 강조되고 있다.

3) 기관별 감독과 기능별 감독

기관별 감독(regulation by institution)은 금융기관(금융회사)이 제공하는 금융서비스나 금융행위의 형태에 관계없이 은행, 증권회사(금융투자회사), 보험회사 등과 같이 금융권역별로 별도의 감독조직이 감독하는 방식을 의미하고, 기능별 감독(regulation by function)은 금융권역과는 관계없이 금융기관(금융회사)이 제공하는 금융서비스나 금융행위의 유형에 따라 감독을 시행하는 방식을 의미한다.[12]

기관별 감독의 장점은 금융기관(금융회사)별로 감독을 시행하기 때문에 감독기관별로 책임소재가 명확하다는 점이다. 이에 반해 문제점으로는 감독의 전문성이 낮고 여러 금융권역에 걸쳐 행해지는 연계거래를 효과적으로 감독하기 어렵다는 점을 지적할 수 있다. 특히 주된 업무가 아닌 금융거래의 경우 감독업무의 전문성을 기하기 어려울 뿐만 아니라, 이종 금융상품간에 규제의 형평성이 결여될 경우 규제의 재정(regulatory arbitrage)행위를 통해 규제의 회피가 야기될 우려가 있다.

기능별 감독의 장점으로는 하나의 감독기관이 하나의 감독목적을 지니고 특정업무별로 이를 수행하는 다수의 금융기관(금융회사)을 동시에 감독하기 때문에, 감독상의 규모의 경제를 기대할 수 있다는 점을 들 수 있다. 다만 이를 실현하기 위해서는 특정업무에 능통한 다수의 전문인력 확보가 전제되어야 한다. 이와 같이 기능

12) 강병호 · 김대식 · 박경서, 『금융기관론(제22개정판)』, 박영사, 2020년, pp. 127~128.

별 감독은 감독의 전문성을 살리고 감독의 사각지대를 해소하는 측면에서는 기관별 감독보다 우월하다고 말할 수 있으나, 금융기관(금융회사)별로 방화벽(fire wall)이 설정되어 있거나 금융기관(금융회사)들이 업무분야별로 특화되어 있는 경우에는 오히려 기능별 감독이 감독기관들의 중복감독 및 감독기관들의 책임소재의 불명확 등의 혼란만을 초래할 가능성이 있다.

4) 개별감독과 그룹감독

금융감독은 개별 금융기관(금융회사)에 대한 개별감독과 금융그룹에 대한 그룹감독으로 구분할 수 있다. 금융그룹은 복수의 금융기관(금융회사)이 자본적 연계 등으로 공동지배 하에서 있는 그룹을 말하는데, 최근 지주회사나 자회사 등을 통한 겸업화가 진전되고 은행·증권·보험 등 이종금융업종을 영위하는 복합금융그룹이 출현함에 따라 금융그룹 전체를 감독하는 그룹감독의 중요성이 높아지고 있다. 이는 다음과 같은 금융그룹이 지니고 있는 속성에서 연유된다고 말할 수 있다.[13)]

첫째, 리스크의 전염가능성이다. 일반적으로 금융그룹에 속한 계열회사의 리스크는 다른 계열회사에 전염되는 효과가 있어 개별 금융기관(금융회사)에 대한 감독만으로는 금융그룹 전체의 리스크를 파악하는 데에 한계가 있다.

둘째, 그룹 내 계열회사간 거래의 복잡성과 투명성 결여의 문제이다. 그룹 내 계열회사간 또는 대주주 등 관계인과의 내부거래는 손실이나 위험의 부당한 이전을 초래하는 이해상충문제를 발생시킬 소지가 있다.

셋째, 그룹감독은 조직구조, 관리 등에서 복잡하고 다양한 금융그룹을 대상으로 하고 있기 때문에 감독의 사각지대를 줄일 수 있다.

넷째, 그룹감독은 그룹 내 회사간의 정보공유를 인정하는 경우, 고객 정보의 오용과 남용을 방지하는데 보다 효율적일 수 있다.

그룹감독은 기본적으로 연결감독(consolidated supervision)에 의해 이루어진다. 연결감독은 금융그룹에 속한 계열회사를 대상으로 개별 금융기관(금융회사)에 영향을 미치는 모든 리스크를 고려하면서 계열회사를 연결하여 감독하는 것을 말하는데, 이를 통하여 개별 금융회사에 노출되어 있는 리스크를 보다 정확하게 파악할

13) 최장봉, "금융회사집단 감독체제의 구축방향", 한국금융연구원, 2004년 3월.

수 있다.

3. 최근 금융감독의 특징

최근 세계 각국의 금융감독의 특징은 다음과 같이 몇 가지로 나누어 살펴볼 수 있다.

첫째, 대부분의 국가에서 금융감독기구의 독립성과 전문성을 강화시키는 추세이다. 금융감독기구의 법적 성격이 정부로부터 독립된 특수법인인 경우는 물론이고 정부기구인 경우에도 재무부 등 정부행정부서로부터 분리하여 운영상의 독립성과 전문성을 강화하는 추세이다.

둘째, 리스크 중심의 건전성 감독을 강화하는 추세이다. 일례로 은행 등 금융기관이 자체 리스크 특성(risk profile)과 경영전략 및 거시경제변수 등을 반영하여 자체의 적정 자기자본을[14] 산출할 수 있는 내부평가시스템의 구축 및 자기자본 유지전략의 수립을 유도하고, 감독당국은 상시검시 및 임점검사를 통하여 은행 등 금융기관의 최저 자기자본비율 준수여부 및 자기자본 평가시스템의 적정성을 평가하여 시정을 요구한다.

셋째, 시장규율 기능을 강화하는 추세이다. 이는 맹목적인 예금자 보호를 지양하여 예금자 등 금융기관이용자 스스로 금융기관을 감시하는 시장규율을 통해 금융기관의 건전성을 제고하고자 하는 데에 그 의의가 있다. 시장규율의 원활한 작동을 위해서는 효과적인 감독체계와 공시가 필수적이기 때문에, 대부분의 국가에서 은행 등 금융기관의 건전성에 관한 정보공시를 강화하여 시장참가자들이 공시된 정보를 기초로 은행 등 금융기관의 건전성을 판단하고 적절한 행동을 취할 수 있는 환경을 조성하고 있다.

넷째, 급변하는 금융환경에 대응하기 위해 미시적 감독과 거시적 감독의 결합을 공고히 할 필요성이 제기되고 있다. 이는 현재까지의 금융감독 추세는 미시적 측면에 치중하고 있으나, 향후 거시적 측면에 보다 많은 관심을 기울여야 한다는 것을

14) 적정 자기자본이란 은행 등 금융기관의 영업환경 및 시장환경이 악화될 때에도 이에 충분히 대처할 수 있도록, 발생 가능한 최악의 상황을 가정한 시나리오에 기초한 위기검증(stress-test)결과를 반영하여 최저 자기자본보다 높게 결정하는 것을 의미한다.

의미하는 것으로, 이를 위해서는 금융감독당국이 중앙은행, 재정당국 등 유관기관과 공조를 보다 강화하여야 한다는 것이다. 그런데, 급격한 금융환경변화에 따른 대부분의 금융 불안정은 동일한 리스크에 다수의 금융기관들이 노출되어 있어, 동 리스크가 변동 시에는 이를 회피하기 위해 다수의 금융기관들이 집합적으로 행동함에 따라 내생적으로 발생한다. 따라서 금융 불안정을 방지하기 위해서는 미시적 감독뿐만 아니라, 장기적인 관점에서 리스크를 측정·관리하는 등 거시적 감독을 강화하여야 한다.

다섯째, 최근 자회사를 통한 금융의 겸업화의 진전으로 금융기관의 위험이 복잡·다양화됨에 따라 연결감독(consolidated supervision)의 관심이 증대되고 있다. 연결감독은 금융그룹 내에 속해 있는 다른 금융기관의 위험이 그룹전체 또는 모 금융기관에 파급되는 영향을 사전에 방지하여 금융그룹의 건전성을 확보하고, 해당금융기관의 부실화를 예방하는 데 그 목적이 있는데, 일반적으로 그룹내 각 금융기관에 대한 개별감독과 병행하여 시행하고 있다. 현재 대부분의 국가에서 연결감독이 의무화되어 있는데, 우리나라도 2000년 1월부터 동 제도를 적용하고 있다.

마지막으로 최근의 금융위기가 글로벌 금융위기로 진전됨에 따라 금융감독의 국제적 표준 및 기준을 설정하는 등 금융감독의 국제정책 공조체제를 구축하고자 하는 움직임이 활발히 일어나고 있다.

중요개념 및 용어

시장실패	금융규제	자연독점
외부성	외부경제	외부불경제
예금인출사태	시스템위기	금융안전망
정보의 비대칭성	역선택	시장규율
정보의 공시	적절한 주의(due diligence)	도덕적 해이
대리인문제	공공재	예금보험제도
이자율규제	업무영역규제	진입 및 퇴출규제
건전성규제	자기자본규제	적기시정조치
준칙주의	자산운용규제	소유와 지배에 대한 규제
금융감독	거시적 감독	미시적 감독
동류 그룹 비교분석	시장감독	기관감독
공시	기관별감독	기능별 감독
규제의 재정	방화벽	개별감독
그룹감독	복합그룹감독	연결감독
글로벌 금융위기	적정 자기자본	건전성 감독

연 습 문 제

1. 금융규제의 논리와 관련하여
   1) 외부성이 존재하면 시장실패가 일어날 수 있음을 설명하고, 예금인출사태를 예를 들어 금융산업이 외부불경제가 일어날 가능성이 있음을 서술함과 아울러 이에 대한 대책을 서술하라.
   2) 금융산업에 있어 존재하는 정보의 비대칭성의 하나인 역선택에 대하여 설명하고, 역선택에 따른 금융규제의 대책에 대하여 서술하라.
   3) 금융산업에 있어 존재하는 정보의 비대칭성의 하나인 도덕적 해이에 대하여 설명하고, 도덕적 해이문제를 방지하기 위한 규제에 대하여 서술하라.
   4) 공공재에 대하여 설명하고, 금융제도가 공공재적 성격이 강함을 서술하라.

2. 이자율규제의 의미에 대하여 설명하고, 이자율규제가 각 국이 직면한 환경요인에 따라 상이한 배경에서 시행되었음을 선진국과 발전도상국의 예를 들어 서술하라.

3. 업무영역규제의 의미에 대하여 설명하고, 최근 업무영역규제의 세계적인 추세에 대하여 서술하라.

4. 진입규제의 장 · 단점 및 최근의 추세에 대하여 설명하고, 금융기관 퇴출시 고려할 사항에 대하여 서술하라.

5. 건전성규제의 의미에 대하여 설명하고, 건전성규제의 대표적인 예인 자기자본규제, 자산운용규제, 적기시정조치 등에 대하여 구체적으로 서술하라.

6. 금융기관의 소유와 지배구조에 대한 규제의 논리에 대하여 설명하라.

7. 미시적 감독과 거시적 감독에 대하여 비교 · 설명하라.

8. 시장 감독과 기관감독에 대하여 비교 · 설명하라.

9. 기능별 감독의 개념과 장 · 단점에 대하여 설명하라.

10. 최근 세계 각국의 금융감독의 특징에 대하여 설명하라.

제 5 장 금융환경요인과 금융제도의 변화

제 1 절 금융자유화-금융혁신과 금융규제완화-

제 2 절 금융의 범세계화

제 3 절 금융의 증권화

제 4 절 핀테크화

본 장에서는 최근의 금융제도의 변화에 지대한 영향을 미친 주요 금융환경요인인 금융혁신과 금융규제완화, 금융의 범세계화, 금융의 증권화, 핀테크화 등에 대하여 그 의의 및 발생 배경, 문제점, 금융제도에 미친 영향 등에 중점을 두고 구체적으로 알아보고자 한다.

제1절 금융자유화-금융혁신과 금융규제완화-

1. 금융 자유화의 의의

오늘날의 세계 각 국의 커다란 흐름은 각 국이 직면한 제반 환경요인에 의해 전개양상에 있어서 차이는 있으나, 금융 자유화의 전개과정으로 특징할 수 있다.

금융자유화는 흔히, 금융규제완화 내지는 금융혁신과 동일한 개념으로 혼용해 사용되기도 한다. 그러나 이들 개념을 엄밀히 구분하면, 금융혁신에 의해 금융규제완화 현상이 일어나고, 금융규제완화에 의해 나타난 포괄적인 현상이 금융 자유화라고 정의하는 것이 보다 바람직하다고 여겨진다. 즉, 금융혁신 내지는 금융규제완화가 상호 영향을 미쳐 나타난 전체적인 현상을 금융 자유화라고 말할 수 있다.

이러한 관점에 의거, 금융 자유화(financial liberalization)는 금융거래 및 금융시장에 부과된 각종의 규제가 완화 내지는 철폐됨으로써 최종대부자와 최종차입자가 금융중개기관을 통해 가능한 한 자유로운 거래가 이루어지는 현상이라고 정의할 수 있다.

이와 같은 의미를 지닌 금융 자유화가 진전되면, 금융거래가 시장메커니즘 내지는 자유 경쟁원리에 입각해 이루어짐에 따라 자원의 적정한 배분이 가능하게 되어 국민경제의 발전에 있어서 바람직한 결과를 거둘 수 있다. 또한 기업 등 자금의 차입자는 자금의 조달을 원만히 할 수가 있고, 개인 등 자금의 대부자도 유리한 자금운용이 가능하다. 특히 금융기관도 업무활동의 자유도가 증대함에 따라 경영의 효율화를 꾀할 수 있다. 이와 같이 금융 자유화는 국민경제 전체뿐만 아니라 각 경제주체 그리고 금융기관에 커다란 이익을 줄 수 있다.

그러나 다른 한편으로는 시장가격의 변동성과 왜곡을 증대시킬 가능성이 크고, 만약 정보의 불안전성과 비대칭성이 존재할 경우에는 신용 배분에 있어서 역선택과 도덕적 해이를 야기시키는 등 여러 가지의 폐해를 줄 수도 있다.

2. 금융혁신의 의의 및 유형

금융혁신(financial innovation)이란 용어는 앞에서 서술한 것처럼, 금융규제완화, 금융변혁 등의 용어와 동일한 개념으로 자주 사용된다. 또한 이에 대한 개념 및 이론도 다양하게 표출되고 있다. 이는 기본적으로 금융혁신과정이 현재에도 진행 중이며, 이를 해석하는 관점이 서로 다르기 때문이다.

금융혁신이란, 광의의 개념으로서는 금융거래에 있어서 새로운 수단, 즉, 거래의 수단인 금융상품, 거래의 장소인 금융시장, 거래와 관련된 정보전달 매체 등이 창출되거나, 새로운 공급자가 출현하는 것으로 정의할 수 있다. 보다 구체적으로는 각종 제약과 규제를 받는 금융환경 하에서 금융기관인 기업이 이윤동기 혹은 각종 니-즈(needs)의 변화에 대응하여 새로운 금융 행동을 행한 결과, 금융구조를 변화시킨 것을 의미하기도 한다.

금융혁신에 관한 이론도 다양하게 존재하는데, 여기서는 포돌스키(Podolski)가 분류한 것처럼 세 가지 유형, ① 제약유발형 혁신이론, ② 회피형 혁신이론, ③ 거래비용형 혁신이론으로 나누어 살펴보고자 한다.[1)]

제약유발형 혁신이론은 금융기관의 미시경제적 관점에서 접근한 이론으로, 실버(Silber)가 제시하였다. 실버(Silber)는 기업으로서의 금융기관은 제반의 제약 하에서 효용 극대화를 위해 행동한다는 전제로, 정부의 규제 혹은 시장을 둘러싼 환경요인 등과 같은 외생적 요인이 변화하면 금융혁신이 발생한다고 주장했다.[2)] 즉, 금융제도가 외생적 요인의 변화에 대응하여 변화하고 새로운 금융수단이 종래의 금융수단보다 낮은 비용으로 커다란 이익을 창출할 수 있으면, 금융혁신이 발생한다는 것이다. 이와 같이 제약유발형 혁신이론에서는 기존의 금융제도에 있어서의 각종 금융시장 간에 존재하는 수익률 격차가 새로운 금융수단의 개발을 촉진시켜 이익을 추구하고자 하는 금융혁신의 주요인으로 작용한다는 것이다. 이와 같은 관점에서

---

1) T. M. Podolski, *Financial Innovation and the Money Supply*, Basil Blackwell, 1986.
2) W. L. Silber ed., Financial Innovation, Lexington Books, 1975.과 W. L. Silber, "The Process of Financial Innovation", *The American Economic Review*, Vol. 73, No. 2, May 1983. 참조.

볼 때, 실버의 제약유발형의 금융혁신이론은 이윤 동기에 의해 금융혁신이 가속화된다는 카프만(Kaufman)의 주장과[3] 일맥상통한다고 하겠다.

금융혁신이론의 두 번째 유형으로서 포돌스키(Podolski)는 회피형 혁신이론을 들고 있다. 회피형 혁신이론에 의하면, 금융혁신은 화폐적 규제에 대한 반응에서 생성된 것으로 궁극적으로는 규제의 심각한 영향을 우회하거나 회피하고자 하는데 있다는 것이다.[4] 즉, 시장의 니-즈(needs)가 기존의 규제 이상의 금융서비스를 요구하기 때문에, 그 결과로서 규제를 우회 혹은 회피하기 위해 금융혁신이 발생한다는 것이다. 이러한 관점에서 볼 때 회피형 혁신이론은 능동적 혁신의 성격을 띠고 있다고 말할 수 있다. 또한 이는 외생적 내지는 내생적 변화에 대응하여 각종 규제를 회피하는 형태로 금융상품의 개발이 이루어짐에 따라 각종 규제를 철폐하는 방향으로 금융혁신이 진전된다는 프리드먼(Friedman)의 견해와 유사하다.[5]

포돌스키(Podolski)가 마지막으로 거론한 금융혁신이론은 거래비용형 혁신이론인데, 이는 크게 두 가지로 구분해 볼 수 있다. 하나는 거래비용의 축소가 금융혁신의 추진에 있어서 가장 중요한 동기라는 것이고, 다른 하나는 금융혁신은 본질적으로 주로 기술진보에 의해 제공된 비용축소의 가능성에 대한 반응이라는 것이다. 즉, 거래비용형 혁신이론에 의하면, 금융혁신은 컴퓨터 등 전자·통신기술의 혁신에 의해 정보의 전달·처리에 대한 비용(cost)이 저하된 결과로, 기존에 존재해온 규제를 회피하고자하는 수단을 창출하는 데에 있다는 것이다.[6] 이와 같은 관점에서 볼 때, 거래비용형 혁신이론이 성립되기 위해서는 전자·통신기술의 혁신 등 과학기술의 진보가 전제되어야 함을 알 수 있다.

3. 금융규제완화의 의의 및 특징

금융규제완화(financial de-regulation)는 금융혁신 등의 영향에 의해 정부가 주체

3) H. Kaufman, *Interest Rates the Markets and the Few Financial World*, Salomon Brothers, 1986.

4) T. M. Podolski, *op. cit* pp. 186~187.

5) M. Friedman, "不換紙幣の世界における金融政策",『金融研究』, 日本銀行金融研究所, 第4巻 第4号, 1985年, p. 109.

6) T. M. Podolski, *Ibid.*, pp. 207~208.

가 되어 기존에 금융제도에 부과된 각종의 규제, 예를 들어, 금융상품의 가격에 대한 규제, 업무영역에 대한 규제, 금융시장에의 신규진입에 대한 규제, 금융기관 자산 부채관리 및 각종 경영에 대한 규제 등을 철폐 내지는 완화하는 것을 의미한다.

금융규제완화 현상은 1970년대 후반 이후 미국에서 시작된 이래 유럽 그리고 일본 등을 거치면서 세계 금융·자본시장의 커다란 흐름으로 자리 잡고 있다. 이와 같이 금융규제완화 현상이 전 세계적으로 급속히 확산된 배경은 다음과 같이 볼 수 있는데, 이에는 금융의 범세계화(globalization), 금융의 증권화(securitization)현상 등의 외부적 요인도 지대한 영향을 미쳤음을 부인할 수 없다.

1970년대 이후 세계 경제는 두 차례에 걸쳐 석유 위기를 경험하는 과정에 있어서 저성장시대로 이행됨과 아울러, 세계적인 인플레가 진정됨에 따라 실물투자로부터 금융자산에로의 투자가 가속화되었다. 이에 따라 각 국의 금융·자본시장에서는 소위 '재테크 붐'이 일어 개인 및 기관투자자 그리고 기업 등의 자산운용 및 자금조달의 패턴이 금리선호 현상으로 변화하게 되었다.

한편, 미국의 경우 증권회사인 메릴린치(Merrill Lynch)가 지불수단의 기능을 갖춘 수익성 금융상품인 CMA을 공급하면서 본격화하기 시작한 금융혁신에 의해, 은행예금으로부터 시장금리와 연동된 비은행금융상품으로 자금이 대폭적으로 이전하는 탈중개화 현상(dis-intermediation)이 심화되었다. 이에 따라 금리규제, 증권업무에 대한 제한 등 예금은행에 대한 규제를 완화하는 것이 불가피하게 되었고, 이를 계기로 금융혁신적인 금융상품이 지속적으로 출현함에 따라 금융규제완화 현상이 보다 가속화되었다.

또한, 금융의 범세계화(globalization), 금융의 증권화 현상(securitization) 등의 영향으로 미국보다 보수적인 입장을 취해온 유럽, 일본 등에 있어서도 금융혁신의 진전과 더불어 금융규제완화가 가속화됨에 따라, 금융규제완화는 각 국의 금융제도에 있어서 보편적인 경향으로 자리 잡게 되었다.

금융규제완화는 금융제도 및 금융기관의 경영 등에 다음과 같이 지대한 영향을 미치고 있다.

첫째, 금융규제완화에 의해 종래의 규제중심의 금융제도로부터 자유경쟁을 근간으로 하는 금융제도로의 선환을 추구하는 방향으로 금융개혁을 추진하는 계기를 마련해 주었다. 금융규제완화가 진전됨에 따라 각종의 규제를 철폐해 금융의 자유경쟁 체제를 확립하는 것, 즉 자유경쟁에 입각한 시장원리에 의해 자금 배분이 이루어지는 금융제도를 구축하는 것이 불가피하게 되었다.

둘째, 겸업화의 진전을 촉진시켜 금융산업을 종합금융체제(universal banking system)화시킬 뿐만 아니라, 각 국의 금융·자본시장의 동질화를 촉진시키고 있다. 금융업무에 대한 규제완화의 진전으로 금융기관의 동질화가 가속화됨에 따라 동일업종의 금융기관 간의 경쟁뿐만 아니라 이종업종의 금융기관 간의 경쟁이 심화되었다. 이에 따라 자본력 내지는 영업 전개력 등에 있어서 비교우위가 있는 금융기관을 중심으로 새로운 업무에 직접 진출하거나, 타 금융기관과의 제휴 내지는 합병 등을 통해 업무영역을 확대함으로써, 금융산업을 하나의 금융서비스산업으로 통합시키는 것을 가능하게 하였다. 또한 규제완화와 더불어 금융의 범세계화, 전자통신기술의 발달 등에 의해 각 국의 금융·자본시장에 있어서 ① 거래방법 및 참가자격 등의 공통 룰(rule)의 적용, ② 새로운 금융기술 내지는 상품의 유입 증대, ③ 전자미디어의 보급 등에 기인한 정보의 균질화, 공유경향의 증대 등의 현상이 일어나 동질화가 가속화되고 있다.

셋째, 금융규제완화는 금융기관경영에 지대한 영향을 미쳐 금융기관의 재편성 내지는 재구축의 빌미를 제공하고 있다. 금융규제완화가 금융기관에 미치는 영향은 자금조달 측면에서는 금리자유화에 의한 자금조달 코스트(cost)의 상승, 자금조달구조의 변화를 비롯해, 자금운용 측면에서는 운용구조의 변화, 운용금리의 변동 등, 여러 측면에서 볼 수 있다. 그런데 이를 총체적으로 말한다면 비용상승(cost up)의 요인과 변동요인이 증대되었다고 할 수 있다. 이는 종래의 금융기관경영과 비교해 불안정성이 증대되었음을 의미하는 것으로 금융기관은 경영체질의 강화를 꾀하는 한편, 경영의 탄력성, 기동성을 어떻게 발휘하느냐 하는 문제에 직면하게 되었다. 이와 같이 금융규제완화 하에서 금융기관은 종래와 비교해 보다 어려운 경영환경에 직면할 수밖에 없게 되어, 금융기관의 재편성 내지는 재구축을 꾀하지 않으면 안 되게 되었다.

넷째, 금융기관의 책임경영체제의 확립과 더불어 리스크 관리(risk management)의 중요성이 부각되었다. 종래에는 금융기관의 경영성과와 리스크관리에 대한 책임의 상당부문을 정부에게 전가시킬 수 있었으나, 규제완화 이후에는 금융기관 스스로가 경영에 책임을 지지 않으면 안 되게 되었다. 특히 종래에는 오직 신용 리스크만이 금융기관 경영자의 관심이었으나, 규제완화 이후에는 신용 리스크는 물론, 금리변동리스크, 환율변동 리스크, 자본손실 리스크 등 시장 리스크(market risk)를 고려하지 않으면 안 되게 되었다. 이와 같이 금융기관의 위험이 증대됨에 따라 금융제도의 안정성이 크게 저하되었는데,[7] 이에 따라 최근에는 금융제도의 안정성과 건전성의 확보 측면에서 시스템리스크 관리강화 등 규제의 강화(re-regulation) 움직임이 활발히 일어나고 있다.

제2절 금융의 범세계화

1. 금융의 범세계화의 의의와 발생배경

금융의 범세계화(globalization)에 대한 정의에 대해서도 여러 가지의 해석이 있으나, 금융의 국제화가 가장 진전된 단계로 세계 각국의 금융시장이 통합화·동질화되는 현상으로, 대략 다음과 같은 특색을 지닌 국제화로 규정할 수 있다. 즉, 금융의 범세계화는 시간적 측면에서는 증권·금융·외환거래가 3대의 금융센터(뉴욕시장, 런던시장, 도쿄시장)등을 중심으로 24시간 이루어지고, 지리적 측면에서는 지역적 제한을 넘어 지구 전체의 국제적 연결화가 실현되며, 금융상품 측면에서는 특정시장의 특정 금융상품이 국제적으로 보편화 내지는 균일화·동질화하는 경향을 보이는 것을 의미한다고 할 수 있다.

금융의 범세계화가 진전되게 된 배경으로는 다음과 같은 요인을 들 수 있다.

첫째, 정보·통신기술의 비약적인 발달이 금융의 범세계화를 가속화시키는 요인으로 작용했다. 세계 각 국의 금융시장을 연결시켜 24시간 거래체제를 가능하게 한 것이 정보·통신기술의 발달이며, 스왑(swap)거래 등 국제간에 새로운 금융상품이

7) 이를 입증하는 대표적인 예로서 2008년의 글로벌 금융위기를 들 수 있다.

출현한 데에도 기술면의 혁신이 크게 작용했다.

둘째, 각 국의 경제활동의 국제화, 다국적기업 및 다국적 은행의 국경을 초월한 영업활동의 전개, 그리고 이를 가능케 한 각 국의 금융규제의 철폐 내지는 완화 등이 금융의 범세계화를 가능하게 하였다.

셋째, 금융의 범세계화를 촉진시킨 경제적 배경으로는 세계 경제가 저 성장체제로 이행됨에 따라 금융자산에 대한 투자가 활성화되었다는 점을 들 수 있다. 즉, 실물투자로의 자금 배분이 저조했기 때문에 금융기관과 국제적인 기업이 금융·자본시장에서 유통시장을 중심으로 이익을 추구하기 위해 머니 게임(money game)적인 행동을 취했는데, 이와 같은 움직임이 국내시장에서 국제시장으로 파급되는 형태로 금융의 범세계화가 진전되었다고도 말할 수 있다.

넷째, 금융자산 투자의 활성화로 은행 등의 금융기관은 신용 리스크 이외에 시장 리스크(금리변동 리스크, 환율변동 리스크 등)에 직면하게 되었는데, 이러한 리스크를 회피하기 위한 일환으로 금융의 범세계화가 진전되었다고 말할 수 있다. 즉, 리스크를 회피하기 위한 새로운 금융기술을 개발함으로써 새로운 형태의 금융거래가 가능해졌으며 이에 의해 금융의 범세계화가 더욱더 진전되었다고 말할 수 있다.

2. 금융의 범세계화의 문제점과 영향

한편, 금융의 범세계화는 다음과 같이 여러 측면에서 문제점을 제기하고 있다.

첫째, 국제금융거래가 거액화됨에 따라 시장질서의 불안정을 초래시키는 요인으로 작용하고 있다. 즉, 글로벌(global)한 자금조달력의 향상으로 투자자가 다수의 투자기회를 향유하고 거액의 자금이 각국시장에서 조달·운용되고 있는데, 이에 따라 ① 리스크의 보편화 경향, ② 투자패턴의 단기화 경향, ③ 의도적인 시장조성의 가능성 등이 높아져 시장질서의 유지를 제약하는 요인으로 작용하고 있다.

둘째, 투자 행동의 기관화현상이 심화됨에 따라 금리변동, 외환변동에 대처해 단기매매 및 딜링(dealing)중시의 투자경향을 보임으로써 시장의 불규칙성을 고조시키는 요인으로 작용하고 있다. 이와 같은 경향은 투자환경의 안정화 내지는 질서화와는 상반된 역행적 결과를 초래하는 현상이라고 말할 수 있다.

셋째, 금융 하이테크 기술의 혁신에 의해 새로운 금융상품의 광범위한 시장화를 이루는데 기여하였으나, 시장 내의 경쟁 심화로 금융상품의 라이프 사이클(life cycle)을 단축시킴과 아울러, 신 금융상품의 남발로 시장의 건전성을 해칠 수 있는 가능성을 고조시키고 있다.

넷째, 금융의 범세계화는 국제금융거래에 있어서 리스크의 거대화를 초래함과 아울러, 이에 따른 인과관계를 복잡하게 하는 계기를 제공하고 있다. 즉, 국제금융거래에서 발생한 리스크가 금융의 범세계화 현상에 의해 세계 각 국으로 가속·증폭되어 파급됨으로써 이에 대한 인과관계의 예측을 불허하게 만들고 있다. 이와 관련한 대표적인 예로는 2008년 미국에서 비롯된 금융위기가 글로벌 위기로 진전된 것을 들 수 있다.

다섯째, 시장간의 경쟁을 격화시킴으로써 이에 적응하지 못한 금융시장은 시장의 공동화(空洞化)를 초래하는 요인으로 작용하고 있다. 즉, 불안정한 투자행동을 지향하는 거대한 기관투자자군이 단기적 매매에 집중함으로써 이윤을 추구함에 따라, 종래에 지녀왔던 각 국의 금융시장의 특색이 점차 약화되고, 각 국 시장의 경쟁조건이 평균화되고 있다. 이에 따라 시장간의 경쟁이 격화되고 있으며, 이에 적응하지 못한 시장은 공동화에 직면할 수밖에 없는 상황에 직면하게 되었다.

이와 같이 금융의 범세계화는 금융제도에 커다란 영향을 미치고 있다. 먼저, 지적할 수 있는 것은 금융의 범세계화가 각 국의 금융제도 개혁을 촉진시키는 주요한 환경요인으로 작용하고 있다는 점이다. 즉, ① 금융·자본시장에 있어서 비거주자의 참가를 허가하고, ② 새로운 금융상품을 적극적으로 도입하려는 계기를 마련해 주고 있으며, ③ 이에 따라 금리체계의 탄력화를 꾀하지 않을 수 없게 하고 있다. ④ 또한 국제화의 진전에 따라 자국 통화의 국제화를 추구하는 동기를 부여하고 있으며, ⑤ 금융업무의 영역조정을 통해 금융산업 재편성을 가속화시키는 요인으로 작용하고 있다.

한편, 금융의 범세계화는 규제의 강화(re-regulation)를 자극하는 요인으로 작용하고 있다. 즉, 무 원칙적인 금융의 범세계화에서 발생되는 폐해를 방지하기 위해 신용질서의 보호 차원에서 건전성 규제(prudential regulation)를 강화하는 등 시장규율에 입각한 규제를 강화하는 계기를 제공해 주고 있다.

또한, 금융의 범세계화, 특히 자본시장의 범세계화는 기업지배구조(corporate governance)의 경로를 통해 기업환경에 지대한 영향을 미치고 있다. 왜냐하면 자본시장의 범세계화는 기업의 이해관계자(stake holder) 중에서 특히 투자자의 영향력을 현저히 증대시켜, 기업에게 협의의 지배구조를 강화하도록 작용하고 있기 때문이다.[8] 즉, 정보의 개시와 더불어 기업에 대한 주주가치의 극대화, 단적으로는 수익성 향상에의 압력이 한층 강화되고 있다. 이러한 연유로 자본시장의 범세계화에 따라 은행 중심형의 금융제도로부터 시장 중심형의 금융제도로의 이행과 더불어 미국식의 지배구조로의 전환을 추구하는 압력이 높아지고 있다.

제3절 금융의 증권화

1. 금융의 증권화의 의의와 발생 배경

금융의 증권화(securitization)는 앞에서 살펴본 금융규제 및 금융혁신, 금융의 범세계화와 더불어 최근의 금융제도의 변혁을 초래하는 현상 중의 하나이다. 그런데 금융의 증권화에 대한 개념의 정의도 명확히 규정되어 있지는 않으나, 일반적으로 다음과 같이 크게 두 가지로 분류할 수 있다.

금융의 증권화를 넓은 의미의 개념으로 정의하면, 금융거래의 형태가 간접금융으로부터 증권을 중심으로 한 직접금융으로 이행되는 현상을 말한다. 이는 비금융부문의 자금조달 면에서 종래의 은행대출과 같은 간접금융으로부터 직접금융으로 전환되는 한편, 금융기관도 대출위주의 자금운용에서 주식, 채권 등 증권 형태의 자금운용으로 전환되는 것을 의미한다.

한편, 좁은 의미의 개념으로 금융의 증권화를 정의하면, 금융기관의 비유동적 자

8) 기업지배구조(corporate governance)는 기업의 법적 소유자인 주주가 기업에 대해 행사하는 규율을 의미하는 협의의 기업지배구조와, 고객, 거래선, 종업원, 정부, 주주 등 기업의 이해관계자가 행사하는 기업경영에의 규율을 의미하는 광의의 기업지배구조로 분류해 볼 수 있다.

산이 매매 가능한 증권형태로 전환되는 현상을 말한다. 이는 금융기관 자신이 보유하고 있는 대출금과 채권을 근간으로 증권을 발행하여 투자자에게 매각함으로써 자금을 조달하는 것을 의미하는 것으로서, 궁극적으로는 금융기관의 대출채권을 유동화 시키는 수단이라고 볼 수 있다.

이와 같은 의미를 지닌 금융의 증권화가 진전하게 된 데에는 다음과 같은 몇 가지 측면을 고려할 수 있다.

첫째, 구조적 측면으로 금융의 하이 테크(high-tech)화가 금융의 증권화를 촉진시킨 주요 요인으로 작용하고 있다. 이는 금융의 하이 테크화에 의해 화폐시장 및 자본시장에 관한 정보의 전달력이 현저히 향상되었을 뿐만 아니라, 금융자산의 전환(transfer)이 용이해졌기 때문이다.

둘째, 경기적 측면으로 금융의 증권화는 특히 금리가 하락하는 국면에 진전되는 경향을 보이고 있다. 1980년대 이후 세계 경제의 저 성장시대에로의 진입과 더불어 금융규제완화가 진전됨에 따라 통화공급이 증대되어 저금리체제가 지속되었다. 이와 같이 종래에 비해 저금리현상이 지속됨에 따라 증권가격이 상승하게 되었고, 증권가격의 상승에 대응해 금융의 증권화가 보다 가속화하게 되었다.

셋째, 자기자본 충실의 측면으로 자기자본비율규제 등 건전성규제에 대한 회피수단으로 대출의 증권화와 유동화가 진전됨에 따라 금융의 증권화가 촉진되게 되었다. 즉, 금융규제완화에 따라 신용 리스크뿐만 아니라 시장 리스크 등이 증대됨에 따라 대차대조표(balance sheet)규제 내지는 자기자본 충실 등의 건전성 규제가 오히려 강화되고, 특히 자기자본비율규제가 국제적 기준으로 실시됨에 따라 이에 대한 대응으로 금융의 증권화가 진전되게 되었다.

2. 금융의 증권화의 유형과 그 영향

금융의 증권화의 유형은 크게 두 가지로 분류해 볼 수 있다. 즉, 앞에서 서술한 바와 같이 금융기관이 대출채권을 담보로 증권을 발행하는 좁은 의미의 증권화와, 금융거래의 형태가 간접금융으로부터 증권을 중심으로 한 직접금융으로 이행되는 넓은 의미의 증권화가 이에 해당한다.

좁은 의미의 증권화는 금융기관의 요청으로 단기조달·장기운용의 성행에 따른 부조화(mismatch)현상을 해소하기 위해 촉진되었다. 이는 금융기관 등의 자산측면의 채권, 즉, 주택론(loan), 자동차론(loan), 카드론(loan) 등을 중심으로 전개되고 있다는 점에서 그 특징을 찾을 수 있는데, 이에 따라 장기·고정자산을 유동화시킴으로써 대차 대조표(balance sheet) 상의 부조화를 해결할 수 있었다.

그러나 다른 한편에서는 자산의 유동화에 적극적인 금융기관의 경우, 양질의 안전성이 높은 자산을 우선적으로 유동화시킴으로써 질이 저하되고 불안전한 열위의 자산만을 보유하게 되어, 금융기관의 자산 내용을 악화시키는 요인으로도 작용하였다.

넓은 의미의 증권화는 기업이 금융시장에서 자금조달을 직접 기채(起債)를 통해 시행함으로써 촉진되었다. 이는 기업의 부채측면, 즉, 각종채권, 채무증서, FRN(Floating Rate Note), NIF(Note Issuance Facilities), 스왑(swap)채 등을 중심으로 전개되고 있다는 점에서 그 특징을 찾을 수 있는데, 이에 따라 기업은 저코스트로 자금을 조달할 수 있었다.

그러나, 겸업주의제도(universal banking system)하에서 당국의 규제를 받지 않고 확대되었기 때문에 상대적으로 위험성이 고조될 가능성이 높을 뿐만 아니라, 은행이 증권화의 선도적인 역할을 수행함에 따라 상대적인 발행시장의 발달이 유통시장의 침체를 초래할 수 있는 문제를 제기시키고 있다.

금융의 증권화는 금융의 범세계화를 가속화시키는 요인으로 작용하였을 뿐만 아니라, 각국의 금융제도개혁이 겸업화를 지향하는 방향으로 추진하는데 지대한 영향을 미쳤다.

또한, 새로운 금융상품의 개발과 금융상품의 가격 변동성을 증대시키는 요인으로 작용하였으며, 이에 효율적으로 대응하기 위한 일환으로 기관투자자의 역할이 증대됨에 따라 금융의 기관화 현상을 촉진시키는 요인으로도 작용하였다.

한편, 금융의 증권화는 기업 등의 직접금융시장 이용을 증대시키는 등, 탈중개화(dis-intermediation) 현상을 가속화시키는 요인으로 작용하여 금융제도의 불안정성을 고조시키고 있다.

제4절 핀테크화

1. 정보 · 통신기술의 발달과 전자금융

현재에도 진행 중인 정보 · 통신기술의 발달의 특징은 대체로 ① 정보처리 기술과 통신기술의 융합, ② 이에 따른 정보처리 · 전달의 신속화, 저 코스트화, 범세계화, ③ 보급 속도의 경이적인 신속성 등에 있다고 여겨진다. 이러한 특징을 지닌 정보 · 통신기술의 발달이 금융산업에 접목됨으로써 전자금융(electronic banking)시대의 전개와 더불어 금융제도의 변혁을 일으키고 있다.

전자금융이란 컴퓨터 및 정보 · 통신기술을 금융산업에 활용하여 자금이체, 송금 등 대금결제업무를 자동화하고 제반 금융서비스의 네트워크화를 구현하는 것을 의미한다. 이러한 의미를 지닌 전자금융의 발달과정은 각 국의 경제상황 및 지급결제 관행 등에 따라 다소의 차이는 있으나, 그 발달 정도에 따라 ① 은행 온라인 및 업무자동화단계, ② 금융네트워크 구축단계, ③ 전자화폐 및 인터넷 금융 단계로 구분해 볼 수 있다.

1) 은행 온라인(on-line)화 및 업무자동화단계

전자금융시대의 초기 단계로서 동일은행 내 본 · 지점 간에 온라인 구축, 현금자동지급기의 도입 및 지로(GIRO), 어음, 수표 등의 처리의 자동화 등이 이루어지는 단계이다. 특히 ATM(automated teller machine)은 고객의 직접 조작에 의해 현금 인출, 예입, 계좌이체, 잔액조회, 제3자에 대한 지급 등의 업무를 처리해 주는 자동출납기로서 은행의 창구업무를 대폭 줄이는데 크게 기여하였다.

다음 단계는 정보 · 통신기술의 발달을 활용하여 은행들 간의 온라인(on-line)화를 완료하고 CD/ATM기의 도입 및 지로, 어음, 수표 등의 장부 처리의 자동화를 추구하는 단계이다. 이 단계에서는 서류에 근거한 지급결제 업무방식이 서류가 필요 없는 방식으로 전환되는 단계이다.

2) 금융네트워크 구축 및 서비스의 확대 단계

이 단계에서는 은행과 은행간, 은행과 고객 간에 구축된 네트워크를 바탕으로 금융 공동망서비스가 이루어지고, PC와 전화기를 이용한 홈뱅킹(home banking), 펌뱅킹(firm banking)서비스, 신용 · 직불 · 선불 등 카드를 이용한 대금결제서비스 등의 새로운 금융서비스가 창출된다. 이와 같이 각종의 새로운 금융서비스가 창출됨으로써 이 단계에서는 금융산업의 생산성 및 고객의 이용편의성이 크게 향상된다.

3) 전자화폐, 버추얼 뱅킹(virtual banking) 및 인터넷 뱅킹(internet banking) 단계

이는 현금 대용으로 전자화폐가 보급되고 금융업무가 점포를 초월하여 공중통신망 속의 가상공간에서 수행되는 단계로서 지불수단의 획기적인 전환과 더불어 금융기관의 영업형태가 크게 변화하는 단계이다. 특히 최근 인터넷의 발달에 따라 인터넷뱅킹은 물론, 증권거래에서도 사이버(cyber)거래가 급속히 확산되고 있는데, 이와 같은 사이버 거래의 출현은 금융의 형태, 금융서비스의 전달경로, 금융기관의 영업형태 등 금융제도의 전반에 걸쳐 변혁을 일으키는 요인으로 작용하고 있다.

2. 핀테크화

1) 핀테크의 의의

최근 전자금융에서 주목받는 성장분야가 핀테크(FinTch)이다. 핀테크는 Finance(금융)과 Technology(기술)의 합성어로서, 금융과 정보·통신기술의 융합으로 새롭게 창출되고 있는 금융산업 및 서비스분야를 말한다, 이러한 핀테크산업은
혁신적인 과정을 통해 4차 산업혁명과 더불어 금융부문에서 새로운 성장동력으로 부각되고 있다.

핀테크 혁신[9]의 공급측면에서는 APIs,[10] 크라우드 컴퓨팅(Cloud computing)[11]

9) 한국은행, 『한국의 금융제도』, 2018년, p. 25.

10) APIs(Application Programming Interfaces)는 개별 금융회사가 가지고 있는 고객의 금융정보에 접근할 수 있는 통로로서, 이러한 APIs를 통해 핀테크기업은 다양한 금융서비스를 개발할 수 있다.

등 정보·통신기술이 발전하면서 기존 금융서비스를 새로운 방식으로 제공하는 핀테크 및 빅테크(Bigtech)기업[12]이 출현하였는데, 최근 이 분야가 급속하게 성장하고 있다. 한편, 핀테크 혁신의 수요측면에서는 디지털화가 진전됨에 따라, 금융서비스의 편의성 향상 및 코스트(cost) 절감에 대한 소비자의 니-즈(needs)가 크게 작용하면서 시장이 급팽창하고 있다.

2) 핀테크의 주요 사업 분야

최근의 핀테크의 주요 사업 분야로는 지급결제·송금, 크라우드 펀딩(crowd funding), 암호화폐(crypto currency), 온라인 자산관리, 인터넷 전문은행(internet only bank)등을 둘 수 있다.[13]

① 지급 결제·송금

최근 스마트폰 및 태블릿 등 모바일 기기의 급속한 확산으로 핀테크 산업에서 가장 빠르게 성장하는 영역은 지급결제·송금 분야이다. 모바일 결제는 마그네틱 보안 전환방식(MST: Magnetic Secure Transmission)과 근거리 무선통신방식(NFC: Near Field Communication)기술을 스마트폰에 적용하고 있다. 마그네틱 보안 전환 방식은 스마트폰으로 마그네틱 카드 정보를 읽어 칩에 저장하고, 저장된 정보를 마그네틱 신용 신용카드 단말기에 무선으로 전송하는 방식을 말한다. 한편, 근거리 무선통신방식은 스마트폰의 SE(Secure Element)에 결제정보를 안전하게 저장하여 간단한 거래정보 입력만으로 근거리결제가 가능하도록 하는 방식을 말한다. 최근에는 외부에 쉽게 노출될 수 있는 비밀번호나 분실위험이 있는 인증장치의 단점을 보완하기 위해 사용자의 지문, 홍채, 얼굴인식 등의 생채 정보가 거래인증 시에 활용되고 있다.

② 크라우드 펀딩

크라우드 펀딩(crowd funding)은 자금수요자가 금융중개기관을 통하지 않고 온

11) 이는 전산설비를 직접 구축하지 않고 전문업체로부터 인터넷을 통하여 필요한 IT자원을 탄력적으로 제공받아 사용하는 컴퓨터 환경을 의미한다.

12) 핀테크기업은 정보· 통신기술을 바탕으로 금융서비스를 보다 효율적으로 제공하는 신생기술기업을, 빅테크 기업은 기술, 자본, 신뢰도 측면에서 우위를 접하면서 금융서비스를 제공하는 거대 ICT(Informaton&Communication Technology)기업을 의미한다.

13) 한국은행, 『한국의 금융제도』, 2018년, pp. 25~30.

라인 플랫폼을 통하여 익명의 다수(crowd)의 자금공급자로부터 자금을 직접모집하는 것을 말한다. 이와 같은 크라우드 펀딩은 자금모집방식 및 목적에 따라 대출형, 투자형, 후원형으로 구분된다.

대출형은 개인과 개인이 돈을 빌리고 빌려준다는 개념으로 P2P금융, P2P대출(peer-to-peer lending)이라고 하는데, 주로 SNS를 활용한다는 의미에서 소셜렌딩(social lending)이라고도 한다. 이는 대출신청인이 온라인 플랫폼을 통해 대출을 신청하면 다수의 투자자들이 자금을 빌려주고, 정해진 기간동안에 이자를 수취함과 더불어, 만기에 원금을 상환받는 구조이다. 최근에는 이러한 과정에서 빅데이터를 이용한 신용평가 등 디지털 기술이 활용되고 있으며, 사업영역도 초기에는 중·저신용자 등 개인간 대출중개에 집중되었으나, 점차 기업에 대한 대출중개 및 금융서비스제공으로 확대되고 있다.

후원형은 보상형(reward)이라고도 하는데, 새로운 상품을 발명한 사업가나 문화예술 프로젝트를 진행하는 예술가 등이 온라인 플랫폼에 사업을 제시하고 후원을 받는 방식이다. 기본적으로는 투자에 대한 보상 의무는 없지만, 투자 활성화를 위하여 일정 금액 이상 투자시 보상을 해주는 경향이 보편화되어 있다. 금액에 따라 특정 제품을 제공하거나 공연을 무료로 볼 수 있게 해주는 방식, 참여자가 많아지면 특전을 더 많이 제공하는 방식으로 자발적 홍보가 이루어지도록 하는 경우도 있다.

투자형은 투자자들이 온라인 플랫폼을 통해 벤처기업 등의 비상장 공모주에 투자하는 방식이다. 우리나라의 경우, '자본시장과 금융투자업에 관한 법률' 개정안이 2016년 1월 시행됨에 따라, 온라인 소액투자중개업자의 자격, 투자자의 1인당 투자한도 등이 설정되어 운영되고 있다.

③ 암호화폐

암호화폐(crypto currency)는 '암호화'라는 뜻을 가진 'crypto-'와 통화, 화폐란 뜻을 가진 'currency'의 합성어로, 블록체인(blockchain)[14]기술로 암호화되어 분산발행되고, 일정한 네트워크에서 화폐로 사용할 수 있는 전자정보이다. 암호화폐는 중앙은행이 발행하지 않고 블록체인 기술에 기초하여 금전적 가치가 디지털 방식으로

14) 블록체인은 "블록(block)"을 잇따라 "연결(chain)"한 모음으로, 지속적으로 늘어나는 기록(블록)의 일람표를 의미한다.

표시된 전자정보로서 인터넷상 P2P 방식으로 분산 저장되어 운영·관리된다. 각 암호화폐의 분산형 통제는 블록체인 기술을 통하여 운용하는데, 블록체인은 분산 원장(distributed ledger)으로 기능하는 공적 데이터베이스이다. 암호화폐는 원래 재화교환의 매체, 즉 지급수단으로 고안된 것이지만, 액면가가 없고 투자의 목적이 되어 거래소를 통하여 시장의 수급에 따라 형성되는 가격으로 거래되어 소득 또는 손실이 발생한다.15)

④ 온라인 자산관리

온라인 자산관리는 로보 어드바이저(Robo-advisor)등을 이용하여 행하는 개인자산관리서비스를 말한다. 로보어드바이저는 빅데이터, 머신러닝, 알고리즘 등 IT기술과 현대 포트폴리오 이론(MPT: Modern Portfolio Theory) 등 금융이론이 결합되어 컴퓨터가 사람을 대신해 자산을 관리하는 기술이다. 개인투자자가 PC, 모바일 등을 통해 투자성향, 목표수익률 등 5개 내외 질문에 응답하면, 로보어드바이저는 소프트웨어 기반하여 맞춤형 포트폴리오 제시하고 운용 및 리밸런싱(re-balancing) 서비스 등을 수행한다. 이와 같이 최근 핀테크기술의 발달로 컴퓨터 알고리즘 기반의 저렴한 비용, 다양한 플랫폼을 활용한 편리한 접근성, 소액 자산관리가능 등으로 20~40대 및 IT선호층을 중심으로 다양한 고객이 쉽게 온라인 자산관리서비스를 이용하게 되었다.

⑤ 인터넷 전문은행

인터넷 전문은행(Internet only bank)은 주로 인터넷 및 모바일을 기반으로 지급결제, 송금 및 대출업무 등 모든 금융서비스를 온라인 상에서 제공하는 은행을 말한다. 오프라인 지점을 토대로 하고 있는 기존 은행과 달리 인터넷 은행은 물리적 공간이 존재하지 않는다. 인터넷 뱅킹(Internet banking)과 개별 서비스 내용으로는 동일하거나 중복되는 면이 있지만, 인터넷 전문은행은 전적으로 사이버 공간을 출발점으로 하고 있다는 점에서 인터넷 환경을 편의를 위해 보조적으로 활용하는 오프라인 은행의 인터넷 뱅킹(Internet Banking)과 근본적 차이가 존재한다.

인터넷 전문은행은 시간적, 공간적 제약을 받지 않고, 금융거래를 할 수 있으며,

15) 대표적인 암호화폐인 비트코인은 기술적 안성성과 더불어 비교적 낮은 거래수수료, 익명성, 희소성에 기반을 둔 투자자산으로 인식되어 거래규모가 급속히 확대되고 있다.

금융거래 비용이 절감된다는 장점을 갖는다. 또한 수납정보, 휴대폰 결제 이력, SNS활동 등 비금융정보를 활용한 빅데이터 기반의 신용평가 시스템구축, 금리우대 등 다양한 금융서비스와 맞춤형 상품정보 제공을 통해 서비스품질의 질적 향상을 추구할 수 있어, 우리 니라의 경우, 신용대출시장, 전세자금대출 시장 등 대출시장에서 시장 지배적 사업자로 급성장하고 있다.

그러나 인터넷 전문은행은 외부침입으로 인해 통신망, 시스템 및 데이터베이스 등이 손상될 수 있는 보안위험(security risk)이 있으며, 구조적으로 시스템 운용상에 문제가 발생할 수도 있고, 잘못된 유지보수 등의 손실을 입을 수도 있다. 또한 당사간에 권리와 의무가 명확하게 구분되지 않는 경우의 위험도 존재한다.

3. 핀테크화의 금융제도에의 영향

정보·통신기술의 발달을 기반으로 한 핀테크화가 금융제도에 미치고 있는 영향은 다음과 같이 정리할 수 있다.

첫째, 정보·통신기술의 발달은 금융제도의 근본적인 변화를 촉진시키는 요인으로 작용하고 있다. 정보·통신기술의 발달은 종래의 인간적인 관계에 의존해 왔던 거래관계를 네트워크(net-work) 거래 관계로 전환시킴과 아울러, 시장거래를 네트워크거래로 대체하는데 영향을 주고 있다. 더욱이 거리의 제약이 완화됨으로써 범세계적인 거래를 촉진시키고 있다. 이에 따라 금융제도 측면에서는 금융혁신과 더불어 금융의 증권화, 금융의 범세계화를 촉진시키는 근본적인 요인으로 작용하고 있다.

둘째, 금융산업 패러다임의 대전환을 촉진시키는 요인으로 작용하고 있다. 정보·통신기술의 발달로 생산, 유통, 소비 및 서비스가 융합되고 복합되는 스마트사회로 변화됨에 따라 금융산업도 스마트산업으로 변화되고 있다.

셋째, 금융산업의 효율성, 금융서비스의 접근성 및 편의성이 향상되는데 크게 영향을 주고 있다. 이는 정보·통신기술의 발달로 금융기관 등이 온라인거래, 인공지능 등을 활용한 다양한 금융서비스 제공이 가능해지고, 금융기관이 독점해오던 고객관련 데이터를 핀테크기업 등이 공유하는 것이 가능해짐에 따라 금융정보의 비대칭성이 상당히 해소되어, 핀테크 기업 등이 보다 저렴한 비용으로 금융서비스를 제공하는 것이 가능해졌기 때문이다.

넷째, 경쟁력을 갖춘 빅테크 기업이 핀테크화를 통해 금융시장에의 참여를 확대함에 따라, 빅테크 기업의 금융산업에의 영향력이 확대되고, 나아가서는 금융산업의 재편성에 지대한 영향력을 미치고 있다. 빅테크 기업의 참여로 기존의 금융중개기능의 분해가 가능하게 되었기 때문에, 예금 · 대출을 비롯한 각종의 업무를 수행하는 은행업이 아니고, 금융의 특정분야 · 업무에 특화하는 경향도 보다 증가하고 있고, 정보 · 통신기술의 발달로 규모의 경제성을 확대시킬 수 있기 때문에 은행의 합병 · 제휴 내지는 타 업종과의 제휴가 활발히 일어나고 있다.

넷째, 통화당국의 통화정책 수행에 어려움을 가중시키는 요인으로 작용하고 있다. 핀테크화에 따른 전자결제의 보편화로 인해 통화보유에 대한 기회비용의 감소와 통화수요의 금리변동에 대한 탄력성이 저하됨과 더불어, 금융기관의 부채관리의 발달로 금융기관의 중앙은행에 대한 의존도가 줄어들 가능이 높아졌기 때문에, 통화정책의 효과가 감소되고 있다.

이외에도 시스템의 장애, 컴퓨터해커의 침입 등 보안상의 문제 등으로 인해 금융시장의 혼란을 가중시키는 요인으로도 작용할 수 있다.

중요개념 및 용어

금융자유화	금융혁신	제약유발형 혁신
회피형 혁신이론	거래비용형 혁신이론	금융규제완화
탈중개화현상	신용리스크	시장리스크
규제의 강화	금융의 범세계화	시장의 공동화
기업지배구조	기업의 이해관계자	금융의 증권화
자기자본비율규제	전자금융	핀테크
APIs	크라우딩 컴퓨팅	핀테크 기업
빅테크 기업	크라우딩 펀딩	암호화폐
블록체인	온라인 자산관리	로보 어드바이저
인터넷 전문은행	인터넷 뱅킹	보안 위험

연 습 문 제

1. 금융자유화와 금융규제완화 및 금융혁신과의 상호관련성에 대하여 설명한 후 금융자유화의 개념에 대하여 정의하고, 금융자유화의 순기능 및 폐해에 대하여 서술하라.

2. 금융혁신의 개념에 대하여 정의한 후, 금융혁신의 이론을 크게 제약유발형이론, 회피형 혁신이론, 거래비용형 혁신이론으로 구분하여 구체적으로 설명하라.

3. 금융규제완화의 개념 및 금융규제완화가 발생하게 된 배경에 대하여 설명하라.

4. 금융규제완화가 금융제도 및 금융기관의 경영에 미친 영향에 대하여 설명하라.

5. 금융의 범세계화에 대하여 정의하고, 금융의 범세계화가 진전되게 된 배경 및 그 영향에 대하여 설명하라.

6. 금융의 범세계화의 문제점과 금융제도에 미친 영향에 대하여 설명하라.

7. 금융의 증권화의 개념에 대하여 정의한 후, 금융의 증권화의 발생 배경에 대하여 서술하라.

8. 금융의 증권화의 각 유형의 특징에 대하여 설명한 후, 금융의 증권화가 금융제도에 미친 영향에 대하여 서술하라.

9. 핀테크에 대하여 정의한 후, 핀테크의 주요사업 분야 중에 하나인 인터넷 전문은행에 대하여 설명하라.

10. 정보·통신기술의 발달에 기반을 둔 핀테크화가 금융제도에 미친 영향에 대하여 설명하라.

제 6 장 전업주의제도와 겸업주의제도

본 장에서는 금융기관의 업무영역과 운영방식을 중심으로 금융제도를 크게 전업주의제도와 겸업주의제도로 구분하여 살펴보고자 한다. 먼저 세계적인 추세가 겸업주의제도로 이행되고 있음을 주요국의 사례를 통하여 제시하고자 한다. 다음으로 겸업주의제도의 장 · 단점을 알아봄과 더불어, 겸업화에 따른 폐해로 지적되는 이해상충문제의 발생에 대해 살펴보고 이에 대한 대처방안을 제시하고자 한다. 마지막으로 겸업화의 형태를 크게 완전겸업방식, 상호진출방식, 특례법방식, 업종별 자회사방식, 지주회사방식, 유니버샬 뱅킹방식 등으로 구분하여 각각의 방식의 특징에 대하여 알아보고자 한다.

제1절 겸업주의제도로의 이행

1. 전업주의 제도와 겸업주의 제도의 개념

금융제도는 금융기관의 업무영역 및 운영방식을 중심으로 크게 전업주의 제도(sound banking system)와 겸업주의 제도(universal banking system)로 구분할 수 있다.

과거에는 금융기관이 본연의 업무(예를 들어 상업은행의 경우 예금 및 대출, 결제업무) 이외에 주변업무를 겸업하는 경우, 겸업주의 제도라고 하고, 금융기관이 경쟁상의 비교우위에 있거나 특수목적에 따라 특정업무에만 전업하는 경우 전업주의 제도라고 구분하였다.

그러나 최근에 들어와 어떤 특정 금융기관의 고유업무라고 볼 수 없는 공통영역(grey zone)이 확대됨과 더불어, 정도의 차이는 있으나 대부분의 금융기관이 핵심업무 이외에 타 금융기관의 금융업무를 취급하고 있기 때문에, 위와 같은 개념에 의거하여 전업주의 제도와 겸업주의 제도를 구분하는 것이 모호해졌다.

따라서 최근에는 금융업무를 크게 은행업무와 증권업무로 구분하여 은행업무와 증권업무의 취급 정도에 따라 전업주의 제도와 겸업주의 제도를 구분하고 있다. 즉, 은행업무와 증권업무가 분리되어 각각의 분야에 전업하는 금융기관에 의해 금융제도가 구성되어 있을 경우에는 전업주의 제도라고 하고, 은행 등이 증권업에 진입하거나, 투자은행 등 비은행금융기관이 은행업에 진입하는 등, 타 업종을 겸업할 수 있을 경우에는 겸업주의 제도를 취하고 있다고 말한다. Saunders & Walter(1994)에 의하면 겸업주의에서 영위하는 업무 범위에는 여·수신업무, 외환업무, 증권인수, 매매 · 중개, 자산관리 및 보험업 등이 포괄된다.[1)]

1) A. Saunders and Ingo Walter, *Universal Banking in the United States*, Oxford Univ. Press, 1994.

2. 겸업화의 진전

최근의 세계 주요국의 동향을 보면, 전통적으로 전업주의 제도를 취해 왔던 국가들이 겸업주의 제도로 이행되고 있음을 알 수 있다.

이에는 앞에서 언급한 1980년대 이후 본격적인 금융혁신 및 금융규제완화, 금융의 범세계화, 금융의 증권화의 전개, 그리고 정보·통신기술의 발달 등의 환경요인의 변화가 크게 영향을 미쳤다고 말할 수 있다. 즉, 이와 같은 제반 환경요인이 상호간에 밀접하게 영향을 미침으로써 정부나 금융당국에 의해서 비교적 강력하게 규제되던 예금금리나 금융산업내의 업무영역의 한계가 급격히 허물어지기 시작하여, 일반상업은행과 저축기관의 동질화 현상, 은행업과 증권업의 상호 업무영역확대, 나아가서는 각국의 금융·자본시장의 동질화현상이 이루어지게 되었다.

이러한 배경에서 세계의 주요국에서는 특히, 은행업과 증권업에 대한 업무영역의 한계가 논쟁의 대상이 되어 왔으며, 최근에는 전업주의 제도를 채택해 왔던 국가가 겸업주의 제도로 이행되고 있다.

이에 따라 전통적인 상업은행의 경우, 예금, 대출 그리고 결제업무 등의 본연의 업무 이외에 증권, 보험 등과 연계된 업무를 직접 혹은 자회사 등을 통해, 아니면 관련 기관과의 업무제휴를 통해 취급하게 되었다. 이에 대응하여 투자은행 등 비은행금융기관도 결제성 금융상품의 취급, 은행의 인수, 계열화, 자회사 등을 통해 은행업에의 진출을 확대하였다.

그러나 이와 같은 겸업화의 추세는 2008년의 글로벌 금융위기를 계기로 상당한 변화를 모색하지 않으면 안 되게 되었다. 즉 미국, 영국 등 주요 선진국에서는 금융혁신과 금융규제완화의 부작용과 더불어 겸업화에 따른 폐해가 부각됨에 따라 시스템 리스크를 예방하기 위한 일환으로 겸업화를 제한하는 방안이 논의되었다.

3. 주요국의 사례

전통적으로 독일, 프랑스, 이탈리아, 스위스 등의 유럽 국가들은 겸업주의 제도를 채택해 왔다. 특히, 겸업주의 제도의 전형적인 국가인 독일의 경우, 은행 본체에서 투자 은행(investment bank)업무는 물론, 비은행기업의 주식 소유 및 판매, 경영참가까지 광범위한 업무를 취급하고 있다. 한편, 영국, 미국, 일본, 우리나라 등은 전통적으로 전업주의제도를 채택했으나, 1990년대 이후 겸업주의 제도로 이행되었다.

1) 영국

영국의 경우, 은행의 증권업진출에 대한 구체적인 금지규정은 없었으나, 관행상 결제은행(clearing bank)과 증권회사(jobber, broker)간의 업무영역은 전통적으로 전업주의 제도에 따라 엄격히 분리되어 있었다. 은행업계 내에서도 은행별 전업주의 제도가 채택되어 결제은행(clearing bank)은 광범위한 지점망을 이용하여 소매금융업을 영위하였고, 머천트 뱅크(merchant bank)는 유가증권의 인수업무 및 발행업무를 수행하고 이를 재원으로 하여 중기대출을 시행하였다.

한편, 증권업계에서도 단일자격제도(single capacity system)가 존속하여 jobber는 broker 또는 다른 jobber와 자기계산 하에서만 유가증권을 매매하고, broker는 고객의 주문에 의한 위탁매매만 가능하였다. 또한 증권거래소에서는 엄격한 개인 회원제도가 채택되어 비회원의 신규참여가 제한되어 왔고, 증권수수료도 최저율이 고정되어 있는 등, 증권회사간의 경쟁이 매우 제한적이었다.

그런데, 이와 같은 경쟁 제한적인 시스템으로는 금융혁신 등의 세계적인 조류에 대응할 수 없었다. 또한 EU통합에 대응하여 프랑스, 독일 등이 금융시스템을 강화하고 있음에 자극을 받아, 런던금융시장을 국제금융의 중심지로서의 기반을 강화함과 아울러 금융·자본시장의 효율성을 제고시킬 필요성이 제기되었다.

이러한 배경 하에서 1986년에 영국 증권거래소의 대개혁인 이른바 'Big Bang'을 단행하게 되었다. 즉, ① 매매수수료의 자유화 ② broker 및 jobber의 자격 분리제 폐지 ③ marker maker제도, SEAQ가격정보시스템을 통한 매매방법 등 신 매매제도의 도입, ④ 은행 등 외부자본의 증권회사 등에의 참여 자회사방식으로 100% 인정 등을 주요 내용으로 하는 'Big Bang'을 단행함으로써 상업은행이 자회사를 통해 증권업과 보험업에 진출하게 되었으며, 이에 따라 겸업주의제도로 이행되게 되었다.

이와 같은 영국의 대개혁의 영향으로 EU의 성립과 더불어 대부분의 유럽 국가들도 겸업주의 제도를 도입하게 되었다. 특히 1990년대 이후에는 은행과 보험회사의 겸업형태인 뱅카슈랑스(bancassurance)가 확산되었다.

〈표 6-1〉 독일 · 영국의 겸업화 관련 규제 내용

국 가	내 용
독 일	-은행업과 증권업 사내 겸영 -은행의 보험업 영위를 위해서는 특별인가를 받아야 하며, 자회사를 통해 운영 -보험회사의 은행소유는 독일은행법상 은행소유 요건 적용. 보험업 영업은 보험업과 직접 관련 있는 업무로 제한
영 국	-은행의 증권업 직영 가능하나 대부분 자회사를 통해 증권업 영위 -은행의 보험인수는 허용되나 보험판매는 금지되어 있음 -보험회사가 자회사나 지주회사를 통해 은행업에 진출하는데 대한 법적 제한 규정 없음

자료 : 박경서 · 전선애 · 정지만, 「바람직한 금융겸업화 추진방향」 금융정책심포지엄, 한국금융연구원, 2005년 10월 19일.

그러나 2008년의 글로벌 금융위기를 계기로 겸업화의 폐해가 재부각됨에 따라, 2011년 9월 은행부문 개혁방안을 마련하기 위해 설치된 은행개혁위원회(Independent Commission of Banking)에서는 겸업은행에서 소매금융부문을 은행그룹 내의 자회사로 존치시키되, 독립된 이사회와 별도의 자본금을 보유하도록 하여 여타 부문과 엄격히 격리하는 계획을 발표하였다.[2)]

2) 미국

미국의 경우에는 1920년대의 경제대공황 이후 1933년의 은행법 개정인 소위 '글래스-스티갈법(The Glass-Steagall Act)'에 의해 은행업과 증권업의 업무영역이 명확히 구분되는 전업주의제도가 채택되었다. 이는 기본적으로 은행경영의 효율화와 안정성 및 공정성을 확보하여 은행의 건전경영을 유도하는데 그 목적이 있었다. 이에 따라 상업은행은 증권의 인수, 모집과 매출의 업무를 할 수 없었을 뿐만 아니라, 투자은행(investment banks)을 계열 기업화하지 못했었다. 또한 증권업무에 종사하는 개인 또는 회사도 은행업무를 수행하지 못했었다.

그러나 이러한 제한은 1970년대 후반 이후 은행의 경영환경이 악화되고 금융혁신

2) 이러한 움직임에 대해 다른 유럽지역 국가들은 지지 의사를 피력하였으나, 실질적으로는 도입하고 있지 않다.

에 의한 신 금융상품의 개발, 금융의 증권화 등의 진전에 따라 증권회사 및 비은행 금융기관 등의 은행 유사업무 취급이 확대됨에 따라,[3] 이에 대한 대응으로 은행이 증권업에의 진출을 주장하게 됨에 따라 서서히 무너지게 되었다.

〈표 6-2〉 금융서비스현대화법 이후의 미국 은행의 취급허용업무

	은행 본체	은행지주회사 또는 국법은행의 자회사	금융지주회사의 자회사
일반 은행업무	요구불예금, 저축성예금, CD발행 및 매매, 대출, 금융자문, 신용카드 업무, 보관/관리/리스 등	좌동	좌동
신탁업무	일반신탁	좌동	좌동
증권업무	뮤추얼 펀드 인수/판매, 투자자문, 일부증권 인수, 딜링업무(연방 및 지방정부채, 사모 CP, MBS	좌동	좌동
보험, 연금업무	인구 5,000 이하 지역 보험대리점, 신용보험 인수, 판매	조건충족[1]국법은행자회사 : 보험 및 연금 브로커 및 판매, 신용보험[2]인수, 판매	모든 보험업무 (보험인수 및 판매)
머천트 뱅킹업무	금지	허용	허용

주 : 1) 자본금, 경영실태, CRA rating 등에서 우수한 은행
　　2) 모기지(mortgage), 사망, 질병, 장애 시 잔여부채에 대한 보험 등
자료 : 〈표 6-1〉과 동일

따라서 수년간에 걸쳐 '글래스-스티갈법' 개정에 대한 논쟁을 지속해 오다가 1999년 'Gramm-Leach-Bliley 금융서비스 현대화법(Gramm-Leach-Bliley Financial Service Modernization Act of 1999)'을 통과시킴으로써 본격적인 겸업화를 추진하게 되었다. 즉, 동 법의 통과를 계기로 은행, 증권, 보험업간의 업무장벽이 철폐되어 금융지주회사의 자회사를 통해 겸업화를 추진할 수 있게 되었다.

그런데, 여기서 유의해야 할 것은 '금융서비스현대화법' 하에서 폐지된 것은 1933

3) 증권회사의 MMMF(Money Market Mutual Fund), 상호저축은행의 NOW(Negotiable Orders of Withdrawl), Merrillynch의 CMA(Cash Management Account) 등의 신상품이 개발되어 은행의 업무영역을 잠식함에 따라 은행권의 자금이탈이 심화되었고, 은행지주회사의 허점을 이용한 Non-Bank의 설립, 매수를 통하여 은행유사업무에의 진출이 확대되었다.

년 '글래스-스티갈법'의 제20조와 제32조로 은행지주회사의 증권 자회사에 대한 증권관련 업무제한이지, 제16조 및 제21조는 여전히 유효하여 은행의 증권업무 내부겸영 및 증권회사의 예금수취는 엄격히 규제되고 있다는 점이다. 다시 말하면, '금융서비스 현대화법' 하에서의 겸업화는 금융지주회사의 자회사를 통한 형태로 이루어지고 있지, 은행, 증권, 보험 등 자회사별 업무영역은 여전히 엄격한 규제가 존재하고 있다는 것이다.

한편, 미국의 경우도 2008년의 글로벌 금융위기를 계기로 겸업화에 따른 폐해를 방지하기 위한 논의가 활발히 진행되엇다. 즉, 겸업은행들이 예금보험제도 및 중앙은행의 자금지원 등에 대한 기대를 근간으로 과도한 리스크를 추구함과 더불어, 투자은행 부문의 리스크가 상업은행부문으로 전이됨으로써 겸업은행이 도산되었다는 비판이 제기됨에 따라, 2010년 7월 제정된 '도드-프랭크법(Dodd-Frank Wall Street Reform and Consumer Protection Act)'에서는 은행·은행지주회사 및 계열 자회사가 고객서비스와 관련 없는 자기매매 거래, 헤지 펀드 및 PEF투자 등의 투자업무의 겸업을 원칙적으로 금지하는 일명 '볼커 룰(Volcker Rule)'을 도입하였다.[4]

3) 일본

일본의 경우, 1948년의 '증권거래법'제정을 계기로 동법 제65조에 의해 은행업무와 증권업무를 엄격히 분리하는 전업주의 제도가 채택되어, 은행, 신탁회사, 기타법령으로 정한 금융기관이 증권업을 영위할 수가 없었다. 즉, 전업주의 제도를 근간으로 각 업종에 대응한 전문금융기관이 설치되어 금융업을 영위하는 정부의 통제성이 강한 금융제도를 유지해 왔다.

그런데, 1970년대 중반 이후 경제의 안정 성장을 배경으로 한 대량의 국채발행을 계기로 은행의 국공채증권업무 진출의 필요성이 대두되었고, 1980년대에 들어와 미국의 강력한 금융산업 개방압력과,[5] 개인의 소득증대, 금융자산 및 자금조달수단의 다양화 등으로 금융자유화와 금융의 국제화의 급진전과 더불어 겸업주의제도로의

4) 다만, 국공채매매, 유가증권 인수, 시장조성 및 리스크관리 관련 자기매매 등에 대해서는 예외를 허용하였다.

5) 이를 집대성한 것이 ① 예금금리의 자유화, ② 단기금융시장의 정비, ③ 엔의 국제화 등을 주요내용으로 하는 「미·일 달러, 엔 위원회보고서」로서, 이는 일본이 대외적으로 금융·자본시장의 개방을 공표하고 금융의 자유화를 약속한 선언적 의미를 지니고 있다.

이행이 제기되었다.

이에 따라 1991년 6월에 금융제도조사회가 「새로운 금융제도에 관하여」에 대한 최종보고서를 공표한 것을 계기로 1993년 6월 은행법, 증권거래법 등 총 16개의 금융관련 법률을 일괄 개정한 '금융제도 개혁법안'이 제정되어 시행됨으로써 각 금융기관에 타 업종의 업무분야에 100% 출자한 자회사를 설립하여 해당 업종의 분야에 참여하는 업종별 자회사방식으로 겸업화를 추진하게 되었다. 그러나 실제로는 겸업화가 진전되지 못함에 따라, 1996년 소위 일본판 'Big Bang'의 시행을 발표한 것을 계기로 금융지주회사 방식을 통한 겸업화를 재추진하기에 이르렀다. 즉 1998년 3월 '은행법'개정을 통해 금융지주회사 설립이 가능해짐에 따라 은행, 증권회사, 보험회사는 금융지주회사를 통한 겸업화를 본격적으로 추진할 수 있게 되었다.

또한 1998년 12월 24개의 금융관련 법안이 일괄적으로 입법화된 '금융시스템 개혁법'이 시행됨으로써 은행, 증권, 보험 간의 업무제휴가 광범위하게 허용되었으며, 보험회사는 증권회사와 파산은행을, 증권회사는 보험회사를, 은행은 파산보험회사를 자회사로 각각 소유할 수 있게 되었다. 1999년 10월에는 보험회사의 은행소유가, 2001년 10월부터는 은행의 보험 자회사소유가 허용되었다. 2002년에는 금융지주회사뿐만 아니라 지역은행을 포함한 여타금융기관, 그리고 개별은행도 직접 펀드상품을 판매할 수 있게 되었고, 2004년 12월부터는 '증권거래법' 개정을 계기로 은행창구를 통한 주식판매도 가능하게 되었다. 또한 2007년 4월부터 본격적인 방카슈랑스가 도입되었다.

한편, 금융·자본시장을 둘러싼 환경변화에 대응하여 이용자보호 룰(rule)의 철저 및 이용자 편의의 향상, 저축으로부터 투자로 향한 시장기능의 확보, 금융·자본시장의 국제화에 대한 대응 등을 추구하고자 '금융상품거래법'[6]을 제정하여 2007년 9월 30일 시행하게 되었다. 이와 같은 '금융상품거래법'은 은행·보험을 제외한 금융서비스 업무를 넓게 자본시장분야로 규정하고, 기능적·횡단적인 거래 룰(rule), 업자 룰(rule), 시장 룰((rule)을 정비하고자 한 것으로,[7] 금융상품에 대한 이용자의 욕구(needs)가 다양화·고도화하는 추세에 대응하여 적절한 이용자의 보호와 더불

6) '투자서비스법'이라고 칭하기도 한다.

7) 新道仁新, "投資サービス法の制定と資本市場の將來像", 『證券レビュー』 第45卷 第4號, 證券經濟研究所. 2006年, pp. 81~83.

어 금융혁신을 추구함으로써 시장중심제도로 이행하는 방향으로 금융개혁을 추구하고자 하는 의도를 표출한 것으로 볼 수 있다.

그리고 2007년 9월에는 '금융·자본시장 경쟁력 강화 플랜'이 제시됨으로써 은행·증권·보험간의 임원의 겸직규제를 철폐하고 은행·증권 간의 비공식정보 교환의 제한을 완화하는 등 은행·증권·보험간의 fire wall(업무차단벽)규제가 완화되었다. 이에 따라 내부겸영(in house)에 의한 겸업주의 제도로의 이행이 촉진되게 되었다. 한편, 2009년 이후에는 주식에서 상품선물까지 폭넓은 금융상품을 거래할 수 있는 '종합거래소'가 신설되는 한편, 은행, 증권회사, 보험회사의 장벽을 낮춰 은행, 유가증권업무 등 금융서비스업을 포괄적으로 수행함과 아울러 고객정보를 공유하는 복합금융그룹의 설립이 허용되었다.

이와 같이 일본의 경우 최근 지주회사 방식을 통한 겸업화는 물론, 내부겸영(in house)에 의한 겸업화로의 이행이 촉진되고 있음을 알 수 있다.

〈표 6-3〉 최근 일본의 겸업화 추진추이

연도	내 용
1993.4	-금융제도개혁법안 시행, 금융기관의 자회사를 통한 타 업종진출 허용
1996.4	-신보험법 제정, 자회사 방식에 의한 생·손보 상호진입
1996.11	-금융빅뱅 발표
1998.3	-지주회사 설립에 대한 제한 폐지
1998.12	-금융시스템개혁법 시행 : 뮤추얼펀드 도입, 은행의 펀드판매허용, 은행, 증권회사, 보험회사간 업무제휴허용, 보험회사는 증권회사와 파산은행을, 증권회사는 보험회사를, 은행은 파산보험회사를 각각 자회사로 소유
1999.10	-보험회사의 은행소유가능
2001. 4	-은행의 보험자회사 소유허용, 증권회사들의 보험판매허용
2004. 12	-은행창구를 통한 주식판매허용
2007. 4	-은행창구를 통한 보험상품판매허용, 일반금융기관의 증권중개업 진입허용, 본격적인 방카슈랑스 도입
2007. 9	-'금융상품거래법'시행: 은행·보험을 제외한 금융서비스 업무를 자본시장분야로 규정, 기능적·횡단적인 거래 룰(rule), 업자 룰(rule), 시장 룰((rule)을 정비
2007. 9	-'금융·자본시장 경쟁력 강화 플랜' 제시: 은행·증권·보험간의 fire wall규제 완화
2009~	-'종합거래소'신설, 복합금융그룹의 설립 허용

4) 한국[8]

우리나라의 경우도 최근 겸업화가 광범위하게 이루어지고 있다. 특히 2000년 '금융지주회사법'이 제정됨을 계기로 금융지주회사의 자회사를 통해 은행, 증권, 보험 간의 겸업화가 급속히 진전되고 있다.

우리나라도 기본적으로는 금융업종별로 취급업무를 고유업무, 부수업무, 겸영업무로 구분하여 각 업종의 고유업무는 해당 업종에 속한 금융기관이 중심이 되어 취급하도록 하는 전업주의 제도를 채택하고 있다.[9] 예를 들어 대출의 겸영은 허용되지만, 예금의 겸영은 허용되지 않는 것이나 은행의 유가증권매매가 채권 및 펀드에 국한하는 것이 전업주의 제도에 의거한 것이라고 볼 수 있다.

그러나 2009년 시행된 '자본시장과 금융투자업에 관한 법률(약칭 '자본시장법')'에 의거, 모든 금융투자업(투자매매업, 투자중개업, 집합투자업, 투자일임업, 투자자문업, 신탁업 등) 상호간 겸영을 허용함은 물론, 금융투자회사(투자은행)로 하여금 지급결제업무를 겸영하도록 허용할 방침으로 금융기관 간 고유업무 겸영의 범위가 더욱 확대되었다.

제2절 겸업주의제도의 장 · 단점

1. 겸업주의제도의 장점

겸업주의 제도의 장점은 일반적으로 다음과 같이 정리할 수 있다.

첫째, 겸업주의 제도의 장점은 무엇보다도 범위의 경제(economies of scope)가 존재한다는 것이다. 금융산업에 있어서의 범위의 경제란, 하나의 금융기관(예를 들어

8) 우리나라의 겸업화에 대한 구체적인 내용은 뒤에서 언급하고자 한다.

9) 고유업무는 법령에 의해 해당 업종에 허용된 기본업무를, 부수업무는 해당 업종의 고유업무와 관련하여 허용된 보조업무를, 겸영업무는 타 업종의 고유업무로서 법령 등에 의해 허용된 업무를, 각각 의미한다.

은행)이 두 종류 이상의 금융서비스(예를 들어 은행업무와 증권업무)를 생산함으로써, 개별금융기관(은행, 증권회사)이 각각의 금융서비스를 생산할 때보다도 저 코스트(cost)로 운영이 가능하여 생산성이 향상되는 효과를 의미한다. 그런데, 일반적으로 은행이 보유하고 있는 생산요소 중에는 증권업에서도 이용 가능한 공통의 생산요소(예를 들어, 고객에 관한 정보, 금융시장에 관한 정보, 이러한 정보를 처리할 수 있는 시스템 등)가 있기 때문에, 증권업무를 겸업함으로써 저렴한 코스트로 편익을 증진시킬 수 있다는 것이다. 예를 들어 각각의 금융기관이 기업대출을 시행하거나 증권을 인수할 경우 기업경영실태를 각각의 금융기관이 시행해야 하지만, 기업대출과 증권인수를 하나의 금융기관에서 취급한다면 한 번의 경영실태조사만이 필요하다. 한편 소비의 측면에서도 하나의 금융기관이 여러 종류의 금융서비스를 함께 제공함으로써 금융소비자의 탐색비용을 절감하는 효과가 있다.

둘째, 겸업화를 통하여 정보생산의 비교우위를 추구할 수 있다는 것이다. 즉 다양한 금융서비스를 통해 거래기업과 폭넓고 영속적인 관계를 유지할 수 있어서 거래기업의 경영실태를 보다 정확히 파악할 수 있다는 것이다. 기업과의 폭넓은 거래관계가 기업의 경영실태 파악에 도움이 되는 이유는 거래기업의 차입행위는 물론, 주식발행에 대한 정보를 취득함으로써 기업의 자금조달 및 운용실태를 종합적으로 관찰할 수 있기 때문인데, 이는 겸업화를 통해 실현할 수 있다. 또한 겸업화를 통해 하나의 금융기관이 직접금융, 간접금융을 모두 취급하므로 기업의 설립에서 성숙에 이르는 과정에 필요한 여러 가지의 자금 조달행태에 부응할 수 있기 때문에 기업과 영속적으로 거래관계를 유지할 수 있다.

셋째, 겸업화를 통하여 금융기관 간의 경쟁을 촉진시킴으로써 자원 배분의 효율성을 높이고, 예금자나 투자자들의 금융 중개비용을 최소화시킴으로써 금융시장의 운영 효율성을 증대시킬 수 있다는 것이다.

넷째, 금융상품의 다양화를 통해 고객의 다양한 수요를 충족시킬 수 있어 이용자의 편익을 증진시킬 수 있다는 것이다.

다섯째, 금융기관의 다각화 업무 운용을 통한 상호보완기능의 확대로 경영위험의 절감과 경영의 안전성 제고를 꾀할 수 있다는 것이다.

이와 같이 겸업주의제도의 장점은 주로 금융의 미시적 효율성에 있음을 알 수 있다.

2. 겸업주의 제도의 단점

겸업주의 제도의 단점으로 우선적으로 지적되는 것은 은행이 증권업무로 업무영역을 확대함으로써 종래의 신용 리스크(credit risk)에 덧붙여, 증권업무 취급에 따른 시장 리스크(market risk)까지 경영 리스크에 포함하는 결과를 초래할 수 있다는 것이다. 만약 경기 순환적 성격이 강한 증권시장이 붕괴될 경우 해당 은행의 파산은 물론, 지급결제제도의 안정성이 위태로워지고 나아가서는 금융공황으로도 발전할 수 있다는 것이다. 특히 겸업주의 제도는 대형화에 따른 '대마불사(too-big-to-fail)' 등을 통해 금융기관의 리스크 추구 유인을 강화하여 금융위기를 야기 시킬 소지가 높다. 이의 대표적인 예로는 2008년의 글로벌 금융위기를 들 수 있다.

둘째, 은행이 증권업무를 겸업할 경우, 규모나 거래 관계 등에서 경쟁 상의 우위를 갖고 있는 은행에 의한 산업 및 금융시장지배의 우려가 발생할 수 있다는 것이다. 특히 은행이 시장지배를 목적으로 증권관련 수수료를 덤핑하고 이로 인한 손실을 은행 부문의 이익으로 보존하는 이른바 부문간 보조(cross-subsidization)행위를 자행할 경우, 경쟁을 제한시켜 효율적 시장형성을 저해할 수도 있다.

셋째, 겸업화로 인한 전문성의 결여를 들 수 있다.

넷째, 은행이 증권업무를 겸업할 경우 대출자금이 산업자금보다는 투기 자금화할 가능성이 높다.

마지막으로 겸업에 의해 금융거래의 주체 상호간에 이해상충(conflict of interest) 문제가 현실적으로 제기된다는 문제점을 지적할 수 있다.

이와 같이 겸업화에 따른 문제는 이해상충문제의 발생, 금융제도의 안정성에 대한 악영향이라는 폐해로 나타날 수 있다. 따라서 겸업화의 추진은 이와 같은 위험성을 배제하고 경쟁조건의 균형을 확보하면서 어떻게 하면 겸업에 따른 장점을 실현할 수 있을까 하는 관점에서 검토되어야 할 것이다.

제3절 이해상충문제의 발생과 대처방안

일반적으로 이해상충(conflict of interest)이란 복수의 이익이 합법적으로 존재하고 있는 가운데 각 경제주체의 이익이 충돌, 경합하는 상황을 지칭하는 것으로, 어느 일방의 희생 하에서 자기 혹은 타인의 이익을 실현하는 현상을 의미한다.[10)]

이러한 이해상충문제는 금융산업 이외의 분야에서도 광범위하게 발생될 수 있으나, 특히 금융산업에서 발생할 가능성이 높을 뿐만 아니라, 그 피해가 크기 때문에 은행 및 증권업의 겸업화를 둘러싼 문제를 논의할 때, 최대의 쟁점으로 부각되어 왔다. 이는 ① 금융기관이 서로 이해관계가 다른 불특정다수를 고객으로 한 거래를 행하고 있다는 점, ② 금융기관과 고객 간의 정보의 비대칭성(informational asymmetry)이 크고 서비스의 성과가 나오기까지의 과정에서 고객이 그 내용을 판단하기가 곤란하다는 점, ③ 금융기관에 대해 고객이 하나하나의 서비스의 내용을 점검하지 않고 일반적으로 신용하는 경우가 많다는 점, 등으로 인하여 금융산업에 있어 이해상충문제의 발생가능성이 높을 뿐만 아니라, 이러한 이해상충이 과도히 남용될 경우 금융제도에 대한 공신력 실추 등을 통해 금융제도의 안정성자체가 크게 위협받을 수 있기 때문이다.

따라서 겸업화의 추진과 관련하여 금융제도의 건전한 발전을 위해서는 이해상충문제에 대한 효율적 규제가 가능한 복합적인 대책이 요구된다.

1. 이해상충문제의 발생유형

금융산업에 있어서 이해상충의 발생형태는 무척 다양한데, 각 금융산업 내에서 발생할 수도 있으며 복수의 금융업무를 겸업하는 경우에도 발생할 수 있다.[11)] 이를

10) R. A. Schotland,, "Conflicts of Interest within the Financial reform : Regulatory Implications", F. R. Edwards ed., *Issues in Financial Regulation*. Mc Grow-Hill 1979. p. 127.

크게 대별하면 은행 및 증권업의 분리체제에서 발생할 수 있는 '전업형 이해상충문제'와 은행 및 증권업의 겸업에 의해 발생할 수 있는 '겸업형 이해상충문제'로 나눌 수 있는데, 여기서는 은행 및 증권업의 겸업에 따른 이해상충문제를 각 형태로 살펴보고자 한다.

'겸업형 이해상충문제'는 종래의 형태의 은행업무와 관련된 고객(예금자, 대출기업 등)의 이익 혹은 은행의 이익과, 겸업에 의해 새롭게 추가된 증권업무와 관련된 고객(투자자, 증권발행기업 등)의 이익과의 대립의 형태로 나타난다.[12]

1) 은행업무 관련 고객의 이익과 증권업무 관련 고객간의 이해상충문제

첫째, 예금·대출부문과 인수·매출 부문 간에 발생하는 이해상충문제를 들 수 있다. 은행이 부실대출을 회수하기 위해 대출기업에게 회사채 혹은 주식을 발행하게 하고, 해당 기업의 업적 부진을 명확히 하지 않고 인수한 회사채 혹은 주식을 투자자에게 매출하는 경우, 예금자의 은행에 대한 채권의 안전성은 높아지는 반면에, 투자자는 채무불이행 위험(default risk)을 입게 되므로 고객(예금자, 투자자)간의 이익이 대립된다.

둘째, 은행과 은행의 자회사 간의 이해상충문제를 들 수 있다. 은행의 증권 자회사가 매출한 인수회사채의 채무불이행(default)을 회피하기 위해 모 은행이 회사채 발행기업에게 경영지원책으로서 부실대출을 행할 경우, 투자자의 자산 안전성은 높아지는 반면에, 은행의 채권 내용은 악화되므로 예금자의 은행에 대한 채권의 안전성이 저하된다는 의미에서 예금자와 투자자의 이익이 대립된다.

셋째, 은행과 비증권 자회사간의 이해상충문제를 들 수 있다. 은행의 비증권 자회사가 은행으로부터 부실채권을 구입해, 이를 고객(투자자)의 포트폴리오(portfolio)에 합치한 증권형태로 전환하여 투자자에게 매각할 경우, 은행예금자의 은행에 대한 채권의 안전성이 높아지는 반면에, 투자자가 채무불이행 위험(default risk)을 짊어진다는 의미에서 은행의 예금자와 투자자의 이익이 대립된다. 이와 같은 경우는 금융의

11) 정희찬·유찬우, "금융업에 있어서의 이익상충에 관한 연구", 「조사통계월보」, 한국은행, 1991년 4월, p. 9.

12) 이하의 내용은 金融制度研究グループ, 『銀行・證券の分離政策』, 資本市場研究會, 1988年 pp. 64~66을 참조.

증권화 현상이 진전됨에 따라 그 발생 가능성이 한층 높아질 것으로 예상된다.

넷째, 신탁부문과 인수·매출부문간의 이해상충문제를 들 수 있다. 인수·매출의 고객이 보유하고 있는 부실채권 및 저가주식의 가격을 끌어올리기 위해 신탁부문에서 해당 회사채 및 주식을 구입하는 경우, 신탁재산의 안전성이 저하되는 반면에 투자가의 자산가격이 상승한다는 의미에서 고객(신탁위탁자·투자자)간에 이익이 대립된다.

2) 은행의 이익과 증권업무 관련 고객의 이익과의 이해상충문제

첫째, 예금자와 증권 위탁매매(brokerage)부문 간의 이해상충문제를 들 수 있다. 은행은 예금자에 대해 소위 수탁자로서 엄정 중립적인 조언을 행해야 할 입장인데, 은행이 이와 같은 입장을 이용하여 주식발행 등을 통하여 자기 은행과 깊은 유대를 맺고 있는 특정의 유가증권매입을 권유하는 경우, 예금자와 은행의 증권 위탁매매(brokerage)부문 간에 이익이 대립된다.

둘째, 투자자와 증권 자기매매(dealing)부문 간의 이해상충문제를 들 수 있다. 은행이 대출업무로부터 얻은 특정 정보를 근간으로 증권매매를 행할 경우(내부정보의 도용), 투자자와 은행의 자기매매(dealing)부문 간에 이익이 대립된다.

2. 이해상충문제에 대한 대처방안

1) 금융업계의 자율규제

이해상충문제에 대처하기 위해서는 개별금융기관단계에서의 자율규제를 업계 전체로 확대하는 것, 즉 업계 자율규제기관(단체)에 의한 자율규제체제의 확립이 중요하다. 업계의 자율규제가 철저하게 이행된다면 이해상충문제 발생의 상당한 부문이 미연에 방지될 수 있을 뿐만 아니라, 다음과 같은 이점을 추구할 수 있다. 즉, ① 규제기관이 전문성에 입각하여 신속하게 대처하기가 용이하고, ② 공적규제와 같이 확고한 법적 근거가 없어도 도덕적 해이(moral hazard)문제 및 중장기적인 영향 등에 대하여 독자적인 관점에서 파악하여 소위 공통영역(grey zone)거래에 대해서도 규제를 행할 수가 있으며, ③ 규제에 필요한 비용이 해당 금융거래와 전혀 관계가 없는 일반 대중에게 부과됨이 없이 수익자부담 원칙에 따라 운용할 수 있다는 것이다.

그러나 독일을 중심으로 한 유니버샬 뱅크(universal bank)방식에서 볼 수 있는 것처럼 ① 과점적 상황 하에서는 엄격한 규제를 설정할 인센티브(incentive)가 결여되기 쉽고, ② 통상적인 강제력을 수반하고 있지 않기 때문에 자율규제의 준수 및 룰(rule)위반에 대한 억제력이 결여되어 있을 뿐만 아니라, ③ 일단, 폐해가 발생할 때 이에 대한 처리가 불철저하게 될 가능성이 있는 등의 단점도 지니고 있어, 업계의 자율규제만으로는 이해상충문제를 원만히 해결할 수 없다.

2) 일반적 행위 규제

끼워 넣기 판매 등의 불공정거래의 금지, 내부자거래 규제 등의 일반적인 룰(rule), 혹은 펀드매니저의 수탁자로서의 의무 철저 등의 업무규제를 통하여 이해상충문제를 해결하고자 하는 방지책의 하나이다. 벌칙을 부과하기 때문에 이해상충에 대한 어느 정도의 억제력으로 작용할 수도 있으나, 현실문제로서 법률상의 책임소재, 이해관계의 인정 및 입증 등이 극히 어렵기 때문에,[13] 겸업에 따른 이해상충문제의 방지책으로서는 한계가 있다고 여겨진다.

3) chinese wall의 설치

chinese wall(정보차단벽)란 어느 사업의 특정 부문에 속해있는 자가 갖고 있는 정보가 타 부문에 속해 있는 자에게 직접 혹은 간접적으로 유통되지 못하도록 차단하는 각종의 조치를 의미한다.[14] 예를 들어 증권회사내의 인수부문과 투자조사 내지는 브로커 부문과의 사이에, 혹은 신탁은행 내의 여신부문과 신탁재산 운용부문과의 사이에의 정보공유를 방지하기 위해 사무실의 분리, 정보관리의 철저 등을 이행하는 룰(rule)을 설정하는 경우를 들 수 있다.

이해상충의 케이스로 부각되는 대부분의 경우는 이와 같은 chinese wall의 설치

13) 현실적으로 이해상충문제에 대한 벌칙규정의 정비가 비교적 진전되어 있는 구미 주요국조차도 벌칙규정은 법률상 명문화하기 쉬운 내부자거래 형태의 이해상충문제에 한정되어 있는 실정이다.

14) chinese wall은 부문 간의 정보유출 등을 차단하기 위한 장치로써 만리장성과 같이 장벽을 구축하는 방식이 흡사하여 영어로는 chinese wall라고 일컬어진다.

와 앞에서 언급한 일반적 행위규제를 병행하여 시행함으로써 방지할 수가 있으나,[15] ① 정보를 가시적으로 확인할 수 없기 때문에 chinese wall의 실효성을 외부에서 평가하기 어렵고, ② 정보 이외의 자원을 이용한 이해상충을 방지하기에는 부족한 면이 있는 등의 문제점을 지지고 있다.

따라서 chinese wall의 설치도 금융제도의 안정성 확보라는 목적을 달성하기 위해서는 보다 많은 보완이 요구되는 수단이라고 여겨진다.

4) fire wall의 설치

fire wall(업무차단벽)이란 chinese wall을 보다 한 단계 엄격하게 적용한 것으로서 정보뿐만 아니라 조직, 자금, 인사 등 경영자원의 업종간의 교류를 개별행위 규제 등으로 차단하는 조치를 의미한다.

일반적인 fire wall의 내용으로서는 첫째, 은행과 계열증권사간의 금융거래에 대한 규제로서, ① 각종 신용공여규제, ② 신탁설정규제, ③ 자산매매규제 등이 있다. 둘째, 은행과 계열증권회사간의 독립성을 확보하기 위한 규제로서 ① 겸임관계규제, ② 영업의 분리규제, ③ 정보이용규제 등이 있으며, 셋째, 앞에서 언급한 것 이외에 광의의 개념으로서 은행과 별도의 조직으로 증권업무에 진출한 경우에 대한 규제로서 ① 은행지주회사 및 계열증권회사의 자본금규제, ② 계열증권회사의 영업에 관한 양적 제한 등이 지적되고 있다.

이와 같이 fire wall의 설치는 은행과 동 계열 증권회사의 상호관계를 차단하여 양자 간의 밀착화를 방지하고 계열증권회사의 독립성을 확보하고자 하는데 그 의의가 있다고 여겨진다. 이처럼 fire wall의 설치가 필요한 이유는 은행의 증권업무 진출에 수반한 여러 가지의 폐해를 회피 혹은 방지하는 데 그 목적이 있는데, 구체적으로 언급하면 다음과 같다.

첫째, 증권업무에 수반한 리스크를 은행으로부터 차단하여 은행경영의 건전성을 확보하는 것, 즉, 예금자의 보호, 신용질서의 유지에 그 목적이 있다.

둘째, 은행에 의한 이해상충행위의 발생을 회피하는 것, 즉, 금융거래의 공정성 및 신뢰성의 확보에 그 목적이 있다.

---

15) 水口広, "金融制度改革とファイアーウォールの存り方", 『財界観測』, 野村総合研究所, 1992年 2月, pp. 62~63.

셋째, 은행이 과다한 경제력을 보유하는 것을 방지하는 것, 소위 금융지배의 배제를 목적으로 하고 있다.

넷째, 은행과 증권회사간에 균등한 경쟁조건을 확보하는 것, 즉, 은행 본체에 의한 증권업무 운영과 증권회사간의 혹은 은행계열, 계열외 증권회사간에서 생성되는 경쟁조건의 격차 발생을 방지하고 균등한 경쟁조건(level playing field)을 확보하는 데 그 목적이 있다.

이와 같이 fire wall을 설치함으로써 은행의 증권업진출에 따른 이해상충은 크게 억제될 수 있을 것이다. 그러나 다른 한편으로는 ① fire wall을 설치함으로써 업무다각화에 수반한 범위의 경제(economies of scope)의 향유 및 수익기회의 다양화에 따른 수익 안정화를 저해할 가능성이 있고, ② 조직 내에 물리적인 기능 분리라는 형태로 장벽을 설치할 경우, 분리에 따른 이중비용이 필요하게 되는데, 이를 감수하면서 은행이 증권업에 진출하는 것은 현실적으로 무리라는 지적도 시사하는 바가 크다.

제4절 겸업화의 형태

겸업화의 형태는 크게 완전겸업방식, 상호진출방식, 특례법방식, 업종별자회사방식, 지주회사방식, 유니버샬 뱅킹방식 등으로 구분해 볼 수 있다.

1. 완전겸업(내부겸영)방식

이는 금융기관 본체(in-house)에서 모든 금융업무를 제한 없이 영위하는 방식을 말하는데 현실적으로 이와 같은 제도를 채택하고 있는 국가는 없다. 이 방식을 채택할 경우, 범위의 경제(economies of scope)를 실현하는 등 겸업화의 장점을 최대한 발휘할 수 있으나, 반면에 겸업화의 단점으로 지적되고 있는 이해상충문제의 발생, 금융기관의 건전성 경영의 저해, 신용 질서의 혼란 등의 제반 문제가 발생하기 쉽다.

2. 상호진출방식

이는 각 금융업종의 현행의 업무를 유지하면서 타 금융업종의 분야에 상호진출하는 방식을 말한다.

이 방식은 금융기관간의 업무영역조정과 관련하여 금융기관간의 이해조정이 쉽다는 장점이 있으나, 한편으로는 무 원칙적으로 상호진출이 이루어질 경우, 한 금융업무에서 발생한 부실이 전체금융기관에 파급되어 금융제도의 안정성을 해칠 우려가 크다는 단점이 지적되고 있다. 특히 우리나라와 같이 개별금융기관의 고유업무 영역의 기반이 취약한 경우에는 이와 같은 피해가 매우 크다고 할 수 있다.

[그림 6-1] 상호진출방식

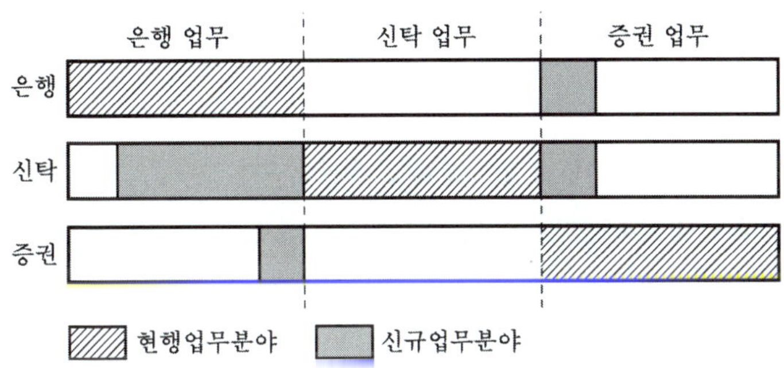

자료 : 일본금융제도조사회「새로운 금융제도에 대하여」1989년.

3. 특례법 방식

이는 각 금융기관이 특례법에 의거해 여러 금융업무를 수행하는 자회사를 설립하여 겸업화를 추진하는 방식을 말한다. 예를 들어 금융채를 포함한 은행업무, 증권업무, 신탁업무(단, 이상의 업무에 대해서는 예를 들어 도매금융업무에 한정 등의 일정의 제한을 부과한다)를 수행하는 새로운 금융기관의 제도를 만들어 각 업종으로

부터 각각 100%의 자회사형식으로 참여하게 하는 방식이다

[그림 6-2] 특례법 방식

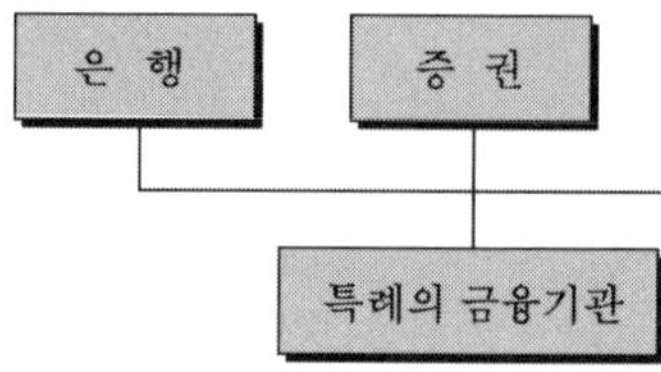

자료 : [그림 6-1]과 동일.

이와 같은 특례법 방식은 업종별 자회사방식과 비교 시, 보다 광범위한 업무를 수행할 수 있다는 장점을 지니고 있는 반면에, 다른 금융기관이 상대적으로 제한된 업무를 수행하고 있는데 비해 방대한 업무영역을 확보할 수 있어서 금융기관간의 형평성 유지의 문제와 금융제도상의 혼란을 초래할 수 있는 단점을 지니고 있다.

4. 업종별 자회사방식

이 방식은 각 업종의 현행의 업무분야를 유지하면서 100%의 자회사 설립을 통해 이종 금융업무에 참여하는 방식이다.

[그림 6-3] 업종별 자회사방식

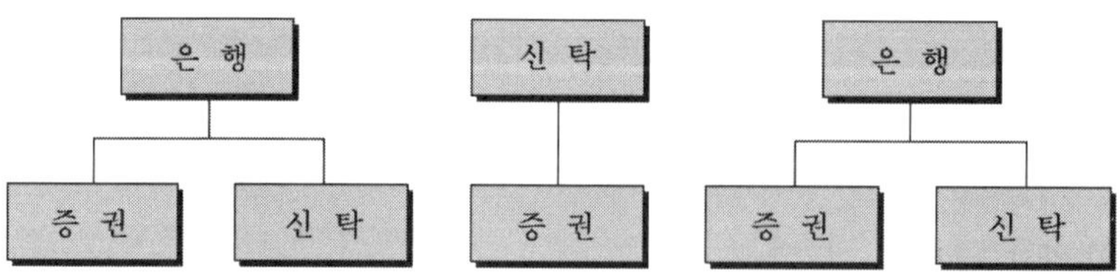

자료 : [그림 6-1]과 동일.

이 방식은 이종업종의 금융업무를 별도의 자회사에서 취급함으로써 겸업의 폐해를 방지하기 위한 효과적인 차단벽을 설치할 수 있다는 장점이 있는 반면에, 만약 ① 차단벽이 높을 경우 종합적인 서비스제공의 혜택을 누리기 어렵고, ② 또한 자

회사의 부실이 모회사에 전가되기 쉬우며, ③ 별도의 조직운영에 따른 비용 증대 등의 단점을 지니고 있다.

업종별 자회사방식을 채택했던 대표적인 국가로서는 영국, 일본 등을 들 수 있다.

5. 지주회사방식

이 방식은 각 업종의 현행의 업무 분야를 유지하면서 지주회사의 자회사를 통해 이종업종에 상호진입하는 방식이다. 즉, 지주회사(holding company)방식은 지주회사 산하에 은행, 증권, 보험 등의 금융업을 수행하는 자회사를 두고 겸업화의 효과를 추구하는 방식이다.

[그림 6-4] 지주회사방식

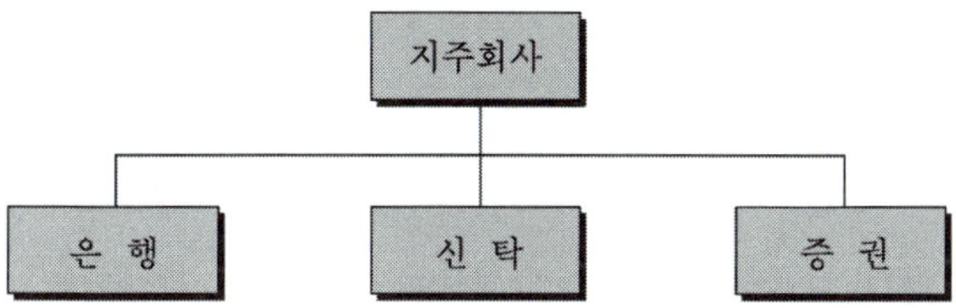

자료 : [그림 6-1]과 동일.

지주회사는 크게 순수지주회사(pure holding company)와 사업지주회사(operating holding company)로 나눌 수 있다. 양자 공히 주식 소유를 통해 타 기업의 경영을 지배하는 데에 목적을 두고 있다는 점에서 공통점을 지니고 있으나, 전자의 경우 지주회사 스스로 고유의 사업을 영위하지 않는 반면에, 후자의 경우 지주회사 스스로 고유의 사업을 영위하는 점에서 차이가 있다.[16] 금융제도에서 말하는 지주회사(금융지주회사)는 일반적으로 순수지주회사를 의미하며, 구체적으로는 은행업, 증권업, 보험업 등 금융업만을 영위하는 자회사 군을 소유, 지배, 관리하는 것을 주요사업 목적으로 하는 회사를 지칭한다.

16) 이와 같이 사업지주회사와 순수지주회사와의 궁극적인 차이는 자산운용 측면에서 자기사업 부문을 보유하고 있는지 아니면 자회사에 대한 지배목적으로 주식 소유만을 하는지 여부로 구분할 수 있다.

금융지주회사의 본질적인 기능은 금융적 기능에서 그 근간을 엿볼 수 있는데, 금융적 기능의 측면에서의 금융지주회사의 가장 본질적인 기능은 금융자산의 집약화에 있다. 즉, 지주회사는 은행 자회사를 비롯한 다양한 자회사에 대해 지분 자본의 공급을 수행하고 있으며, 또한 신용공여의 형식을 통해 자회사에 자금을 공급하는 기능을 수행한다. 한편, 자회사로부터 지주회사로의 자금 이전이 이루어진다. 배당지급, 대부의 변제, 이자 지급, 은행 자회사가 보유하고 있는 예금에서 발생하는 수익 등이 이에 해당되는데, 이중 지주회사의 수익에서 가장 중요한 요소는 자회사 특히 은행 자회사로부터 수취하는 배당에 있다.

이와 같이 지주회사는 조직 내의 자금유통에 있어서 최대의 집중·분배기구로서 기능하고 있으며, 일반적으로 지주회사는 그룹 전체적인 측면에서 전략과 통제기능을 수행하고 자회사는 독립적으로 영업 기능을 수행한다.

이와 같은 기능을 수행하는 지주회사방식의 구체적인 장점은 다음과 같이 정리할 수 있다.

첫째, 금융그룹 전체의 경영효율을 향상시킬 수 있다. 금융의 규제완화, 금융의 증권화, 금융의 범세계화 등에 의해 촉진된 금융업무의 겸업화현상과 관련하여 고도화 내지 전문화된 금융서비스를 종합적으로 고객에게 제공하는 시스템이 요구되고 있는 상황에서 지주회사방식을 이용하면, 분사화를 통해 고도화 내지 전문화된 금융서비스를 효율적으로 제공할 수 있을 뿐만 아니라, 글로벌(global)한 규모와 시야에서 종합적인 금융서비스를 제공할 수 있다.

둘째, 금융제도의 안정성 및 건전성을 비교적 용이하게 유지할 수 있다. 앞에서 언급한 것처럼 자회사방식(subsidiaries)의 경우 금융 자회사의 부실이 모회사를 비롯한 타 금융 자회사에 직접 영향을 미치는데 반해, 지주회사방식의 경우 지주회사의 산하에 있는 금융 자회사가 상호 수평적·독립적 관계를 유지하고 있기 때문에, 금융 자회사의 부실이 여타 금융자회사에 파급되는 전염효과(contagion risk)를 어느 정도 방지할 수 있어 금융제도의 안정성에 기여할 수 있다. 또한 금융 자회사가 부실화되어 이를 구제할 경우가 발생 시, 다른 방식에 비해 지주회사의 합리적 판단에 의거하여 대책을 신속히 실행할 수 있기 때문에, 금융제도의 건전성을 향상시키는데도 기여할 수 있다.

셋째, 자회사방식 등과 비교해 볼 때, 이해상충문제가 발생할 소지가 적을 뿐만 아니라, 강력한 차단벽(fire wall)을 설치하지 않고서도 업무 다각화의 효과를 꾀할 수 있다. 지주회사방식의 경우, 지주회사 자신이 직접 영위하는 금융부문이 없고 자회사간에 수평적 관계를 유지하고 있기 때문에 이해상충의 문제가 발생할 가능성이 상대적으로 낮다. 또한 자회사방식과 비교해 수평적 관계에 연유해 상대적으로 약화된 차단벽의 설치로도 동일한 업무 다각화의 편익을 누릴 수 있다.

넷째, 인수 및 합병 등의 금융기관의 구조조정을 기능적으로 추진할 수 있다. 지주회사방식을 이용한 기업결합은 합병보다 강도가 낮은 기업결합의 형태일지라도 기업문화 및 고용조건이 서로 다른 금융기관의 합병에 있어서 각각의 금융기관을 자회사로 존속시킬 수 있어서 조직·인사 면에 있어서의 불필요한 마찰을 회피할 수 있을 뿐만 아니라, 총괄적인 입장에서 인원과 자금을 최적으로 배치할 수 있어 경영의 효율성을 제고시킬 수 있다.[17)]

다섯 번째, 자회사방식에 비해 금융감독이 용이하다는 장점을 지니고 있다. 금융업무의 다각화의 진전 및 금융서비스의 종합적인 제공이 시대적인 요청임을 고려해 볼 때, 금융업무에 대한 감독도 이에 대응하여 포괄적인 감독의 필요성이 요구된다. 이러한 관점에서 볼 때, 자회사방식 하에서는 기관별 감독이 불가피해 업계의 이해관계의 상충성에 따른 감독의 형평성 내지는 비효율성의 문제가 빈번히 제기되었으나, 지주회사방식의 경우 포괄적인 기능별 감독이 가능하기 때문에 이와 갖은 문제가 발생할 소지가 상대적으로 적어 금융감독의 형평성 및 효율성을 확보하기 용이하다.

여섯 번째, 지주회사방식은 각각의 금융 자회사별로 독립적인 노동조건, 임금수준, 조직문화 등을 유지할 수 있어 원만한 인사 및 노무관리가 가능하다.

이에 반해 지주회사방식은 다음과 같은 문제점을 지니고 있다.

첫째, 지주회사방식은 경제력 집중현상을 심화시킬 수 있다. 이는 기본적으로 '소유의 다단계'에 의한 기업 확장 논리에 근거하는 것으로, 비교적 소액의 자본으로 다수의 기업지배가 가능하고, 이를 통해 기업집단을 형성함으로써 경제력집중의 문

17) 예를 들어 지주회사방식에 의한 은행인수는 경영인수에 필요한 정도의 시분반을 확보하면 가능하므로 합병과 비교해 구조조정비용이 적게 드는 장점도 지니고 있다.

제를 야기시킬 수 있다는 것이다.[18] 이와 같은 경제력 집중현상은 금융의 산업지배 가능성으로 나타날 수 있고, 특히 지주회사를 산업자본이 지배할 경우에는 산업자본의 금융지배로써 그 폐해가 나타날 수 있다.[19]

둘째, 조직구조의 다단계로 인해 의사결정 단계와 경영지원기능의 중복 가능성 등 경영의 비효율성을 증대시킬 수 있다. 예를 들어 지주회사가 자회사의 지분을 전부 소유하지 않는 등의 이유로 자회사의 경영에 대한 지주회사의 권한이 제한될 경우 지주회사와 자회사의 경영진간 의견충돌이 발생할 소지가 있다.

셋째, 지주회사가 자회사 주식의 일부만 소유함에 따라 자회사의 소수 주주와 이해상충문제가 야기될 수 있다. 이는 지주회사의 경우 그룹 전체의 이익을 극대화하려는 반면에, 자회사 소수 주주들은 해당 자회사의 가치를 극대화하고자 하는 목적의 차이 때문에 발생한다.

이와 같이 지주회사방식도 장점과 단점을 지니고 있으나, ① 효율적인 업무다각화에 적응할 수 있으며, ② 또한 기존 금융기관의 경영을 분사화하는데 적합할 뿐만 아니라, ③ 더욱이 금융기관간의 통합을 용이하게 진행시킬 수 있어서 최근 금융의 증권화, 금융의 범세계화, 금융규제완화 등에 의해 촉진된 금융업무의 겸업화 현상과 관련하여 겸업화의 유력한 방식으로 부각되고 있다. 이에 따라 종래부터 지주회사방식을 채택해 왔던 미국은 물론, 일본, 한국 등 자회사방식을 채택했던 국가들도 지주회사방식으로 겸업화를 이행하고 있다.

6. 유니버샬 뱅킹방식

이 방식은 금융기관 본체에서 기본적인 금융업무를 취급하는 방식이다. 전형적인 예는 독일의 유니버샬 뱅킹(universal banking)방식에서 찾아볼 수 있는데, 독일의 경우 은행과 증권업무는 본체에서 취급하고, 보험 등 기타 금융업무 및 일반상공업 업무는 자회사 또는 이를 지배하는 지주회사에서 겸업하는 방식을 취하고 있다.

이 방식은 독일을 비롯한 다수의 EU국에서 채택하고 있다.

---

18) 박경서 · 김선호, 「금융지주회사제도에 관한 연구」, 한국금융연구원, 1997년, pp. 10~12.

19) 이와 같은 문제를 해소하기 위해 정부는 부채비율제한 및 자회사출자한도 등을 통해 지주회사의 부분별한 확장을 제한하고 있다.

[그림 6-5] 유니버샬 뱅킹방식

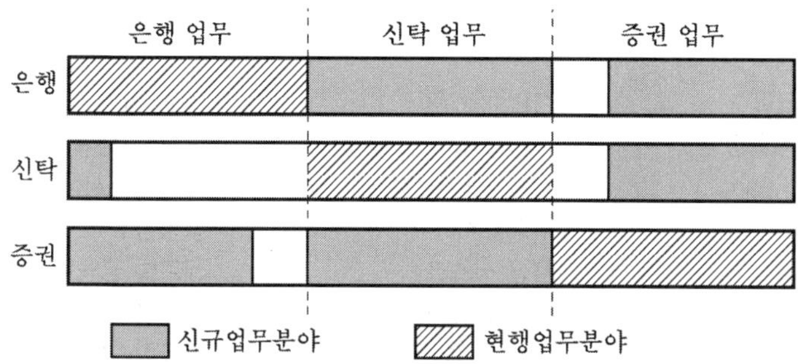

자료 : [그림 6-1]과 동일.

이 방식은 은행업무와 증권업무의 겸업에 따른 효과를 극대화할 수 있는 장점이 있는 반면에, 증권부문의 리스크가 은행부문으로 전이되는 시스템 리스크가 크게 나타날 수 있다는 단점이 있다. 2008년의 글로벌 금융위기를 겪으면서 상당수의 투자은행(investment bank)이 몰락하고 유럽의 유니버샬 뱅크들이 투자은행과 자산관리업무를 상업은행에서 분리하고 있는 것이 그 예이다.[20]

20) 강병호 · 김대식 · 박경서, 『금융기관론(제22개정판)』, 박영사, 2020년, p. 34

중요개념 및 용어

전업주의 제도	겸업주의 제도	Big Bang
글래스-스티갈법	금융서비스 현대화법	도드-프랭크법
일본판 Big Bang	금융상품거래법	금융·자본시장 경쟁력강화 플랜
고유업무	부수업무	겸영업무
범위의 경제	시장 리스크	글로벌 금융위기
부문간 보조행위	이해상충문제	겸업형 이해상충문제
chinese wall(정보차단벽)	fire wall(업무차단벽)	균등한 경쟁조건
완전겸업방식	상호진출방식	특례법방식
업종별 자회사방식	지주회사방식	순수지주회사
사업지주회사	금융자산의 집약화	전염효과
조직구조의 다단계	경제력 집중	유니버샬뱅킹 방식

연 습 문 제

1. 최근에는 전업주의제도와 겸업주의제도를 어떻게 구분하는지를 설명하라.

2. 1986년의 영국 증권거래소의 대개혁인 소위 Big Bang에 대하여 설명하라.

3. 1999년 금융서비스현대화법을 통과시킴으로써 본격적으로 추진된 미국의 겸업화에 대하여 구체적으로 설명하라.

4. 미국의 경우, 2008년의 글로벌 금융위기를 계기로 겸업화에 따른 폐해를 방지하기 위해 어떠한 논의가 활발히 일어나고 있는지를 서술하라.

5. 겸업주의 제도의 장점에 대하여 구체적으로 서술하라.

6. 겸업주의 제도의 단점에 대하여 구체적으로 서술하라.

7. 이해상충의 개념에 대하여 정의하고, 은행업무 관련 고객의 이익과 증권업무 관련 고객 간에 발생할 수 있는 이해상충의 예를 들어 설명하라.

8. 이해상충문제의 대처방안 중의 하나인 fire wall의 설치에 대하여 설명하라.

9. 최근 세계적으로 가장 많이 채택하고 있는 겸업화의 방식인 지주회사방식과 관련하여
   1) 의의 및 금융지주회사의 본질적 기능에 대하여 설명하라.
   2) 장점에 대하여 구체적으로 설명하라.
   3) 단점에 대하여 설명하고, 이와 같은 단점에도 불구하고 최근 지주회사방식이 겸업화의 가장 유력한 방식으로 부각되는 이유에 대하여 설명하라.

10. 유니버샬 뱅킹방식에 대하여 설명하라.

제 7 장 시장중심제도와 은행중심제도

본 장에서는 금융제도의 유형을 시장중심제도와 은행중심제도로 구분하여 살펴보고자 한다. 먼저, 양 제도의 의의와 장·단점에 대하여 알아보고, 다음으로 효율성 측면 및 안정성 측면에서 양 제도를 비교한 후, 마지막으로 향후 금융제도의 변화추이와 이에 대한 시사점을 도출하고자 한다.

제1절 시장중심제도와 은행중심제도의 의의 및 장·단점

1. 시장중심 제도와 은행중심 제도의 의의

한 나라의 금융제도는 그 나라의 기업금융과 기업지배구조에 영향을 주어 기업의 성과는 물론, 그 나라의 경제발전에 중대한 영향을 미치므로 금융제도를 어떻게 정립하는가는 중요한 의미를 지니고 있다. 기업금융과 금융중개, 금융기관과 기업간의 소유·지배구조 등 금융기관과 기업 간의 관계를 중심으로 금융제도는 크게 시장중심 제도(market-based system)와 은행중심 제도(bank-based system)로 분류할 수 있다.

시장중심 제도에서는 은행 등 금융기관과 기업 간에 서로 소유 및 지배 관계가 없는 독립적인 관계를 유지하고 있는데, 미국, 영국 등 주로 영미 법체제를 채택하고 있는 국가들에 일반화되어 있다. 미국과 영국의 경우 산업자본이 은행을 소유하여 발생하는 경제력집중과 은행이 기업주식에 투자하여 발생하기 쉬운 은행의 건전성훼손 등을 방지하기 위하여 은행과 기업의 소유 관계를 엄격히 제한하고 있다.[1]

은행중심 제도는 독일, 일본 등 주로 대륙법 체제를 채택하고 있는 국가들에 일반화되어 있다. 은행중심제도에서는 은행과 기업이 상호주식보유(일본)[2] 또는 은행의 일방적인 기업주식보유(독일)[3] 등으로 밀착되어 있어 은행과 기업이 시장기능보다는 양자 간의 암묵적인 계약(일본) 또는 명시적 제도(독일)에 의해 장기적인

1) 미국의 경우 은행법과 독점금지법 등을 통해 기업과 은행간의 주식의 상호보유나 지배를 강력하게 규제하고 있고, 영국의 경우는 미국과 같이 법적인 제약은 없으나 관행적으로 양자간에 서로 지배하지 않는다.

2) 일본의 메인 뱅크(main bank)제도는 은행과 기업간에 독일보다 더 강한 유대관계를 형성하여 양자의 관계는 주식의 상호보유로 연결되어 있으며, 메인 뱅크가 기업감시와 통제기능을 수행한다.

3) 독일의 Hausbank는 기업주식보유자인 동시에 채권자로서 기업경영에 대하여 다양한 영향력을 행사한다. 특히 보유주식 또는 고객위탁주식에 대한 주주권 행사, 기업감독위원회에 대한 임원파견 등을 통하여 기업경영에 강력한 영향력을 행사한다.

결속관계를 형성하고 있다.[4]

기업금융과 금융중개 방식에 있어서도 양 제도를 구분할 수 있다. 시장중심 제도의 경우, 자본시장 등 직접금융 중심으로 이루어지는데 반해, 은행중심 제도를 유지해 온 일본 및 독일의 경우 자본시장이 미국과 영국만큼 발달하지 못하여 기업의 자금조달은 전통적으로 은행대출 등 간접금융에 의존하고 있다. 이에 따라 금융중개방식에 있어 기본적으로 시장중심 제도는 거래 지향적인데 비해 은행중심제도는 관계 지향적이다.

기업지배구조 측면에 있어서 기업에 대한 감시와 통제는 시장중심 제도에서는 자본시장을 중심으로 한 시장규율에 의해 이루어지고 있는 반면에, 은행중심 제도에서는 은행에 의한 감시가 중심적인 역할을 수행한다.

2. 시장중심 제도와 은행중심 제도의 장 · 단점[5]

1) 시장중심 제도의 장 · 단점

시장중심제도의 장점으로서는 첫째, 기업의 투자계획 및 실행에 대한 평가가 시장메커니즘에 의해서 이루어지므로 자원 배분의 적정화와 투자자의 위험분산이 가능하다는 점이다.

둘째, 기업부실이 발생시 시장에서 조기에 정리되므로 은행과 기업의 대규모 동반 부실화의 가능성이 상대적으로 적다는 점이다. 즉, 기업의 비효율적인 투자와 경영으로 인해 부실화되는 경우 시장에서의 인수 · 합병에 의해 부실기업이 조기에 정리될 수 있기 때문에 기업의 부실화가 은행에 미치는 영향을 은행중심제도보다 차단하기가 쉽다.

셋째, 정보제공 측면에 있어서 우월성을 지니고 있다는 점이다. 자본시장은 시장가격, 거래량 등의 다양한 메커니즘을 통해 다층적으로 기업의 상황을 분석할 수 있기 때문에 단층적인 분석만을 제공하는 은행보다 정보제공에 있어서 비교우위를

4) 한국은행조사부, 「구조조정이후 은행 · 기업간의 새로운 관계-은행의 역할정립을 중심으로-」, 한국은행, 1999년, pp. 2~3.

5) 이하의 내용은 함정호, "우리나라 금융제도의 발전방향", 「1999년도 성기학술대회 발표논문집」, 한국금융학회, 1999년, pp. 333~334. 참조.

점하고 있다.

넷째, 자본시장의 상대적인 발달로 컴퓨터 산업 등 신흥 고도기술사업의 자금조달에 유리하다는 점이다. 예를 들어 미국이 컴퓨터산업, 석유탐사업, 생명공학, 제약업 등의 신흥 고도 기술산업에서 독일과 일본에 비해 우위에 서게 된 중요한 원인 중의 하나가 자본시장의 발달에 따른 이점이라는 견해는[6] 이를 시사하고 있다.

반면에 단점으로는 첫째, 기업경영자와 투자자 사이에 정보의 비대칭이 존재하여 기업경영자의 대리인 문제가 야기될 수 있기 때문에 이로 인한 대리인비용이 크다는 점이다.

둘째, 자금공급측면에서 볼 때, 주주나 경영자가 주가유지 등 시장의 단기적 성과에만 관심이 있어 과소 투자문제가 일어날 수 있다는 점이다.

셋째, 기업지배구조 측면에서는 분산된 소액주주들의 기업감시 유인이 약하고 시장에서의 적대적 매수가 기존의 경영진에게 더 이상 심각한 위협이 되지 않을 때에는 기업의 감시 및 통제가 취약해질 수가 있다는 점이다.

넷째, 은행은 단기상업금융 위주로 자금을 공급하기 때문에 직접금융시장이 위축되는 경우 장기산업자금공급의 안정성이 결여될 수 있다는 점이다.

2) 은행중심 제도의 장·단점

은행중심 제도의 장점은 첫째, 은행과 기업이 장기적이고 유기적인 결속 관계를 형성하여 정보의 비대칭 문제를 효과적으로 해소할 수 있기 때문에 대리인 문제를 크게 완화할 수 있다는 점이다.

둘째, 기업금융 공급 측면에서 은행은 채권자인 동시에 주주로서 기업의 위험을 분담하여 산업자금을 장기적인 안목에서 안정적으로 공급할 수 있기 때문에 제조업의 경쟁력 강화에 유리하다는 점이다.

한편, 단점으로는 첫째, 은행이 대주주로 있는 기업을 기업의 내부자로서 과연 효과적으로 감시하고 통제할 수 있느냐는 점이다.

둘째, 은행의 대출이 특정기업에 집중되는 경우, 은행이 과다위험을 안게 되고 이

6) Franks, Julian and Colin Mayer, "European Capital Markets and Corporate Control", in *European Mergers and Merger Policy*, Matthew Bishop and Joan Kay, eds., Oxford University Press, 1993.

러한 경우 기업부실시 은행도 함께 부실화할 가능성이 높다는 점이다.

셋째, 은행과 기업 간의 장기 결속 관계가 너무 장기적으로 지속되는 경우, 유착 관계에 따른 비효율을 유발할 가능성이 높으며, 특히 기업이 은행의 보호를 받아 중복 과다 투자를 시행하는 등 방만한 경영을 할 가능성이 있다는 점이다.

넷째, 은행과 기업의 암묵적인 밀착 관계는 효율성이 낮거나 부실한 기업의 퇴출을 어렵게 하고 불공정·비경쟁적 행위를 유발할 가능성이 있다는 점이다.

제2절 시장중심제도와 은행중심제도의 비교

1. 효율성 측면에서의 비교

먼저, 자원 배분의 효율성이라는 관점에서 양 제도를 비교할 수 있다. 이때 양 제도의 중요한 차이는 프로젝트의 장래성(차입자의 질)이 직접금융 중심의 시장중심 제도에서는 시장참가자 누군가 보더라도 명확하게 가격정보에 집약되는 반면에, 간접금융 중심의 은행중심 제도에서는 개별적 감시(monitoring)에 의한 사적 정보에 의해 평가된다는 점이다.

따라서 시장중심 제도의 효율성은 자원 배분을 결정하는 가격정보의 신뢰성에 의존한다. 따라서 시장중심 제도에서는 ① 전면적인 disclosure의 시행,[7] ② 기업경영의 감시가 기업매수 등 시장메커니즘에 의해 즉시 시행될 수 있는 환경의 정비, ③ 시장에서 충분한 거래량을 확보함과 더불어 가격형성의 왜곡을 가능한 한 최소화하는 등의 조건을 충족시키면서, ④ 법제(반 트러스트 법 등), 세제(거래세 및 원천징수세의 비과세 등), 기타 제규제, 회계제도(시가 회계의 도입 등), 결제제도·관행 등의 시스템을 정비할 필요가 있다.

한편, 간접금융 중심의 은행중심 제도에서는 은행에 의한 감시기능 내지는 리스

7) disclosure의 주목적은 ① 투자가가 적절히 투자의사 결정을 행할 수 있도록 (혹은 기업가치가 시장참가자에 의해 적절히 평가받을 수 있도록) 충분하고 정확한 판단재료의 제공과, ② 기업경영자에 대한 규율에 있다.

크관리 능력이 시스템 전체의 효율성을 크게 좌우한다. 특히 중소 영세기업 내지는 개인을 대상으로 한 대출과 같이 정보의 비대칭성이 큰 분야에서는 차입자의 공개 정보가 충분하지 않아 시장기능이 효율적으로 작용하지 못할 가능성이 높기 때문에, 전문기관에 의한 감시기능이 중요하다.

또한 은행중심 제도는 그 중핵을 담당하고 있는 은행의 경영이 안정적일 때, 효율적으로 기능한다.[8] 그러나 한편으로는 효율성을 향상시키는 인센티브가 작용하기 어려운 문제, 즉 도덕적 해이가 발생하기 쉽다. 따라서 규제당국에 의한 은행규제 및 감독(은행경영에 대한 규율)의 방향도 시스템전체의 효율성을 좌우하는 중요한 요인이 된다.

2. 안정성 측면에서의 비교

시장중심 제도는 어떠한 요인에 의해서든 외적 충격에 의해 시장가격이 급격히 변화하는 경우, 기업 및 가계가 직접적으로 가격변동에 의한 영향을 받는다. 즉, 기업 및 가계가 시장의 급격한 가격변동에 단기간에 대응하기 때문에 중앙은행을 비롯한 금융당국이 시장동향에 제어능력을 발휘하는데 상당히 부담스러운 제도라고 말할 수 있다.

한편, 은행중심 제도는 일시적인 충격(금융정책의 변경 등 정책요인도 포함)이 발생하더라도 기업 및 가계에 전달되기 이전에 일단 은행이 이를 수용하기 때문에 기업 및 가계가 충격(리스크)에 직접 영향을 받는 정도가 상대적으로 적다.[9]

관점을 바꿔서 말하면, 은행중심 제도는 은행과 기업이 안정적인 관계를 전제로 장기간에 걸쳐 상호이익의 최대화를 추구하는 제도인데 비해, 시장중심 제도는 각 시장의 참가자가 각자의 단기적인 이익의 최대화를 추구하는 제도라고 말할 수 있다.

---

8) 예를 들어 부실채권의 처리는 은행중심 제도의 경우, 자원의 최적 배분의 관점에서 볼 때, 효율적으로 기능하기 위해 필수 불가결한 요소임에는 틀림없으나, 이를 원활히 수행하기 위해서는 은행 자신이 손실을 흡수할 수 있는 여력(수익 내지는 자기자본)이 필요하다.

9) 그러나 충격이 대폭적이고 장기간에 걸쳐서 발생할 때에는 은행중심 제도도 그 충격을 충분히 흡수하지 못할 경우가 있다. 예를 들어 2000년대의 일본에 있어서의 금융위기는 버블경제 붕괴이후의 대폭적이고 장기간에 걸친 자산가격의 하락이라고 하는 충격을, 은행중심제도가 흡수할 수 없었기 때문에 발생했다고 여겨진다.

이와 같은 관점에서 볼 때, 은행중심 제도가 안정적으로 기능하기 위해서는 ① 은행의 경영이 안정되어 있을 것, ② 은행과 기업의 장기적인 관계를 붕괴시킬 수 있는 커다란 충격 내지는 구조변화가 발생하지 않을 것 등의 대전제가 성립되어야 할 것이다. 또한 시스템 리스크(system risk)의 가능성을 고려해 볼 때, 은행중심 제도에서는 금융안전망(financial safety net)의 정비와 더불어 외부로부터의 규율의 중요성이 더욱 부각되고 있다고 말할 수 있다.

〈표 7-1〉 시장중심제도와 은행중심제도의 비교

	시장중심제도	은행중심제도
기업금융 형태	자본시장 중심의 직접금융	은행 중심의 간접금융
기업에 대한 감시 및 통제	자본시장을 중심으로 시장규율(정보공급에 우위, 정보 공공성에 무임승차, 대리인 문제 발생)	은행(은행과 기업 간의 장기거래관계, 정보의 비대칭성 완화, 유착 관계 상존)
투자성과	단기	장기
기업구조조정 지원	경직적	신축적 지원 가능
주식소유구조	제한적	상호보유(일본), 일방적 기업 주식보유(독일)
산업자금지원	혁신적이며 R&D에 기초한 산업	제조업

제3절 금융제도의 변화추이와 시사점

금융제도의 바람직한 미래상을 전망할 때, 시장중심 제도와 은행중심 제도 중에서 양자택일적 방법을 선택하는 것은 바람직하지 않다. 왜냐하면, 자본시장과 은행은 각각의 금융제도에 있어서 그 나름 대로의 존재의의를 지니고 있고, 전체적인 관점에서 금융제도를 효율적·안정적으로 기능하기 위해서는 각각의 제도가 지닌 장점을 유기적으로 기능시키는 것이 필수 불가결하기 때문이다.10)

10) 예를 들어 자본시장은 표준화된 대량의 금융거래(국채, 회사채 등)에 적합한 반면, 자금조달측면에서 보면, 기동성이 결여된 면이 없지 않다. 또한 개별성이 강하고 혹은 정보의 비대칭성이 강한 소량의 금융거래는 은행이 대응하기 쉬운 면이 있다.

또한 시스템간의 제도적 보완성(institutional complementarity)의 논의를 고려할 경우,[11] 바람직한 금융제도는 단지 금융제도 자체의 문제뿐만 아니라 기업지배구조, 노동제도 등을 포함한 경제시스템 전체의 틀 안에서 고려될 필요가 있다. 더욱이 각 국의 금융제도가 각 국의 역사적 경위를 반영하고 있다는 시스템의 경로 의존성(path dependence)을 고려할 때, 금융제도는 대립적 선택의 문제가 아니라 진화론적 결과의 산물임을 알 수 있다.

최근 주요국의 금융제도의 추이를 보면 금융환경변화에 따라 양 제도의 장점을 흡수하면서 진화해 가고 있다. 예를 들어 은행중심 제도를 취해 온 일본과 독일의 경우 범세계화 등 금융환경의 변화와 더불어 자본시장에 대한 규제를 크게 완화함으로써 기업자금조달과 기업지배구조에 있어서 시장의 역할이 크게 제고되고 있다. 또한 시장중심 제도를 취해온 미국의 경우도 종래의 매 거래마다 거래조건을 중시하는 거래 지향적 관계에서 은행과 기업 간의 장기적인 관계를 중시하는 관계 지향적 관계로 이행되고 있는 추세이다.

1990년대 이후 미국의 금융제도가 미국경제의 지속적인 확대를 리드해 지탱하는 시스템으로서 세계의 주목을 집중시킴과 더불어, 범세계화의 진전, 규제의 완화와 철폐, 정보・통신기술의 발전 등 금융환경요인의 변화가 국제적 시스템과의 정합성을 요구하기 때문에, 금융제도의 커다란 방향성은 미국을 중심으로 한 시장중심 제도로 이전되어 왔다고 말할 수 있다. 그러나 2008년의 글로벌 금융위기를 계기로 시장중심 제도의 한계성이 노정됨에 따라 향후 금융제도는 해당 국가의 경제발전단계나 경제구조에 대응하여 시장중심 제도와 은행중심 제도가 균형적으로 발전해 나가는 방향으로 전개될 것으로 예상된다.[12]

---

11) '제도적 보완성'은 하나의 경제시스템 안에 있는 복수의 제도 간에 어느 일방의 제도의 존재・기능에 의해 다른 일방의 제도가 보다 견고하게 되는 관계를 의미한다. 예를 들어 일본의 경제시스템의 경우, 은행중심 금융제도와 종신고용제를 중심으로 한 노동제도는 상호 간에 보완적 관계에 있다고 말할 수 있다.

12) 예를 들어 대기업보다 중소기업의 비중이 높은 국가일수록 정보의 비대칭성 문제를 완화하기 위해 은행중심 제도에 중점을 둘 것이고, 대기업 중심의 혁신적이며 R&D에 기초한 산업에 의해 주도되는 경제일수록 자금지원에 유리한 시장중심 제도에 중점을 두게 될 것이다.

중요개념 및 용어

기업금융	기업지배구조	시장중심 제도
은행중심 제도	main bank	Hausbank
disclosure	대리인 문제	정보의 비대칭성
개별적 감시	거래 지향적 관계	관계 지향적 관계
시장규율	금융안정망	제도적 보완성

연 습 문 제

1. 시장중심 제도와 은행중심 제도를 다음과 같은 측면에서 비교 · 설명하라.
   1) 금융기관과 기업 간의 소유 및 지배관계
   2) 기업금융과 금융중개방식
   3) 기업에 대한 감시와 통제

2. 시장중심 제도의 장 · 단점에 대하여 서술하라.

3. 은행중심 제도의 장 · 단점에 대하여 서술하라.

4. 효율성 측면에서 시장중심 제도가 정비해야 할 사항에 대하여 서술하라.

5. 은행중심 제도가 안정적으로 기능하기 위한 전제 조건에 대하여 서술하라.

6. 시장중심 제도와 은행중심 제도를 중심으로 향후 금융제도의 방향성에 대하여 서술하라.

제 8 장 금융기관의 소유구조

-금융자본과 산업자본-

금융기관의 소유구조에 있어서의 금융자본과 산업자본의 관계는 각국의 사회적, 문화적 배경, 기업가치관과 경영윤리, 소유집중에 대한 규제, 금융제도 등에 따라 다르게 나타나는데, 크게는 금융자본과 산업자본의 분리와 결합의 형태로 구분할 수 있다. 이하에서는 이와 같은 금융자본과 산업자본의 분리와 결합의 관점에서 금융기관 특히 은행의 소유구조에 대하여 살펴보고자 한다.

제1절 금융자본과 산업자본의 관계

1. 금융자본과 산업자본의 분리

금융자본과 산업자본의 분리, 특히 은행자본과 산업자본의 분리를 주장하는 논리는 다음과 같이 정리할 수 있다.

첫째, 산업자본이 금융산업 특히 은행을 지배하면 금융제도의 안정성이 저해될 가능성이 크다는 것이다. 이는 기본적으로 산업자본이 은행을 지배하게 되면 계열회사에 대한 관계 대출 또는 내부거래가 성행할 가능성이 크다는 데에서 연유된다. 특히 계열기업에 대한 대출이 발생 시, 기업평가 및 대출의 타당성에 대한 심사를 소홀히 함과 아울러, 사후 모니터링(monitoring)도 제대로 이루어지지 않아 부실화될 가능성이 높다. 계열기업의 부실화는 은행의 부실로 연결되고, 이는 결국에는 전체 금융제도의 안정성을 저해하는 요인으로 작용할 것이다.

둘째, 산업자본과 은행자본이 결합될 경우, 경제력집중이 발생할 가능성이 크다는 것이다. 금융기관 특히 은행의 경우 자기 자금보다는 타인자금으로 운용되는 특성에 기인하여, 은행의 대주주는 적은 자본으로 훨씬 많은 자금을 지배할 수 있다. 따라서 실물경제에서 상당한 영향력을 행사하는 산업자본이 은행을 소유할 경우 자신이 소유한 기업에 대한 유리한 자금지원, 산업자본과 금융자본의 결합에 따른 규모 및 범위의 경제, 공동판매, 상품 다각화 등의 시너지효과로 상호경쟁력을 강화할 수 있다. 이와 같은 현상이 심화되면 실물경제 및 금융부문 (특히 은행) 양 부문에 걸쳐 진입장벽을 유발하게 되고, 나아가서는 양 부문에 있어서 독점력을 행사하게 되어 경제력집중 현상이 야기된다. 이와 같은 경제력집중 현상은 불공정한 경쟁과 시장실패를 야기시켜 효율적인 자원배분을 저해한다.

셋째, 산업자본이 은행을 지배할 경우 각종의 이해상충문제가 발생할 가능성이 크다. 예를 들어 산업자본이 은행으로부터 지나치게 유리한 조건으로 대출을 받거나, 은행의 신탁계정에 계열기업이 보유하고 있는 유가증권을 고가로 편입하거나, 계열기업이 보유하고 있는 부실채권을 은행이 인수하게 함으로써, 지배 대주주와 소액주주 · 고객 간의 이해상충문제가 발생할 가능성이 크다.

넷째, 산업자본이 은행을 지배할 경우 불공정거래 등의 문제가 발생할 가능성이 크다. 이는 기본적으로 은행을 소유한 기업은 은행을 소유하지 못한 기업과의 경쟁에서 우위를 점하게 된다는 데에서 연유한다. 예를 들면 은행이 자기 은행을 지배하고 있는 산업자본 지배주주에 대해서는 신용공여 등에 있어서 우선적 지위를 부여하는 반면에, 산업자본 지배주주와 경쟁관계에 있는 기업에게는 신용을 제한하거나, 신용조건을 불리하게 하는 행위, 대출을 제공하면서 계열기업의 상품 구입을 강요하는 끼워팔기, 계열금융기관의 보유자산으로 계열사의 주식을 매입 · 보유하거나 계열사 간의 상호출자 또는 순환출자 등을 통해 산업자본 지배주주의 경영권을 강화 · 보호하는 행위 등이 이에 해당된다.

2. 금융자본과 산업자본의 결합

산업자본과 금융자본 특히 은행간의 결합의 논리는 다음과 같이 정리할 수 있다.

첫째, 산업자본과 은행과의 결합은 규모 및 범위의 경제추구를 가능하게 한다는 것이다. 즉, 산업자본과 은행의 결합은 인력 등의 투입요소의 공동이용을 통하여 생산비용을 절감시키고, 산업자본 계열기업의 제품과 은행 서비스를 연계한 판매전략 등을 가능케 함으로써, 수입 측면에서 시너지효과를 추가할 수 있다는 것이다.

둘째, 산업자본의 은행소유가 허용될 경우 은행자본의 확충이 쉬어 지어 은행경영의 안정성을 높일 수 있다는 것이다. 이와 더불어 산업자본 계열기업간의 상호출자를 통해 경영권의 안정을 꾀할 수 있고, 또한 계열기업간의 상호보조로 경영상의 어려움을 상대적으로 적은 비용으로 타개할 수도 있다는 것이다.

셋째, 산업자본과 금융자본 특히 은행과의 결합은 계열기업간의 정보의 공유 내지는 교류를 촉진시킴으로써, 정보의 비대칭에 따른 문제점을 어느 정도 완화시킬 수 있다는 것이다. 이는 기본적으로 은행이 출자 관계나 대출 등을 통해 계열기업에 대한 많은 정보를 취득할 수 있다는 데에서 연유하는 것으로서, 이에 따라 신용할당, 과소투자 가능성, 감시비용, 경영자의 도덕적 해이와 대리인비용 등의 정보의 비대칭에서 발생하는 문제들을 어느 정도 해소시킬 수 있다는 것이다.

제2절 주요국의 금융자본과 산업자본의 관계

1. 미국

미국의 경우 일반적으로 금융자본과 산업자본의 분리가 이루어지고 있다. 특히 산업자본과 은행간의 상호소유·지배는 엄격하게 규제하고 있다. 은행을 지배하는 회사는 은행이 아닌 회사주식을 신규 취득할 수 없고, 설립 2년 후에는 은행 및 은행지주회사 이외의 회사지분 소유도 금지하고 있다.

현재 은행의 경우 은행지주회사가 특정 은행의 의결권있는 주식의 5%를 초과하여 직·간접적으로 소유 또는 사실상 지배하려고 할 경우에는 FRB의 사전승인을 받아야 하고, 또한 비은행기업이 예금보험기관(FDIC)에 가입한 은행 또는 은행지주회사의 주식을 지배가 아닌 단순한 목적으로 25% 이상 취득할 경우에는 FRB에 신고하여 허가를 받아야 한다. 그리고 개인주주가 개별은행의 의결권 있는 주식의 10% 이상을 소유함으로써 최대주주가 되는 경우에는 감독기관에 사전 신고하고 인적사항, 재무자료, 주식취득조건, 주식매입재원 등의 자료를 제출해야 한다. 한편 미국의 은행구조의 형태는 1개 이상의 은행을 지배하는 은행지주회사인데, 은행지주회사의 수는 5,400여개로 이들이 총 은행자산에서 차지하는 비중은 94%를 상회하고 있다. 이와 같이 미국의 경우 은행주식의 대부분은 은행지주회사가 보유하고 있으며, 은행지주회사주식의 대부분은 투자를 목적으로 하는 기관투자자가 보유하고 있다.[1)]

이와 같이 미국의 경우 산업자본과 은행간의 상호지배는 엄격히 금지되고 있지만, 은행 이외의 금융업에 대한 규제는 거의 없다. 따라서 산업자본에 의한 증권회

1) 강병호·김대식·박경서, 『금융기관론(제22개정판)』, 박영사, 2020년, pp. 207~208.

사 등 비은행금융기관에 대한 지배는 활발히 이루어지고 있다.

2. 영국

영국의 경우도 기본적으로 금융자본과 산업자본의 분리가 이루어지고 있다. 은행의 주식은 연기금, 보험회사 및 소액 투자자들에게 광범위하게 분산되어 있어 특별히 산업자본을 지칭하여 기업의 은행 주식보유나 은행의 기업주식 보유를 제한하지는 않고 있다.[2)]

개인이나 기업의 은행주식에 소유에 대해서는 감독 당국이 은행의 건전성 확보의 관점에서 규제하고 있다. 비금융회사의 은행주식 소유에 대한 규제는 'EC 2nd Banking Directive'를 그대로 적용하여 10%, 20%, 33%, 50% 초과 취득할 때마다 감독 당국에 서면으로 신고하여 승인을 받도록 규정하고 있다. 이와 같이 은행주식에 대한 사전규제보다는 지배주주에 대한 적격성 심사와 대주주에 대한 여신 제한, 대주주 및 그 계열사에 대한 감독 및 검사 등을 통해 은행의 건전성을 강화하고 있다. 특히 대주주나 은행에 영향력을 행사할 수 있는 자에 대한 적격성 심사를 강화하여 신청인이 적격성이 없다고 판단될 경우 금융감독원은 은행주식 취득을 거부할 수 있고, 승인 이후에도 적격성 요건에 미달할 경우 주식매각, 의결권 제한 등의 조치를 취할 수 있다. 이와 더불어 15% 이상의 의결권을 가진 지배주주 등에 대해서는 은행의 건전성에 대해 완전하고도 최종적인 책임을 지겠다는 각서를 요구한다.

한편, 은행의 비금융회사 주식소유는 'EC 2nd Banking Directive'에 따라 은행 자기자본의 15%를 초과하여 개별 기업에 대한 자본금 또는 의결권의 10% 이상을 직·간접적으로 취득하거나, 경영상 지배력을 행사할 수 있는 지분을 취득할 수 없다. 비금융회사에 대한 총투자액은 은행자기자본의 60%를 초과할 수 없다. 은행이 출자한 자회사도 동일한 기준으로 감독을 받는다.

2) 이하의 내용은 강병호 · 김대식 · 박경서, 『금융기관론(제22개정판)』, 박영사, 2020년, p. 210 참조 및 인용

3. 독일

독일의 경우 은행과 기업간의 상호주식보유, 특히 금융자본에 의한 산업지배가 전면적으로 허용되어 있어 은행의 기업주식보유가 일반화되어 있다. 이와 같은 은행과 기업과의 관계는 주거래은행(Haus Bank)제도로 특징지을 수 있다. 즉 주로 일반은행(universal bank)인 주거래은행은 대출 이외에 기업의 주식을 소유하고, 이를 기반으로 기업에 대한 지배력을 행사할 뿐만 아니라, 기업이 경영위기에 직면할 때 구제기능도 수행한다. 3대 은행을 포함한 상업은행은 주로 대기업과 주거래 은행관계를 유지하고 있다. 이와 같이 은행의 기업주식보유에 대해서는 제한이 없으나, 은행의 건전성과 이해상충문제를 감안하여 은행의 부채부담 한도와 주식투자 한도에 대해서는 규제를 가하고 있다.[3)]

한편 1993년 '은행법'개정 이전까지는 은행주식 소유에 관한 제한이 없었으나, '은행법' 개정이후에는 'EC 2nd Banking Directive'에 따라 은행주식 또는 의결권의 10%이상을 취득하거나 20%, 33%, 50%에 이르거나 이를 초과하여 보유할 경우 연방은행감독청과 연방은행에 즉시 신고하고 취득자의 신용도를 판단할 수 있는 주요 사항을 제출하여 승인을 얻도록 제한을 받고 있다.

4. 일본

일본의 경우도 독일과 같이 기업집단이 형성되는 것을 계기로 은행과 기업간의 상호주식보유가 일반화되어 있다. 이와 같은 은행과 기업과의 관계를 메인뱅크(main bank)제라고 하는데, 메인뱅크(main bank)와 거래기업은 자본결합을 기반으로 임원의 겸임 내지는 파견, 거래관계 등을 통해 상호지배력을 행사하는 동시에 상호 경영권을 보호해 주고 있다. 또한 기업집단에 속하는 기업들은 메인뱅크(main

3) 1993년에 개정된 '은행법'에 의하면, 특정인에 대한 대출이 은행책임자기자본의 15%를 초과할 경우에는 독일연방은행에 즉시 통보하여야 하며 이러한 대출의 총액은 자기자본의 8배를 초과하지 못한다.

bank)로부터 안정적이고 지속적인 자금공급을 받고 메인뱅크(main bank)는 이들 기업에 대한 대주주 및 최대의 자금공급자로서 기업경영과 투자계획에 대한 지도 및 감시기능, 경영위기 발생 시의 구조조정 등의 기능을 수행한다. 현재 일본의 대다수은행들의 대주주는 생명보험회사와 그 기업집단 내의 계열회사들이다.

일본의 '독점금지법'에서는 은행을 포함한 금융자본의 산업지배를 방지하기 위해 금융기관은 특정기업주식의 5%(보험회사는 10%) 이내에서만 소유할 수 있고, 그 이상을 소유할 경우에는 공정거래위원회의 허가를 받도록 하고 있다. 그러나 일본의 경우 기업주식의 소유가 광범위하게 분산되어 있는 것이 일반적인 현상이기 때문에, 5% 정도의 지분소유로서도 메인뱅크(main bank)는 거래기업의 5대 주주 안에 속할 수 있으며, 필요한 경우 관련 금융기관이나 기업의 소유주식을 통해 거래기업의 경영권을 보호해 줄 수도 있다.

한편, 2002년 4월 '은행법'개정을 계기로 산업자본의 은행의 소유 및 지배는 규제하는 방향으로 나아가고 있다. 주요 골자를 보면, 산업자본의 금융지배를 방지하기 위해 은행 또는 은행지주회사 발행주식의 100분의 5를 초과하는 주식을 소유하는 자는 금융청장관에게 주식대량보유에 관한 신고서를 제출하게 하였다. 또한 은행의 주요주주 개념을 도입하여 주요주주 기준치[4]를 초과하여 의결권있는 주식을 소유한 자는 사전에 금융청장관의 인가를 받도록 하고, 은행의 주요주주와 이사는 금융청장관의 적격성 심사를 받게 하였다.

제3절 우리나라의 금융자본과 산업자본의 관계

1. 산업자본의 금융회사 소유

우리나라의 경우 은행이외의 금융회사에 대해서는 산업자본의 소유가 허용되고

4) 원칙적으로 은행발행 주식총수의 100분의 20 이상 소유한 자로서, 회사재산 및 영업방침에 중요한 영향을 미칠 것으로 추측되거나 기업회계원칙 상 실질적인 영향력이 있는 것으로 인정되는 경우에는 발행주식총수의 100분의 15 이상인 자를 주요주주로 간주한다.

있다. 다만, 은행과 은행지주회사에 대한 산업자본의 소유와 지배는 강력히 규제하고 있다.[5] 이는 크게 동일인 주식보유 한도와 비금융주력자의 주식보유한도로 구분하여 볼 수 있다.

먼저 동일인에 대한 주식보유한도를 보면 동일인이 은행의 의결권 있는 발행주식 총수의 10%(지방은행 15%)를 초과하여 보유하지 못하도록 하고 있다. 여기서 동일인이란 본인, 본인의 배우자, 8촌 이내의 혈족 및 4촌 이내의 인척, 본인 등에 고용된 자, 본인 등이 임원의 과반수를 차지하거나 이들이 50% 이상을 출연하였거나 이들 중의 1인이 설립자로 되어 있는 비영리법인·조합 또는 단체 등을 말한다.[6] 다만, 동일인이 금융위원회의 승인을 얻을 때에는 10%를 초과하여 은행주식을 보유할 수 있도록 하되, 10%를 초과하여 보유한 주주에 대해서는 금융위원회가 그 적격 여부를[7] 심사하여 심사결과 부적격자에 대해서는 초과보유분의 처분을 명령할 수 있게 하고 있으며, 이러한 처분명령을 이행하지 않을 경우 이행 강제금을 부과할 수 있도록 하고 있다.

한편, 산업자본의 은행산업 지배를 방지하기 위해 비금융주력자에 대해서는 일반인보다 엄격하게 은행주식 보유한도를 규제하고 있다. 여기서 비금융주력자는 비금융부문의 자본 비중이 25% 이상이거나 비금융부문의 자산합계가 2조원 이상인 자를 의미하는데, 비금융주력자는 원칙적으로 의결권있는 발행주식 총수의 4%(지방은행의 경우 15%)를 초과하여 은행주식을 보유할 수 없다.[8]

이와 같이 산업자본에 의한 은행지배가 현실적으로 봉쇄된 반면에, 1997년 외환위기 이후 외자 유치를 위해 외국인에 대해서는 은행의 소유와 지배에 대한 제한이 크게 완화된 형태로 적용되어 왔다. 외국인이 은행주식의 4%를 초과하여 10%까지 보유할 때에는 금융위원회의 신고만으로 보유할 수 있도록 허용하되, 동 한도초과

5) 은행지주회사에 대한 규제는 은행에 대한 규제와 동일하다.

6) 단, 정부와 예금보험공사, 은행지주회사는 동 보유한도의 제한을 받지 않고 주식을 보유할 수 있다.

7) 동일인이 주식을 보유하고자 하는 금융기관이 재무건전성을 충족하고 있을 것, 동일인의 한도초과 주식보유가 당해 금융기관의 건전성 및 금융산업의 효율성에 기여할 수 있을 것, 동일인이 부실금융기관의 최대주주나 주요주주가 아닐 것 등.

8) 다만 비금융주력자가 4% 초과 보유분에 대한 의결권을 행사하지 않는 조건으로 재무건전성 등의 요건을 충족하여 금융위원회의 승인을 얻은 경우에는 10%까지 주식보유가 허용되고 있다.

승인시는 신청인의 자격, 소유지분 분포 등에 비추어 필요하다고 판단되는 경우 10%(지방은행은 15%), 25%, 33%를 초과할 때마다 금융위원회의 적격성심사를 통한 승인을 받도록 하였다. 이는 내국인에 대한 역차별문제, 국내 산업자본의 은행소유를 강력하게 제한함에 따른 소위 주인없는 은행으로서의 책임경영체제의 미흡 등의 문제를 야기시켜, 최근 산업자본의 은행소유 및 지배에 대한 논쟁을 재연시키는 요인으로 작용하였다.

이에 따라 2009년 7월 31일 개정된 '은행법'에서는 비금융주력자의 경우 원칙적으로 의결권있는 발행주식 총수의 9%(지방은행의 경우 15%)를 초과하여 은행주식을 보유할 수 없도록 규정함으로써 산업자본의 은행소유 및 지배에 대한 제한을 완화하였다(〈표 8-1〉 참조). 그러나 2014년 4월 산업자본의 경제력 집중문제 등이 재부각되어 4%로 강화되었다.

〈표 8-1〉 우리나라의 동일인 은행주식 소유규제의 추이

	1982. 12	1992. 5	1994. 12	1998. 1	2002. 7	2009. 7	2014. 4
시중은행	8%이내	8%이내	4%이내	4%이내	10%	10%	10%
지방은행	적용 제외	15%이내	15%이내	15%이내	15%이내	15%이내	15%이내
비 고		동일인의 범주에 대규모 기업집단소속 기업체를 추가	12%의 소유제한을 하는 금융전업 기업가도입	-전환은행 8%이내 -합작은행 등:설립 시 승인한도 이내 -정부, 예금보험공사: 제한 없음 -외국인의 기존주식 취득시 10%까지는 금융위신고 10%, 25%, 35% 초과시 금융위의 승인필요	-비금융주력자 4% 이내 -정부, 예금보험공사:제한 없음 -동일인주식 취득시 10%까지는 금융위신고, 10%, 25%, 35% 초과시 금융위의 승인필요	-비금융주력자 9%이내 -정부, 예금보험공사: 제한 없음 -동일인주식 취득시 10%까지는 금융위 신고 10%, 25%, 33% 초과시 금융위의 승인 필요	-비금융주력자 4%이내 -정부, 예금보험공사: 제한 없음 -동일인주식 취득시 10%까지는 금융위 신고 10%, 25%, 33% 초과시 금융위의 승인 필요

2. 금융자본의 일반기업 소유

우리나라의 경우 원칙적으로 은행을 포함한 금융기관의 일반기업의 소유를 제한하고 있다. 은행의 경우 타 주식회사의 의결권있는 발행주식의 15%이상을 초과하여 매입하거나 항구적으로 소유할 수 없으며, 자회사에 대한 총출자 한도도 자기자본의 20%범위 내에서 대통령령이 정하는 범위로 제한받고 있다. 다만, 금융업을 영위하는 금융 자회사와 기업의 구조조정을 촉진시키기 위해 필요한 것으로 금융위원회의 승인을 얻은 비금융 자회사의 경우에는 예외로 인정한다.

보험회사 등 비은행금융기관도 개별법에 의해 일반기업 주식 소유가 제한받고 있다. 특히 대규모 기업집단이 계열금융기관을 이용하여 타 기업을 지배하는 것을 방지하기 위하여 동일계열금융기관이 타 기업주식의 20%이상을 취득하거나 5%이상을 소유함과 아울러 동일계열금융기관이 속하는 기업집단이 당해 기업을 사실상 지배한다고 인정되는 경우에는 사전에 금융위원회의 승인을 받도록 하고 있다.

또한 '공정거래법'에 의해 대규모 기업집단소속 금융회사는 계열회사의 정관변경, 임원의 선임과 해임, M&A 및 영업양도를 제외한 부분에 대해서는 자신이 보유하고 있는 계열회사주식에 대하여 특수관계인의 보유주식과 합하여, 당해 회사 총발행주식의 일정비율을 초과한 부분에 대한 의결권행사를 하지 못하게 하고 있다.

이와 같이 금융자본의 일반기업 주식보유를 제한하는 것은 금융자본의 산업지배를 억제하고자 하는 목적도 있지만, 위험한 주식투자를 제한함으로써 금융회사의 자산운용의 건전성을 제고하자는 의미도 큰 것으로도 볼 수 있다.[9]

---

9) 강병호 · 김대식 · 박경서, 『금융기관론(제22개정판)』, 박영사, 2020년, pp. 200~201.

제4절 향후 금융자본과 산업자본의 바람직한 관계

앞에서 살펴본 바와 같이 금융자본과 산업자본과의 관계는 경제발전단계, 산업자금조달방식의 차이 등 각국의 역사적 배경에 따라 다르게 나타난다. 미국과 영국의 경우 금융자본과 산업자본의 분리의 형태를 취하고 있는데 비해, 독일을 비롯한 대부분의 유럽국가와 일본의 경우 일정한 형태의 금융자본과 산업자본과의 결합을 용인하고 있다. 한편 우리나라의 경우 기본적으로 금융자본과 산업자본의 분리의 형태를 취하고 있는데, 특히 1997년 외환위기 이후 개인이나 외국인의 은행소유 및 지배에 대해서는 제한을 완화하고 있는데 비해, 비금융주력자 즉 소위 재벌그룹(대기업집단)이라고 일컬어지는 산업자본의 은행지분보유는 엄격하게 제한하고 있다. 그런데 최근 이와 관련하여 산업자본의 은행소유 규제의 지속 여부에 대한 논쟁이 재연되고 있다.

우리나라의 경우 산업자본의 은행소유 규제를 지속해야 한다는 논리는 다음과 같이 정리할 수 있다.

첫째, 자원배분과 기업구조조정의 주체인 은행을 그 대상인 기업, 특히 우리나라 기업의 중심을 이루고 있는 산업자본이 소유하면, 자원 배분이 왜곡되는 등 시장경제 시스템이 원활하게 작동하지 않을 뿐만 아니라, 금융제도의 안정성을 해칠 우려가 있다는 것이다. 은행은 대출을 해주기 전에 미리 기업의 신용 및 사업전망을 평가하여 가장 생산성이 높은 사업부터 대출해 줌으로써 자원배분의 효율성을 도모한다. 또한 대출받은 기업에 대해서는 사후에 철저히 감시를 하고, 부실가능성이 보일 경우에는 미리 자금을 회수하는 등 부실기업에 대한 상시적 기업구조조정의 역할도 수행한다. 따라서 대출대상인 특정 산업자본이 은행을 소유하게 되면 그 기업이나 계열기업, 경쟁기업 또는 잠재적 경쟁자인 수많은 기업에 대한 대출시 제대로 된 사전심사나 사후 모니터링을 하기가 어려울 것이므로, 이에 따라 효율적인 자원배분이 저해되고 자원이 낭비될 뿐만 아니라, 나아가서는 금융제도의 안정성도 저해될 가능성이 높다는 것이다.

둘째, 우리나라의 경우 산업자본이 실물부문에서 상당한 독점력을 행사하고 있는 상황에서 은행의 소유 및 지배까지 허용하면 경제력집중이나 비경쟁적인 시장조성 등의 폐해가 더욱더 심화될 수 있다는 것이다. 실질적으로 기업집단이 마치 단일회사와 같은 지배구조를 형성하여 대다수 주주들의 견제를 받지 않고 기업총수 1인에 의한 배타적 경영이 지속되어온 상황에서, 은행마저 소위 재벌그룹(대기업집단)의 계열기업이 될 경우 은행 또한 언급한 경영행태를 답습하게 될 가능성이 높아, 경제력집중이나 비경쟁적인 시장 조성 등의 폐해가 더욱 심해질 가능성이 높다는 것이다.

셋째, 소위 재벌그룹인 산업자본이 은행을 소유내지는 지배할 경우 은행이 산업자본의 사금고가 될 위험이 있다는 것이다. 따라서 은행을 소유 내지는 지배하고 있는 산업자본이 부실화하면, 은행이 부실화되고 나아가서는 국민경제에도 악영향을 미친다는 것이다.

한편 산업자본의 은행소유규제에 대한 완화의 논리는 다음과 같이 정리할 수 있다.

첫째, 금융자본과 산업자본의 분리원칙을 지나치게 확장해석하고 이를 엄격하게 적용함으로써 결국 우리나라 은행의 대부분이 외국자본으로 넘어갔다는 것이다. 이는 국내 산업자본에 대한 역차별적 규제로서 소위 주인없는 은행을 생성시켜 은행의 책임경영체제 확립에도 저해요인으로 작용한다는 것이다. 따라서 최근과 같이 금융의 범세계화의 진전으로 국경을 초월한 무한경쟁이 전개되고 있는 상황에서 국내자본에 의한 은행의 대형화와 국제적 경쟁력을 강화시키기 위해서는 산업자본의 은행소유제한을 완화해야 한다는 것이다.

둘째, 경제력집중이나 비경쟁적인 시장조성 등의 산업자본의 은행소유에 따른 폐해는 관계법령에 적절한 차단벽을 설정하거나 감독당국의 감독기능강화를 통하여 대처할 수 있다는 것이다. 특히 1997년 외환위기를 계기로 기업집단에 대한 결합재무제표 작성의 의무, 계열기업간의 상호채무보증해소 등으로 소위 재벌그룹의 경영투명성이 확보되고 지배구조의 폐쇄성이 개선되고 있어 산업자본의 은행소유 내지는 지배에 따른 폐해도 크게 해소될 수 있다는 것이다.

셋째, 금융자본과 산업자본의 분리의 주요 논리 중의 하나인 은행의 산업자본의 사금고화도 제도상의 제어장치로 대처할 수 있다는 것이다. 1997년 이후 은행법에서 대주주를 포함한 동일차주(대기업집단 포함)에 대한 여신한도를 강화하여 동일차주와 대주주에 대한 신용공여를 은행자기자본의 25% 이내로 제한하고 있으며, 또한 신용공여한도규제를 회피하기 위한 타은행 대주주와의 교차여신 금지, 일정금액(은행자본의 1%)을 초과하는 대주주 발행주식의 취득금지, 일정액을 초과하는 대주주에 대한 신용공여나 대주주 발행주식의 취득시 재적이사 전원의 찬성에 의한 이사회의결, 신용공여한도와 주식취득한도 등을 위반한 은행에 대한 과징금제도 도입 등 은행대주주에 대한 감독을 강화하고 있다는 것이 그 예이다.

이와 같이 우리나라의 경우 산업자본의 은행소유제한에 대한 논쟁이 지속되고 있는데, 이는 궁극적으로 다음과 같은 두 가지 측면의 쟁점으로 정리할 수 있을 것이다. 첫째는 글로벌 경쟁시대에서 국가단위의 경제력집중이 그렇게 커다란 문제가 되는가 아니면 국내기업소유 은행의 글로벌경쟁이 중요한가이고, 둘째는 산업자본의 은행소유 및 지배에 대한 규제가 원칙의 문제인가 아니면 기술적인 문제인가 만약 기술적인 문제라면 현재의 공정거래 및 금융감독 등의 제반의 조치를 통해 이러한 문제를 여전히 극복할 수 없는 상황에 있는가이다.

이와 같은 관점에서 볼 때, 산업자본의 은행소유제한의 문제는 글로벌 경쟁시대에 있어서 산업자본에 의한 경쟁력집중문제와 국내기업소유 은행의 글로벌경쟁력확보 문제를 어떻게 조화롭게 해결하면서 금융감독 등 제반의 조치를 통해 산업자본의 은행소유 및 지배의 문제를 기술적으로 어떻게 극복할 수 있는가 여부에 따라 향후의 방향성이 결정될 것이다.

중요개념 및 용어

금융자본과 산업자본의 분리	경제력집중	이해상충문제
불공정거래	규모 및 범위의 경제	금융자본과 산업자본의 결합
Haus Bank 제도	메인뱅크(main bank)제도	주요주주기준치
동일인	동일인 주식보유한도	비금융주력자
비금융주력자 주식보유한도	주인없는 은행	동일차주에 대한 여신한도

연 습 문 제

1. 금융자본과 산업자본의 분리, 특히 은행과 산업자본의 분리를 주장하는 논리에 대하여 서술하라.

2. 산업자본과 금융자본, 특히 산업자본과 은행간의 결합의 논리에 대하여 서술하라.

3. 미국 및 영국의 금융자본과 산업자본의 관계를 서술하라.

4. 독일 및 일본의 금융자본과 산업자본의 관계를 서술하라.

5. 현재 우리나라의 산업자본의 은행의 소유에 대하여 서술하라.

6. 현재 우리나라의 금융자본의 일반기업 소유에 대하여 서술하라.

7. 우리나라의 경우 산업자본의 은행소유 규제를 지속해야 한다는 논리에 대하여 서술하라.

8. 우리나라의 경우 산업자본의 은행소유 규제를 완화해야 한다는 논리에 대하여 서술하라.

9. 향후 우리나라의 산업자본의 은행소유 제한의 문제가 어떻게 전개되는 것이 바람직한 것인지에 대하여 서술하라.

제 9 장 금융제도의 안정성유지

본 장에서는 먼저 금융위기발생의 특징에 대해 알아보고, 이에 대한 구체적인 예로서 2008년 글로벌 금융위기의 원인이 되었던 미국의 서브프라임 모기지 위기에 대하여 살펴본다. 다음으로 금융제도의 안정성유지와 관련하여, 이에 대한 대책을 크게 사전적 예방책과 사후적 대책으로 구분하여 각 대책의 특징과 상호연관성에 대해 살펴본다. 마지막으로 사전적 예방책의 대표적인 예로서 BIS 자기자본비율, 사후적 대책의 예로서 중앙은행의 최종대부자기능, 예금보험제도, 부실금융기관의 처리 등에 대하여 구체적으로 알아본다.

제1절 금융위기

1. 금융위기 발생의 특징

1980년대 이후 세계 각국의 금융제도에서 발생한 특징 중의 하나는 개발도상국은 물론, 미국, 일본 등 선진국을 막론하고 정도의 차이는 있으나 상당수의 국가가 금융위기의 경험을 갖고 있다는 것이다.[1] 특히 최근에는 금융의 범세계화(globalization), 증권화(securitization) 등의 영향으로 어느 하나의 국가에서 발생한 금융위기가 전 세계로 전이되어 글로벌 금융위기화하는 경향이 있다. 미국에서 시작된 서브프라임 모기지(sub-prime mortgage)위기가 2008년 글로벌 금융위기화한 것은 이를 입증해 주는 대표적인 예라고 말할 수 있다.

이와 같이 세계적인 규모로 금융위기가 발생하게 된 배경으로는 거시경제적 요인, 은행 등 금융기관의 경영상의 문제 이외에 금융감독 당국 등 공적 당국의 대응미흡 등 여러 가지 요인을 지적할 수 있으나, 다음과 같은 공통적인 특징을 발견할 수 있다.

먼저, 자산가격이 지속적으로 상승함에 따라 자산가격과 타 부문가격과의 상대가격이 변화하고 이 과정에서 상대가격이 상승한 분야에서는 기대수익률이 상승함으로써 해당 부문 내지는 특정기업에의 집중적인 투자가 일어난다. 그 결과, 특정산업 내지는 특정 기업에 대해 융자를 집중시킨 은행 등의 금융기관에서는 소위 집중 리스크(concentration risk)가 발생하게 된다.

이와 같은 융자의 집중은 원래 상대가격의 상승을 근간으로 하였기 때문에 은행 등 금융기관의 경영실적 향상에 기여한다. 그러나 자산가격이 상승국면에서 하락국

1) IMF의 조사에 의하면 1980년부터 1995년까지의 15년간에 걸쳐 금융위기를 경험한 국가는 IMF가맹국 181개국의 4분의 3에 해당하는 133개국에 이르고 있다. Lindgren, C. J., G. Garcia & M. I. Saal, *Bank Soundness and Macroeconomic Policy*, Washington, D.C. : International Monetary Fund, 1996. 참조.

면으로 반전하면 상황은 바뀌게 된다. 즉, 차입기업의 재무내용의 악화, 채무 지불 이행의 지연 등을 계기로 해당부문 내지는 특정기업에 대한 융자에 참여한 은행 등의 금융기관의 여신 리스크가 표출됨으로써 해당 금융기관의 부실채권의 증대 및 자기자본비율의 저하현상이 심화된다.

만약 자산가격의 하락이 지속적으로 진행되면, 융자집중 리스크를 지니고 있는 은행 등은 부실채권이 더욱 확대될 뿐만 아니라 자산내용 및 경영건전성이 급격히 악화된다. 또한 이러한 정보가 시장에 유포됨에 따라 해당 은행은 자금조달비용이 급격히 상승할 뿐만 아니라, 자금공여의 신규정지, 기존 공여 분의 환매요구 증대, 예금인출 요구 증대 등 투자자들의 위험회피 행동에 직면해 유동성부족에 빠지게 되며, 급기야는 지불불능, 영업정지 등의 파탄에 빠지게 된다. 이와 같은 현상은 투자자들이 파산금융기관과 유사한 리스크 위험을 지니고 있는 타 금융기관의 건전성에 대해서도 의심을 품어 융자 및 예금의 조기회수를 추구함으로써 순식간에 금융부문 전체에 파급되어 소위 금융위기가 발생하게 된다.

한편, 금융위기의 정도는 공적 당국의 자세와도 밀접한 관계가 있다. 공적 당국이 결연한 자세로 건전성이 저하된 금융기관의 처리에 임한다면, 타 금융기관의 경영자에게 절도 있는 자산운용을 촉진시키는 방향으로 기능할 것이다. 그러나 만약에 공적당국이 미온적인 태도로 문제 금융기관의 처리를 주저한다면, 금융기관 경영자에게 도덕적 해이(moral hazard)를 조장해 금융위기를 더욱 확대 내지는 심화시킬 수 있다. 이하에서는 최근 글로벌 금융위기를 야기시킨 미국의 서브프라임모기지 위기를 예를 들어 금융위기의 특징을 살펴보고자 한다.

2. 서브프라임 모기지 위기

1) 서브프라임 모기지의 확대

서브프라임 모기지(sub-prime mortgage)는 1993년에 도입되었는데, 대략 FICO 점수[2]가 660점 이하이면서 신용도가 낮은 사람들을 대상[3]으로, LTV(loan-to

2) 미국의 모기지평가회사인 Fair Issac and Company이 1956년에 개발한 것으로 과거의 차입・변제 이력과 기간, 기존 및 신규차입 규모 등을 점수한 신용평가점수.

value ratio: 담보 인정비율)가 90%에 달하는 주택대출을 의미한다. 종래의 모기지는 대출기간이 길고(30년), 금리가 고정된 형태가 일반적인데 비해, 서브프라임 모기지는 interest only loan(비전통적인 대출방식)이나 negative amortization loan(미지급이자 원금가산) 등 비전통적인 대출방식과 결합하여, 대출 초기의 이자 또는 원금에 대한 상환부담이 작도록 설계되었다.

이와 같이 비전통적인 대출방식과 결합된 서브프라임 모기지는 2003년 이후부터 주택가격 상승과 더불어 비전통적 대출상품의 비중이 확대됨에 따라 저소득층에게 큰 인기를 얻으면서 급속히 확대되었다. 비전통적 주택대출의 경우 처음 대출 후 2~3년이 지나면 금리가 급등하여 시장의 변동금리보다 3~6%높은 것이 일반적이어서 이자부담이 급격히 증가할 수 있다. 그러나 그 사이에 주택가격이 지속적으로 상승하였기 때문에 주택가격대비 대출금 비중이 하락하게 되고, 그 동안의 이자납입으로 신용도가 상승하면서 프라임(prime)급 대출로 전환함으로써 이자 지급부담을 낮출 수가 있었기 때문에 주택가격이 상승하는 한 비전통적 주택대출을 활용할 수 있었다. 또한 서브프라임 층을 포함하여 일부 대출자에 대하여 대출 시 필요한 소득증명서의 제출을 요구하지 않고 주택대출을 제공하는 경우가 있었으며, 주택대출에 대해서 이자와 원금의 일부까지도 100% 소득공제 혜택을 주었다는 것도 서브프라임 모기지의 급속한 확대에 영향을 주었다.

〈표 9-1〉에서 보는 바와 같이 2001년 전체 모기지 중 8.6%에 지나지 않던 서브프라임 모기지론의 비중이 서브프라임 모기지의 증권화가 활발히 일어남으로써(2001년 증권화비율 50.4%에서 2006년 증권화비율 80.5%로 증가), 2006년에는 20.1%로 크게 확대되었다. 이에 따라 2006년에는 전체 모기지론 2조 9,800억달러 중 서브프라임 모기지가 6,000억달러에 달하게 되었다.

---

3) 서브프라임층에 대한 구체적인 기준은 금융회사별로 조금씩 다른데, 미국 은행감독당국에 의한 서브프라임 판단은 다음과 같다.
-과거 12개월 이내에 2번 이상 30일 연체한 적이 있거나 한번이상 60일 연체한 적이 있다.
-과거 24개월 이내에 재판(judement), 담보물건의 처분(foreclosure), 점유회수(possession)의 경험이 있다.
-FICO 평가점수가 660점 이하 등 높은 채무불이행 비율을 보여주는 지표가 존재한다.
-소득에 대한 변제율이 50% 이상 혹은 월수입에서 변제액을 뺀 금액이 생계비에 미치지 못한다.

〈표 9-1〉 미국의 서브프라임 모기지 규모의 추이

(단위 : 10억불)

	모기지 전 체	서브프라임 모기지	서브프라임모기지 비율	서브프라임모기지의 증권화규모	서브프라임모기지의 증권화비율
2001	2,215	190	190	95	50.4%
2002	2,885	231	231	121	52.7%
2003	3,945	335	335	202	60.5%
2004	2,920	540	540	401	74.3%
2005	3,120	625	625	507	81.2%
2006	2,980	600	600	483	80.5%

자료 : Inside Mortgage Finance, 2007.

2) 서브프라임 모기지 위기의 전개과정

앞에서 언급한 바와 같이 서브프라임 모기지는 신용이 낮은 차입자를 주 대출대상으로 삼고 있고, LTV(담보 인정비율)가 90% 이상에 달하며 변동금리대출(ARM: adjustable mortgage)비중이 80% 이상이기 때문에, 부실화 가능성이 항상 잠재하고 있었다. 그럼에도 불구하고 MBS · CDO발행을 통한 증권화가 급격히 증가하였기 때문에 위기를 자초했다고 볼 수 있다.

2000년 이후 MBS(mortgage-backed securities)[4], CDO(collateralized debt obligation)[5] 등의 발행을 통한 증권화에 의해 급속하게 확대된 서브프라임 모기지는 2006년 하반기 이후 주택경기의 침체, 금리인상 등에 기인하여, 모기지 연체율 및 주택 압류율이 상승하면서 서브프라임 모기지 MBS · CDO의 가치하락을 촉발시켰다. 이에 따라 모기지 취급기관은 물론 헤지펀드, 투자은행, 대형 상업은행 등에게 막대한 손실을 입히고, 나아가서 시스템리스크로 확산되었다.

---

4) MBS는 주택의 구입 또는 건축에 소요되는 대출자금에 대한 채권으로서, 당해 주택에 설정된 저당권에 의해 담보된 대출채권인 모기지를 기초로 발행된 ABS(asset backed securities)를 말한다.

5) 부채담보부증권이라고 하며, 회사채나 대출채권 등 기업의 채무를 기초자산으로 하여 발행된 ABS의 일종이다. 수익을 목적으로 발행하는 것(arbitrage CDO)과 신용위험을 투자자에게 전가하기 위하여 발행하는 것(balance sheet CDO)으로 구분된다. 회사채를 기초자산으로 하는 경우에는 CBO(collateralized bond obligation), 대출채권인 경우에는 CLO(collateralized loan obligation)이라고 한다.

[그림 9-1] 서브프라임 모기지 위기의 확산경로

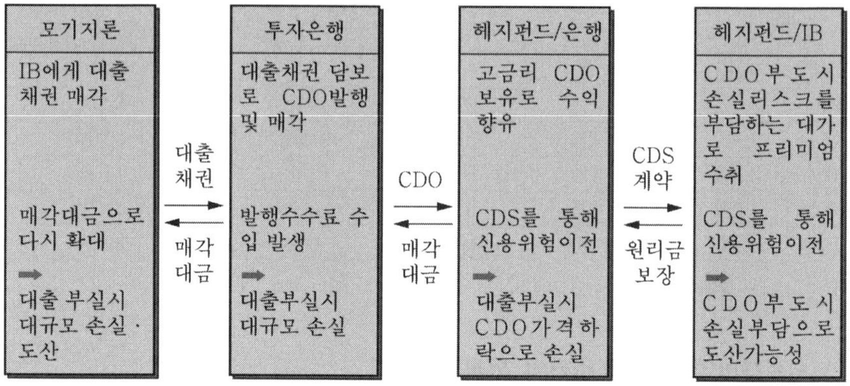

서브프라임 모기지 위기가 시스템위기로 확산되는 과정은 다음과 같이 모기지 회사, 헤지펀드(hedge fund), 투자은행(investment banks) 및 대형은행, 보증기관 등으로 분류하여 파악할 수 있다.

① 모기지회사

서브프라임 모기지의 경우 MBS로 증권화되더라도 환매의무조항(buy back obligation)[6]에 기인해 리스크가 완전히 이전되지 않아 기초자산의 부실위험을 모기지회사가 계속 부담할 수밖에 없었다. 이와 같은 불완전한 증권화는 2007년 초 서브프라임 모기지의 부실이 본격화함에 따라 모기지회사로의 환매요청이 쇄도함으로써 모기지회사의 파산을 야기시키는 주요인으로 작용하였다.

한편 과도한 대출경쟁에 기인한 모기지회사의 자금조달 관행도 유동성리스크를 야기시킨 요인으로 작용하였다. 모기지회사는 주택구입자에게 대출한 후 대출채권을 SPV(special purpose vehicle)[7]에 매각하고 MBS를 발행하여 신규 대출재원을

6) 모기지 부도나 MBS 발행·인수상의 문제가 발생 시 투자자가 기초자산 판매자인 모기지회사에게 MBS 환매를 요청할 수 있는 조항으로, 투자자가 모기지회사 대출심사의 적격성여부를 감시할 수 없기 때문에 부실책임의 일부를 모기지회사가 부담하게 하는 일종의 도덕적 해이(moral hazard) 방지장치에 해당한다고 볼 수 있다.

7) 유동화 전문회사라고 하는데, ABS(자산유동화증권)의 발행 및 판매를 수행하기위해 설립된 특별목적의 회사로서 ABS의 기초자산만으로 구성된 서류상의 회사(paper company)이다.

마련하고, 중간과정의 부족재원은 기존 대출채권을 담보로 한 은행 단기대출로 충당하는 브리지 파이낸싱(bridge financing)을 활용하였다. 이러한 자금조달 관행은 서브프라임 모기지의 연체율 상승 등에 기인하여 부실위험이 확대됨으로써 은행권의 추가담보요구(margin call)와 기존 은행 브리지론(WHL: warehouse line of credit) 차완거부로 모기지론회사의 유동성압박을 가중하는 요인으로 작용하였다.

② 헤지펀드(hedge fund)

서브프라임 모기지를 기초자산으로 한 CDO의 부실화와 헤지펀드의 높은 레버리지투자[8]가 헤지펀드의 유동성리스크를 야기시켰다. 헤지펀드는 대체로 수익률이 높으나 유동성이 떨어지는 중간순위 이하(BB 및 equity등급) CDO를 집중적으로 매입하여 장기 보유하는 전략을 구사하는 한편, 자금조달은 저금리 차입을 위해 은행들이 언제든지 자금상환을 요구할 수 있는 조건이 부가된 단기대출을 많이 하여 자산·부채간의 만기불일치가 심화되었다.

이와 같은 상황에서 헤지펀드는 서브프라임 모기지 사태 이후 CDO의 담보가치가 하락하면서 자금을 대출해 준 은행권에서는 마진 콜, 투자자로부터는 환매요청 확대로 유동성 고갈상태에 빠지게 되었다.[9] 이에 따라 헤지펀드들은 자금 확보를 위해 유동성이 높은 여타 보유자산을 처분하면서 전 세계 증권시장의 폭락을 촉발시켰다.

③ 투자은행(investment bank) 및 대형은행

서브프라임 모기지 관련 MBO(management buy out) 및 CDO의 주요 투자자인 미국 및 유럽의 대형 투자은행과 상업은행들은 CDO 가치하락 위험을 과소평가한 상태에서[10] 보유증권이 부실화되고 가격이 하락함에 따라 막대한 손실에 직면하게 되었다.

---

8) 채권 차익거래형과 파생상품 투자형은 10~15배, CDS(credit default swap) 투자형은 20배, MBS·ABS차익거래형은 6~8배, 주식투자형은 2배의 레버리지를 부담하였다.

9) Bear Stearns의 헤지펀드는 2007년 6월 파산하여 2008년 3월 회사 피인수가 추진되었으며, BNP Paribas는 2007년 8월 28억 유로 규모의 3개 투자펀드 동결을, Calyle Capital 은 2008년 3월 채권단이 담보자산 압류를 각각 결정하였다.

10) CDO 발행자들은 비용절감을 위해 높은 신용등급을 부여하는 신용평가회사를 선호하고 신용평가회사도 CDO 평가수입 비중이 높은 관계로 CDO에 양호한 등급을 부여할 요인이 상존하였으므로 CDO의 가치하락 위험을 과소평가하였다.

또한 모기지 등 기초자산의 신용위험을 반영하는 신용파산스왑(CDS: credit default swap) 스프레드의 상승으로 CDS 및 관련 CLN(Credit Linked Note)계약의 시장가치가 속락함에 따라, 서브프라임 모기지 관련 CDS 계약 또는 CLN을 보유한 투자은행, 상업은행 등 대형금융기관의 손실이 확대되었다.

이와 더불어 ABCP(asset-backed commercial paper) 등의 차환발행 여건이 악화됨에 따라 유동성위기에 처한 구조화투자전문회사(SIV; Structured Investment Vehicle)[11]의 채무를 인수하는 관행도 대형은행의 손실을 확대시켰다. 즉 모 은행이 ABCP 매입약정(credit line) 또는 평판위험회피 등을 위해 유동성위기에 처한 유동화전문회사의 채무를 인수하는 사례가 급증하면서 경영이 급속하게 악화되었다.

④ 채권보증회사(monoline insurance사)

모기지업계의 부실화는 RMBS(residential mortgage backed securities), CDO 등 모기지론 관련채권의 보증업무를 수행하는 채권보증회사의 자본악화로 전이되었다.

채권보증회사가 신용을 보강하여 최고등급(senior tranche)화하면 동 CDO의 신용위험을 보증회사가 부담하게 되므로, 이를 매입한 투자자는 보증회사가 부실화될 경우 대규모의 평가손실에 직면하게 된다. 그런데 서브프라임 모기지 사태에 기인하여 Moody's사의 MBIA의 자본악화 경고[12], S&P사의 Ambac(AAA(stable)→AAA(negative)), ACA(A→CCC)등의 신용등급 하향조정,[13] Moody's사의 FGIC(Aaa→A3)의 신용등급 하향조정 등 일련의 채권보증회사의 신용등급하락은 채권보증회사가 보증한 여타 채권의 연쇄적 신용등급저하를 야기시켜 금융시장의 신용경색을 심화시켰다.

3) 서브프라임 모기지 위기의 원인

첫째, 리스크 머니(risk money)의 자기증식 추구에 따른 버블(bubble)생성 및 붕괴에 따라 금융위기가 발생하였다는 것이다.[14] 이는 금융시장이 발전해 자본이 증대하여 증권화와 같은 금융기술이 진보하면 할수록 버블의 생성과 붕괴가 일어난다

11) 대형은행들이 보유자산 유동화와 고수익자산 투자를 위해 부외 자회사로 주로 설립하였다.

12) 2007년 12월 4일 시행

13) 2007년 12월 19일 시행

14) 二上季代司, "サブプライイム問題と市場型金融システム", 「證研レポ-ト」 1644號, 日本證券經濟研究所, 2007. pp. 4~6.

는 주장에 근거한다. 즉 중층적인 증권화의 과정을 통해 리스크 머니(risk money)의 자기증식이 촉진됨에 따라[15] 레버리지를 계기로 당초 투자자본에 대한 수익률은 상승하게 되고, 금융자산의 가격은 더욱더 상승하게 되어 리스크 버블이 형성된다. 그러나 일정규모 이상의 투자자가 리스크가 지나치게 높다는 것을 인식하는 순간에 버블은 붕괴된다는 것이다.

이와 같이 중층적인 증권화과정 그 자체가 자산가격의 상승→버블의 생성을 용이하게 하는 메커니즘을 내포하고 있는데, 이러한 증권화의 과정에서는 버블발생을 예상하거나 제거하는 것이 불가능하기 때문에, 정책당국이 할 수 있는 것은 버블이 붕괴했을 때에 이에 따른 폐해를 가능한 한 줄이는 것 이외에는 없다는 것이다.

둘째, 금융당국의 감독소홀을 들 수 있다. 미국의 경우 국법은행과 주(洲) 은행 등에 대한 감독자체가 다르고 불명료한데, 특히 서브프라임 모기지의 증권화와 거래는 금융당국의 감독영역 밖에서 주로 이루어졌다. 즉 서브프라임 모기지 문제를 야기시킨 독립적 모기지회사는 비은행금융기관이고, 은행의 자회사도 아니었기 때문에 FDIC(Federal Deposit Insurance Corporation : 미국연방예금보험공사), FRB(Federal Reserve Board: 미국연방제도 이사회) 등 연방 감독기관의 감독을 받지 않았고 단지 주정부의 감독만을 받았을 뿐이었다.

그러나 FRB가 직접적인 감독 권한은 없었지만, 간접적인 영향력 행사가 가능하였고, 모기지의 위험성에 대한 수차례의 경고가 있어 왔기 때문에, FRB가 모기지 대출 기준의 과도한 완화를 막기 위한 조치를 소홀히 하여 금융위기의 단초를 제공했다[16]고 말할 수 있다.

셋째, 정보개시의 불명료성을 들 수 있다. 서브프라임 모기지의 부실채권은 대략 2,000억 달러 규모로 추정되는 데, 이는 전 세계금융시장에서 보면 미미한 수준에 지나지 않는다. 그럼에도 불구하고 세계적인 금융위기로 발전하게 된 것은 모기지

15) 리스크 머니(risk money)는 다음과 같은 과정을 통해 자기증식을 추구하게 된다. 즉 금융기술은 리스크를 리스크로 소멸해주는데, 이에 따라 실물경제의 리스크는 불변인데 투자자의 리스크는 감소하여 투자자가 리스크를 허용하는 부분만큼 금융시장 전체의 리스크는 저하하게 된다. 이에 따라 금융상품의 가격이 상승하여 리스크를 허용한 투자자는 이익을 올리게 된다는 것이다.

16) 김내완, "미국주택금융의 구조와 서브프라임 위기의 원인분석", 「증권금융(계간)」 제309호, 한국증권금융, 2009년. p. 54.

를 증권화하는 과정에서 리스크의 소재가 불명료하게 되어 시장가치를 평가할 수가 없었기 때문이다.

모기지채권 → RMBS → CDO라고 하는 증권화가 중층적으로 진행됨에 따라 원자산인 모기지론의 리스크의 소재는 당연히 불분명해진다. AAA의 우수 CDO에서도 신용리스크가 높은 서브프라임 모기지가 편입될 수가 있는데, 직접 편입되는 것은 RMBS(혹은 RMBS의 credit derivative)이기 때문에 이를 알 수가 없다는 것이다. 실제로 채무불이행이 발생한 단계(혹은 발생할 듯한 단계)에 이르렀을 때에 신용평가회사가 신용평가등급을 낮추었을 때 비로소 리스크가 높은 대출이라는 것이 입증된다는 것이다.

넷째, 신용평가회사의 정보생산기능의 불충분을 들 수 있다. 모기지 관련 파생상품시장의 불명료성에 기인해 투자자들은 신용평가회사의 신용등급평가 결과를 신뢰하고 이에 따라 투자여부를 결정하였다. 그런데 모기지 관련 증권화 과정에 있어서 그 발행규모에 따라 신용평가회사의 수수료수입이 좌우되기 때문에 신용등급평가를 이용하는 투자자와 이해상충문제가 발생하였다. 즉 증권발행자가 원하는 신용등급을 얻지 못할 경우 신용평가회사를 교체하는 것이 가능했기 때문에 당초 신용등급평가가 후했을 뿐만 아니라, 증권화의 조성단계에서도 깊숙이 관여하여 어떠한 조건을 만족하면 신용등급을 올릴 수 있을까라는 모델을 제시하여 자산보유자(originator) 내지는 투자은행과 상담하면서 증권화를 지원하였던 것이다.

또한 신용평가회사는 채무불이행이 낮았던 과거의 통계에만 의존하고 주택시장의 대폭적인 조정가능성을 간과하였고, 실제 위기가 발생했을 때에는 신용등급을 급격히 하락시킴으로써 시장에 공포감을 조성시켜 위기를 촉발시켰다.

다섯째, 금융회사의 리스크관리 미흡을 들 수 있다. 대부분의 민간 금융회사는 이익이 많이 난다는 것에 집착하여, CDO 등 주택관련 증권화상품의 관리에 소홀히 하였을 뿐만 아니라, 신용평가회사의 평가결과도 아무런 검토 없이 그대로 수용하였다.

또한 증권화과정의 복잡성 등에 기인하여 기존의 리스크관리방식으로는 증권화상품에 대한 리스크관리가 한계에 있었음에 불구하고, 저금리에 기인해 마땅한 자금운용처가 부재인 상황에서 금융회사간 경쟁이 치열해지자 오히려 기존의 리스크관리관행의 간소화를 추구하였다. 특히 선순위(super-senior tranches) 증권화상품에 대한 부도리스크, 집중리스크, 시장리스크 및 유동성리스크를 과소평가하는 등 CDO 리스크에 대한 충분한 이해 없이 동 상품의 대규모 익스포저(exposure)를 보유하여 위기를 초래하였다.

마지막으로 투자자의 증권화 상품에 대한 주의의무(due diligence)소홀을 들 수 있다. 기관투자자를 포함한 투자자는 증권화 투자관련 기초자산의 실사가 미흡하였고, 레버리지(leverage) 및 이례적 위험(tail risk)을 간과하였으며, 관련 자산의 높은 수익 예상에 대한 문제의식도 부족하였다. 또한 투자자들은 신용평가회사의 방법론에 대한 문제의식이나 관련 상품의 리스크 이전여부 등 신용평가 관련 정보에 대한 정확한 이해없이 신용평가등급에 지나치게 의존하였다.

이와 같이 투자자들이 증권상품에 대한 주의의무를 소홀히 한 것도 금융위기의 단초를 제공했다고 볼 수 있다.

제2절 금융제도의 안정성유지 대책

금융제도의 안정성유지 문제는 금융제도 내지는 금융환경의 변화 등에 의해 영향을 받는다. 1980년대 이후 금융의 규제완화, 금융의 증권화, 금융의 범세계화 등 급격한 금융환경의 변화와 더불어, 겸업화의 진전, 이에 따른 금융기관간의 경쟁격화 등에 기인해 세계적인 금융위기가 발생함에 따라 최근 금융제도의 안정성유지는 금융기관의 건전성·안정성유지뿐만 아니라, 신용질서유지 측면에서 중요한 문제로 부각되고 있다.

일반적으로 금융제도의 안정성유지의 대책으로서는 사전적 예방책과 사후적 대책을 들 수 있다.

사전적 예방책은 금융기관의 부실을 사전에 억제하여 금융위기로 연결되는 것을 방지하고자 하는 목적에 부합되는 모든 대책으로 금융기관의 건전성규제(prudential regulation)와 공적 당국(정부, 중앙은행)의 감독 및 각종 규제가 이에 해당된다. 이에는 금융기관 자체의 건전한 경영을 전제로 사기사본비율규제 등 공적 당국의 선전 경영지침의 설정과 감독, 적정시정조치 등 문제 우려 금융기관에 대해 적정시기에 개입하여 정상화 방안을 모색하는 과정이 포함된다.

사후적 대책은 사전적인 노력에도 불구하고 부실금융기관이 발생할 경우에 예금자(혹은 투자자)를 보호하고 일부 금융기관의 부실이 금융위기로 연결되는 것을 방지하는데 목적을 두고 있다. 이에는 중앙은행의 최종대부자(lender of last resort)기능, 예금보험제도, 투자자보호제도 등 소위 안전망(safety net)체제를 구축하는 것이 해당된다. 금융자유화 하에서는 부실화된 금융기관의 시장탈퇴가 허용되어야 하며, 또한 금융기관의 도산 가능성은 금융제도의 건전성과 효율성 측면에서 불가피하게 존재한다. 이와 관련하여 안전망 체제구축의 목적 및 사후적 대책의 역할은 단지 개별금융기관의 도산이 전체 금융제도의 붕괴로 연결될 가능성을 억제하는 데에 있음을 유의해야 할 것이다.

이와 같은 사전적 예방책과 사후적 대책이 상호보완적 관계를 유지함으로써 금융제도의 안정성이 유지될 수 있을 것이다. 예를 들어 예금보험제도와 같은 사후적 대책이 존재함으로써 예금에 대한 신뢰가 높아지고 그 결과 사전적 예방 효과도 기대할 수 있다.

그러나 일반적으로 금융자유화의 진전 등으로 금융기관간의 경쟁이 보다 심화되고 있는 상황 하에서는 사전적 예방책에 보다 많은 비중을 두고 있다.[17] 왜냐하면 중앙은행의 최종대부자기능의 역할에 의해 경영위기에 빠진 은행 등이 손쉽게 구제되거나, 예금보험제도에의 의존을 지나치게 강화하면 은행 등 금융기관의 도덕적 해이 문제가 조장됨으로써 오히려 금융제도의 전반적인 안정성을 해칠 위험성이 있기 때문이다.

따라서 금융제도의 안정성유지의 근간은 은행 등 금융기관 자신의 재량의 범위를 확대함과 아울러 자기책임의 원칙을 더욱 철저히 확립하는데 등, 건전성규제 중심의 사전적 예방책의 강화에 두어야 할 것이다. 이와 같은 관점에서 볼 때, 공적 당국의 금융기관에 대한 감독 내지는 규제는 가능한 한 한정적으로 적용해야 할 것이며, 중앙은행의 최종적 기능 및 예금보험제도 등의 사후적 대책도 금융기관의 자기책임 원칙의 확립을 저해하지 않는 범위에서 적용하도록 해야 할 것이다.

17) 김대식, "금융감독에 관한 종합적 고찰", 『금융연구』 제9권 별책, 1995년, p. 187.

제3절 사전적 예방책

금융제도의 안전성유지와 관련하여 사전적 예방책의 중심을 이루는 건전성규제(prudential regulation)란 은행 등 금융기관이 과도한 리스크를 부담하는 것을 방지할 목적으로 행하는 규제를 의미한다. 다시 말하면, 이는 공적당국이 은행 등 개별 금융기관의 포트폴리오 리스크 내지는 자기자본에 일정의 요구수준을 부과함으로써 은행 등의 채무초과 위험을 경감시키는 데에 그 목적이 있다. 이러한 의미에서 건전성규제는 은행 등 금융산업에 부과하는 경쟁 제한적 규제와는 구별된다. 이와 같은 건전성규제의 대표적인 예로서는 바젤위원회의 은행자기자본비율규제(BIS기준 자기자본비율규제)를 들 수 있다.

1. BIS자기자본비율 규제의 의의 및 배경

바젤위원회(Basle Committee)는 은행감독과 관련한 국제협력 도모, 국제간 은행감독의 정책방향과 표준화의 추구 등을 위해 국제결제은행(BIS : Bank for International Settlement)산하에 설립된 은행규제감독위원회로, 동 위원회는 1988년 은행감독의 국제협력을 도모하기 위해 은행감독과 관련한 광범위한 지도기준을 설정하였는데, 이를 '자기자본의 측정 및 기준에 관한 국제적 협약(International Convertgence of Capital Measurement and Capital Standards: 일명 '바젤협약')'이라고 한다.

BIS기준 자기자본비율 규제(이하에서는 BIS자기자본비율규제라고 칭함)는 바젤위원회가 제안한 은행의 자기자본비율에 관한 국제적 통일기준으로, 이는 기본적으로 국제적으로 활동하고 있는 은행의 건전성확보와 균등한 경쟁조건(level playing field)의 확보를 목적으로 하고 있다. 즉 금융의 범세계화가 급속하게 진행됨으로써 특정국가의 은행부실화에 따른 영향이 국제적으로 파급될 가능성이 커짐에 따라 은행경영의 건전성을 국제적으로 감시할 필요성이 증대되었고, 또한 은행의 자기자본을 규제함에 있어서 각국의 규제기준이 서로 상이하여 국제적으로 활동하는 은행들 간에 균등한 경쟁이 이루어지지 못하고 있다는 관점에서도 통일된 자기자본규제기준의 제정의 필요성이 제기되었다고 볼 수 있다.

2. BIS자기자본비율규제의 주요 내용

바젤위원회의 제안에 의거해 성립된 BIS자기자본비율규제의 내용은 다음과 같이 크게 네 가지로 구분하여 볼 수 있다.

즉 ① 신용 리스크에 한정하여 자기자본을 축적의 의무를 부과한 바젤협약(BIS 제1차 자기자본비율규제), ② BIS 제1차 자기자본비율규제에 시장위험을 추가한 바젤Ⅰ협약(BIS 제2차 자기자본비율규제), ③ 바젤Ⅰ협약에 차입자별 신용위험 차등화 및 운영위험을 추가한 바젤Ⅱ협약, ④ 금융위기 발생시에도 개별은행 등이 정상적인 영업을 수행할 수 있는 복원력 향상과 경기순응성에 따른 시스템 리스크를 완화하는 거시적 측면의 규제를 포함한 바젤 Ⅲ협약이 이에 해당한다(〈표 9-1〉 참조).

〈표 9-1〉 BIS자기자본비율규제의 변화추이

구 분	주요 규제 내용	비고
바젤협약	-신용리스크만을 반영 -BIS자기자본비율 = 자기자본[Tier Ⅰ(기본자본-공제항목) + Tier Ⅱ(보완자본-공제항목)]/리스크자산(on balance+off balance) ≧ 8%	-바젤회원국: 1992년말까지 8%달성 -우리나라: 1995년말까지 8%달성
바젤Ⅰ협약	-신용리스크+시장위험 -BIS자기자본비율 = 자기자본[Tier Ⅰ(기본자본-공제항목) + Tier Ⅱ(보완자본) + Tier Ⅲ(단기후순위채무-공제항목)]/리스크자산(신용 리스크규제) + 시장리스크 × 12.5 ≧ 8%	-바젤회원국: 1997년말까지 8%달성 -우리나라: 2002년 1월1일 시행
바젤Ⅱ협약	-신용리스크+시장위험+차입자별 신용위험차등화 및 운영위험 -BIS자기자본비율 = 자기자본[Tier Ⅰ(기본자본-공제항목) + Tier Ⅱ(보완자본) + Tier Ⅲ(단기후순위채무-공제항목)]/(신용위험가중자산+시장위험가중자산+운영위험가중자산) ≧ 8%	-바젤회원국: 2006년말 시행 -우리나라: 2008년 1월1일 시행
바젤Ⅲ협약	-자본규제강화: 규제자본을 보통주 자본위주로 구성하고, 규제비율강화 -레버리지 비율제도 도입: 은행의 익스포저(exposure)규모가 기본자본의 일정배수이상 늘지 않도록 과도한 레버리지억제 -유동성비율제도 도입: 유동성커버리지비율(LCR)과 순안정자금조달비율(NSFR) 도입 LCR = (고유동성자산/30일 이내의 순현금유출)×100 ≧ 100% NSFR = [인정되는 안정자금(부채 및 자본)]/[필요안정자금(자산)]×100 ≧ 100%	바젤위원회: -자본규제: 2019년까지 단계적 시행 -레버리지비율: 2018년부터 단계적 시행 -LCR: 2019년부터 시행 -NSFR: 2018년부터 시행

제4절 사후적 대책

금융제도의 안정성유지와 관련한 사후적 대책으로는 금융안전망(financial safety net)의 형성을 들 수 있다. 여기서 금융안전망(financial safety net)이란 은행 등 금융기관이 지불불능 등의 사태에 직면하여 그 영향이 금융제도에 연쇄적으로 파급하는 것을 차단하기 위한 것으로, 금융제도의 안전장치라고도 한다. 즉, 금융안전망(이하 안전망이라고 칭함)은 각각의 금융기관, 특히 은행이 경영파탄에 직면했을 때, 이를 사후적으로 처리해 경영파탄에 수반한 사회적 비용을 분담하는 메커니즘을 의미한다. 특히 여기서 유의할 점은 사후적인 처리에 공적 당국이 개입한다는 점이다.

이와 같은 의미를 지닌 사후적 대책으로 대표적인 것은 ① 경영파탄에 빠져 있지는 않으나, 일시적으로 자금조달이 곤란한 은행에 대해 중앙은행이 대출을 행하는 일시적인 유동성위기 대응수단으로서의 중앙은행의 최종대부자(lender of last resort) 기능, ② 파탄금융기관의 예금자에 대해 예금의 지불을 보장하는 예금보험제도, ③ 부실금융기관처리와 관련된 자금지원책 등을 들 수 있다.

1. 중앙은행의 최종대부자 기능

앞에서 언급한 것처럼 중앙은행의 최종대부자(lender of last resort)로서의 역할은 일시적인 유동성 부족으로 인해 경영위기에 직면해 있는 은행에 대해, 중앙은행의 대출이라는 형태로 유동성을 공급함으로써, 해당은행의 경영파탄에 수반해 발생할 것으로 예측되는 신용질서 면에서의 악영향을 미연에 방지하는데 있다.

그런데, 이와 같은 중앙은행의 대출이 항상 행해지면, 도덕적 해이(moral hazard) 문제가 발생하기 쉽다. 따라서 중앙은행에 의한 최종대부자의 기능은 기본적으로 건전경영을 지향하는 은행에 한해 적용시키고, 불건전한 은행에 대한 구제수단으로는 사용하지 말아야 할 것이다.

중앙은행의 최종대부자 기능도 각 국에 따라 차이가 있다. 즉, 자기 책임 원칙이 상당한 정도로 확립되어 있는 미국 등에서는 최종대부자로서의 중앙은행의 대출이 원칙적으로 지불 능력(solvency), 즉 최종적인 지불 능력을 유지하고 있는 은행이 일시적인 유동성 부족에 직면한 경우에 한정해 이루어지고, 지불 능력(solvency)이 없는 은행에 대해서는 중앙은행에 의한 구제조치가 적용되지 않는다. 예를 들어 미국의 경우, 금융제도의 안정성유지 측면에서 예금보험제도가 수행하는 역할이 상당히 크기 때문에, 연방은행의 대출은 ① 해당 은행의 유동성 부족이 일시적이고 그리고 조기회복 가능한 경우 및 ② 해당 은행의 파탄 표면화에 의한 금융 혼란을 회피하기 위한 융자가 필요한 경우에 한정되어 있고, 불건전한 금융기관에 대한 구제자금의 원조라는 형태의 대출은 행해지지 않는다.

이에 비해 금융제도의 안정성 유지 측면에서 예금보험제도보다도 중앙은행대출의 역할을 중시하는 영국에서는 시장 전체의 신용 불안을 방지하기 위해 필요하다고 인정되는 경우, 비록 그 시점에서 지불 능력(solvency)이 유지되고 있지 않은 은행에 대해서도 중앙은행의 대출을 시행한다.

이와 같이 중앙은행의 최종대부자 기능은 신용 질서의 동요를 미연에 방지하는 데에 그 의의가 있다. 만약에 중앙은행이 최종대부자로서 기능할 것이라는 신뢰 내지는 예상이 일반에게 형성된다면, 그 자체가 신용 질서의 동요를 방지하는 효과를 갖고 있다고 말할 수 있다. 다만, 운용의 여하에 따라서는 도덕적 해이(moral hazard), 비효율적인 은행의 온존, 금융정책의 유효성 저해 등의 문제를 발생시킬 수 있다.

이와 같은 문제를 회피하고 은행의 자기 책임의식을 배양해 가기 위해서는 중앙은행의 대출은(금융조절을 목적으로 하는 것은 별도로) 신용 질서 유지 등 금융제도의 안정성 유지를 목적으로 시행되는 것으로, 개별금융기관의 구제를 목적으로 하는 것이 아니라는 인식을 일반에게 불식시킬 필요가 있다.

2. 예금보험제도

예금보험(deposit insurance)제도는 금융기관이 부실화되어 예금자의 예금인출에 응할 수 없는 경우에 제3자인 예금보험기관이 예금액의 전부 또는 일부를 대신 지급해 주는 제도이다. 이는 경영위기에 빠진 은행을 구제하는 것이 아니라, 은행예금을 보장함으로써 은행의 파탄이 지불 시스템의 붕괴로 발전해 가는 것을 회피함과 동시에, 예금에 대한 일반의 신뢰를 유지하고자 하는데 그 목적이 있다.[18] 이와 같은 의미를 지닌 관계로 흔히 예금보험제도를 안전망의 핵심을 이루는 사후적 대책으로 간주하고 있다.

금융제도의 안정성 유지 측면에서의 예금보험제도의 역할은 중앙은행의 최종대부자 기능과 결부해 고려되어야 할 것이다. 이 경우 예금보험제도 확충의 문제는 ① 보장해야 예금액, 즉 예금자 1인당 보험금 지불 한도액의 인상, ② 동 제도의 보험금 지불 능력의 확충 등 두 가지 측면에 있다고 말할 수 있다.

이 중에서 후자의 경우는 사전에 준비해야 할 지불 능력의 문제이나, 전자의 예금자 1인당 보험금 지불 한도액의 인상의 문제는 사전에 예금자에 대해 보장할 수 있는 예금액을 명시하는 것이기 때문에, 지불한도액의 수준 여하에 따라 일반대중의 예금에 대한 신뢰도가 상당히 다르게 나타날 가능성이 있다.

이와 같은 의미에서 예금보험제도 확충의 문제의 초점은 예금자(특히 일반의 소액예금자)의 신뢰를 획득하기에 충분한 가의 여부에 달려 있다. 말할 필요도 없이 일반 대중의 예금에 대한 신뢰를 확보하기 위해서는 보험 지불액 한도액이 크면 클수록 좋을 것이다. 그러나 대부분의 예금이 항상 예금보험에 의해 보장될 수 있는 시스템이 되면, 금융기관의 경영이 안이하게 이루어져 도덕적 해이(moral hazard) 문제가 발생할 위험이 있다.

---

18) 예금보험제도에 대해서는 사회적 정의의 관점에서 특히, 소액 영세예금의 보장을 통해 일반대중의 예금자로서의 입장을 보전하고자 하는 점에 착안하여, 동 제도를 금융제도의 안정성 유지의 수단이 아니라 사회 정책적 차원에서 접근하는 경우가 있다. 그러나 제도상 예금 전부가 보장되는 시스템이 아니라 할지라도, 동 제도의 금융제도의 안정성유지 측면에서의 역할이 중요하기 때문에 여기서는 금융제도의 안정성유지와 관련된 사후적 대책으로서 검토하고자 한다.

이와 같이 예금보험제도의 충실에 의한 일반 대중의 신뢰의 최대화와, 예금보험제도에 수반한 도덕적 해이(moral hazard)의 최소화는 명백히 상반 관계에 있기 때문에, 양 측면을 어떻게 조화시킬 것인가가 중요하다.

이와 관련하여 미국에서 적용하고 있는 가변적 예금보험료제도(variable premium system)는 도덕적 해이(moral hazard)문제의 회피측면에서 시사하는 바가 크다. 이 제도는 금융기관의 건전성을 자기자본비율 등을 이용해 분류하고 리스크의 크기에 따라 보험료를 변화시키는 제도를 의미한다. 결과적으로 동 제도 하에서는 리스크가 높은 금융기관일수록 높은 보험료를 지불하여 시스템유지에 상대적으로 많은 비용을 지불하고, 리스크가 낮은 금융기관은 낮은 보험료를 지불하여 시스템유지에 대한 부담이 상대적으로 작다.

이와 같은 방식은 금융기관의 도덕적 해이(moral hazard)의 방지에 기여하고 결과적으로 거시적인 안전망이 제공하는 코스트(cost) 소멸에도 기여할 가능성이 높다. 그러나 한편으로는 무엇을 기준으로 은행 등 금융기관의 보험료의 차를 설정하느냐 하는 객관적이고 공개 가능한 기준설정 문제가 제기된다. 또한 일부의 은행이 높은 보험료를 지불하고 있다는 사실이 일반 대중이 인식함으로써 해당 은행에 대한 예금자의 신뢰도가 낮아질 위험이 있다.

여하튼 가변적 예금보험료제도는 향후의 예금보험제도의 방향성을 고려하는데 있어서 새로운 시점을 제공해 주고 있다고 말할 수 있다. 이와 관련하여 미국과 같이 자기자본 비율에 의거해 기준을 설정하는 경우이외에, 경영정보의 공시(disclosure)의 정도가 높은 금융기관에 대해 보험료를 낮게 설정하는 방법도 시사하는 바가 크다.[19)]

예금보험제도의 운영방법이나 형태는 각 국가에 따라 다르다. 미국, 영국, 일본 등은 정부나 중앙은행 등의 출연에 의해 설립되어 운영되는 공조직이나, 독일, 프랑스 등은 민간금융기관들에 의해 자율적으로 운영되는 순수 민간조직의 형태를 취하고 있다. 우리나라는 무자본 특수법인 형태의 예금보험공사가 설립되어 예금보험뿐만 아니라 부실금융기관의 처리업무를 수행하고 있다.

예금보험의 가입자격은 크게 강제적으로 가입하도록 하는 방법과 자율적으로 선

19) 翁 百合, 『情報開示と日本の金融システム』, 東洋経済新報社, 1998年, pp. 176~177.

택하여 가입하는 방법으로 나눌 수 있다. 미국 등 대부분의 국가는 예금보험의 가입 자격을 은행의 강제규정으로 정하여 모두 가입하도록 하고 있다.[20] 예를 들어 미국의 경우 연방준비제도(Federal Reseve System)의 가맹은행은 모두 FDIC(Federal Deposit Insurance Corporation : 연방예금보험공사)에 가입하도록 요구하고 있고, 그 밖의 은행은 연방예금공사(FDIC)에의 가입을 자율적 선택에 맡기고 있으나, 규모가 큰 대부분의 은행은 가입하고 있다. 우리나라의 경우 은행을 비롯한 대부분의 금융기관들이 강제로 가입하게 되어 있으며,[21] 은행의 경우 보호대상 예금[22]의 원금과 이자를 포함해 1인당 최고 5,000만원까지 보장해 주고 있다.

3. 부실금융기관의 처리

부실금융기관의 처리방식에는 금융기관의 폐쇄·청산을 전제로 한 ① 부보예금 지급(deposit payoff), ② 부보예금 양도(deposit transfer), ③ 자산·부채의 이전(purchase & assumption)과, 금융기관의 폐쇄·청산을 전제로 하지 않은 ④ 구제자금지원방식(bail-out), ⑤ 자금지원을 통한 합병(assisted merger), ⑥ 가교은행(bridge bank)방식 등이 있다.[23]

1) 부보예금 지급(deposit payoff)

이 방식은 부실은행을 폐쇄하고 예금보험에 가입되어 있는 예금에 대해서는 보험금을 지급하고, 여타 채권자에게는 청산배당을 실시하여 파탄은행을 정리하는 방식이다.

이 방식은 출자자 및 경영자들에 의해 발생하기 쉬운 도덕적 해이(moral hazard) 문제를 최소화시킬 수 있을 뿐만 아니라, 회생이 불가능한 부실은행을 자금지원이나 유예 없이 신속히 도산시킴으로써 정부 및 납세자의 추가부담을 최소화시킬 수

20) 이탈리아, 스페인 등 일부의 국가에서는 예금보험 가입 여부를 은행 자율에 맡기고 있다.

21) 단, 외국은행의 국내지점의 경우는 외국과의 상호주의 등을 감안하여 예외를 둘 수 있게 하였다.

22) 보호대상 예금에는 요구불예금, 저축성예금, 적립식예금, 원금보전형신탁, 표지어음 등이 포함된다.

23) 이하의 내용은 한국은행 은행부, 「부실은행 정리유형 및 주요사례」, 1998년 6월. 참조

있는 장점이 있다.

그러나, 타 은행 및 금융제도에 대한 신뢰도 하락으로 불안감이 증폭될 경우 예금인출사태를 촉발시켜, 금융제도의 신용 질서를 파괴할 가능성이 있을 뿐만 아니라, 파탄은행의 청산과정에서 대출금회수로 기업 부도가 증가하고, 보유 유가증권의 매각으로 시중금리가 상승하는 등 심각한 경제적 위축을 초래할 수 있다. 또한 예금 대지급에 따른 손실 전부를 예금보험기구가 부담하게 되어 정리비용이 많이 드는 문제점이 있다.

이와 같은 이유로 이 방식은 부실은행을 즉각적으로 폐쇄하지 않으면 안 되는 등 부득이 한 경우를 제외하고는 잘 이용되지 않으며, 소규모의 금융기관에 한정되어 적용되고 있다.

2) 부보예금 양도(deposit transfer)

이 방식은 특정의 건전은행으로 도산은행 부보예금자 명의의 예금계좌를 이전한 후, 보험 지급 한도 범위 내에서 도산은행 거래 부보예금자에게 예금을 대지급하도록 하고 부실은행을 청산하는 방식이다.

이 방식은 부보예금 지급방식에서 나타난 효과 이외에, 예금보험기구가 부보예금 양도에 따른 프리미엄의 수취가 가능해 정리비용을 절감할 수 있다. 왜냐하면, 부보예금을 인수한 은행은 예금보험기구로부터 인수예금에 해당하는 금액을 지급받게 되며, 이 경우 인수은행은 그 만큼 수신액이 증가하게 되므로 이에 대한 프리미엄을 예금보험기구에게 지급하기 때문이다.

이 방식의 경우, 부보예금 방식과 비슷한 문제점이 발생한다.

3) 자산 · 부채의 이전(purchase & assumption)

이 방식은 인수의 한 형태로서 건전은행이 부실은행의 자산 및 부채를 모두 매입하거나, 부보예금 및 자산의 일부를 매입하는 방식이다. 인수은행이 인수를 희망하는 자산 · 부채의 영업권에 상당하는 프리미엄을 예금보험기구에 제시하고, 예금보험기구는 가장 높은 프리미엄을 제시한 은행을 인수은행으로 선정하여 인수부채에서 취득자산 및 프리미엄을 차감한 금액을 해당 인수은행에게 현금으로 지급한다.

이 방식은 인수자산의 범위에 따라 전체자산 · 부채인수(whole bank)방식과 건전자산·부채인수(clean bank)방식으로 구분된다. 전체자산·부채인수(whole bank)방식은 자산 및 부채 전액을 인수하는 방식으로, 주로 회수가능성이 비교적 높은 때 사용된다. 한편, 건전자산·부채인수(clean bank)방식은 부실자산은 예금보험기구가 인수하고, 자산 및 부채는 인수은행이 인수하는 방식이다.

이 방식의 장점으로는 ① 자산 및 부채를 그 성격에 따라 분할하여 매각함으로써 부실은행 정리가 용이하고, ② 금융기관의 영업권에 상당하는 프리미엄을 취득함으로써 예금보험기구의 정리비용이 절감될 수 있으며, ③ 부실은행이 폐쇄되더라도 다른 은행이 이를 인수하여 영업을 계속함에 따라 지역경제 및 금융산업에 미치는 영향을 최소할 수 있다는 점 등을 들 수 있다.

한편, 이 방식의 문제점으로는 ① 부실자산을 예금보험기구가 떠안게 됨에 따라 부담이 증가할 수 있고, ② 부실자산의 회수 및 매각이 순조롭지 못할 경우, 비부보예금자 및 일반 채권자의 손실이 증가할 위험이 있으며, ③ 부실은행에 근무하는 직원의 재고용 여부는 전적으로 인수은행의 선택 여부에 달려 있기 때문에 이 방식을 추진하는 데에 걸림돌로 작용할 수 있다는 점 등을 들 수 있다.

이 방식은 구미 제국의 대규모 금융기관 및 1998년 우리나라의 부실금융기관 정리 시에 주로 사용되었다.

4) 구제자금지원방식(bail-out)

이 방식은 은행영업과 소유권은 그대로 유지하면서 정부나 중앙은행이 대출, 자금 이체, 자산매입, 채무 인수, 출자 등을 통해 부실은행에 자금을 지원하여 부실은행을 회생시키는 방식이다.

이 방식은 은행영업과 소유권이 그대로 유지되고, 예금자 및 채권자, 주주들을 구제할 수 있어 금융제도의 안정을 꾀할 수 있는 장점이 있으나, 부실은행의 채권자, 주주 및 경영자들의 도덕적 해이(moral hazard)문제를 야기시키고 부실은행의 경영승계, 일반채권자의 구제에 따른 비용이 증가하는 문제점을 지니고 있다.

따라서 이 방식은 자금지원을 하면 은행이 회생할 가능성이 높거나, 은행의 폐쇄로 금융제도의 신용질서 유지가 곤란할 경우에 한하여 사용된다.

5) 자금지원을 통한 합병(assisted merger)

이 방식은 예금보험기구 등이 부실은행 또는 인수은행에 대하여 자금을 지원함으로써, 인수은행이 부실은행을 흡수합병(또는 자회사화)함에 따라 발생하는 손실을 보전해 주는 방식이다. 이 경우 인수은행에 대한 자금지원은 인수한 부실자산을 예금보험기구에 재매각할 수 있는 권리(put option)를 부여하거나, 현금으로 지급한다.

이 방식은 비부보 예금자 및 일반 채권자까지도 보호됨으로써, 금융기관 도산에 따른 부작용을 최소화할 수 있는 장점을 지니고 있다.

한편, 이 방식의 문제점으로는 ① 부실자산인수에 따른 손실을 모두 지원함에 따라 예금보험기구 등의 부담이 증가하고, ② 예금보험기구와 인수예정 은행간에 자금지원 조건 및 규모에 대한 합의를 도출하기가 어려워 협상이 장기간 소요될 소지가 있으며, ③ 원칙적으로 피합병은행 직원의 고용관계가 존속되기 때문에 이를 정리하는데 노사간의 갈등이 야기될 우려가 있어 합병은행에게 부담으로 작용할 수 있는 등의 문제점을 지니고 있다.

6) 가교은행(bridge bank)방식

이 방식은 예금보험공사 등 감독 당국이 새로운 가교은행(bridge bank)을 설립하여 이 은행으로 하여금 부실은행의 자산 및 부채를 승계하게 하고 새로운 인수자가 나타날 때까지 운영하는 방식이다. 일반적으로 이 방식은 부실은행의 규모가 커서 자산가치의 평가에 상당한 시간이 소요되어 자산・부채의 이전(purchase & assumption)방식이 쉽게 이루어지지 않을 경우, 가교은행을 신설하여 자산・부채의 이전(purchase & assumption)방식으로 처리될 때까지 일시적으로 자산 및 부채를 인수할 때에 사용된다.

이 방식은 ① 부실규모가 큰 은행을 자산・부채의 이전(purchase & assumption) 방식에 의해 정리하는데 용이할 뿐만 아니라, ② 최소한의 범위 내에서 해당 금융기관의 업무를 지속하게 함으로써 금융제도의 불안을 줄일 수 있고, ③ 영업지속으로 부실은행의 영업권의 가치가 상당한 정도로 보전되는 등의 장점을 지니고 있다.

한편, 이 방식은 부실은행 정리에 장기간 소요될 뿐만 아니라, 인수자가 나타나지 않을 경우 가교은행의 운영 및 관리비용만 증가하는 등의 문제점을 지니고 있다.

우리나라의 경우, 퇴출금융기관의 신속하고 효과적인 청산 및 파산처리를 위해 1997년 '예금자보호법'을 개정하여 예금보험공사 주도하에 가교은행제도를 도입하였다.

각국의 금융위기 발생에 따른 부실금융기관의 정리사례를 보면, 구미제국의 경우, 대규모의 금융기관은 대개 자산·부채의 이전(purchase & assumption)방식에 의해 수행되었으며, 부보예금 지급(deposit payoff)의 한 예는 소규모의 경우에 한정되었다.

문제는 어떠한 처리방식을 취하든지 자기자본으로 커버하지 못하는 손실을 어떠한 형태로 해결할 것이냐 점이다. 미국의 경우, 공적자금의 부담을 가능한 한 최소화하고 부실금융기관의 신속한 퇴출을 조성하는데 주력하고 있는 반면에, 스칸디나비아 3국 등 북구제국은 원래 금융기관의 수가 작고 도산이 법적으로 인정되고 있지 않기 때문에 부실은행을 공적 자금 투입에 의해 국유화시키고, 업적이 회복된 후 민간에게 주식을 매각하여, 재차 민영화시키는 등 부실은행의 구제에 초점을 맞추고 있다.

이와 같은 방식 중에서 어느 것을 선택할 것인가는 금융제도의 안정성유지를 전제로 하여, 도덕적 해이(moral hazard)문제의 방지와 시장규율의 유지, 처리비용, 공평성과 일관성 등을 고려하여, 공적당국이 합리적인 방법을 선택하여야 할 것이다.

중요개념 및 용어

금융위기
도덕적 해이(moral hazard)
MBS(mortgage-backed securities)
CBO(collateralized bond obligation)
SPV(special purpose vehicle)
신용파산스왑(CDS: credit default swap)
리스크머니(risk money)
사전적 예방책
건전성규제(prudential regulation)
바젤협약
바젤 II 협약
유동성비율 제도
순안정자금조달비율(NSFR)
최종대부자(lender of last resort)기능
예금보험(deposit insurance)제도
부보예금 지급(payoff)
자산·부채의 이전(purchase & assumption)
자금지원을 통한 합병(assisted merger)
집중 리스크(concentration lisk)
서브프라임 모기지(sub-prime mortgage)
CDO(collateralized debt obligation)
CLO(collateralized loan obligation)
브리지 파이낸싱(bridge financing)
RMBS(residential mortgage backed securities)
주의의무(due diligence)
사후적 대책
BIS자기자본비율규제
바젤 I 협약
바젤 III 협약
레버리지 비율(leverage ratio)제도
단기유동성비율(LCR)
금융안전망(financial safety net)
지불능력(solvency)
가변적 예금보험제도
부보예금 양도(deposit transfer)
구제자금지원(bail-out)
가교은행(bridge bank)

연 습 문 제

1. 최근 세계적으로 발생하고 있는 금융위기의 공통적인 특징에 대하여 설명하라.

2. 최근 미국에서 발생한 서브프라임 모기지 위기의 전개 과정에 대하여 서술하라.

3. 서브프라임 모기지 위기의 발생 원인에 대하여 서술하라.

4. 금융제도의 안정성유지의 대책으로는 사전적 예방책과 사후적 대책을 들 수 있는데. 각 대책의 목적 및 특징, 예에 대하여 설명하고, 두 대책의 상호 관련성에 대하여 서술하라.

5. 건전성 규제의 의미에 대하여 설명하고, 건전성규제의 대표적인 예인 BIS기준 자기자본비율규제의 의의 및 배경에 대하여 서술하라.

6. BIS자기자본비율규제는 크게 바젤협약, 바젤 I 협약, 바젤 II 협약, 바젤 III 협약으로 구분할 수 있는데, 각 협약의 특징을 중심으로 대략적으로 비교 · 설명하라.

7. 사후적 대책의 의미 및 예에 대하여 설명하고, 사후적 대책에서 유의해야 할 점에 대하여 서술하라.

8. 중앙은행의 최종대부자기능에 대하여 구체적으로 서술하라.

9. 예금보험제도에 대하여 구체적으로 서술하라.

10. 부실금융기관의 처리방식과 관련하여 자산 · 부채의 이전(purchase & assumption)과 가교은행(bridge bank)에 대하여 비교 · 설명하라.

우리나라의 금융제도 제2편

제10장 금융제도와 경제발전

본 장에서는 경제발전과 금융제도의 인과관계를 알아보기 위하여, 먼저 경제발전과 금융제도의 관련에 관한 이론적 연구를 크게 세 가지로 분류하여 분석해 보고자 한다. 다음으로 경제발전의 정도를 기준으로 금융제도의 발전양상이 다르다는 관점에 입각해, 경제발전의 과정을 크게 ① 발전도상형, ② 신흥공업국가형(NICs), ③ 선진국형으로 구분하여 살펴봄으로써 각각의 경제발전과정에 있어서의 금융제도발전의 특징을 유추하고자 한다. 마지막으로 경제발전단계를 막론하고 각 국의 금융제도는 금융개혁을 발전해 왔다는 사실에 의거 금융개혁의 의의에 대하여 살펴보고자 한다.

제1절 경제발전과 금융제도의 역할에 관한 이론

경제발전과 금융제도의 인과관계에 관한 문제는 장기간에 걸쳐 다수의 전문가의 관심을 끌어왔던 테마 중의 하나이다. 그렇지만 아직까지도 경제발전과 금융제도의 역할과의 관련에 대해 명확한 해답을 도출하지 못하고 있는 실정이다. 즉, 이에 대해 여러 가지 형태의 연구가 진전되어, 연구 나름의 유효성을 제시하고 있으나, 양자 간의 관련의 본질에 대해 통일적인 평가 내지 견해가 정리되어 있지 못하다. 이는 기본적으로 경제발전과 금융제도의 인과관계에 관한 제반 연구가 각 국의 역사적 경험은 물론, 각 국이 직면하고 있는 경제 제도와 그 운영 방향 등, 광의의 의미로서의 제도적 측면에 대한 배려를 간과했던 것에서 연유한다고 여겨진다.

경제발전과 금융제도의 관련에 관한 이론적 연구는 다음과 같이 몇 가지로 분류해 볼 수 있다.

1. 경험적 접근

경제발전 과정에 있어서의 경제발전과 금융제도발전의 인과관계를 경험적으로 연구한 하나의 시도는 패트릭(Patrick)에 의해 이루어졌다.[1)]

그는 경제발전과 금융제도의 인과관계를 수요추종현상(demand-following phenomenon)과 공급선도현상(supply-following phenomenon)의 두 가지 금융중개 현상으로 분리해 이론을 전개했다. 그의 주장에 의하면 경제발전의 초기 단계에서는 금융제도가 경제발전을 리드하는 공급선도현상이 일반적으로 나타나고, 점차 경제발전 그 자체가 자금수요를 확대해 감에 따라 금융제도가 이에 적응해 자금을 공급해 가는 수요추종현상으로 변화한다는 것이다.

1) H. T. Patrick, "Financial Development and Economic Growth in Undeveloped Countries", *Economic Development and Cultural Chance*, January, 1966, pp. 174~189.

이와 같은 가설 하에서는 경제발전의 초기 단계의 금융제도 구축에 있어서 정부가 주도적인 역할을 수행한다면 경제발전을 촉진시킬 수 있다. 즉, 경제발전단계에 있어서 금융제도가 수행하는 역할 중 가장 중요한 것은 대규모의 자금을 동원해 이를 전략부문에 효율적으로 배분하는 데에 있다는 관점에서 볼 때, 경제발전의 초기 단계에서는 공급선도현상의 역할이 지대하다고 말할 수 있다.

그러나 금융제도의 생성과 발전의 경험은 각 국에 따라, 또한 시대에 따라 상이하기 때문에 경제발전 패턴의 전부가 이와 같은 형태를 답습한다고 말할 수는 없다. 예를 들어 일본의 경제발전의 패턴의 경우, 패트릭이 주장한 바와 같이 반드시 공급선도현상이 아니라, 공급선도현상과 수요추종현상의 병존 체제에서의 경제발전이 진전되었다고 보는 견해가 우위를 점하고 있다.[2] 또한 선진국의 경우 다소의 차이가 있기는 해도 금융의 공급이 충분히 이루어져 그 후에 경제발전이 이루어졌으나, 오늘의 발전도상국의 경우 금융의 공급이 불충분한 경우가 많은데, 그 이유가 패트릭이 주장한 바와 같이 금융기관의 설립이 부족해서가 아니라, 발전도상국의 경제발전이 자본주의의 기본적인 원칙에 의해 발전해 온 것이 아니기 때문이다 라는 견해는[3] 패트릭의 이론의 한계성을 지적해 주는 사례라고 말할 수 있다.

2. 개발 전략적 접근

레니스(Ranis)는 발전도상국에 있어서의 경제발전과 금융제도의 관련에 대해, 금융제도는 공급선도, 수요추종현상과는 관계없이 기본적으로 경제발전의 패턴 혹은 경제정책에 따라서 성장 혹은 역할을 결정하게 된다고 주장했다.[4]

그는 발전도상국의 경제발전단계를 수입 대체기와 수출 대체기로 구분하고, 개발 전략 유형의 특성에 따라 금융제도의 역할이 변화해 간다는 가설을 제시했다. 즉, 경제발전의 초기 단계인 제1차 수입대체기에 있어서의 금융제도의 역할은 국내투자 재원과 외자 자산을 수입대체산업과 정부에 이전시키는 데 있으며, 이 경우 금융기

2) 岸 真清, 「経済発展と金融政策-韓国.タイの経験と日本-」, 東洋新報社, 1992年, pp. 39~40.
3) 이에 대한 구체적인 내용은 조순, 「한국경제의 현실과 진로」, 비봉출판사, 1983년. 참조.
4) G. Ranis, "Economic Development and Financial Institutions", *Economic Growth Center Discussion Paper*, No. 250, Yale University, September, 1975.

관과 금리(저 수준의 실질금리)는 재원의 이전수단으로 이용되어 금융제도는 억압적인 상태에 놓이게 된다는 것이다.

경제가 어느 정도 발전하여 다음 단계인 수출 대체기로 이행되어 비교우위를 지닌 노동집약적인 상품의 수출정책이 진전되면, 금융을 포함한 모든 분야에 있어서 자유화를 수반하게 되고, 이러한 자유화가 수출 대체를 보다 가속화시키는 요인이 된다는 것이다. 그리고 만약에 제1차 수입 대체기가 종료된 후에 수출 대체기를 거치지 않고 직접 중화학공업 중심의 제2차 수입대체기로 진입하면, 금융제도에 대한 억압이 보다 심화되어 경제발전도 보다 지연된다는 것이다.

레니스는 제1차 수입 대체기로부터 수출 대체기로 이행하여 성공한 일본과 대만을 '비상한' 경우, 그리고 제2차 수입대체기로 직접 진입하여 실패한 필리핀과 브라질을 '범상한' 경우의 예로 들면서 대부분의 개발도상국의 경우, 제2차 수입대체 단계로의 진입을 선호한다고 주장했다.

레니스가 주장한 바와 같이 이론적으로는 제1차 수입대체단계에 있어서 민영화된 은행과 독립적인 통화 당국에 의해 구성된 보다 자유화한 금융제도가 정부가 통제하는 억압된 금융제도보다도 정책목표달성에 효과적일 수도 있다.

그러나 발전도상국의 경험을 돌이켜볼 때 자유화한 금융제도가 반드시 유효한 수단이었다고 말할 수는 없다. 노동과잉과 1차 산업 위주의 산업구조, 경공업 기반의 취약 등으로 특징지어지는 경제하에서는 대부분의 차입자는 대부자와 마찬가지로 농민, 중소기업, 소상인 등으로 구성되며, 이들의 자금 수요는 단기적이며 매우 소액인 경우가 많다. 따라서 정부의 개입이 없는 경쟁적 상황 하에서 이러한 특징은 다수의 소규모 전문금융기관으로 이루어지는 지역에 기반을 둔 단위적 자금 및 자본시장의 발달을 유발했을 것이다.[5] 그런데 시장메커니즘 혹은 정부개입이 수입대체의 초기 단계에 있어서의 주요산업과 하부구조에 대한 투자를 촉진시키지 못하는 한, 이러한 단위적 금융기관은 공업화를 선도하는 것도 공업화에 필요한 자금을 공급하는 것도 불가능할 것이다.

이러한 관점에서 보면, 제1차 수입대체단계에서 요구되는 구조변화를 달성하기 위해, 정부가 조성한 자금을 정부 소유의 금융기관을 통해 저 이자로 공급함으로써,

5) 박영철, D. C. Cole, 『한국의 금융발전 : 1945~80』, 한국개발연구원, 1984년, p. 255.

경제발전의 주도적 역할을 수행하는 것이 보다 유효한 수단이었다고 말할 수 있다.

3. 금융 심화론적 접근

쇼(Shaw)[6]와 멕키논(Mckinnon)[7]은 화폐의 본질과 역할을 평가하면서 금융제도의 형성이 경제발전에 있어 필수불가결한 것임을 강조하였다. 이와 더불어 지속적인 경제발전을 꾀하기 위해서는 금융 억압적인 상태가 해소될 수 있도록 금리규제를 비롯한 금융에 대한 제반 규제를 완화하여 자원 배분을 시장메커니즘에 맡기는 등, 금융 자유화를 통한 금융 심화를 꾀해야만 한다고 주장했다.

금융의 역할을 중시하고 시장메커니즘을 신봉하는 기본적 발상에 의한 멕키논-쇼(Mckinnon-Shaw)의 이론은 1970년대의 케인즈 경제이론의 후퇴와 이에 따른 신고전학파 경제학의 부흥과 더불어, 경제발전론의 주류를 이루게 되었다. 또한 IMF, 세계은행 등의 발전도상국에 대한 정책으로 반영되었다. 그러나 이와 같은 멕키논-쇼(Mckinnon- Shaw)의 주장이 발전도상국에 대해 반드시 유효하게 적용될 수 있을까에 관해서는 여러 가지의 의문이 제기된다.

먼저, 저축의 이자율 탄력성에 관해서는 여러 학자들의 실증적 분석에서도 지적된 것처럼, 금리의 인상과 저축의 증가가 정(+)의 관계라고 하는 멕키논-쇼(Mckinnon-Shaw)의 가설이 명시적으로 입증되지 못하고 있는 실정이다.[8] 또한 1970년대 이후에 IMF의 권고에 의해 금리자유화 즉, 고금리정책으로의 이행을 추진했던 남미 3개국(아르헨티나, 칠레, 우루과이)의 금융 자유화의 경험이 거의 실패로 끝났다는 것은 시사하는 바가 크다.

그러나 멕키논-쇼(Mckinnon-Shaw)의 주장의 핵심적 메시지는 여전히 강한 설득력을 지니고 있다고 말할 수 있다. 이는 발전도상국 경제에 있어서 단기적 안정

6) E. S. Shaw, Financial Deepening in Economic Development, Oxford University Press, 1973.

7) R.I. Mckinnon, *Money and Capital in Economic Development, The Brookings Institution*, Washington D.C., 1973.

8) A. Giovannini, "The Interest Elasticity of Savings in Developing Countries : The Existing Evidence", *World Development* 11, July 1983, pp. 601-607. 및 L. Gupta, *Finance and Economic Growth in Developing Countries*, Croom Helm, pp. 18~32. 참조

과 장기적 성장을 저해하는 요인의 하나가 정부의 강력한 규제에 근거한 금융억압에 있다는 것을 제기한 데에 있다. 실제로 금융억압은 금융 자유화를 통해 해소될 수 있으며, 또한 금융 자유화는 금리의 자유화가 진전되지 않으면 그 성과를 달성할 수 없기 때문에, 금리자유화는 그 나름의 중요성을 함축하고 있다.

제2절 경제발전과 금융제도의 발전유형

앞에서 언급한 바와 같이 경제발전과 관련된 금융제도의 역할에 관한 여러 전문가의 연구에도 불구하고, 다양한 경제발전단계에 적응한 금융제도의 최적 구조와 발전패턴에 대해서는 명확한 합의를 도출하지 못하고 있다. 이는 각 국의 금융제도가 경제발전의 정도, 정치, 사회구조, 정부의 개입 등에 있어서 각 국 나름의 독자성을 띠고 있고, 발전단계도 각양각색이기 때문이다. 따라서 각 국의 금융제도의 발전양상도 경제발전의 정도에 따라 상이한 형태로 나타난다.

이와 관련하여 리브친스키(Rybczynski)의 주장은 시사하는 바가 크다. 그는 금융제도의 진화발전과정을 경제발전과 관련하여 3단계로 분류해 분석하였다.[9] 그의 주장에 의하면, 경제발전의 초기단계에서는 '은행중심(bank-oriented)'의 금융제도가 형성되어 저축과 투자를 원활히 연결시키는 역할을 수행한다. 경제발전의 진전에 따라 다음단계에서는 '시장중심(market-oriented)'의 금융제도로 발전하여 대량의 저축이 시장에서 직접 투자로 연결된다. 마지막으로 '고도의 시장중심(strongly-market oriented)'의 금융제도는 가장 발달한 단계로 금융의 증권화 현상의 확대에 따라 증권회사 등 투자기관의 중개기능이 중요한 역할을 수행과 동시에, 위험회피 수단으로서 선물, 옵션, 스왑 등의 파생상품시장이 발달한다는 것이다.

이하에서는 경제발전의 정도를 기준으로 금융제도의 발전양상을 크게 ① 발전도상국형, ② 신흥공업국가군형(NICs), ③ 선진국형으로 구분하여 살펴봄으로써 각각

9) T. M. Rybczynski, "Industrial Finance System in Europe, U.S. and Japan", *Journal of Economic Behavior and Organization* 5, 1984, North-Holland, pp. 275~286.

의 경제발전과정에 있어서의 금융제도발전의 특징을 유추하고자 한다.

1. 발전도상국형의 금융제도발전

발전도상국의 경우 경제발전을 추진할 초기 단계에 있어서 ① 저소득 수준과 낮은 저축성향에 따른 낮은 자본축적, ② 경제성장에 필요한 기술인력 및 노동력의 부족, ③ 최종수요의 가격 비탄력성에 기인한 자원배분능력의 부족, ④ 경영능력을 갖춘 근대적 기업가의 부족 등, 시장메커니즘에 의한 자생적 성장을 제약하는 여러 가지의 특수성에 직면하게 된다. 따라서 정부주도에 의한 자원동원과 배분에 의존하는 경제발전을 추진할 수밖에 없다.

이러한 과정에서 특히 금융에의 개입은 정보의 비대칭성에 의해 야기되는 시장실패의 가능성에 대처함과 동시에, 민간 경제 주체들의 금융기관 및 시장메커니즘 자체에 대한 인식 부족 내지는 불신 등의 문제점을 극복함으로써, 공공재의 성격이 강한 금융하부구조를 육성시키는 데에 유효한 수단이 된다.

따라서 자본축적의 수준이 낮은 발전도상국에 있어서는 무엇보다도 부족한 투자자금을 국내자본의 동원, 해외자금 도입에 의해 확보하고, 이를 성장부문에 배분하는 금융제도의 구축이 중요한 과제로 부각된다. 다시 말하면 경제발전의 조건은 단순히 자본의 부족이라고 하는 양적인 요인뿐만 아니라, 자본을 유용하게 사용할 수 있는 시스템이 불충분하다고 하는 내생적 요인과도 연관되어 있기 때문에, 국내금융시장의 정비와 금융정책을 유효하게 기능화시킬 수 있는 금융제도의 구축이 선결과제로 대두되게 된다는 것이다. 따라서 발전도상국은 패트릭(Patrick)의 공급선도현상과 쇼(Shaw)등의 금융심화이론 등을 수용해 금융수단의 다양화를 꾀하기 위하여 금융기구의 확충에 중점을 둔 금융제도의 발전을 추구해 왔다.[10)]

이러한 금융제도의 구축을 기반으로 발전도상국의 정부는 인위적 금리정책, 선택적 신용할당 등에 의거한 정책금융의 철저 등, 금융의 제반 분야에 대한 개입과 규제를 시행함으로써 기업의 투자를 자극함과 아울러 전략부문에 우선적으로 저렴한

10) 대표적인 예로서는 우리나라의 1960년대의 은행 금융기관의 확충, 1970년대의 비은행 금융기관 및 자본시장의 육성을 들 수 있다.

자금을 공급함과 동시에, 세계은행(World Bank), 국제금융시장 등으로부터 도입한 외자를 성장을 주도하는 부문에 유리한 조건으로 제공할 수가 있었다.

이와 같이 경제발전의 초기 단계에서 소위 금융의 공급선도적 현상에 의거해 채택된 금융정책이 바람직한 금융제도의 발전을 저해시키는 등, 여러 가지의 금융적 문제를 야기시켰던 것도 부인할 수 없으나, 금융시장이 미발달한 단계에서 한정된 재원을 성장산업 분야에 배분했다는 측면에서는 상당히 유효한 수단이었다고 말할 수 있을 것이다. 이는 제도적으로 불충분한 시장경제조건을 지니고 있는 발전도상국 체제에서는 정부의 체계적인 개발전략에 의거 전략부문을 육성하기 위해, 선별적 신용 배분을 통해 전략부문에 집중적으로 지원하는 정부주도형의 금융제도가 시장의 불완전성 및 시장의 비효율성을 극복하는데 유효한 수단으로 작용할 수 있다는 것을 시사한다.

2. 신흥공업국가군(NICs : Newly Industrializing Countries)형[11]의 금융제도발전

1980년대 이후의 한국과 대만 등을 포함한 아시아NICs는 비약적인 경제성장을 통해 어느 정도의 공업화를 달성하였기 때문에, 발전도상국과는 다른 경제발전의 양상을 보이고 있다. 이는 발전도상국이 공통적으로 직면하고 있는 세 가지의 문제, 즉 투자부족, 투자자원의 비효율적인 배분 및 대내외적 불균형을 어느 정도 극복해 상당한 경제발전을 달성했다는 사실에서 그 근거를 유추할 수 있다.

1980년대 이후의 한국, 대만 등 아시아NICs는 정부의 금융 개입적 개발 체제 하에서 고도의 경제성장을 실현해 왔다. 그러나 경제 규모의 확대 및 경제구조의 고도화에 수반해 경제성장의 유인책으로서의 정부의 금융개입이 점차 그 유효성을 상실함에 머무르지 않고, 상대가격의 왜곡에 의한 자원배분의 비효율성을 야기시키게 되었다. 이에 따라 금융자유화를 통해 시장지향적 구조조정을 추구하기에 이르렀다.

이들 NICs의 금융자유화도 선진국과 같이 금리, 금융상품, 업무분야, 시장진입 등에 관한 규제를 완화하는 방향으로 추진되었다. 그러나 이들 국가의 경우, 선진국과

11) 1990년대 이후에는 신흥공업경제군(NIEs : Newly Industrializing Economies)으로 칭하기도 한다.

비교해 초기 단계로서의 금융구조의 차이뿐만 아니라, 금융자유화를 실시하고자 하는 동기와 배경, 주체 등이 현저히 상이하기 때문에, 선진국의 금융자유화와는 다른 의미를 지니고 있음을 주목해야 한다. 이들 국가에서는 경제발전과정에 있어서 금융부문은 물론, 투자, 자본거래 및 무역거래 등, 경제 전반에 걸쳐 정부개입적인 개발체제가 유지되어 왔기 때문에, 금융 자유화는 타 경제부문의 자유화에 의해 제약된다. 더욱이 시장기능을 발휘시키는 시장메커니즘의 하부구조도 정립되지 않은 실정이다. 이러한 연유로 금융 자유화에의 이행은 시장메커니즘에 의해 주도되었다기보다는 정부의 강력한 주도에 의해 행하여졌던 것이다.

이와 같이 1980년대 이후의 한국, 대만 등 아시아NICs의 금융 자유화에의 이행은 보다 포괄적인 의미에서의 경제 자유화(economic liberalization)의 관점에서 접근하는 것이 바람직하다. 이러한 관점에서 금융 자유화를 지향하는 금융제도의 발전은 거시경제의 동태적인 변화에 대응하여 자원 배분의 효율성을 도모하기 위한 것이며, 근본적으로는 자원 배분의 중심기구를 정부로부터 시장메커니즘에 이전하는 시장지향적 구조조정을 꾀하고자 하는데 그 의의가 있다고 말할 수 있다.[12]

3. 선진국형의 금융제도발전

미국 등 선진국에 있어서의 금융제도의 발전양상은 1970년대 후반부터 본격화한 금융규제완화 혹은 금융혁신, 금융 재편성의 전개 과정에서 파악할 수 있다. 선진국에 있어서 1970년대 후반 이후 급속히 진행되어 온 금융혁신 혹은 금융규제완화는 인플레, 이자율의 급속한 변화, 재정적자의 확대에 수반한 국채의 대량발행 등에 직면한 금융기관이 이러한 제약요소를 극복하기 위해 정부의 규제를 회피하고자하는 노력에 의해 시작되어, 정책당국도 규제완화를 촉진할 수밖에 없는 형태로 진전되어 왔다. 즉, 이들 금융기관은 이자율규제를 회피하기 위해, 신금융상품을 개발함으로써 정책당국으로 하여금 이자율규제의 철폐를 촉진시켰다. 또한 예금기관과 저축기관, 그리고 증권회사의 업무분야에 대한 상호진입은 결국 정책당국으로 하여금 업무분야에 대한 규제를 완화시킬 수밖에 없도록 작용하였다.

12) 박영철, 「금융발전의 과제와 정책」, 고려대학교 출판부, 1988년, pp. 8~9.

이와 같이 금융기관주도로 이루어진 금융혁신이 정책당국의 금융규제완화를 유도하였으며, 1980년대 후반이후에는 이러한 현상이 금융 재편성을 촉진시키는 요인으로 작용하였다.

즉, ① 금융거래의 양상이 종전까지의 예금·대출거래와 같은 상대형 거래(혹은 간접금융)로부터 불특정다수의 경쟁을 통해 가격과 기타의 거래조건이 시장에서 결정되는 증권화 현상(securitization), ② 금융의 국제화가 더 한층 진전되어 각 국의 금융시장의 유기적인 결합이 심화됨에 따라 국내외 금융·자본시장의 구분이 모호해지고 24시간의 재정거래가 지구규모로 이루어지는 금융의 범세계화 현상(globalization) ③ 선물, 옵션, 스왑 등과 같이 금융거래에 수반한 위험부담을 분리하는 거래의 출현 등에서 볼 수 있는 금융서비스 분야와 컴퓨터, 커뮤니케이션 시스템의 비용을 절감하기 위한 조직의 통합화(consolidation) 등의 현상이 상호간에 밀접히 영향을 미침으로써 금융 재편성을 추진하게 되었다.

예금기관과 저축기관의 동질화, 은행업과 증권업의 상호 진입의 확대, 나아가서는 각 국의 금융·자본시장의 동질화 등의 진전에 의해 가속화된 선진국의 금융 재편성의 특징은 미국, 영국, 일본 등 종래 전업주의 제도(special banking system)를 취해 온 국가들이 겸업주의 제도(universal banking system)로 이행되고 있는 현상에서도 찾아볼 수 있다.

이와 같이 선진국의 금융제도발전은 금융운영의 메커니즘으로서의 시장기구가 확립되어 있는 상태에서, 종래의 각종규제를 금융기관들이 환경변화에 직면하여 회피 혹은 극복하고자 하는 노력에 의거해 이룩된, 금융제도 그 자체에 대한 개혁의 과정으로 규정할 수 있을 것이다. 이러한 관점에서 볼 때 앞에서 언급한 발전도상국 및 NICs의 금융제도발전이 실물경제의 발전을 목표로 한 실물경제 지향적 성격을 띠고 있는데 비해, 선진국의 경우는 보다 금융 지향적 성격을 띠고 있다고 말할 수 있다.[13]

13) 박영철, 『금융발전의 과제와 정책』, 고려대학교 출판부, 1988년, p. 10.

제3절 금융개혁

앞에서 언급한 것처럼 금융제도의 역할이 원활히 이행되기 위해서는 제반 경제적 환경변화에 적응하여 금융의 구조와 금융서비스의 내용을 개선하는 금융제도의 발전이 지속되어져야 한다. 즉, 바람직한 금융제도는 금융이 발휘해야만 할 경제적 제 기능을 충분히 실현하고 보장하는 제도를 확립하는 데에 있다고 말할 수 있다.

그러나 금융제도는 공공재적 성격에 연유하여 선진국, 발전도상국을 막론하고 항상 규제의 대상이었다. 그런데 이와 같은 규제 등의 제도적 요소는 금융제도가 경제적 환경 등 외적변화에 대응하여 순조롭게 적응적인 발전을 진전시키는 것을 방해한다.

따라서 경제발전단계를 막론하고 각 국의 금융제도발전의 과정을 돌이켜 보면, 금융제도가 제반의 환경변화에 대응하여 발전해왔다기보다는 오히려 금융개혁(financial reform)이라고 하는 불연속적이고 제도 전반에 걸친 구조적 변화를 통해 발전해왔다고 말할 수 있다.

이러한 관점에서 볼 때, 금융개혁의 의의는 실물경제의 양적, 구조적 변화, 혹은 경제주체의 행동 변화에 대응하여 금융제도의 역할이 최대화되도록 금융제도를 외생적으로 재구성하는 데에 있다고 말할 수 있다.[14)]

14) 박영철, 「금융발전의 과제와 정책」, 고려대학교 출판부, 1988년, pp. 4~5.

중요개념과 용어

수요추종현상	공급선도현상	수입 대체기
수출 대체기	발전도상국형	정부주도형
신흥공업국가군	경제자유화	시장지향적 구조조정
선진국형	금융재편성	금융규제완화
증권화 현상	범세계화현상	조직의 통합화
전업주의 제도	겸업주의 제도	금융개혁

연 습 문 제

1. 경험적 접근방법에 입각해 경제발전과 금융제도발전의 관계를 설명하라.

2. 개발 전략적 접근방법에 입각해 발전도상국에 있어서의 경제발전과 금융제도의 관계를 설명하라.

3. 금융 심화론적 접근에 입각해 경제발전과 금융제도의 관계를 설명하라.

4. 리즈친스키가 주장한 금융제도의 진화발전과정을 경제발전과 관련하여 3단계로 분류하여 설명하라.

5. 발전도상국형의 금융제도발전의 의의에 대하여 서술하라.

6. 신흥공업국가군(NICs)형의 금융제도발전의 의의에 대하여 서술하라.

7. 선진국형의 금융제도발전의 의의에 대하여 서술하라.

8. 금융개혁의 의의에 대하여 서술하라.

제11장 정부주도형 개발체제하에서의 금융제도발전

-1960～70년대의 발전도상국형의 금융제도발전-

경제발전의 정도를 기준으로 금융제도의 발전양상은 크게 ① 발전도상국형, ② NICs형, ③ 선진국형 등으로 구분할 수 있는데, 이와 같은 분석관점을 다양한 경제발전단계를 경험해 온 우리나라의 금융제도의 발전과정에 대한 분석에 적용하는 것도 나름 대로의 의의를 지니고 있다고 말할 수 있다.

이는 ① 발전도상국형에 해당하는 1960～70년대의 정부주도에 의한 금융제도의 발전, ② NICs형에 해당하는 1980년대의 비은행금융기관 및 자본시장중심의 시장지향적 금융제도의 발전, ③ 선진국에의 진입을 시도하고자 했던 1990년대 이후의 본격적인 금융규제완화와 금융재편성을 추진하고 있는 금융제도의 발전, ④ 1997년 이후 외환위기에 따른 금융위기 발생 및 이에 따른 금융구조 조정기의 금융제도발전, ⑤ 선진국형 금융제도의 발전으로 분류해 분석할 수 있다.

이와 같은 관점에 의거 본 장에서는 정부주도형 개발체제이었던 1960～70년대에 있어서의 우리나라 금융제도의 발전을, 개발전략의 추진과 관련해 분석함으로써 발전도상국 개발체제에 있어서 금융제도가 어떠한 역할을 수행해야 하는가에 대한 시사점을 도출하고자 한다.

제1절 1960년대에 있어서의 개발전략과 금융제도의 발전

1. 1960년대의 개발전략

1960년대의 개발전략은 그 추진목표의 성격에 따라 크게 두 가지로 분류해 볼 수 있다. 먼저 제1차 경제개발 5개년계획 기간(1962~1966년)이었던 1960년대 전반기에는 사회간접자본에 중점적으로 투자를 시행함과 아울러, 국가의 기간산업에 대한 대내지향적 수입대체(Ranis의 제1차 수입대체에 해당)를 통한 공업화 전략을 추진하는 데에 개발전략의 목표가 있었다.

이와 같은 수입대체가 어느 정도 성취됨에 따라 제2차 경제개발 5개년계획 기간(1967~1971년)이었던 1960년대 후반기에는 산업구조의 고도화를 꾀함과 아울러, 노동집약적인 경공업 중심의 수출촉진을 통한 대외 지향적인 공업화 전략을 본격적으로 추진함으로써, 고도성장을 추구하는 것으로 개발전략이 전환되었다.

이와 같이 공업화를 목표로 한 개발전략을 추진하기 위해서는 원활한 재원조달이 필수 불가결한 요소로 작용함은 말할 필요도 없을 것이다. 일반적으로 재원조달의 방법으로서는 ① 세금 등 정부 세입 혹은 재정차입을 통해 자금을 조달해, 이를 정부지출로서 충당하는 방법, ② 자본시장을 통한 재원조달, ③ 금융중개에 의한 재원조달 등, 세 가지의 방법을 들 수 있다. 그런데, ① 의 경우, 인플레와 고금리가 수반될 가능성이 크고, 또한 세입과 재정차입에 의한 정부지출은 국회의 승인을 득하지 않으면 안 되기 때문에 당연히 재정의 경직성이 발생한다. 이러한 배경 하에서 재정사정이 어려웠을 뿐만 아니라, 직접금융을 실현하기 위한 인프라가 미발달했던 당시의 우리나라의 상황에서는 은행 금융기관을 중심으로 한 간접적인 재원조달의 형태를 확대할 수밖에 없었다.

그러나 근본적으로 자본축적이 극도로 부족했던 당시의 상황에서는 이러한 방법도 유효하게 발휘될 보장이 없었기 때문에, 외국으로부터 자금을 도입하든가, 또한 국내적으로 통화를 증발하든가, 혹은 한정된 자금을 특정분야에 집중시키든가 등의 이외는 다른 방법이 없었다. 따라서 정책당국은 인사, 자금배분, 외자도입 등을 통해 은행 금융기관이 강력한 지배력을 행사할 수 있도록 정부주도형의 성장금융체제를 정비・강화하기 시작하였다.

2. 정부주도형 개발금융체제의 정비 및 강화

1960년대에 있어서의 금융제도의 역할은 새로운 정부의 등장과,[1] 경제개발계획의 착수를 배경으로, 국민 생활의 안정과 개발정책의 추진에 있어 필요한 국내자원의 효율적인 동원체제를 정비하는 데에 있었다. 이러한 정비작업의 일환으로 1961년 10월, 부정축재 환수조치에 의거해 대주주가 소유하고 있는 일반은행의 주식을 정부에 귀속시킨 한편, 1962년에 '한국산업은행법'과 '한국은행법'을 개정하였다.

먼저, '한국산업은행법'의 개정에 따라 해외차입 및 기업의 차관도입에 대한 지급보증제도가 신설되었다. 특히, 이와 같은 지급보증제도는 그 후 다른 은행에도 적용되어 확대됨에 따라, 개발정책의 추진과정에 있어서 정부가 금융기관을 통해 기업의 외자도입을 통제하고 투자 배분을 조정하는 기능을 수행하는 데에 있어서 커다란 역할을 담당하였다.[2]

한편, '한국은행법'은 금융정책에 관한 최종적 책임을 명확히 하는 취지에서 중앙은행이 제도적으로 정부의 통제하에 속하도록 개정되었는데, 주요 개정내용은 다음과 같다.

첫째, 한국은행을 무자본특수법인화한다.

둘째, 금융통화위원회를 금융통화운영위원회로 개칭한다.

셋째, 재무부(현재의 기획재정부)장관은 동 위원회의 결의사항에 대해 재의를 요청하는 것이 가능하며, 재의 요청이 동 위원회의 2/3 이상의 결의로 부결되었을 경우, 대통령이 최종적으로 결정한다.

넷째, 은행감독원을 설립한다.

1) 1961년 5월 16일 군사쿠데타로 군사정권이 등장한 것을 의미한다.
2) 박영철, D.C. Cole, 『한국의 금융발전 : 1945~80』, 한국개발연구원, pp. 72~76.

이와 같은 '한국은행법'의 개정은 경제계획을 추진하기 위해 정부의 강력한 통제하에서 금융정책을 수행하겠다는 선언적 의미를 지니고 있다. 실제로 개발정책의 추진과정에 있어서 금융정책은 개발정책의 목표를 달성하기 위한 하부구조로서 운영되었으며, 이와 같은 성격은 금융 자유화가 시행되기 시작했던 1980년대 말까지 계속되었다.[3)]

3. 은행 금융기관의 확충

1960년대에 있어서의 금융제도발전의 또 하나의 새로운 변화는 은행 금융기관의 확충에 있다. 이는 다음과 같이 시기 및 설립배경에 따라 크게 두 가지로 나누어 볼 수 있다.

먼저 1960년대 초반에는 농협체제의 정비[4)]와 중소기업은행의 설립(1961년), 수산업협동조합중앙회 및 국민은행의 설립(1962년) 등이 시행되었다.

농협체제의 정비와 수산업협동조합중앙회의 신설은 당시 농어민이 부담했던 사금융을, 농협과 수협이 대신해 변제함으로써, 농어민의 사금융에 대한 의존을 감소시키는 데에 그 목적이 있었다.

또한 국민은행의 설립은 당시 서민금융[5)]의 주요공급기관이었던 무진회사의 난립에 의한 서민금융체제의 혼란을 정비하고자 하는 데에 주목적이 있었다.[6)] 한편, 중소기업은행도 영세중소기업에 대한 금융 혜택의 확대를 주목적으로 하여 설립되었다.[7)]

---

3) 박영철, 「금융발전의 과제와 정책」, 고려대학교 출판부, 1988년, p. 23.

4) 농업협동조합과 농업은행을 통합해 농업협동조합중앙회로 전환한 것을 의미한다.

5) 서민금융을 명확히 정의 내리기는 어려우나, 여기서는 저소득에 연유하여 일반 상업은행으로부터 금융서비스를 받기가 어려운 계층을 주 대상으로 하는 금융지원체계를 의미하는 것으로 정의한다.

6) 국민은행은 무진회사를 흡수해 설립되었다는 배경에 입각해 '국민은행법'에 의한 특수법인임과 동시에, 여타 특수은행과는 다르게 '상법'상의 주식회사라는 특이한 형태를 취했다. 국책은행이었기 때문에 정부가 자본금의 1/2 이상을 소유하였다.

7) 중소기업은행의 기능은 예금을 수취하여 단기대출을 취급한다는 측면에서는 일반은행과 거의 유사하나, 필히 가이드 라인(guide-line)으로서 규정된 종업원 수와 총자산액 이하의 기업에 국한해 대출을 하도록 되어 있다.

이와 같이 1960년대 초반에 시행된 은행 금융기관의 확충은 자본동원 체제의 정비 측면보다도 국민 생활의 안정과 농어민 및 영세기업에 대한 금융 혜택의 확대라는 측면에 그 목적이 있었다고 말할 수 있다.

1960년대 후반부터는 국내 자본동원 체제의 강화, 지역경제개발의 촉진 및 외자도입의 다양화 등 자본동원 체제의 확대를 위해 각종 은행 금융기관이 설립되었다.

먼저, 서민 주택자금의 조성을 후원하고 주택자금관리의 효율화를 꾀하기 위해 주택금융의 전담기구로서 주택은행이 설립되었으며(1967년), 외환거래 및 무역금융의 원활화를 꾀하기 위해 외환은행(1967년)이 설립되었다. 그리고 1968년에는 일반은행의 신탁계정을 흡수해 한국신탁은행이 설립되었다.[8]

한편, 1967년 미국의 체이스 맨하탄(Chase Manhattan)은행이 서울지점을 설립한 이후 외국은행의 국내 진출이 가속화되었다. 그리고 지역경제개발과 국내자금 동원을 촉진하기 위해, 금융통화운영위원회의 인가에 설립된 민간출자은행으로서 지방은행 9개가 1967년에서 1971년에 걸쳐 각각 설립되었다.

이와 같이 현재의 우리나라의 금융기관, 특히 예금 금융기관의 골격은 주로 이 시기에 형성되었다고 말할 수 있다.

제2절 1970년대에 있어서의 개발전략과 금융제도의 발전

1. 1970년대의 개발전략

1970년대에 들어 오일 쇼크(oil shock)의 발생, 선진국의 보호주의 경향의 고조, 제조부문에서의 실질임금의 급상승, 주한 미군의 점진적인 철수발표에 따른 국가안보문제의 대두 등 제반 환경요인의 영향을 받아, 노동집약적인 경공업 제품 중심의 수출촉진을 통한 대외 지향적인 개발전략을 수정하게 되었다. 즉, 이와 같은 제반의 환경요인은 우리나라의 국제경쟁력을 저해하는 한편, 우리나라의 비교우위를

8) 한국신탁은행은 1976년에 서울은행과 합병하여 일반은행으로 전환되었다.

기계류, 조선 및 첨단 전자제품 등의 기술 집약적인 제품으로 전환을 꾀하여야만 한다는 신호로 이해되었다.

따라서 방위산업의 육성과 더불어 고도 경제성장을 지속하기 위해서는 기존의 산업구조를 중화학공업 중심으로 개편함과 아울러, 이를 중심으로 수출을 증대시켜야 한다는 발상에 따라 외국자본 및 중앙은행 신용 등을 재원으로 하여 본격적인 중화학공업 육성을 추진하게 되었다.

중화학공업 육성의 특징은 1960년대의 수출에 대한 산업 중립적(industry-neutral) 유인제공방식에, 선택된 특정 산업(industry-specific) 혹은 특정 기업에 대한 지원방식이 덧붙여 제공되었다는 점이다. 예를 들어 정부가 전략산업으로 지정한 특정 산업을 지원하기 위해,[9] 대출의 확대 및 금리 우대 등의 우대금융, 조세감면, 공업단지 형성, 중화학육성 관련 분야제품의 수입제한 등의 수입대체정책 등이 이에 해당한다.

이와 같이 중화학공업화 전략은 선택된 특정산업의 제2차 수입대체를 촉진하는데 있었으나, 이를 계기로 공업화전략이 대내지향적 개발전략으로 전환했다고 할 수는 없다. 왜냐하면, 중화학 공업화를 추진하는 궁극적인 목적이 이들 산업부문이 기존의 수출산업에 원료를 공급·지원함과 동시에, 나아가서는 주요 수출산업으로 발전시키고자 하는 데 있었기 때문이다. 이와 같은 관점에서 보면, 1970년대에 있어서의 개발전략은 중화학 공업화를 중심으로 제2차 수입대체를 추진함과 더불어, 수출을 촉진하는 대외 지향적인 개발전략에 있었다고 말할 수 있다.

그 당시 자본축적이 낮고 더욱이 시장메커니즘을 통한 자원 배분이 원활히 작동하지 못하는 상황에서 투자 기간이 길고, 막대한 자본투자가 필요할 뿐만 아니라, 투자결과의 불확실성이 높은 중화학공업화를 추진하기 위해서는 정부의 적극적인 지원과 자원배분에의 개입이 요구되었다. 따라서 금융제도의 확충을 꾀함과 아울러 금리규제 및 자금배분 등 금융부문에 대한 정부의 개입과 통제를 강화하였다.

9) 이에는 철강, 비철금속, 일반 기계, 조선, 전자 및 화학공업 등이 속한다.

2. 사금융시장의 존재와 1972년의 「8 · 3조치」

1) 사금융시장의 존재

발전도상국의 금융제도에 있어서 가장 중요한 특징 중의 하나는 금융의 이중구조이다. 이는 식민지지배시대부터 계속되어 왔던 경제의 이중구조(근대적 산업 및 상업부문과 농촌 수공업 부문의 공존)에서 시작된 것으로 1957년에 Wai U Tun이 비 조직금융시장(unorganized financial market)이라는 개념을 그의 논문에서 소개한 이후[10], 다수의 연구자의 연구테마로 부상되었다.

즉, 이는 발전도상국의 특징이라고 볼 수 있는 금융억압의 결과, 일반은행, 정부계 은행이라고 하는 조직금융시장(organized financial market)에서는 충족하지 못하는 대부자금 초과수요가 발생하여, 이를 보전하는 시장으로서 공적 당국의 제 규제조치가 직접적으로 영향을 미치지 못하는 대규모의 비 조직금융시장(unorganized financial market)이 형성되었다는 공통적인 인식에서 시작된 논의이다.[11]

우리나라의 금융시장도 제도금융시장과 사금융시장에 의해 형성된 금융의 이중구조를 유지해 왔다. 따라서 금융의 이중구조하에서 수행된 금융정책은 말할 필요도 없이 투자와 저축의 메커니즘을 통해 실물경제에도 영향을 미친다. 앞에서 언급한 것처럼 1970년대의 우리나라의 개발전략은 중화학 공업화로 상징되며, 또한 제2차 수입 대체기 및 수출 촉진기에 해당한다.

이 시기에 실물부문에서는 무역, 직접 투자, 기술이전에의 규제가 시행되었고, 금융부문에서도 공적 소유를 통한 금융기관의 규제와 외환규제가 시행되었다. 그 결

10) Wai U Tun, "Interest Rate Outside the Organized Money Market of Underdeveloped Countries", *IMF Staff Papers,* Vol. 6, No. 1, November 1957, pp. 80~125.

11) '조직금융시장' 혹은 '비 조직금융시장'이라는 용어사용에 대하여 박 & Cole은 전자에는 조직과 질서가 존재하는 반면에, 후자에는 이것이 결여되었다는 견해를 피력하고 있다. 즉, 그들은 양자 간의 기본적인 차이를 조직화의 존재보다도 일종의 공적 규제의 차이에서 찾고 있다(박 & Cole, 전게서, pp. 144~145). 이와 같은 의미에서는 '조직금융시장'을 제도금융시장(formal financial market) 혹은 공적 금융시장, '비 조직금융시장'을 비제도 금융시장(informal financial market) 혹은 사금융시장(또는 사채시장)이라고 부를 수 있다. 여기서는 사금융시장이라고 칭한다.

과 금융부문의 성장이 정체되었는데, 이러한 상황에서 시장메커니즘이 가장 활발하게 기능하였던 곳이 사금융시장이었다. 즉, 시장의 실세와 괴리되었던 저금리정책이 채택되었던 결과, 초과수요가 존재하고, 더욱이 중화학 공업화를 위해 우대대출과 신용할당 강화가 이루어졌던 상황에서, 사금융시장이 이를 보전하는 역할을 수행하여, 오히려 경제발전을 지지했다는 점은 유의할 필요가 있다.[12)]

이와 같이 사금융시장이 경제발전에 중요한 역할을 수행했음에도 불구하고, 정부가 사금융시장을 억제하기 위해 수차례에 걸쳐 규제와 통제를 강화하였다. 그 배경으로는 ① 회수되지 않는 금융거래에 수반한 세수(稅收) 상실의 방지, ② 수요억제의 일환으로 시행되었던 통화정책이 효율성이라는 측면에서 통화의 유통속도를 빠르게 하는 사금융시장의 존재에 의해 약화될 우려 등을 들 수 있으나,[13)] 무엇보다도 사금융시장의 존재가 정부의 규제를 받지 않는 데에 근본적인 이유가 있었다고 여겨진다.

즉, 정부가 금융제도 전반에 걸쳐 철저한 규제를 시행하고 있는 상황에서, 충분히 그 실태를 파악할 수 없는 금융시장이 존재한다는 것은 정부가 계획한 개발전략을 추진하는 데에 있어서 여러 가지의 지장을 초래할 가능성이 클 것으로 생각했기 때문이다. 이러한 발상 하에서 시행된 조치가 1972년의 소위 『8 · 3조치』이다.

2) 1972년의 「8 · 3조치」

정부는 1972년 8월 3일 소위 「8 · 3조치」로 일컬어지는 '사금융 동결령'을 발동해 강권으로 사금융의 억제를 시행했다. 「8 · 3조치」는 금융 질서를 혼란시켜 건전한 기업풍토를 저해해 온 고리 사채의 동결을 골자로 한 '경제의 안정과 성장에 관한 대통령 긴급명령'에 의한 것으로 주요 내용은 다음과 같다.

① 1972년 8월 3일 0시를 기해 사채 채무 관계의 전부를 동결한다. 사채거래에 관련한 차입자와 대부자는 1972년 8월 9일까지 사채거래액을 신고해야만 한다. 신고한 사채에 대해서는 월 이자 1.35%로 3년 거치 5년간으로 반년마다 균등 상환한다.

② 2,000억원의 특별금융채권을 발행하여 기업의 단기대출금의 30%를 연 8%(당

12) 岸 真清, 『経済発展と金融政策-韓国 · タイの経験と日本』, 東洋経済新報社, 1990年, p. 10.
13) 박영철, D. C. Cole, 『한국의 금융발전 : 1945~80』, 한국개발연구원, p. 158.

시의 정기금리는 12%)의 3년 거치 5년 균등상환의 장기 저리 대출금으로 전환시킨다.

③ 정부는 20억원을 출자하여 중소기업과 농·수산업을 위해 신용보증기금을 신설하고, 조성된 기금의 10배 한도 내에서 신용보증을 한다.

④ 금융기관의 금리를 전반적으로 인하시켜 정기예금금리를 17.4%에서 12.6%로, 일반 대출금리를 19%에서 15.5%로 인하시킨다.

이와 같이 사금융 동결이라고 하는 시장경제원리에 위배되는 방법을 선택한 이유는 다음과 같이 크게 세 가지로 분류해 볼 수 있다.[14)]

첫째, 단기적으로는 민간기업의 투자를 촉진해 경기회복을 꾀하고, 장기적으로는 기업재무구조의 개선을 통해 실물경제의 문제점을 타개하고자 하는 데에 있었다. 즉, 1960년대 후반의 수출 호조에 따른 고도성장달성과 양호한 금융환경은 기업의 미래에 대한 과잉 기대감을 유발하였다. 그 결과 기업은 국내은행뿐만 아니라 해외차입에 급격히 의존하게 되었다. 그러나 1970년대 초반(1970~72년)에 걸친 경기침체와 금융긴축, 1971년의 대폭적인 평가절하의 영향에 의해 기업은 심각한 금융위기에 직면하게 되었다.

자금 부족에 빠진 기업은 부채비율이 상승함에 따라 사금융에의 의존도가 높아지고, 외채에 대한 원리금 상환을 제대로 실행하지 못하는 기업이 증가함에 따라, 은행 금융기관은 지급보증을 포함해 변제를 행하지 않으면 안 되게 되었다. 이처럼 기업의 자금 사정 악화로 사금융시장이 번성하게 되었고, 사금융의 높은 금리부담 때문에 기업의 금융비용은 더욱 가중되었다. 이와 같은 현상이 기업의 재무구조를 악화시켰음은 두말할 필요도 없을 것이다.

둘째, 산업구조전환의 필요성이 있었기 때문이다. 제1, 2차 경제개발 5개년 계획기간(1962~1971년)중에 수출주도형 개발전략을 추진한 결과, 1970년대 초반에는 우리나라 수출의 대부분을 차지하는 노동집약적인 산업의 실질임금 및 자본집약도가 급격히 상승하기 시작했다. 이는 수출주도형 성장전략을 추구하는 타 개발도상국과의 수출 경쟁이 격화되고 있는 상황에서 우리나라의 국제경쟁력을 저해하는 한

14) 이하의 내용은 박영철, 「금융발전의 과제와 정책」, 고려대학교 출판부, 1988년, pp. 27~33 참조.

편, 향후 우리나라의 비교우위를 고려해 볼 때, 기계류, 조선, 화학 등 기술집약적인 산업으로 전환해야만 한다는 신호로 받아들여졌다.

이에 따라 기존의 산업구조를 중화학공업 중심으로 개편할 필요성이 제기되었으며, 이를 촉진시키기 위해 정부의 적극적인 지원이 요구되었던 것이다.

셋째, 금융구조 측면에 있어서 사금융시장을 제도금융시장으로 흡수하고자 하는데 있었다. 오랜 역사를 통해 성장해온 우리나라의 사금융시장은 특히 1960년대 이후 급격히 팽창하였다. 사금융의 성격상 정확한 수치는 확인할 수 없으나, 공식통계로서 가장 신뢰가 높은 수치는 1972년의 「8·3조치」시 정부에 신고한 금액을 통해 알 수 있다(〈표 11-1〉 참조). 이 당시 기업이 정부에 신고한 총액은 3,456억원이었는데, 이 규모는 당시 통화량의 84%, 국내 총여신액의 34%에 해당하는 수준이다.

이와 같은 상황에서는 정부의 자금 동원체제를 확립할 수가 없었기 때문에, 사금융시장의 흡수를 통해 개발체제에 있어서 필요한 자금 동원의 안정적인 확보를 꾀하려고 하였던 것이다.

〈표 11-1〉 사금융시장의 규모추정

(단위 : 10억원)

	Ⅰ	Ⅱ	Ⅲ	Ⅳ	Ⅴ
1964	40.0~45.0	39.4	30.2		53.1
1965		-	43.8		72.1
1966		68.7	64.9		102.7
1967		-	112.4		178.0
1968		-	140.4		331.0
1969		178.7	188.7		563.0
1970			254.3		722.0
1971			300.6		919.5
1972				345.6	1,198.0

주 : Ⅰ J. G. Guley, H. T. Patrick & E. S. Shaw, The Financial Structure of Korea, U.S. Mission to Korea, July 1965, p. 8.
Ⅱ Sogang University Research Institute for Economics and Business, Study of Money Market Industrial Investment Financing in Korea, mioreo., November 1970, pp. 46-52.
Ⅲ Shim, B, K. et al., A Study of Preferential Interest Rate Structure The Korea Experience, 1963-1971, October 1972, pp. 95-97.
Ⅳ 1972. 「8.3조치」에 의해 기업이 신고한 사금융의 규모.
Ⅴ 한국은행 「한국의 금융통계」 1963~73년.

자료 : 박영철 & D. C. Cole, 「한국의 금융발전 : 1945-1980」, 한국개발연구원, 1984년.

「8 · 3조치」이후 사금융시장은 잠시 그 자취를 감추었으나, 근본적인 발생원인 내지는 경제적인 잠재력은 그대로 남아 있었다. 동조치는 단지 사금융시장의 대부자의 초과이윤을 차입자에게 전가시킴으로써, 사금융시장의 단기금융시장으로서의 기능을 일시적으로 정지시키는 것으로 끝났다고 말할 수 있다. 따라서 사금융시장이 재현되는 것은 시간문제이었는데, 실제로 동조치 이후 1년이 경과한 1973년에는 제1차 오일 쇼크(oil shock)와 더불어 다시 그 모습을 드러냈다. 이와 같은 관점에서 볼 때, 동조치는 성공을 거두지 못했다고 평가할 수 있다.[15)]

금융제도에 있어서의 「8 · 3조치」의 의의는 각종의 비은행 금융기관의 개발을 통해, 금융기관이 본격적인 다양화의 단계에 진입하는 계기를 마련해 주었다는 점에 있다. 서울 등 대도시에서 유통되고 있던 대규모의 사금융을 제도금융시장에 흡수하기 위해 투자금융회사를 비롯해 상호신용금고와 신용협동조합이 신설되었으며, 또한 자본시장의 육성이 추진되었다. 그러나 「8 · 3조치」가 지닌 금융개혁 상의 의미는 중화학 공업화로의 산업구조전환에 있어서 필요한 자금 동원체제를 지원하기 위해 금융제도를 정부의 강력한 규제체제로 귀속시켰다는 데에 있었다고 말할 수 있다.

3. 새로운 금융기관의 출현

우리나라의 금융제도는 전통적으로 은행 금융기관을 중심으로 발전해 왔다고 말할 수 있다. 그 당시 비은행 금융기관으로서는 증권회사, 보험회사, 우편예금 등이 존재하였는데, 규모와 조직 및 공신력에 있어서 유치한 단계에 머물러 있었기 때문에, 이를 대체해 사금융이 공적 금융과 병존하게 되었던 것이다.

그런데, 1970년대에 들어와 정부는 은행 금융기관을 중심으로 형성된 간접금융체제가 자금 동원과 자금 배분에 있어서 양적, 질적 한계에 직면함에 따라, 이를 타개하기 위해 비은행금융기관 중심의 금융제도 확충을 꾀하게 되었다.[16)] 이때 신설금

15) 「8 · 3조치」의 평가에 대해서는 박영철, D.C. Cole, 『한국의 금융발전: 1945~80』, 한국개발연구원,, pp. 161~165. 참조.

16) 우리나라에서는 제도금융시장을 관례적으로 제1금융권과 제2금융권으로 구분하기도 하였다. 여기서 제1금융권은 중앙은행인 한국은행을 비롯해 일반은행 및 특수은행을 의미

융기관은 ① 특혜적 성격의 여·수신구조, ② 은행 금융기관과 비교해 상대적인 운영의 자율성 보장, ③ 소득증대와 산업구조의 고도화에 수반한 금융 수요의 증가 등에 기인하여 급속한 성장을 추구하였다. 1970년대에 신설된 금융기관은 설립목적과 그 성격에 따라 다음과 같이 크게 네 가지로 분류해 볼 수 있다.

첫째, 1972년의 「8·3조치」이후의 사금융시장 해체에 따라 그 자금을 흡수할 목적으로 투자금융회사를 비롯해,[17] 상호신용금고 및 신용협동조합이 설립되었다. 이 중에서 투자금융회사는 U·S·AID의 위촉으로 내한한 로빈스(Robbins)이 작성한 「한국의 금융과 자본시장」이라는 보고서의 영향을 받아,[18] 미국의 투자은행과 발전도상국의 단기금융시장조직, 특히 1964년에 설립된 필리핀의 BANCOM (Bancom Development Corporation) 및 태국의 TISCO(Thai Investment and Securities Company)를 모델로 하여 설립되었다.

투자금융회사는 1972년 8월에 제정된 '단기금융법'에 의거해 본업으로서 ① 어음 및 채무증서의 발행, ② 어음의 할인 및 매매, ③ 어음의 인수 및 보증, ④ 어음매매의 중개, ⑤ 이상의 업무에 부대하는 것으로 재무부(현재의 기획재정부)장관의 승인을 득한 업무 등을 영위하였다. 또한 재무부장관(현재의 기획재정부장관)의 허가를 받으면 ① 유가증권의 매매, ② 유가증권의 위탁매매, ③ 유가증권의 중개 혹은 대리, ④ 유가증권의 인수, ⑤ 유가증권의 모집 또는 매출, ⑥ 유가증권시장에서의 매매에 관한 위탁의 중개, 매출, 또는 대리, ⑦ 상기업무에 부속하는 업무 등을 영위할 수 있었다.[19]

투자금융회사는 설립 당시에는 ① 실질금리와 공금리와의 괴리가 존재하는 상황

하며, 그 외의 비은행 금융기관(투자금융회사, 종합금융회사, 투자신탁, 보험, 신용금고, 증권회사 등)을 제2금융권이라고 부르기도 하였다.

17) 투자금융회사는 단기금융회사 혹은 단자회사로 불려지기도 하였다.

18) 동 보고서는 단기금융시장의 육성과 자본시장의 발전이 불가분의 관계를 갖고 있음을 강조함과 더불어, 단기금융시장의 활성화를 위한 가장 중요한 방법은 CP의 발행과 매매를 담당하는 기구의 창설에 있다고 주장했다. 더욱이 당시의 자본시장의 상황, 즉, 기업 소유자의 경영권침해 우려에 따른 기업공개 기피, 금리 수준에도 미치지 못하는 저 배당률, 지속적인 인플레에 의한 장기투자의욕의 저하, 콜(call)시장 부재에 따른 증권투자금융기구의 취약, 유통시장에서의 투기적 거래의 횡행 등에 착안하여 CP업무 취급에 덧붙여 증권업무의 겸업을 제안했다(전국투자금융협회, 「투자금융 10년사」, 1970년, p. 81).

19) 이 중에서 증권업무에 대해서는 1976년에 한국투자금융회사를 제외하고는 증권회사와의 과도한 경쟁을 억제하기 위해 투자금융회사에 대한 증권업무의 취급을 금지시켰다.

에서 거대한 사금융시장이 존재했다는 점, ② 제도금융시장에서도 항상 자금의 초과수요가 존재했었다는 점, ③ 90일 미만의 단기금융 중개업무를 취급하는 금융기관이 1970년대 초반까지는 존재하지 않았다는 점, 등의 배경으로 증권관련 업무의 정지, 1976년의 종합금융회사 6사의 설립 등 업무영역의 축소와 경쟁금융기관의 출현 등의 환경요인 악화에도 불구하고, 은행보다도 높은 금리로 시장자금을 흡수하여, 사금융보다도 낮은 이자로 단지 사채성의 자금을 어음중개를 통해 기업에 공급하는 것만으로도, 급속히 발전하였다.

그러나 1980년대 이후 개발정책의 기조가 경제 안정화 및 자유화를 지향하는 것으로 전환됨에 따라, 금리의 이중구조완화, 자금공급량의 확대 등이 이루어짐과 아울러, 투자금융회사 간의 과도경쟁에 기인하여 영업수입이 대대적으로 감소했을 뿐만 아니라, 업무에 대한 재조정 및 업종전환이 이루어졌다.

둘째, 자본시장육성책의 하나로 투자신탁회사가 설립되었다. 계약형의 형태로 설립된 투자신탁회사 3사는 미국, 일본 등의 투자신탁회사와는 다르게 투자신탁의 설정, 유가증권의 발행, 판매, 환매, 신탁자산의 운용 및 이익배분 등, 투자신탁업 전반에 걸친 업무를 수행함으로써 급격히 성장하였다.

이처럼 정부가 투자신탁회사를 육성한 주된 원인은 정부의 자본시장육성책이 증권의 공급확대에 초점을 맞춰 추진한 것에 대응하여, 증권에 대한 수요를 적극적으로 개발해 대량의 증권공급에 대응한 인수체제를 확립하고자 한 정부의 의지가 반영되었다는 점에서 찾을 수 있다.

그런데, 투자신탁회사도 투자신탁 업무 전반에 걸친 업무를 영위함에 따른 이상비대화 현상으로 인하여, 1990년대 이후 업무영역 조정을 시행하지 않으면 안 되게 되었다.

셋째, 실물경제구조의 변화에 따른 금융 수요의 다양화에 대응하기 위해, 리스회사(1973년), 벤처캐피탈회사(1974년), 종합금융회사(1976년)가 각각 설립되었다. 이 중에서 특히 관심을 끈 금융기관은 종합금융회사이다.

종합금융회사 6사는 1975년 말에 제정된 '종합금융회사에 관한 법률'에 따라 영국의 머천트 뱅크(merchant bank)를 모델로 하여, 국내의 금융기관 및 일반기업과 외국의 금융기관의 합작형태로 설립되었다. 종합금융회사의 설립배경으로는 ① 세1

차 오일 쇼크(oil shock)로 경상수지의 적자 폭이 증대되고, ② 더욱이 중화학공업 육성을 위한 대량의 외자도입 필요성이 제기되었다는 점, ③ 또한 우리나라 금융시장에서 정착되어 있지 않던 주변 업무를 개발・발전시키고자 하는 정부의 의지 등을 들 수 있다.

종합금융회사는 '종합'이라는 단어에 어울릴 정도로 예금업무 및 보험업무의 일부 등을 제외한 거의 모든 금융업무를 수행할 수 있었다. 이는 그때까지 금융기관이 암묵적으로 지켜온 전업주의 제도(sound banking system)원칙에 전면적으로 대립되는 것으로, 1970년대 말 이후의 금융업무의 중복현상을 발생시키는 계기를 제공하였다.[20] 특히, 한편으로는 타 법률에 의해 설립된 투자금융회사와, 다른 한편으로는 증권회사와 증권투자신탁회사와 각각 이해관계가 충돌하였다.

넷째, 특정 부문에의 금융지원을 목적으로 한국수출입은행과 신용보증기금(1976년)이 각각 정부에 의해 설립되었다. 양 기관 모두 종래에 타 금융기관이 부대 업무로서 수행해 왔던 것을, 수출・수입지원 및 중소기업에의 지원을 보다 강화할 목적으로 새롭게 독립된 기관으로 설립된 금융기관이다.

이처럼 현재의 우리나라 금융기관의 기본골격은 거의 1970년대에 형성되었다고 말할 수 있다.

4. 자본시장의 육성

자본시장이 직접금융을 담당하는 금융제도의 일부로서 실질적인 기능을 발휘하게 된 것은 1970년대 이후이다. 1960년대까지 소수종목의 주식에 의한 투기적 유통시장에 지나지 않던 우리나라의 자본시장은 1968년의 '자본시장육성에 관한 법률'의 제정을 계기로,[21] 급속히 활성화되었다.

그 배경으로서는 다음과 같이 세 가지 측면을 들 수 있다. 즉, ① 그때까지 경제개발자금 중에서 커다란 비중을 점하고 있던 외자도입의 의존에 한계가 있었기 때

20) 이덕훈, 「제2금융권의 발전과 업무영역조정」, 한국개발연구원, 1985년, p. 26.

21) 동 법은 "기업이 주식을 공개하여 주식 소유의 분산, 확대를 꾀하고, 일반 투자가가 기업의 주식에 투자할 기회를 확보한다. 동시에 기업도 이에 의해 자금조달을 추구하는 기회를 확보한다."는 것을 목적으로 제정되었다.

문에, 국내자금의 동원을 꾀하기 위해 자본시장의 활용이 필요했다는 점, ② 기업의 간접금융에 대한 의존은 재무구조를 악화시켜 기업의 안정적인 성장을 저해시킨다는 점, ③ 사금융시장으로부터 자금을 흡수하기 위해서는 자본시장이 최적이라는 인식이 표면화되었다는 점 등이 이에 해당한다.

〈표 11-2〉 자본시장의 주요지표

		1971	1975	1980	1986	1990	1996	2006	2010	2020[5)]
주식시장규모	상장회사(수)	50	189	352	355	669	760	1,694	1,806	2,411
	상장주식수(100만주)[1)]	170	825	3,876	1,126	4,796	8,598	41,562	57,077	100,850
	상장자본금(조원)	0.04	0.64	2.42	5.64	23.98	42.99	95..97	98.41	135.96
	시가총액(조원)	0.11	0.91	2.52	11.99	79.02	117.3	776.7	1,239.8	2,371.7
	주주수 (1,000인)	82	291	753	1,411	1,731	1,464	3,613	4,787	9,190
자금조달규모	주 식(10억원)	3	123	171	841	2,918	5,284	6,510.4	16,376.	10,916.4
	모집 · 매출							1,127.8	8,903.7	1,707.5
	유상 증자	2	40	3	43	336	1,633	2,389.5	3,138.7	4,650.5
	코스닥 공모	1	83	168	798	2,582	3,651	589.1	1,437.0	2,116.6
	코스닥 유상증자	-	-	-	-	-	-	2,069.2	1,223.8	1,442.9
	코넥스 유상증자	-	-	-	-	-	-	-	-	27.3
	기타 공모[2)]							334.8	1,673.0	971.6
	회 사 채(10억원)	-	330	9,640	27,283	11,083	29,902	41,678.2	112,919	183,566.
시장지표	K O S P I[3)]	-	-	106.8	272.6	696.1	651.0	1,434.4	2,051.0	2,873.47
	P E R (배)	-	-	2.6	7.6	19.4	19.4	11.4	17.8	29.47
	배당수익률(%,)[4)]	-	-	13.7	3.5	1.5	1.5	1.6	1.12	1.48

주 : 1) 1986년 이후의 상장주식수는 액면변경의 수치(500원에서 5,000원으로).
2) 기타공모는 유가증권시장 및 코스닥시장 상장법인이 아닌 법인의 주식공모, 모집설립
3) KOSPI는 1980.1.4 = 100을 기준으로 한 연말의 수치.
4) 배당수익률은 가중평균수치.
5) 2020년도 주식시장 규모는 유가증권시장 및 코스닥시장, 코넥스시장을 합한 수치
자료 : 금융감독원, 「금융통계월보」
한국거래소, 「KRX MARKET」각호, KRX 정보데이터시스템

자본시장육성책은 1968년의 '자본시장육성에 관한 법률'을 비롯해 '투자신탁법(1970년)', '기업공개촉진법(1972년)'의 제정, 수차에 걸친 '증권거래법'의 개정 등, 일련의 법제 및 증권기구의 정비(예를 들어, 1972년의 보증제도, 1974년의 총액인수제도 등)를 통해 시행되었다. 그 결과 자본시장의 기능은 현저히 높아졌다. 그 근저에는 기업공개기업과 증권투자에 가종의 인센티브(incentive)를 제공하고, 기업공개

를 회피하는 기업에게는 은행대출을 제한하는 등, 반강제적인 조치를 취하는 한편, 경합 시장이었던 사금융시장을 강력히 규제하는 등의 정책 면에서의 지원이 적극적으로 이루어졌다.

이와 같은 자본시장육성책의 결과, 우리나라의 자본시장은 양적으로 급속한 성장을 달성하였다. 예를 들어 증권거래소 상장기업의 경우, 1971년에 50사로부터 1980년에는 356사로, 주주수도 이 기간 동안에 82,000명으로부터 753,000명으로 증가하였으며, 또한 증권시장을 통한 자금조달 규모도 30억원으로부터 1,710억원으로 확대되었다. 특히 회사채시장은 경기상승의 영향 등으로 자금 수요가 급증했던 1975~78년 사이에 발행 규모가 거의 10배 증가하였다. 금융 긴축기였던 1979년 이후에는 경색된 은행차입을 대신해 가장 중요한 기업의 자금조달 수단이 되었다(〈표 11-2〉 참조).

그러나 자본시장에 대한 개입은 여전히 계속되었다. 당시에 정부가 주식 수요촉진책으로서 주식의 저가 공급정책을 시행한 결과, 주식유통시장에서는 투기적인 과열현상이 일어났다. 이런 연유로 정부는 투자자 보호 및 시장안정을 위해 규제를 강화할 수밖에 없었다. 이러한 정부의 규제는 재차 주식유통시장의 분위기를 급속히 냉각시키는 데에 머무르지 않고, 나아서는 기업의 주식발행 의욕에도 악영향을 미쳤다. 이와 같은 상반된 조치의 악순환을 계속함으로써 시장원리에 입각한 가격조절기능이 충분히 발휘될 수가 없었다.

한편, 채권시장에서도 급속한 유통시장의 확대를 달성하였으나, 금리가 전반적으로 규제되었기 때문에 결국은 기관투자자를 통한 정부의 개입이 지속되었다.

제3절 금융규제의 특징과 문제점

1. 공급선도현상에 입각한 금융제도의 구축과 정부의 개입

일반적으로 공업화 과정 중의 경제 하에서의 금융제도의 역할은 금융제도 자체가 안전하고 효율적일 것을 전제로 충분한 공업화 자금을 공급하는 데에 있다. 즉, 금융제도가 규모의 경제를 실현할 수 있는 대규모의 자금을 동원하여, 이를 성장기업, 성장산업에 효율적으로 배분함으로써 장기적인 투자 활동을 지속하는 데에 있다. 이를 실현하기 위해서는 자금공급 측면에서는 투자자금의 각 분야로의 효율적인 배분, 단기성 저축의 장기적 투자자금으로의 기간전환 등이, 자금조달 측면에서는 근대적 금융수단으로의 저축의 충분한 동원 등이, 각각 원활히 이루어져야만 한다.

그러나 발전도상국에 있어서 이와 같은 요건을 충분히 충족시킬 수 있는 금융제도를 구축하는 것은 그리 쉬운 일이 아니다. 왜냐하면, ① 정보 측면에서의 수급의 차, ② 장기자금에 대한 수급의 차, ③ 정보처리능력의 부족 등의 요인에 의해 금융기관의 자금배분 능력이 크게 제약되고 있을 뿐만 아니라, 사금융시장으로부터의 자금 동원이 상당히 어렵기 때문이다.22)

이와 같은 관점에서 볼 때, 1960~70년대의 우리나라의 상황도 그 예외는 아니었다. 즉, 경제발전의 초기조건으로서의 자본축적이 구축되지 않았음은 말할 필요도 없고, 시장메커니즘에 의한 자금 배분의 부족, 사금융시장과 제도금융시장이 병존하는 이중적 금융구조의 심화 등, 단기간에 급속한 공업화를 달성하는 데에 필요한 자금 동원 및 효율적인 자금 배분을 제약하는 여러 가지의 내생적 요인에 직면했었다.

따라서 무엇보다도 부족한 투자자금을 국내자금의 동원 내지는 해외로부터의 자금도입으로 확보해, 성장부문에 배분할 수 있는 금융제도의 구축이 선결과제였다. 이와 같은 취지에서 소위 '공급선도현상'에 입각해 이루어진 것이 1960년대의 은행

22) 寺西重郎, 「工業化と金融システム」, 東洋経済新報社, 1991年, pp. 22~23.

금융기관의 확충과 1970년대의 비은행 금융기관의 신설, 자본시장의 육성이었다.

이처럼 금융제도를 구축한 후, 정부는 인위적 저금리정책, 선택적 신용할당에 입각한 정책금융의 철저, 금융의 제반 분야에 대한 정부의 개입과 규제 등으로 특징되는 금융 억압적 정책을 수행하였다. 그렇게 함으로써 기업의 투자를 자극하고, 전략부문에 우선적으로 자금 배분을 시행하여 고도성장을 추구하고자 하였다.

2. 금융규제의 특징과 문제점

1960~70년대에 있어서 정부가 경제개발전략을 추진하기 위해 시행했던 금융규제의 특징과 문제점은 다음과 같이 몇 가지로 구분하여 살펴볼 수 있다.

첫째, 중앙은행이 금융기관에 대한 유동성 과잉공급을 통해 자금 동원정책을 추진하였다는 점이다. 그 당시 소득수준이 낮고 더욱이 대규모의 실업이 존재하였기 때문에 조세에 의한 재정정책에 의존하는 것이 어려웠을 뿐만 아니라, 직접금융을 실현할 수 있는 인프라도 미발달하여 직접금융을 통한 자금 동원도 불가능하였다. 이와 같은 그 당시의 상황을 고려해 보면, 유동성 과잉공급에 의한 자금 동원정책은 그 나름의 정당성이 있었다고 여겨진다.

그러나 사실상 중앙은행, 일반은행 등이 정부를 대신하여 통화를 증발함으로써 투자재원을 조달하는 자금 동원정책은 인플레를 심화시킬 소지가 충분히 있었다.[23] 유동성 과잉공급에 의한 자금 동원정책은 산업구조의 고도화를 추구하고자 한 측면에서는 유효한 수단이었으나, 그 반면에 인플레를 촉진시켰다. 이에 따라 ① 이익 주체와 부담 주체의 괴리에 따른 빈부격차의 심화, ② 기업의 고정자산 선호에 기인한 재무구조의 악화, ③ 기업의 인플레적인 이윤창출에 기인한 기술축적의 미비, ④ 수출원가의 상승에 의한 경상수지의 악화, ⑤ 인플레 심리에 수반한 사회적 기강의 혼란 등 여러 가지의 문제가 초래됨으로써 경제구조의 왜곡 현상이 보다 심화되었다.

둘째, 인위적인 저금리정책에 입각한 신용공급을 통한 자금 배분에 정부가 개입

23) 이론적으로는 통화증발이 반드시 인플레를 초래한다고 말할 수 없다. 왜냐하면, 통화량 증대를 상쇄하는 유통속도의 감소 혹은 적정 통화공급에 의한 투자촉진과, 이에 수반한 생산증대는 물가상승을 억제할 수 있기 때문이다.

했다는 점이다. 자본축적의 정도가 낮고 금융시장이 미발달한 발전도상국에서의 금리정책은 중앙은행 혹은 공적 당국이 직접규제하는 직접규제방식에 의해 운영되는 경우가 많다. 1960~70년대의 우리나라의 금리정책도 기업의 금융비용을 경감시킴과 아울러, 저 비용의 투자재원을 공급하기 위해 예금금리보다도 대출금리에 중점을 둔 저금리정책을 시행하였다. 그러나 이러한 인위적인 저금리정책은 자금에 대한 만성적인 초과수요를 초래한다. 따라서 정부는 신용할당이라고 하는 직접적인 금융규제수단을 활용해 이를 억제함과 아울러, 경제성장을 지탱해 주는 전략산업에의 자금 배분을 강화하였다.

인위적인 저 금리정책에 입각한 신용할당은 자본축적과 소득수준이 낮았던 당시의 상황에서 급속한 경제발전을 달성하는 데에 상당히 유효한 수단이었다. 즉, 금리를 저 수준에서 규제하여 수출 및 중화학공업 관련 산업을 비롯한 전략부문에 저 비용의 자금을 최대한 공급하는 선택적 신용할당을 시행한 것은 투자촉진과 국제경쟁력 강화를 통해, 우리나라 경제가 30여년이라는 단기간에 절대빈곤의 전형적인 농업국가로부터 신흥공업국으로 비약하는 데에, 크게 기여하였다고 말할 수 있다. 그러나 다른 한편으로는 여러 측면에서 폐해를 야기시켰다.

무엇보다도 금융의 이중구조를 초래함과 아울러, 자원 배분을 왜곡시켰다는 데에 문제가 있었다. 인플레이션의 압력에서 유치단계에 있던 중화학공업에 자금을 배분하기 위해서는 은행의 대출금리를 시장금리보다 낮은 수준으로 유지하는 것이 필요하였을 것이다. 그러나 이는 부(-)의 실질금리와 사금융시장의 규모를 확대시키는 결과를 초래하였다.[24] 그리고 중화학 공업화에 대한 투자유인책으로서 행하여진 금리규제는 금융기관의 저축동원능력을 제약하고, 막대한 부동자금이 초과수요압력으로 작용하여 인플레를 가속시킴과 더불어, 자본시장 및 부동산시장의 투기를 조장시키는 결과를 초래하였다.

셋째, 산업정책의 지원수단으로서 각종의 정책금융을 적극적으로 활용했다는 점이다. 일반적으로 경제발전 초기 단계의 금융정책은 주로 산업정책의 목표달성을 위한 수단으로 활용된다.[25] 1970년대 중반까지의 우리나라 정부도 정책목표를 달성

24) 제도금융시장과 사금융시장 간의 현저한 금리의 차이는 1972년의 「8·3조치」이후에 사금융시장의 재등장을 불가피하게 만들었으며, 그 증거는 1982년의 「기액어음 사기사건」에 의해 전형적인 형태로 나타났다.

하기 위해, 특정 부문에 한정된 자금을 우선적으로 공급하는 신용조절의 수단으로서 정책금융을 활용하였다.[26)]

산업정책의 지원수단으로서 정책금융을 적극적으로 활용한 결과, 경제의 양적 성장이라는 측면에서는 커다란 성과를 거둘 수가 있었다. 특히, 정부의 적극적인 개입에 입각한 정책금융으로 추진된 1970년대의 중화학 공업화는 우리나라 경제가 공업국가 비약하는 기초를 제공하였다. 그러나 정책금융에 의해 실질적인 시장경쟁력을 반영하지 않은 투자가 이루어졌기 때문에, 막대한 중복·과잉설비투자를 초래하는 등, 여러 가지 측면에서 구조적 왜곡을 야기시켰다.

먼저 지적할 수 있는 것은 국내 총대출금의 상당 부분을 정책금융에 의해 취득한 중화학공업 관련 산업이 1979년 이후의 국내 경기후퇴와 1980년의 제2차 오일 쇼크(oil shock)에 의한 스태그플레이션(stagflation)의 과정에서 심각한 경영위기에 직면하게 되었다. 이에 따라 관련 기업이 부실기업화되었으며, 부실대출의 증대에 따라 금융기관(특히 은행 금융기관)의 경영 부실화도 더욱 심화되었다.

한편, 정책금융이 정부개입에 의한 신용할당에 따라 활용되었기 때문에, 수출산업과 내수산업, 혹은 중화학공업과 경공업, 대기업과 중소기업 등 부문 간의 성장격차를 보다 확대시켰을 뿐만 아니라, 나아가서는 자원 및 소득분배를 왜곡시켰다.

넷째, 정부가 한정된 재원을 동원해 투자에 효율적으로 배분하기 위해 중앙은행, 일반은행 등 금융부문의 전반에 걸쳐 개입과 규제를 강화하였다는 점이다. 이는 기본적으로 중앙은행이 독자적으로 통화를 관리하여 시장메커니즘에 의해 자원 배분을 하고 또한 일반은행이 자율적 경영원칙에 입각해 운영된다면, 정부의 자금 동원능력이 제약될 뿐만 아니라, 효율적인 자원 배분을 수행하는 것도 불가능할 것으로 판단했기 때문이다.

이와 같은 정부의 개입과 규제는 경제발전의 초기 단계였던 당시의 상황을 고려

---

25) 산업정책은 특정 부문의 산업경쟁력을 강화시키기 위해 정부가 동 부문에 적극적으로 개입하는 방법과, 특정부문에서 발생하는 시장실패를 사후적으로 처리하기 위해 정부가 소극적으로 개입하는 방법 등으로 크게 분류할 수 있다.

26) 우리나라의 정책금융체제는 일차적으로 산업자금을 전문적으로 조달하기 위한 각종의 정책금융기관을 설립하여, 이들 정책금융기관을 통해 정책자금을 공급하였다. 그러나 양적 성장목표가 증대됨에 따라 정책자금의 수요가 급증하였기 때문에, 전략부문에 대한 자금지원을 강화하기 위한 일환으로서 일반은행에 대해서도 각종의 정책금융을 수행하도록 하였다.

하면, 그 나름의 불가피성을 인정할 수 있다. 그러나 이는 정상적인 금융중개 기능을 제약함으로써 금융제도의 발전을 저해하는 요인으로 작용하였음을 부인할 수 없다. 즉, 금융기관의 여・수신금리를 시장실세금리보다도 낮게 억제한 결과, 자금의 초과수요가 만연하였기 때문에 자금 배분의 효율성이 저하되었을 뿐만 아니라, 각각의 금융시장간의 자금흐름이 분리되어, 장・단기 금융시장이 상호연계성을 지니고 유기적으로 발전할 수가 없었다.

또한, 금융기관은 의례적으로 신용할당에 익숙해져, 대출심사능력을 높이고자 하는 노력을 경시하였으며, 과도한 양건예금의 취급 등 불건전한 금융관행에 젖어 있었다. 그 결과 앞에서 언급한 것처럼, 부실채권이 누적되었으며, 금융기관으로서의 경쟁력을 상실하게 되었다.

중요개념 및 용어

수입대체	경제개발 5개년계획	정부주도형 개발금융체제
한국산업은행법 개정(1961)	한국은행법 개정(1961)	은행 금융기관의 확충
서민금융	국민은행	중소기업은행
농협체제의 정비	자본 동원체제	중화학 공업화
사금융시장	금융의 이중구조	조직 금융시장
비조직 금융시장	제도금융시장	비제도금융시장
1972년의 「8 · 3조치」	간접금융체제	비은행금융기관의 개발
투자금융회사	투자신탁회사	종합금융회사
자본시장의 육성	금융규제	인위적인 저금리정책
신용할당	정책금융	스태그플레이션

연습문제

1. 1960년대의 우리나라의 개발전략에 대하여 설명하라.

2. 1960년대의 금융제도발전의 특징이라고 말할 수 있는 정부주도형 개발금융체제의 정비 및 강화, 은행기관의 확충에 대하여 설명하라.

3. 1970년대의 우리나라의 개발전략에 대하여 설명하라.

4. 사금융시장의 의의 및 사금융시장을 규제하게 된 배경에 대하여 설명하라.

5. 1972년 8월 3일 소위 「8 · 3조치」라는 사금융 동결령을 시행하게 된 이유를 크게 세 가지로 분류하여 설명하라.

6. 「8 · 3조치」의 금융제도에 있어서의 의의 및 금융개혁상의 의의에 대하여 설명하라.

7. 1970년대에 신설된 금융기관을 설립목적 및 그 성격에 따라 크게 네 가지로 분류하여 설명하라.

8. 1970년대에 행해진 자본시장육성의 배경에 대하여 설명하라.

9. 발전도상국 단계였던 1960~70년대에 있어서 정부가 경제발전전략을 추진하기 위해 시행했던 금융규제의 특징에 대하여 설명하라.

10. 1960~70년대에 행해졌던 금융규제의 문제점에 대하여 설명하라.

제12장 민간주도형 개발체제하에서의 금융제도발전

-1980년대의 NICs형의 금융제도 발전-

본 장에서는 NICs형의 경제발전단계였던 1980년대의 우리나라 금융제도의 발전과정에 대하여 살펴보기로 한다. 먼저, 금융제도가 구조적 개혁을 추구하게 된 거시적 배경에 대하여 알아본 후, 다음으로 금융자유화로 특징되는 금융제도의 발전양상을 크게 네 가지로 분류하여 살펴보고, 마지막으로 1980년대 금융제도발전의 의의 및 성격에 대하여 규명하고자 한다.

제1절 거시경제적 배경

우리나라의 경제발전과정에 있어서 1980년대는 발전도상국의 구조적 문제를 상당부문 극복하여 NICs형(신흥공업국가군 : Newly Industrializing Countries)의 경제발전단계에 진입한 연대였다. 이처럼 경제발전단계가 NICs형의 경제발전단계로 진입함에 따라 금융제도의 보완성이 한층 강화되거나, 또한 새로운 제도를 도입하거나 하는 등 구조적 개혁의 필요성이 제기되었다.

1980년대의 우리나라 금융제도의 발전과정은 보다 광범위한 개발전략의 방향전환의 맥락에서 파악할 필요가 있다. 앞에서 언급한 바와 같이, 1970년대까지의 개발전략이 수입대체로부터 수출촉진, 중화학공업화로 중점이 이행됨에 따라, 고도성장의 달성이라는 측면에서 크게 기여하였으나, 제2차 오일 쇼크(oil shock), 세계 경제의 불황 등의 환경요인에 직면하게 되었다. 즉, 지속적인 인플레, 과도한 중화학 공업화에 따른 국내자원의 낭비, 대외채무의 누적, 산업 및 기업 간의 불균형 심화, 소득분배의 불공정 등의 문제가 가시화됨에 따라, 1980년대에 들어와서는 이에 대한 반성과 더불어 경제 전반에 걸친 자유화의 필요성이 제기되는 등 개발전략의 대대적인 수정이 불가피하게 되었다.

이와 같은 환경변화에 대응하여 제5차 5개년 경제개발계획(1982~86년) 이후에는 경제의 안정화와 효율화, 또한 지역 간, 소득계층 간의 균형회복을 경제정책의 기본목표로 설정하게 되었다. 즉, 물가안정에 정책목표의 최우선순위를 설정함과 더불어, 경제 제반 분야에 있어서 개방과 자율을, 그리고 권한의 분산을 촉진하도록 경제의 자유화를 추진하고자 하였다.

이러한 개발전략의 전환과 더불어 소위 「3저 현상(달러 약세, 저유가, 저금리)」과, 중화학 공업화 및 하이테크산업의 가시화, 엔고 현상의 급속한 진행 등의 외부조건이 호전됨으로써, 1986년을 계기로 고도성장, 경상수지흑자, 물가안정을 달성하였다. 특히 경상수지의 흑자구조로의 전환은 우리나라 경제에 커다란 영향을 주었다.[1] 이는 종래와는 전혀 다른 대외채무상환의 촉진 이외에,[2] 외화의 과잉누적, 급속한 원화 가치의 상승을 촉진시켜, 선진국의 금융시장 개방압력에 직면할 수밖에 없는 환경요인을 제공하였다.

이처럼 개발전략의 중심목표가 종래의 고도성장으로부터 안정으로, 개발체제도 정부주도로부터 민간시장기구로 각각 전환되고, 대외적으로는 개방압력에 직면함에 따라, 금융제도도 자원 배분의 중심기구로서의 역할수행을 위해 구조적 개혁을 시행하지 않으면 안 되게 되었다. 이는 기본적으로 금융 자유화를 지향하는 금융개혁을 추진하는 것을 의미하는 것으로, 특히 1986년 이후의 경제호황을 계기로 선진국의 금융시장에 대한 개방압력이 증대됨으로써, 보다 구체적인 형태로 나타나게 되었다.

제2절 금융 자유화의 진전

1. 금융 자유화 추진의 의의

금융 자유화로 특징되는 1980년대의 금융제도발전은 기존의 선진국이 경험한 것처럼, ① 금리자유화의 진전, ② 신금융상품의 개발 및 업무 분야의 다양화, ③ 금융산업에의 진입완화, ④ 금융·자본시장의 국제화의 진전, 등을 주 내용으로 하고 있다. 그러나 이러한 금융 자유화의 진전은 초기 조건으로서의 금융구조의 차이뿐만 아니라, 금융 자유화를 시행하게 된 동기와 배경, 주체 등에 있어서 현저한 차이가 있었기 때문에, 선진국의 금융 자유화와는 다른 의미를 지니고 있었다는 점에 주목해야 할 것이다.

선진국의 금융규제완화 내지는 금융혁신으로 특징되는 금융 자유화는 금융운영의

1) 이와 같은 경상수지의 흑자구조는 1989년까지 지속되었으나, 1990년 이후에는 다시 적자구조로 전환하였다.
2) 1980년대 조반에는 세계4위의 채무국이었으나, 1988년 말 시점의 채무 잔고는 겨우 95억 달러에 지나지 않았다.

기본메커니즘으로서의 시장기구가 확립된 상황에서, 금융산업의 공공성 확립과 시장실패의 가능성 방지를 목적으로 시행된 종래의 각종 규제를, 제반 환경변화에 직면한 금융기관이 이를 회피하고자 한 노력으로부터 시작되었다.

이에 비해 1980년대의 우리나라의 금융 자유화는 시장기능을 발휘할 시장메커니즘의 인프라가 정비되어 있지 못한 상태에서, 금융산업의 상대적인 후진성과 인위적인 자원배분 메커니즘의 한계를 극복하고, 선진국의 개방압력에 대응하고자 하는 정부의 정책적 노력에서 시작되었다.

이러한 관점에서 볼 때, 1980년대의 금융 자유화의 추진은 경제환경의 동태적 변화에 대응하여, 자원 배분의 효율성을 추구하기 위한 개발경제체제의 개혁과정의 일환으로서, 근본적으로는 자원 배분의 중심기구를 정부로부터 시장메커니즘으로 이전시키는 시장 지향적인 구조조정을 추구하는 데에 그 의의가 있었다고 말할 수 있다. 또한, 금융기관의 자율적인 노력에 초점을 맞춘 금융혁신의 측면보다는, 정책당국에 의한 제도적 변화에 초점을 맞춘 금융규제완화의 측면으로서 이해할 수 있다. 이와 더불어 금융 자유화가 점진적이고 단계적으로 추진되었기 때문에 자유화의 속도가 상당히 더디었고, 자유화 이후에도 여러 가지 형태의 규제가 계속되었다.

이와 같은 특징을 지닌 1980년대의 금융 자유화의 내용은 다음과 몇 가지로 구분하여 살펴볼 수 있다.

2. 금융기관의 자율적 경영기반의 조성

정부는 1980년대에 들어와 금융기관의 자산운용을 비롯한 경영 전반에 걸친 정부의 간섭을 가능한 한 억제함과 더불어, 금융기관이 자율적인 경영기반을 조성하도록 노력하였다.

먼저, 1981년에 한일은행을 민영화한 것을 계기로 1983년까지 시중은행 전부를 민영화하였다. 또한 '금융기관에 대한 임시조치법'(1982년)과 은행 상호간의 경쟁을 제약해 온 금융단협정(1984년)을 폐지함으로써, 규정상으로는 은행의 인사와 예산, 기타 내부경영에 관한 정부의 각종 규제조치가 철폐되었다.

둘째, 1982년의 '은행법'개정을 계기로 은행 주식의 1인 소유 한도가 전체지분의

8% 이내('은행법'개정 전: 10%)로 제한함으로써, 대주주 혹은 대기업에 의한 은행 지배를 방지하고자 하였다. 또한 1인당(법인, 개인) 지불보증과 대출한도가 은행의 자기자본의 50%를 초과하지 못하도록 함으로써('은행법' 개정 전: 은행 자기자본의 25%), 민영화 이후의 은행의 공공성을 확보하기 위한 제도적 조치를 마련하였다.

셋째, 1986년 7월에 금융기관의 점포 신설과 이전에 대해 부분적인 자유화를 시행한 이후, 1988년의 '일반은행 및 증권회사의 내부경영 자유화 방안'을 계기로 일반은행 및 증권회사의 점포 신설이 각각의 업계(전국은행연합회 및 증권업협회)의 자율적 조정에 의해 시행되도록 하였다.

이상과 같이 제도적으로는 특수은행을 제외한 모든 금융기관의 내부경영을 자유화하였으나, 실제는 이와는 다르게 금융기관(특히, 은행)에 대한 정부의 영향력이 여전히 크게 작용하였다. 예를 들어 시중은행의 민영화의 경우도 본래의 의미의 민영화가 실현되지 않고, 단지 민유화의 단계에 머물렀다고 볼 수 있다.[3] 이는 기본적으로 민영화가 재벌 등 대기업그룹에 의해 소유됨에 따라 발생할 소지가 큰 경제력집중문제에 대한 억제조치로 볼 수 있으나, 금융 자유화의 추진에 있어서 커다란 제약요인으로 작용하였다.

이처럼 은행 주식의 정부 소유분이 민간에게 이양되었음에도 불구하고, 대기업그룹의 은행 주식의 소유 한도가 제한됨과 아울러, 은행경영권의 중심을 이루는 최고경영자의 선임권이 여전히 정부에게 귀속됨에 따라, 실제로 은행 주식을 보유하고 있는 주주들이 경영에 참여할 여지가 봉쇄되었다.

정부가 은행의 소유구조와 내부경영에 대하여 간섭을 지속하였던 것은 은행의 공공성 내지는 대기업그룹의 은행지배에 따른 폐해 등을 고려해 볼 때, 불가피한 면이 없지 않았으나, 은행이 기업으로서 이익을 추구하고, 경영의 효율성을 촉진시키는 측면에서는 커다란 장해요인으로 작용하였다.

3) 민영화는 경영권의 주체 그 자체를 민간에게 이전하는 의미를 지닌 자유화(liberalization)에 해당하는 개념이기 때문에, 단지 소유권만의 이전을 의미하는 민유화(de-nationalization)와는 구분되어야 한다는 주장이 있는데, 이에 따르면 1980년대의 우리나라 은행의 상황은 민유화 단계였다고 볼 수 있다(김동원, "은행의 민영화의 과세와 전망", 「금융의 국제화와 규제완화」, 한국경제연구원, 연구조사자료 49-91-04, p. 68 참조).

3. 금리자유화의 점진적인 추진

금융의 효율화를 추구하고 적정한 경쟁원리를 도입하기 위해서는 금리 측면에서의 경쟁을 촉진하고 금리기능을 활용하는 것이 필요하며, 이를 위해서는 금리의 자유화를 시행해야 한다. 금리자유화는 자원 배분의 효율성 향상과 더불어, 은행경영의 효율화, 금리의 경기조절기능을 통한 금융정책의 유효성 확보 등 국민경제의 발전과 안정에 순기능을 한다.

반면에 금리자유화에 의해 ① 금리 변동(volatility)의 가능성이 증대될 수 있고, ② 단기예금의 비중이 높아짐에 따라 자산-부채 기간구조의 불일치가 보다 심화될 수 있으며, ③ 또한 인플레의 지속 등 거시경제의 잠재적인 불안정성을 촉진시키는 요인으로 작용하는 등의 폐해가 발생할 수 있다. 따라서 금리자유화의 추진은 부동산가격 및 물가안정의 지속, 자본시장의 지속적인 성장 등을 통한 기업에로의 원활한 자금공급경로의 확보가 이루어진 상황에서 금리가 하락추세를 나타내고 있는 시점에서 시행하는 것이 바람직하다.

1980년대의 금리자유화는 1982년 이후의 물가 안정의 지속과 시장금리의 하락추세 지속, 1986년 이후의 자본시장의 지속적인 성장에 수반한 기업의 자금조달수단의 다양화 등, 금리자유화를 시행할 수 있는 환경이 성숙하였음에도 불구하고 실질적인 진전을 보이지 못했다. 그러나 콜 금리, CP, 회사채 등 일부 금리의 자유화가 시행됨으로써, 금리정책의 방향이 자유화로 전환되었다는 점에서 그 의의가 컸다고 말할 수 있다.

1980년대 이후의 금리자유화 추진내용은 추진배경, 목표 및 변화의 양상에 의해 다음과 같이 크게 두 가지로 분류해 볼 수 있다.

첫째, 1980년대 전반의 금리자유화추진은 구조전환정책의 추진과 경기침체 등의 거시경제 측면의 제약하에서 시행되었는데, 규제금리와 시장금리 간의 격차축소와 금리체계의 부분적인 합리화를 추구하는 데에 머물렀다.

먼저, 1981년에 투자금융회사에 대해 CP 거래를 허용함에 따라, 무담보 기업어음과 담보부 기업어음과의 금리 격차가 확대되었다. 한편, 1982년 6월의 금리 인하조치에 따라, 그때까지 차등금리의 적용을 받았던 정책금융의 금리가 일반대출과 동일한 수준으로 조정되어, 정책금융에 대한 금리자유화의 기반을 조성하였다. 그리고 1984년에는 금융기관이 차입자의 신용도에 따라 대출금리를 차별화할 수 있도록 대출금리의 밴드(bend)제도가 도입되었다. 또한, 콜 금리 및 무보증사채의 완전자유화가 시행되었고, 투자금융회사의 최우량기업(A급)발행의 CP 매입 금리 상한도 폐지되었다. 한편, 1985년에는 장기금리의 인상에 따라 장・단기간의 금리 격차가 확대되었다.

이처럼 1980년대 전반의 금리자유화는 부분적인 자유화에 머물렀음을 알 수 있다. 이는 1980년대 전반에 있어서 정부가 직면한 과제가 금융 자유화의 추진보다도 제2차 오일 쇼크(oil shock) 이후 침체한 거시경제를 활성화하는 데에 있었기 때문에, 해외건설업, 해운업 등 구조적 불황에 빠진 부실기업을 처리하기 위한 일환으로서 구조전환정책을 추진하는 데 있었기 때문이다.

둘째, 1986년을 계기로 고도성장, 물가안정, 경상수지의 흑자전환 등의 조건을 동시에 달성했던 1980년대 후반에는 자금 수요의 다양화, 국민소득향상에 따른 금리선호 현상, 국내금융시장에 대한 개방압력 등 제 요인에 의해 금리자유화 자체를 목적으로 한 금리자유화가 추진되었다. 먼저, 1986년 이후의 경상수지의 대폭적인 흑자에 따른 과잉유동성을 흡수하기 위해 대량의 통화안정증권이 발행되었는데,[4] 이는 각 금융기관의 금융상품에 의무적으로 편입됨과 동시에, 할당방식으로 기관이 인수하도록 하였다. 이처럼 대량 발행된 통화안정의 소화를 촉진하기 위해, 비은행 금융기관에 대하여 통화안정증권을 편입한 금융상품(CMA, BMF, 은행 신탁계정 등)의 발행조건에 대해 금리 면에서 인센티브를 부여하였다.

이와 같은 과정을 거쳐 1988년 1월에 금리자유화 자체를 목적으로 한 금리자유화 조치가 시행되었다. 1998년의 금리자유화조치에는 은행의 대출금리뿐만 아니라, 수신금리의 측면에서 증권형태의 금융상품(CD, CP, 금융채, 회사채, RP)과 실적배당

4) 통화안정증권은 통화량조절을 목적으로 발행된 단기성 채권이다. 할인방식에 의해 발행되었으며, 1986년 이후 증권선물거래소(현재의 한국거래소)에서 거래되고 있다. 만기는 63일, 91일, 182일, 371일, 그리고 546일의 여섯 종류가 있었다. 인수기관으로서는 증권회사, 투자신탁회사(현재의 자산운용회사), 두사금융회사, 보험회사, 은행 금전신탁 등이 참가하였다.

상품(CMA, BMF, 기업금전신탁, 공사채형 수익증권, 가계금전신탁, 노후연금신탁), 2년 이상의 정기부금예수금(상호신용금고) 등이 포함되었다.

이처럼 금리자유화가 시행된 배경으로는 ① 당시의 경제 사정이 거시경제의 안정을 달성했을 뿐만 아니라, 인플레기대심리가 현저히 낮았다는 점, ② 총저축이 국내투자를 추월함으로써 금융시장이 종래의 공급자 중심의 시장(supplier' market)으로부터 차입자 중심의 시장(borrower's market)으로 변화하고 있었고, 규제금리와 시장금리 간의 격차가 현저히 축소하였다는 점, ③ 은행의 부실채권부담이 상당히 경감되었다는 점, ④ 원화 가치상승과 경상수지흑자의 증가에 따라, 금리상승을 억제할 해외자본의 유입압력이 강하게 존재하였다는 점을 들 수 있다.

그러나, 1989년 이후, 총통화량(M_2) 증가율의 급증, 부동산가격의 급등, 노사분규에 따른 임금상승, 원화 가치상승에 따른 수출부진 등 거시경제 상황이 악화됨에 따라, 제도상으로는 자유화된 금리 중에서 3년 이상의 회사채금리와 실적배당상품의 금리만이 자유화되고, 본격적인 금리자유화가 재차 연기되었다. 이처럼 1989년의 금리자유화조치는 실패로 끝났다고 말할 수 있다.[5)]

이상에서 언급한 바와 같이 1980년대의 금리자유화의 추진은 명목상의 진전에 머물러 실질적인 자유화는 진전되지 못했다고 말할 수 있다.

4. 금융기관의 신규진입에 대한 문호개방과 업무 분야의 다양화

1980년대의 금융 자유화의 과정에서 가장 주목할 만한 변화는 금융기관의 신규진입에 대한 문호개방과 업무 분야의 다양화에 있었다고 볼 수 있다. 이는 우리나라가 암묵적으로 지켜 왔던 전업주의 제도(sound banking system)를 겸업주의 제도(universal banking system)로 방향을 전환하고자 하는 사례로서도 중요한 의미를 지니고 있다. 이에 대한 주요한 내용은 당시의 경제 및 금융환경의 요인에 의해 다음과 같이 분류해 정리할 수 있다.

첫째, 1980년대 전반에는 금융의 효율성 추구보다도 원활한 자금공급을 제공하기

5) 1980년대의 금리자유화 추진성과의 평가에 대해서는, 남상우·김동원, 「금리자유화의 과제와 정책방향」, 한국개발연구원, 1991년, pp. 13~25. 참조.

위한 기반구축의 일환으로서, 금융기관의 신규진입에 대한 문호개방과 업무 분야의 다양화가 이루어졌다.

먼저 신규진입의 문호개방을 보면, 은행의 경우 외자조달의 원활화와 국제금융시장과의 관련 강화를 위해 재일교포 자본에 의한 신한은행(1982년)과 국내은행과 미국의 은행(Bank of America)의 합작형태인 한미은행이 각각 신설되었다. 한편, 비은행금융기관의 경우 1982년의 거액어음 사기 사건에 의해 재출현한 사금융을, 제도금융으로 전환시키기 위해, 1982년에 투자금융회사와 상호신용금고(현재의 상호저축은행)의 설립 문호가 개방되어, 투자금융회사 12사와 상호신용금고 57사가 각각 신설되었다.[6)]

한편, 정책당국은 금융지원체제의 정비와 금융기관의 수지 보전을 위해 금융업무 분야의 다양화를 꾀하였다. 먼저, 은행의 경우 비은행금융기관보다 상대적으로 저하된 경쟁력을 강화하고 수신능력을 증대하기 위해 신용카드(1980년), 가계종합예금(1983년), 펙토링(factoring), 상호부금 및 금전신탁(1983년), 양도성예금증서(CD)(1985년), 가계금전신탁, 자유예금 및 가계우대정기적금(1985년)등, 다양한 업무 및 금융상품이 도입되었다. 이와 더불어, 부실기업군의 정리에 따라, 동 기업계열의 증권회사, 투자금융회사 및 상호신용금고 등을 인수함으로써 자회사로서 비은행금융기관을 소유할 수 있게 되었다.[7)]

비은행 금융기관도 수신증대를 꾀하기 위해, 팩토링(factoring) 및 CP의 매매 중개(1981년), 국제 팩토링, 보증부 CP의 매매 중개 및 CMA업무(1984년) 등이 투자금융회사와 종합금융회사에, 근로자증권저축, 환매조건부 채권매매(1980년), 고객예탁금에 대한 이자 지급 및 유가증권 담보대출(1983년), CP의 매매 중개, 회사채지급보증(1984년) 등이 증권회사에 각각 허용되었으며, 투자신탁회사에게도 외국인전용수익증권(1981년)과 중소기업발행 어음인수 등의 업무가 도입되었다.

둘째, 1986년 이후 경상수지의 흑자전환 등 거시경제의 호전에 따라 선진국의 금

6) 이 중에서 투자금융회사의 신규진입에 대한 문호개방은 과도한 경쟁을 야기시킴으로써, 1990년대의 금융 재편성에 있어서 업종전환을 수행하지 않으면 안 되는 요인이 되었다.

7) 특히 5대 일반은행의 경우, 거의 대부분이 자회사로서 증권회사를 소유하고 있었기 때문에(당시 증권회사 31사 중에서 은행 자회사가 6사), 광의의 개념으로서는 이미 겸업주의 제도에 진입했다고 말할 수 있다.

융시장 개방압력에 대응함과 아울러, 금융의 효율성을 강화하기 위해 진입규제의 완화와 업무 분야의 다양화가 이루어졌다.

먼저 1987년에 지방소재 생명보험회사의 신설, 1988년에 합작회사 형태의 외국 생명보험회사의 국내 진출 허용 등이 이루어졌다. 또한, 1989년에는 이북실향민에 의한 동화은행, 중소기업 전문은행인 동남은행, 대동은행, 지방소재의 투자신탁회사 5사 등이 각각 설립되었다. 그리고 1988년에는 증권회사의 지점설치에 관한 규제 완화를 계기로 증권회사의 지점설치와 더불어 은행의 지점확장이 이루어졌다.

한편, 1990년의 '금융기관의 합병 및 전환에 관한 법률'을 계기로 1991년에는 투자금융회사 3사가 일반은행 2행으로(투자금융회사 1사는 직접 은행으로, 투자금융회사 2사는 합병의 형태로 일반은행으로), 투자금융회사 4사는 증권회사 4사로 각각 전환되었다. 또한, 은행의 자회사로 신용카드사, 리스회사 등이 설립되었으며, 증권회사, 투자자문회사, 상호신용금고를 포함한 금융그룹의 형성도 진전되었다.

이처럼 정책당국은 금융산업에의 진입조건을 완화함과 아울러, 금융서비스의 확대 및 업무 다양화를 꾀하였다. 은행에게는 세금우대종합통장제도(1986년), 기업금전신탁(1987년), 노후연금신탁(1989년), 근로자장기저축(1991년) 등, 증권회사에게는 BMF(1987년), 근로자장기저축(1991년), 투자신탁회사에게는 수익률보장 주식형 수익증권(1990년) 등의 취급이 각각 허용되었다.

이상과 같이 1980년대의 금융기관의 신규진입에 대한 문호개방과 업무 분야의 다양화는 우리나라 금융산업의 문제점과 폐해를 개선함과 아울러, 규제중심으로부터 시장기구 중심으로 금융구조가 전환하는 과정에 있어서 금융산업의 효율성을 확보하고자 한 정책당국의 의지가 반영되었다는 점에서 그 의의를 찾을 수 있다. 그러나 추진과정에 있어서 다음과 같이 여러 가지의 문제점을 야기시켰다고 말할 수 있다.

먼저, 전반적인 금융산업의 균형적 발전을 유도하기 위한 기본원칙이 확립되지 않은 상태에서 추진되었다는 점을 지적할 수 있다. 이는 금융제도의 장기적인 구도에 입각해 추진되었다기보다는, 각 금융기관의 불균형성장을 완화하기 위한 일환으로서, 상대적으로 열위에 있는 금융기관의 단기성 여신 능력의 강화와 수지개선을 촉진할 목적으로 추진된 측면이 강하다고 볼 수 있다. 이에 따라 은행과 비은행 금융기관 간의 업무영역의 상당 부분이 중복됨에 따라 과도경쟁을 심화시켰을 뿐만 아니라, 금융제도 전반의 효율성을 크게 저하시키는 결과를 초래하였다. 또한, 비은행 금융기관의 비대화가 급속히 진행된 반면, 일반은행의 수익기반은 약화되어 금융산업의 불균형 성장이 보다 심화되었다. 한편, 금융업무의 다양화는 금융자산의 단기화 현상을 보다 가속화시키는 결과를 초래했다.[8)]

5. 금융 국제화의 진전

1980년대에 들어(특히 1986년 이후) 경상수지의 흑자전환과 외채의 축소, 원화가치상승, 무역자유화의 확대 등, 일련의 환경변화와 이에 수반한 대외 개방압력의 증대로 금융 국제화가 진전되었다.[9)]

1980년대의 금융 국제화의 특징은 점진적이고 단계적인 순서에 의해 추진되었다는 점에서 엿볼 수 있다. 이는 금융 국제화를 원만히 추진하기 위해서는 거시경제조건, 국제수지, 금융 자유화 및 금융 재편성 등의 제 조건의 정비가 필요로 하는데, 1980년대 우리나라가 직면한 상황은 이들 조건이 불충분한 상태였기 때문이다. 1980년대의 금융 국제화의 진전은 다음과 같이 크게 세 가지로 분류해 볼 수 있다.

1) 자본시장의 국제화

우리나라의 자본시장의 국제화는 먼저, 한국증권전용펀드(fund) 등 각종 펀드를 중심으로 한 간접개방 형태로 시작하여, 국내기업의 해외증권발행을 중심으로 한 준 직접개방(해외증권을 발행하나, 주식으로의 전환 및 거래는 제한), 직접개방의 순으로 점진적으로 추진되었다.

1980년대의 자본시장의 국제화는 경제 및 금융환경의 변화에 따라 약간의 변화가

8) 금융자산의 단기화 현상은 경제 규모의 확대에 따라 투자 기대자금이 증대한 데에도 그 원인이 있으나, 무엇보다도 단기성 금융상품이 금리 면에서 상대적으로 우대되었기 때문에 발생하였다.

9) 금융 국제화에 대한 정의는 여러 가지로 내릴 수 있으나, 여기서는 경제의 개방 및 국제화에 대응하여 자금이 국가 간에 자유로이 이동하고, 금융기관의 상호진출과 이들 금융기관의 자유로운 금융활동이 점진적으로 허용되는 과정으로 정의한다(남상우 외, 「금융환경 변화와 종합금융회사의 위상」, 한국개발연구원, 1989년, p. 89. 참조).

있었으나, 1981년의 '자본시장 국제화의 기본방침' 및 1988년의 '신 자본자유화 추진계획'에 의해 추진되었다고 볼 수 있다.

먼저, 1981년 1월에 발표된 '자본시장 국제화의 기본방침'에서는 1990년대 전반까지 외국인 투자자가 우리나라 자본시장에 직접 참가할 수 있도록 하였다.

그 내용을 구체적으로 보면, 제1단계에서는 국제 투자신탁을 통한 외국인 투자자의 우리나라 주식의 간접투자를(1984년까지), 제2단계에서는 우리나라 기업의 해외증권발행 및 외국인 투자자의 우리나라 주식의 직접투자를(1985년경까지), 각각 허용하고, 제3단계에서는 우리나라 기업의 해외증권시장에서의 상장을 포함해, 제2단계의 자유화 폭을 확대하며(1980년대 후반), 최종단계에서는 내국인의 해외증권투자를 허용함으로써 1990년대 전반까지 완전자유화를 추진한다는 것이다.

이처럼 1981년에 정부가 본격적으로 외국자본을 수용할 기반이 정비되어 있지 않은 상황에서, 자본시장의 국제화를 추진하게 된 데에는 대외누적채무의 변제에 주요한 목적이 있었다고 여겨진다. 당시 우리나라는 대폭적인 경상수지적자 지속으로 거액의 대외누적채무문제에 직면하였기 때문에, 어떻게 하면 호조건의 외화를 도입할 수 있을 가에 정책의 중점이 놓여 있었다.

그러나, 1986년 이후, 경상수지가 대폭적인 흑자로 전환됨에 따라 상황은 급반전하여, 이번에는 해외 요인(대폭적인 경상수지의 흑자)에 의한 통화증발문제에 직면, 적절한 통화관리에 정책의 중점이 놓여 있었다. 따라서 외화의 도입은 가능한 미루고, 반면에 국내자본의 해외투자 자유화는 적극적으로 장려하는 정책을 취하기 시작했다. 이와 같은 급격한 환경변화에 따라 1988년 12월 정부는 '신 자본자유화 추진계획'을 발표하였던 것이다(〈표 12-1〉 참조).

'신 자본자유화 추진계획'에 의해, 외국인 일반 투자자의 우리나라 주식에의 직접투자는 1992년으로 연기되었고, 그때까지 국제투자신탁(코리아펀드 등), 전환사채(CB), 신주인수권부 사채(BW), 예탁증권(DR) 등의 간접개방이 확대되었다. 한편, 우리나라 국내 투자자의 외국증권투자는 1992년부터 개인 투자자에도 허용되었다. 증권업개방은 우리나라 증권회사에 대한 외국증권회사의 출자 한도가 확대된 것을 비롯하여 1991년 이후에는 외국증권회사의 국내지점 설치, 외국자본과 합작의 증권신설 등이 허용되었다. 특히 비록 일정한 범위 내로 제한되어 있었을지라도 1992년

1월부터 일반 외국인 투자자가 우리나라 주식에 직접 투자하게 된 것은 우리나라 자본시장에 커다란 영향을 주었다.

〈표 12-1〉 신 자본자유화 계획

	대내개방		대외진출	
	자본시장개방	증권업개방	해외증권투자	증권업의 대외진출
1989년	-외국인전용투자펀드의 확대 -해외증권발행의 제한완화와 종류의 다양화(경제환경을 감안하여 발행요건을 완화, CB 외에 BW, DR 발행등의 상품다양화 유도). -해외전환주식의 외국인간의 장외거래 자유화	-외국증권회사의 국내 증권회사에 대한 지분참여 확대. *1사당: 10% 이내로 확대(현행:5% 이내) *전체: 40% 이내로 확대(현행:10% 이내) -외국증권회사의 국내사무소 추가설치 허용.	-해외증권투자펀드의 신설 운용 -해외증권투자기관의 범위확대(기관투자자 전체로 확대) -기관투자자의 해외투자 한도확대	-국내증권회사의 해외사무소 추가 설치 허용 -국내증권회사의 국제업무허용 확대
1990년	-국내증권과 해외증권에 투자하는 국내외펀드를 설정, 수익증권을 내외국인에게 판매 -해외증권발행의 지속적 확대 -발행대상기업, 자 [illegible] 규제 대폭축소	-1991년의 외국증권회사의 국내지점설치, 신규합작증권회사설립에 대비해, 1990년말까지 허용기준 정비	-일반법인의 제한적인 해외증권투자 허용 -기관투자자의 외화보유한도철폐(자금운용관리에 한해 지속) -해외증권투자펀드의 추가설정	
1991년	-부분적인 외국인 직접 증권투자 허용(해외증권 전환주식의 국내 매각대금에 의거한 국내에서의 재투자 허용)	-외국증권회사의 국내지점설치허용 -신규합작증권회사의 설치 허용(상호주의원리에 의해 추진)	-일반법인의 해외증권투자 한도 완화	-국내증권회사의 해외지점 및 합작증권회사의 설립허용(상호주의원리에 의해 추진)
1992년	-일반 외국인의 직접 증권투자 일정범위 내에서 허용	상 동	-개인투자자의 제한적인 해외증권투자 허용	

자료 : 재무부(현재의 기획재정부), 1988년.

2) 금융시장의 국제화

1980년대의 금융시장의 국제화 추진과정은 금융기관(주로 은행)의 국제금융업무의 진전, 국내외 금융기관의 상호진출 증가 등에서 볼 수 있다.

1960~70년대의 금융기관의 국제금융업무는 수출주도형 개발전략의 효율적 추진을 위해 무역금융 및 이에 수반한 외화업무를 중심으로 전개되었으나, 1980년대에는 경제 규모의 확대 및 산업구조의 고도화를 배경으로 대외 거래의 개방화가 진전됨과 동시에, 금융기관의 대외신용이 높아짐에 따라 금융기관의 국제금융업무도 다양화되었다.

제2차 오일 쇼크(oil shock) 등에 의해 경상수지의 적자 규모가 급증한 1980년대 전반에는 금융기관의 외화조달기능이 크게 높아졌다. 즉, 종래의 리파이넌스(refinance) 등의 단기차입중심으로부터 뱅크론(bank loan) 등의 장기차입중심으로 전환되었고, 장기차입금 중에서도 뱅크론(bank loan) 등 해외금융기관으로부터의 직접차입 비중이 감소한 반면, 외화표시채권, FRN, 유로CP, 유로Note 등의 국제금융시장을 통한 외화조달의 비중이 크게 증가하였다

한편, 1986년 이후에는 경상수지의 흑자전환 등으로 외화보유고가 급증함에 따라, 외화도입 중심으로부터 해외투자 및 해외융자로 국제금융업무의 다양화가 한층 진전되었다. 예를 들어, 외국환 취급은행의 경우 1987년 말부터 지역 금융(off-shore finance)업무 취급이 허용되었고, 1988년부터 증권회사를 비롯한 기관투자자에게 해외증권투자가 허용됨으로써 국제증권투자 포트폴리오 관리업무가 새로운 국제금융업무로 추가되었다. 또한, 거래에 제한이 있었으나 금융선물, 옵션(option), 스왑(swap) 등의 금융 파생상품의 거래가 외국환 취급은행과 특정 기업에 허용되었다.

이처럼 1980년대 후반부터는 비록 규모 면에서는 선진국의 금융시장에 미치지 못하지만, 외형적으로는 국제금융업무의 다양화가 진전되고 있었음을 알 수 있다.

한편, 국내외금융기관의 상호진출을 살펴보면, 먼저 국내금융기관의 해외 진출의 경우, 1980년대에 들어와 대외거래 규모의 확대 등을 계기로 시중은행도 외환업무에 관심을 기울여 은행의 해외거점 확대가 이루어졌다(〈표 12-2〉 참조). 이를 형태별로 보면, 현지에서 영업이 가능한 지점 및 현지법인과, 조사활동 및 정보수집을

주 업무로 하는 주재사무소가 대종을 이루고 있다. 지역적으로는 지점진출의 경우 미국과 일본에 집중되었고, 현지법인은 유럽의 주요금융센터와 홍콩 등에 진출하고 있다.

〈표 12-2〉 은행의 해외 진출 추이

(단위 : 개)

	1975	1980	1985	1987	1993	1997	2001	2006	2010	2020
지 점	13	35	47	47	66	105	67	65	54	81
현지법인	1	8	17	17	47	59	26	28	42	59
사 무 소	18	50	54	53	74	93	12	20	36	57
계	32	93	118	117	187	257	105	113	132	197

자료 : 금융감독원.

외국은행의 국내 진출의 경우, 1980년대에는 외국자본의 원활한 도입을 목적으로 국내진출 외국은행에 대해 우대세제, 구속예금의 허용 등 각종 인센티브를 부여하였기 때문에, 외국은행의 국내 진출이 급속히 증가하였다(〈표 12-3〉 참조).

〈표 12-3〉 외국은행의 국내 진출 추이

(단위 : 개)

	1975	1980	1990	2000	2010	2020
지점	8	24	36	29	53	36
사무소	6	12	5	6	20	18
계	14	36	41	35	73	54

주 : 1) 설치기준
자료 : 금융감독원

그러나 1980년대 특히 1986년 이후에는 경상수지의 변화로 외자도입의 필요성이 해소됨에 따라, 외화 스왑(swap)의 인센티브가 폐지됨과 아울러 각종의 우대조치가 폐지되었다. 한편, 국내은행과 마찬가지로 의무부담을 지나, 그때까지 제한되어왔던 한국은행 재할인, 신탁계정의 개설, CD발행 등이 허용되어 자금조달수단의 다양화가 진전되었다. 이는 외국은행의 역할에 대한 지위의 변경을 의미하는 것으로서, 국내은행과 동등한 조건의 경쟁을 통해 국내금융시장의 발전과 효율화에 부합하는 역할이 기대되었기 때문이다.

3) 외환거래의 국제화

1985년까지 계속된 경상수지의 적자구조하에서 그 진전이 경제 각 부문의 규제 완화과정 중에 가장 늦었던 부문이 외환거래의 국제화이다. 외화 집중제도뿐만 아니라, 실수요원칙에 의한 규제가 계속되었으며, 환율도 통화바스켓(basket)에 의해 결정되었으나, 사실상 달러에 링크(link)되었다.

그러나 1986년 이후 경상수지의 흑자전환에 따라 점진적인 외화거래의 국제화가 진전되었다. 1988년부터는 IMF 8조 국으로 이행됨으로써 "① 수출·수입 및 용역의 거래 등에 일절 제한을 부과하지 않는다, ② 각국의 통화에 대해 차별적 대우를 하지 않는다, ③ 국내외의 외환에 관한 일체의 정보를 제공하여야만 한다", 등의 의무를 지게 되었다. 따라서 외환의 관리·시행 등을 보완하고, 대외 지불을 포지티브 시스템(positive system: 원칙금지)으로부터 네거티브 시스템(negative system:원칙허용)으로 이행하는 조치를 취하게 되었으며, 또한 원화의 국제화를 추진하였다. 예를 들어, 1건당 10만 달러 이하의 수출입거래에 원화결제를 허용함과 아울러, 비거주자에 의한 소위 '자유 원 예금' 등을 허용하였다.

한편, 복수통화 바스켓에 의한 환율 결정방식이 시장 실세를 무시한 극히 정치적인 환율 결정이라는 내외의 비판을 수용해, 1990년 3월부터 제한적이나마 '시장 평균환율제(market average rate)'가 도입되었다.[10] 이는 외환 자금중개실을 통해 거래된 외국환 취급은행 간의 달러/원화의 현물환율을 거래액으로 가중 평균하여 중심환율을 계산하는 것으로 외환시장의 수급에 의해 환율이 결정되도록 하였다.

10) 1990년에는 중심환율의 변동폭이 0.4%로 제한되었으나, 점차 그 폭이 확대되었다.

제3절 1980년대의 금융제도발전의 의의와 성격

1980년대의 금융제도 발전과정은 시장메커니즘에 의한 자금의 동원과 배분을 실현하기 위한 금융자유화로 상징되기보다는, 거시경제조건의 변화와 구조전환정책의 변화에 의해 촉진되었다고 말할 수 있다.

1980년대 전반에 직면한 경제환경은 금융 자유화를 포함한 경제 전반에 걸친 자유화를 추진함으로써 구조전환을 꾀하기에는 적합한 상황이 아니었다. 즉, 정책당국이 직면한 과제는 경제 자유화의 추진보다도 제2차 오일 쇼크(oil shock) 이후 현저한 수출신장세 둔화에 따라 침체된 거시경제를 활성화하고, 구조적 불황에 빠진 부실기업을 정리하는 데에 있었다.

이와 같은 거시경제 환경에 의해 금융 자유화는 표면적인 자유화에 머물러, 실제는 규제가 계속되었다. 왜냐하면, 금리정책이 물가안정을 배경으로 실질금리 중심으로 운영되었으나, 은행 금리는 경기 활성화를 위해 실질금리에 비해 극히 저 수준에서 규제되었고, 부실기업의 정리 등 정부의 개입이 강화되었기 때문에 은행은 여전히 규제상태에 머물렀기 때문이다. 따라서 은행의 민영화 및 은행경영 등의 규제완화조치 등의 금융 자유화의 제조치는 실질적인 의미를 갖고 있지 못했다.

이러한 상황에서 1980년대 전반의 금융제도에 직접적인 영향을 미친 것이 안정화를 지향하는 구조전환정책에 대응하고자 한 기업 및 가계의 금리 탄력적이고 시장 지향적인 금융 행동이었다. 즉, 정책당국에 의한 부동산투기에 대한 강력한 규제조치로 자산간의 상대가격의 안정화를 통해 금융자산에 대한 선호가 높아졌으나, 은행에게는 인플레억제를 목적으로 신용규제가 강화되었기 때문에, 저금리체제를 유지할 수밖에 없었다. 이러한 변화에 대응해 금리변동에 더욱 민감해진 기업과 가계의 금융 행동이 금리 탄력적이고 시장 지향적인 경향을 추구함에 따라, 은행의 금융중개기능이 현저히 위축된 반면에, 이를 보완하는 형태로 기업어음 시장과 채권시상 등이 급성장했던 것이다.

1980년대 후반 이후에도 경상수지의 대폭적인 흑자전환 등 거시경제의 제 조건이 호전되었음에도 불구하고, 실질적인 금융 자유화는 별로 진전된 것이 없었다. 이는 금융 자유화의 핵심이라고 말할 수 있는 금리자유화가 물가안정 및 시장금리의 하락추세 지속, 1986년 이후의 자본시장의 지속적인 성장에 수반한 자금조달수단의 다양화 등, 금리자유화를 실시할 수 있는 환경이 성숙하였음에도 불구하고, 본격적인 추진이 연기된 사실에서도 알 수 있다.

이처럼 1980년대 후반 이후에도 실질적인 금융 자유화의 진전이 이루어지지 못한 중요한 이유 중의 하나는 경상수지의 대폭적인 흑자에 따른 과잉유동성의 발생에서 찾을 수 있다. 즉, 만성적인 자금 부족의 상태가 계속되어 왔기 때문에 자금을 공급하는 체제에는 익숙해 있었으나, 자금을 흡수하는 체제에는 익숙하지 못했다. 따라서 정책당국은 팽배한 자금의 유입에 의한 인플레의 발생을 방지하기 위해, 유동성 흡수와 통화관리를 위해 여러 가지의 수단을 강구하지 않으면 안 되었던 것이다. 그러나 은행은 여전히 정책금융의 비중이 높았을 뿐만 아니라, 대량의 부실채권문제에 직면해 경영압박을 받았고, 또한 단기금융시장이 아직 발달하지 못했기 때문에, 결국은 대출상한제와 통화안정증권 발행 등을 통해 유동성의 흡수와 통화관리를 수행할 수밖에 없었다.

그럼에도 불구하고 1980년대 후반 이후에는 급속한 소득증대에 따른 개인의 수익성 지향, 금리 선호에 입각한 투자패턴의 변화, 기업의 수익 호전에 따른 저 비용의 자금조달이라는 비금융 민간부문의 금융 측면에서의 대응변화, 미국 등의 대외개방 압력 가중 등이 시장 지향적인 금융제도가 더욱 심화해 가는 데에 크게 영향을 주었다. 이는 대내적으로는 비은행금융기관과 자본시장(특히 주식시장)의 급성장으로, 대외적으로는 자본시장의 국제화를 중심으로 한 국제화의 진전으로 각각 나타났는데, 1980년대 후반 이후의 금융제도 발전과정에 있어서 커다란 영향을 주었다.

먼저, 비은행 금융기관과 자본시장(특히 주식시장)의 급성장은 규제 회피적인 금융시장으로서 급속히 성장하였음을 의미하는 데, 그 과정에서 사금융시장을 흡수하여 시장통합의 효과를 촉진하였을 뿐만 아니라, 은행과 사금융시장의 대체시장으로서 성장하여 금융 자유화의 추진을 주도하였다. 즉, 비금융 민간부문의 금리 선호와 사금융시장의 위축 등을 배경으로 자금이 이들 시장에 집중됨으로써, 한편으로는 은행 부문의 금융중개 기능이 현저히 저하된 반면에, 다른 한편으로는 이들 시장의 급성장을 촉진시켜 금융 자유화가 진전되었던 것이다. 따라서 금융제도의 불균형성장의 문제가 대두되어 이를 시정하기 위한 시책으로 은행에게도 인센티브를 주기 위해 신 금융상품의 등장과 금리자유화 등이 시행되었던 것이다.

다음으로 자본시장을 비롯한 금융시장의 대외개방은 국내 금융시장에서의 경쟁촉진이라는 측면보다도 미국 등의 대외개방 압력을 수용하는 형태로 진전되었기 때문에, 점진적인 국제화에 머물렀으나, 대외개방의 준비단계로서의 시장시스템을 확립하고 국내시장의 규모를 증대시킴으로써 시장의 기능을 강화하는데 크게 영향을 주었다고 말할 수 있다.

이상과 같이 1980년대의 금융제도발전의 의의는 가계, 기업 등의 비금융 민간부문의 규제 회피적 혹은 시장 지향적인 금융 활동에 의해 주도된 비은행 금융기관과 자본시장 중심의 금융제도발전의 과정에 있었다고 말할 수 있다.

중요개념 및 용어

NICs형의 경제발전단계	3저 현상	시장메커니즘
금융 자유화	자원배분의 효율성	시장 지향적인 구조조정
시중은행의 민영화	금리자유화	공급자 중심의 시장
차입자 중심의 시장	겸업주의 제도	비은행금융기관의 비대화
금융자산의 단기화 현상	금융 국제화	준 직접개방
자본시장의 국제화	신자본자유화 추진계획(1988)	국제금융업무의 다양화
외환거래의 국제화	외화집중제도	실수요원칙
IMF8조국	포지티브 시스템	네거티브 시스템
원화의 국제화	시장평균환율제	시장 지향적인 금융행동

연 습 문 제

1. NICs형의 경제발전단계였던 1980년대의 우리나라의 금융제도가 구조적 개혁을 추진하게 된 배경에 대하여 서술하라.

2. 1980년대 시행된 금융 자유화 추진의 의의에 대하여 서술하라.

3. 1980년대 시행된 금리자유화의 특징에 대하여 서술하라.

4. 1980년대 시행된 금융기관의 신규진입에 대한 문호개방과 업무 분야의 다양화의 의의 및 문제점에 대하여 설명하라.

5. 1980년대의 자본시장 국제화 추진의 특징에 대하여 서술하라.

6. 1980년대의 금융제도발전의 의의와 성격에 대하여 서술하라.

제13장 개방경제하에 있어서의 금융제도발전

-1990년대 이후의 선진국지향형의 금융제도발전-

본 장에서는 선진국지향형이었던 1990년대 이후의 우리나라의 금융제도의 발전에 대하여 살펴보기로 한다. 먼저, 금융규제완화와 금융 재편성으로 특징되는 1990년대 이후의 금융제도 발전의 배경을 크게 몇 가지로 분류하여 알아본 후, 다음으로 금융규제완화와 금융 재편성의 구체적인 내용을 크게 네 가지로 분류하여 살펴보고, 마지막으로 1990년대 이후의 금융제도발전의 의의 및 한계에 대하여 규명하고자 하였다.

제1절 금융규제완화와 금융재편성의 배경

1. 개방체제로의 전환

1990년대 이후, 정부주도형 및 대외지향형의 개발전략은 급속한 임금상승과 외환관리의 규제 완화 등으로 한계에 직면하게 되었다. 즉, 급속한 임금상승으로 국제경쟁력이 둔화됨과 더불어, 실물경제 및 서비스 거래의 전반에 걸친 자유화에 의해 외환관리에의 정부의 개입 여지가 축소됨에 따라, 경제 규모가 크게 확대되었음에도 불구하고 임금 및 외환에 의존한 수출이 그 주도력을 상실하여 우리나라 경제는 경상수지적자와 성장률 저하에 직면하게 되었던 것이다.

이처럼 임금, 외환 등에의 개입이 불가능했던 1990년대 이후에는 성장의 원천이 인적자원 내지는 자금의 투자로부터 명확히 기술혁신으로 이전하게 되었다. 기술분야를 강화하기 위해서는 국내산업의 보호를 전제로 한 대외 지향적·자립지향으로부터 시장개방과 기술의 상호교류를 전제로 한 글로벌화에 대응한 시스템으로, 정부규제로부터 시장기능을 전제로 한 시스템으로, 각각 이행할 필요성이 고조되었다. 이에 따라 1996년의 OECD 가입실현 등의 정책당국의 일련의 대응조치가 진전됨에 따라, 금융제도도 이러한 제반 조건을 충족시킴과 동시에 거시경제의 안정적 성장을 추구하기 위해, 경제주체의 왕성한 금융활동을 국내외 금융시장의 통합추진력으로서 수용함과 아울러, 금융시장에 의한 자금 배분의 효율성 및 금융기관의 경쟁력을 향상시키는 방향으로 변화해 가게 되었다.

1996년의 OECD(Organization for Economic Cooperation and Development : 경제협력개발기구) 가입실현은 1990년대 이후의 금융제도 발전과정에 커다란 영향을 미쳤다. 이는 OECD 회원국에게는 OECD의 자유화 규약의 핵심이라고 일컬어지는 자본이동 자유화 규약 및 경상 무역외 거래 자유화 규약의 자유화 항목에 대한 규제를 철폐해야만 하는 의무가 부과되어 있기 때문이다. OECD의 자유화 규약에서 설정하고 있는 자유화란 규약으로 정한 은행 및 금융서비스거래는 물론, 자본이동과 관련된 자유화 항목에 대한 정부의 규제를 철폐하는 것을 의미한다. 또한, 실질적으로 자본거래를 제약하는 효과가 있는 간접적 규제조치도 자유화의 대상이 된다.[1]

이처럼 OECD의 자유화 규약은 구속력이 있어서 정책당국은 OECD 가입에 대비해 금융시장의 대외개방과 금융규제완화를 더욱더 촉진함과 아울러, 국내금융기관의 국제경쟁력을 향상시키기 위한 일환으로서 금융 재편성에 노력을 경주하기 시작했다.

2. 비금융 민간부문의 대응변화

금융시장에서의 비금융 민간부문의 대응변화는 1990년대 이후의 금융제도발전에 커다란 영향을 미쳤다. 이는 소득향상에 따른 금융자산선택의 다양화, 자금운용에서의 수익성 지향 내지는 금리 선호 등이 높아짐에 따라, 금융기관 간의 경쟁촉진, 금리자유화 폭의 확대, 각종의 새로운 거래기법 내지는 새로운 금융상품의 등장 등을 촉진함과 아울러, 나아가서는 금융기관의 업무영역조정을 촉진시키게 되었기 때문이다.

1990년대 중반 이후 금융 자유화와 글로벌화가 촉진됨에 따라, 금융시장은 종래의 공급자 중심의 시장에서 수요자 중심의 금융시장으로 전환하게 되었다.

이와 같은 수요자 중심의 금융시장으로의 전환은 종래의 금융서비스의 양과 가격 등 금융의 양적 지표로 표현된 정태적 효율성 지향 성향을, 신금융상품의 개발, 금융서비스의 수요 다양화에의 대응 등 금융의 질적 측면을 강조하는 동태적 효율성 지향 성향으로 전환하는 계기를 마련해 주었다. 즉, 금융산업의 운영이 공급 측면을 강조하는 정부-금융기관의 관계로부터 수요자의 니즈(needs)를 강조하는 금융기관-수요자의 관계로 전환됨으로써, 금융기관-수요자 간의 시장 내부관계에 금융서비스의 수요와 공급이 동태적으로 대응할 수 있도록 선택의 범위를 확대하지 않으면 안되게 되었다.

---

1) 우리나라가 OECD의 정회원이 되었어도 이와 같은 자유화 규약을 즉시에 그리고 무 조건적으로 이행했던 것은 아니다. OECD 회원국은 각각의 경제적 조건에 따라 다른 방법과 진행절차로 자유화를 추진하는 것이 가능하였기 때문이다.

이와 같은 환경변화는 금융기관의 경영에 자율성을 부여함과 아울러, 금리자유화-금융상품에 대한 규제 완화-금융 재편성을 유기적인 체계 하에서 추진함으로써 금융시장의 심화를 보다 촉진하는 결과를 초래하게 하였다.2)

3. 금융시장에 대한 개방 압력의 가중

UR(Uruguay Round) 협상에 따른 WTO(World Trade Organization) 체제의 출범과 '한·미 금융정책회의(Korea-U.S. Financial Talks)' 등, 국내금융시장에 대한 개방압력이 1990년대 이후의 금융제도발전에 지대한 영향을 미쳤다.

1986년 9월 GATT의 제8차 라운드에서 촉발된 UR 협상은 기존의 관세, 상품 등에 서비스, 외국인투자 및 지적 소유권 등을 교섭대상으로 추가했던 것을 의미한다. 이러한 UR 협상을 추진하게 된 배경에는 선진국의 경쟁력이 점차로 상품 분야로부터 서비스 분야로 변화해 감에 따라, 미국을 중심으로 한 선진국이 서비스교역에 관한 다자간의 규범을 제정함으로써 세계적인 서비스 시장의 개방을 추구하고자 하는 의도가 있었다.

이와 같은 관점에서 볼 때, UR의 금융서비스협상은 금융서비스 및 시장개방에 관련한 선진국과 발전도상국 간의 다자간 협상이었다고 말할 수 있다.3)

이러한 의미를 지닌 UR 협상은 우여곡절을 거쳐 1993년 12월에 WTO 체제가 확립됨으로써 타결되었다. 이에 따라 정책당국도 금융서비스부문에 있어서 예금 및 관련 업무, 대출 및 관련 업무, 증권인수, 생명보험 등 15개 업종으로 구성된 오퍼 리스트(offer list)를 작성, 제출함으로써 대외개방 및 자유화에 대해 국제적 신뢰를 고양하고자 하였다.

한편, '한·미 금융정책회의'는 한국과 미국 양국 간의 금융현안 논의로서 1990년 2월 제1차 회의가 개최된 이래, 공식 혹은 비공식회의가 수 회에 걸쳐 개최되었다. 이 회의에서는 금리, 외환, 자본거래 등 금융 전반의 개방 및 구조조정에 대하여 논

---

2) 김동원, "수요측면에서의 금융개혁과제", 「기업의 국제경쟁력 강화와 금융의 역할제고」, 한국금융학회 제1차 특별 심포지엄, 1994년 11월, pp. 115~154.

3) UR금융서비스협상에 관한 구체적인 내용은 김태준, 「UR금융서비스협상과 금융산업 경쟁력제고방안」, 대외경제연구원, 19991년, pp. 25~53.을 참조.

의하였기 때문에, 1990년대 이후의 우리나라의 금융제도가 본격적인 금융규제완화와 금융시장의 대외개방을 추진하는데, 지대한 영향을 미쳤다. 왜냐하면, 이 회의는 1984년의 '달러 · 엔 위원회'를 시작으로 1989년의 '미 · 일 금융시장협의회'에 이르기까지 일본의 금융시장개방과 구조조정을 강요했던 것처럼, 미국의 요구사항이 관철될 때까지 지속적이고 반복적으로 문제를 제기하는 형태로 진행되었기 때문이다.

정치, 군사, 경제 등 제반 분야에 있어서 미국의 의존도가 높은 우리나라의 입장에서는 금융제도의 내적 개혁 및 자유화가 아직 충분하지 못한 상황이었음에도 불구하고, 미국의 요구를 받아들이지 않을 수가 없는 상황이었다. 1992년 3월의 제4차 '한 · 미 금융정책회의'에서 우리나라 정부가 1997년까지의 국내금융시장의 단계적인 종합개방계획인 「제3단계 금융 자유화 및 개방계획」을 제시한 것은 그 단적인 예이다.

이처럼 UR 협상에 따른 WTO 체제의 출범과 '한 · 미 금융정책회의' 등의 대외개방압력이 증대됨에 따라, 금융시장의 개방을 촉진함과 더불어 국내금융기관의 국제경쟁력을 높이기 위해서는 금융 재편성을 수행하지 않으면 안 되었다.

한편, 세계 주요 금융시장에서 일고 있는 금융의 규제완화(financial deregulation), 금융의 범 세계화(globalization), 금융의 증권화 현상(securitization) 등도 1990년대 이후의 우리나라의 금융제도에 커다란 영향을 주었다. 즉, 우리나라의 경우 개방체제로의 전환에 따라 국내외금융시장의 통합화를 수용하지 않으면 안 될 상황에 직면하였기 때문에, 대외경쟁력을 지닌 금융제도를 구축하기 위해서는 이와 같은 제반 환경요인이 상호 간에 밀접하게 영향을 미침으로써 나타난 선진국의 금융 재편성의 추세를 반영하지 않으면 안 되게 되었다.

4. 금융기관의 경영환경변화

1990년대 이후 금융규제완화의 지속, 자금의 운용 · 조달 니즈(needs)의 다양화, 금융시장의 국제화 및 통합화의 진전 등이 진행되어 감에 따라, 금융기관도 변모를 꾀하지 않으면 안 되게 되어 금융의 재편성을 추구하게 되었다. 이와 같은 금융 재편성을 추진하는 데에 있어서 금융기관을 둘러싼 경영환경의 변화도 하나의 요인을 제공하였다.

1) 은행

첫째, 일반은행의 경영악화를 들 수 있다. 앞에서 언급한 것처럼 1960~70년대의 정부주도형 개발체제에서 중심적인 역할을 해 온 일반은행은 1980년대부터 금융시장에서의 점유 비중이 상대적으로 축소되는 등 현저한 경쟁력의 저하를 보였을 뿐만 아니라, 수익성도 악화되었다. 이러한 경영악화 현상은 단지 국내에 국한하지 않고 국제간의 비교를 통해서도 확연히 나타났다.

예를 들어, 〈표 13-1〉에서 보는 것처럼, 1990~96년 중 국내은행의 총자산대비 당기순이익(ROA)은 평균 0.74%에 머물러 일본의 은행(0.18%)보다는 높았지만, 미국, 영국의 은행에 비해서는 낮았다. 또한, 국내은행이 부(-)의 수익을 나타낸 1997~2000년 중에도, 미국 및 영국은행들의 수익성(1997~1999년)은 오히려 호전되어 국내은행들과 미국 및 영국은행 간의 수익성 격차는 더욱 확대되었다.

〈표 13-1〉 국내은행과 외국은행간의 ROA비교

(단위 : %, 연중평균)

	국내은행	외국은행		
		미국	영국	일본
1990~2000	△0.30	1.66	1.15	0.00
1990~1996	0.74	1.50	1.04	0.18
1997~2000	△2.14	2.05	1.41	△0.43
2005	1.27	1.31	△0.103)	0.56

주 : 1) 분석대상은행기준(1991년의 하나 및 보람은행은 제외).
2) 1990~1999년중 The Banker에 수록된 매 년도 세계 51~150위에 속하는 미국 · 영국 · 일본의 은행기준.
3) 영국은 2003년

자료 : 금융감독원, 「은행경영통계」, 「금융통계정보」
OECD, Bank Profitability Statistics

이러한 일반은행의 경영악화를 타개함과 아울러 금융기관의 국제화와 통합화에 대응하기 위해서도 일반은행에 대한 보다 폭넓은 규제를 완화하고, 각국의 금융기관과 대등한 경쟁조건을 확보할 수 있는 환경을 조성하는 것이 주요한 과제로 부각되었다.

둘째, 특수은행의 경영기능저하를 들 수 있다. 앞에서 언급한 것처럼, 우리나라는 1960년대에 급속한 경제발전을 추진하기 위해 외환, 외화자금의 효율적인 관리, 중소기업육성, 서민금융체제의 정비, 민간주택건설 촉진 등, 각종의 정책적 목적을 지닌 특수은행을 설립 내지는 정비하였다. 이들 특수은행은 본래 그 재원을 재정자금, 차관, 채권발행 등으로 마련하여야 했는데, 재정자금의 부족 및 기타 이유로 산업은행과 수출입은행 등의 개발기관을 제외하고는 재원을 예금수취에 의존하는 정도가 점점 높아지고 있었다.

이처럼 특수은행의 자금조달에 있어서 재정자금차입의 비중이 저하하고 예금수취의 비중이 증가해 감에 따라, 예금취득에 있어서 일반은행과 특수은행의 경합이 가속화되었다. 이에 따라 특수은행의 일반은행에 대한 보완성 및 전문성이 크게 저하되었을 뿐만 아니라, 일반은행의 경영수지도 악화시키는 요인으로 작용하였다.

한편, 업무 내용 그 자체에서도 특수은행과 일반은행의 차가 축소되었다. 예를 들어 대외무역의 증대에 따른 일반은행의 외환 취급량의 증가로 외환 관련 업무의 외환은행의 지위가 저하되었으며, 또한 시중은행 및 지방은행에게도 중소기업에 대한 대출이 부과됨에 따라 중소기업금융 자체의 일반화가 이루어졌고, 그 외에도 서민금융과 주택금융에 대한 국민은행과 주택은행의 독점현상이 상실되었다.

이상과 같이 특수은행의 경영기능저하로 일부의 특수은행을 제외하고 특수은행을 일반은행으로 전환해야 할 필요성이 제기되었다.

2) 비은행금융기관

먼저, 투자금융회사의 경영악화를 들 수 있다. 투자금융회사의 경우, 1980년대 이후 업무 취급 및 자금조달수단의 제약이라는 내적 환경요인에, 기업의 자금조달수단의 다양화, 금리자유화의 진전 및 이에 수반한 신금융상품의 도입 등의 외적 환경요인이 작용함으로써, 한정된 기업어음(CP) 시장을 대상으로 과다한 경쟁을 초래하는 등, 급속히 경영환경이 악화하였다. 특히, 1990년대 이후에는 단지 경영악화만이 아니라, 장기적인 전망 자체도 불투명하였다. 즉, 1990년대 이후 투자금융회사의 기능이 기업금융기능으로부터 단기금융중개 기능으로 전환하게 되었으나, 당시 우리나라의 단기금융시장의 경우, 발전 정도가 미성숙한 단계에 지나지 않았기 때문에, 투자금융회사가 한정된 단기금융중개 기능에 전념하여 활로를 개척해 나가는 것이 어려웠다. 이에 따라 1990년대 중반 이후 투자금융회사(잔존 투자금융회사 15사)의 업종전환의 필요성이 제기되었다.

한편, 종합금융회사도 1980년대 후반 이후 심각한 경영환경변화에 직면하게 되었다. 국제수지의 개선, 대기업의 국제금융시장을 통한 자금조달의 증가, 외국 도매(wholesale) 금융기관의 국내 진출 등에 의해, 본래의 설립목적이었던 외자도입업무가 크게 쇠퇴하였다. 또한 머천트뱅크(merchant bank)의 중심적 기능인 증권발행업무는 증권회사, 자금 운용서비스는 투자신탁회사, 단기금융업무는 투자금융회사와 각각 경쟁이 격화됨으로써, 비교우위를 상실하여 리스 업무 등 주변 업무에 중점을 두지 않으면 안 될 상황이었다.

이와 같은 환경변화와 더불어, 금융시장개방과 관련하여 영국의 머천트뱅크(merchant bank), 미국의 투자은행(investment bank) 등에 대응해 기업금융서비스의 경쟁력을 강화하기 위해서는 이들 금융기관과 성격이 유사한 종합금융회사의 기능정비 및 기능 강화를 촉진할 필요성이 제기되었다.

투자신탁회사도 1980년대 후반 이후 투자신탁 업무를 포함한 제반 환경의 변화로 재편성의 필요성이 제기되었다. 특히, 1989년 12월 12일의 증권시장안정화대책에 따른 심각한 경영악화는 이를 더욱더 촉진하는 요인으로 작용하였다. 1989년 일시적으로 종합주가지수가 폭락함에 따라 정책당국은 증권시장안정화대책의 하나로, 한국은행의 지원을 근간으로 2조 7,000억 원을 은행차입의 형태로 투자신탁회사에 공급하고, 투자신탁회사는 이 자금을 기반으로 주식매수에 적극적으로 나섰다. 그러나 그 후에도 주가는 계속 하락하고 투자신탁 가입자의 해약이 급증하는 상황이었음에도, 주가안정을 위해 보유주식을 매각할 수 없었던 투자신탁회사는 은행차입금에 대한 이자 부담 등 심각한 경영악화에 직면하게 되었다.[4)]

또한, 은행의 개발신탁 및 금전신탁, 증권회사의 BMF, 투자금융회사의 CMA 등, 주로 유가증권에 투자하는 광의의 투자신탁 유사상품의 도입, 증권회사의 투자신탁

---

4) 그 결과 1992년 5월에는 은행차입이 거의 6조 원에 달하는 등 심각한 경영악화에 직면하게 되었다. 이와 같은 경영악화는 주가 회복과 더불어 한국은행의 특별융자와 국고 차입에 힘입어 점차 정상화되었으나, 차입금에 대한 이자 부담 등으로 1990년대 이후 투자신탁회사의 경영을 악화시키는 요인으로 작용하였다.

업에의 진출요구, 금융시장개방과 외국 투자신탁회사의 국내 진출 등의 환경요인도 투자신탁업의 구조개편에 영향을 미쳤다.

제2절 금융규제완화와 금융 재편성의 전개

정부는 1993년 5월 「신경제 5개년 계획 금융부문」을 발표한 것을 계기로 하여 본격적인 금융규제완화와 금융 재편성을 추진하기에 이르렀다. 이에 따른 금융개혁의 추진내용은 ① 금융기관 내부경영의 자율화, ② 금리자유화의 추진, ③ 정책금융의 축소, 부실채권의 정리, 여신규제완화 등을 통한 금융기관의 자금 운용의 자율성확보, ④ 통화관리방식의 직접규제로부터 간접규제로의 전환, ⑤ 금융규제완화에 수반한 금융제도의 건전성·안전성의 확보와 금융감독 기능의 강화, ⑥ 금융기관의 전문화 및 대형화, 금융산업개편을 통한 금융구조의 선진화 추구, ⑦ 외환 및 자본시장의 개방·국제화의 추진 등으로 집약할 수 있다.

1. 은행의 소유·지배구조개선과 경영권 강화

은행의 내부경영 구조조정은 은행이 경영기반을 확보함과 아울러 책임경영권을 창출할 수 있도록 제도적 환경을 개선하는 데에 그 목적이 있다. 여기서 책임경영권이란 통제권을 갖고 있는 주체가 실제로 기업을 경영할 수 있도록 경영자에게 위탁된 권한으로, 그 권한은 기업을 경영하는 데에 기본적으로 필요로 하는 최소한의 통제권을 의미한다.[5)]

앞에서 언급한 것처럼 1980년대 전반에 시중은행의 민영화를 추진한 이래 정부는 은행경영의 자율성 확보와 관련하여 여러 조치를 시행하였다. 특히 1990년대 이후 시중은행의 소유 구조가 민영화 추진 당시에 우려했던 것과는 달리, 기관투자자를 비롯한 민간주주로 분산됨에 따라, 경영통제권을 정부가 행사함으로써 발생하는 경

5) 김동원, 「은행의 소유 구조와 경영권창출」, 한국경제연구원, 1994년, p. 54.

영통제권과 소유권 분리문제를 해소할 필요성이 제기되었다.

이에 따라 1994년 '은행법'의 개정을 계기로 「은행장추천위원회제도」를 골자로 한 은행 내부경영의 개선방안을 제시하였다. 은행장추천위원회제도는 대주주 혹은 정부의 은행지배를 방지하기 위해, 전임은행장 3인, 주주대표 4인(대주주 2인, 소액주주 2인), 고객대표 2인 등 총 9인으로 구성된 은행추천위원회가 은행장 후보 1인을 선출해 감독 당국의 심사를 거쳐 이사회에 추천하는 제도이다. 이 제도는 은행장의 선임방식에 있어서 정부의 개입을 억제하는 대신에, 은행경영의 직접 이해관계자인 주주와 고객이 참가하는 등, 은행의 자율적인 경영기반의 확보라는 측면에서 크게 기여하였다고 평가할 수 있다.

그러나 책임경영권의 구축에 수반한 은행의 경쟁력과 생산성의 향상이라는 측면에서는 별로 기여한 것이 없다고 말할 수 있다. 이는 기본적으로 은행의 합병 내지는 구조조정을 주도적으로 추진할 수 있는 주체가 없었기 때문에 발생하는 문제이기도 하지만, 이와 더불어 은행장추천위원회의 기능이 단지 은행장추천으로 끝나기 때문에 은행의 경영에 대한 감시기능은 물론, 대리인 문제의 발생 소지가 심각할 수 있다는 점에 기인한다. 또한, 은행장추천위원회의 구성과 은행장의 선임에 있어서 현 은행장의 영향력이 과다하게 작용할 가능성이 컸기 때문에, 은행장의 의사결정이 잘못되었을 경우 은행경영에 막대한 피해를 줄 가능성이 컸었다.6)

이처럼 은행장추천위원회제도의 도입도 여러 가지 문제점이 있었기 때문에 재차 은행의 소유 구조에 대한 논의가 이루어졌다. 이러한 과정에서 1994년 말에 도입된 것이 「금융전업기업가 제도」이다.

이 제도의 주요 내용으로는 ① 은행의 동일인 지분 소유 한도를 8%에서 4%로 축소하는 대신에(증권시장안정기금 등 경영권의 지배를 목적으로 하지 않는 기관투자자와 지방은행은 종전대로 각각 8%와 15%를 유지 가능), 금융전업기업가에 대해서는 동일인(전업기업가 본인 및 특수 관계인)소유 지분 한도를 12%까지 허용하고(전업기업가 본인의 최소지분율은 동일인 지분율의 2/3 이상, 즉 8% 이상을 유지해야 함), ② 금융전업기업가는 30대 재벌그룹과 특수 관계가 없는 자로서 은행

6) 은행장추천위원 9인 중에 전임은행장 3인과 대주주 2인은 거의 자동으로, 소액주주 2인과 고객 2인은 현 은행장에 의해 각각 추천되었기 때문에, 은행장추천위원회가 현 은행장의 의도에 의해 운영될 가능성이 컸었다.

주식을 자기자본에 의해 소유해야만 하며, ③ 또한 금융전업기업가는 은행 업무, 증권업무 및 투자자문 업무, 종합금융업무, 신탁업무, 보험업무 등, 거의 금융업무 전부에 참여할 수 있으나, 그 전제조건으로 비금융업종의 지분을 처분해야만 한다는 것 등을 들 수 있다. 이를 요약하면, 재벌그룹의 은행참여를 배제한 상태에서 은행의 책임경영체제를 구축하고자 하는 데에 이 제도의 목적이 있었다.

그러나 현실적으로 금융전업기업가가 지분에 참여할 수 있는 은행은 당시에 시중은행 7행에 국한되어 있었는데, 재벌그룹을 제외하고는 순수하게 자기자본을 동원해 시중은행의 주식을 소유할 수 있는 자가 당시에는 현실적으로 없었다는 데에 이 제도의 본질적인 문제가 있었다. 비록 이러한 능력을 지닌 자가 있었다고 하더라도, 은행장을 선임하는 은행장추천위원회제도가 여전히 존재하여 경영권을 행사할 수 없는 상황에서, 기존의 기업을 포기하고 은행에 참여하는 것은 현실적으로 불가능하였다. 이처럼 금융전업기업가 제도도 현실성이 결여되었기 때문에, 명문화된 상태로 유명무실화되었다.

그 후 정부는 1996년 말의 '은행법'개정을 계기로 미국식에 유사한 성격을 지닌 「비상임이사 중심의 이사회제도」의 도입을 대체수단으로 제시하였다.

이 제도의 골자는 ① 은행의 규모에 따라 7~25인에 의해 구성된 이사회를 구성하고, 비상임이사의 수는 이사회의 50% 이상을 점유하도록 한다. ② 비상임이사는 대주주, 소액주주, 금융전문가로 구성하며, 이 중에서 주주의 비율을 70~80% 이상으로 한다. 단 대주주의 절대적인 지배력을 배제하기 위해 이사는 지분율과 관계없이 하나의 의결권만을 갖도록 한다. ③ 재벌그룹에 의한 은행지배와 이해 상충의 폐해를 방지하기 위해, 상위 5대 재벌그룹과 은행, 보험회사, 투자신탁회사 등의 기관투자자는 이사로서 선임되지 못하도록 한다. ④ 이사회의 권한을 강화하기 위해, 주주총회에 대한 은행장과 감사의 추천은 비상임이사만으로 구성된 이사회에서 시행한다. 또한, 이사회는 상임이사의 선임, 예산 및 결산, 합병 등의 중요사항에 관한 승인을 통해 경영권의 창출과 경영감시기능을 수행한다, 등이다.

이처럼 이 제도는 대기업그룹에 의한 은행지배를 방지하기 위해 은행에 대한 동일인 소유지분을 4% 이내로 제한하고, 은행경영에 대한 감시기능을 강화함으로써 책임경영체제를 확립하고자 하는 측면에 그 목적이 있었다고 말할 수 있다. 이와 같은 측면에서 볼 때, 이 제도는 종래의 두 제도에 비해 은행의 직접 이해관계자인 주주의 영향력이 강화되었을 뿐만 아니라, 경영통제권 행사에 있어 비상임이사의 역할이 증대되었기 때문에, 대리인 문제의 완화, 책임경영체제의 강화에 기여했다고 말할 수 있다.

그러나 이 제도도 여러 가지의 문제점을 지니고 있다. 비상임이사를 중심으로 경영통제권을 창출하기 위해서는 비상임이사의 영향력이 확대되어야 한다. 그러나 ① 외부이사의 임기가 내부이사에 비해 짧았을 뿐만 아니라, 이사회의 과반수에 지나지 않았고, ② 내부이사와 비교해 직접적인 이해관계가 적었기 때문에, 출석률도 낮아 보통의 이사회에서 내부이사가 수적으로 우위를 점할 수 있었으며, ③ 또한 비상임이사의 선임에 있어서 최고경영자의 영향력이 크게 작용하고, 비상임이사의 대부분이 다른 일에 종사하였기 때문에, 충분한 정보제공이 이루어지지 않는 등, 은행경영에 대한 감시기능 및 책임경영권의 강화 측면에서 제대로 기능을 수행하지 못할 가능성을 내포하고 있었다.

이상에서 언급한 것과 같이 은행의 소유・지배구조와 관련해 1990년대 이후에 제시된 각종의 대책은 재벌그룹에 의한 은행지배를 배제하는 기조를 일관되게 유지하면서 책임경영권을 강화하는 방향으로 진전되었음을 알 수 있다.

2. 본격적인 금리자유화의 추진

금리자유화는 금융규제완화 과정 중에서 중심적인 위치를 점유하는 것으로, 경제활동 전반에 걸쳐 시장기능을 정상화하여 금융의 효율성을 제고시킴과 아울러, 금융 국제화의 추진을 촉진하는 전제조건으로서의 성격을 지니고 있다. 이러한 관점에서 볼 때, 금리자유화의 정당성에 대해서는 이론이 없으나, 그 실행 시기, 속도 및 범위에 대해서는 견해가 일치하지 않는다. 이는 금리자유화에 수반한 금리상승이 인플레와 기업의 금융비용을 상승시켜, 설비투자의 감소 및 국제경쟁력의 약화를 초래할 가능성을 간과할 수 없기 때문이다. 1980년대 후반 이후의 금리자유화가 실패로 끝났으나, 1990년대 이후 다음과 같은 환경요인의 영향으로 재차 본격적인 금리자유화를 추진하게 되었다.

첫째, 금융실명제의 실시에 따른 금융 정상화를 이루기 위해서는 금리자유화를 조기에 실시하여야 했기 때문이다. 1993년 8월 12일 정부는 '금융실명거래 및 비밀보장에 관한 대통령 긴급명령'에 의해 소위 '금융실명제'를 실시하였다.

금융실명제란 한마디로 말하면 금융거래를 거래자의 실제 명의로 행하는 것을 의미한다. 그때까지 우리나라의 경우, 가공 혹은 차명 명의에 의한 금융거래가 관행처럼 행해졌는데, 금융실명제는 이와 같은 관행을 시정하고 금융거래의 실명을 의무화하는 것을 의미한다. 이러한 의미를 지닌 금융실명제는 금융자산의 흐름을 투명하게 할 뿐만 아니라, 금융자산소득에 대해서도 공평하게 과세하는 것을 궁극적인 목표로 삼고 추진되었다.

이처럼 금융실명제의 실시는 ① 건전한 금융 질서의 확립, ② 금융거래의 투명성 확보, ③ 금융중개 기능의 강화 등을 목적으로 하고 있었기 때문에, 금리자유화실시에 커다란 영향을 주었다. 금리규제에 따른 자금 배분의 왜곡, 양건예금 및 금리보전 등의 불건전 금융 관행을 시정하고, 금융중개의 효율화를 추구하기 위해서 뿐만 아니라, 금융실명제 실시에 따른 충격을 조기에 흡수하기 위해서도 금융 자유화의 조기 시행이 요구되었다. 즉, 금융실명제에 따른 가공 혹은 차명 명의에 의한 거액예금과 사금융 성격의 자금을 제도금융시장에 흡수해, 중소기업의 자금난을 해소하기 위해서는 수신금리 등 금융 자유화의 실시가 긴요하였다.

둘째, 미국 등의 금융시장 개방압력에 따른 개방금융체제의 전개에 효율적으로 대응하기 위해서는 금리자유화로의 이행이 불가피하였다. 금리는 외환 및 자본자유화와 유기적으로 연계되어 있어서, 금리자유화가 진전되지 않을 경우, 환율, 금리, 통화 간의 균형상실로 경제의 대내외적인 균형이 저해될 가능성이 크다. 즉, 국내외의 금리 차의 변동은 국내외 간의 자본이동을 통해 통화량, 주가 및 환율에 영향을 미친다. 그리고 환율의 변동은 재차 자본유입과 유출을 통해 주가와 금리에 영향을 미치게 된다. 이처럼 금리, 환율, 주가, 통화 등의 변동이 상호 간에 영향을 미치기 때문에 금리규제가 유지되면, 통화관리와 적정 환율의 유지는 곤란하게 될 수 있다.

셋째, 통화관리방식을 공개시장조작과 같은 간접규제방식으로 전환하기 위해서는 금리자유화가 전제조건이 된다. 은행이 조달한 자금의 범위 내에서 대출을 허용하는 간접규제방식은 한국은행의 재할인금리와 금융기관 간의 콜금리 등이 신축적으로 기능하는 체계에서 가능하다. 또한, 공개시장조작정책이 본래의 기능을 발휘하기 위해서는 국공채 등의 발행금리가 공개입찰을 통해 자유로이 결정되어야 하기 때문이다.

이와 같은 배경에서 정부는 1991년 8월에 수립한 「금리자유화 4단계 조치」를 근간으로, 한미금융정책회의와 WTO 체제의 출범 등 대외개방압력에 대응하기 위해, 1993년 5월의 「신경제 5개년계획 금융개혁」추진의 일환으로 작성한 「제3단계 금융자유화 및 시장개방계획(Blue Print For Financial Liberalization and Market Opening)」을 포함하여, 금리자유화를 추진하기에 이르렀다(〈표 13-2〉 참조).

〈표 13-2〉 단계별 금리자유화 추진내용

	여신금리	수신금리	채권금리
제1단계 (1991.11)	-단기여신금리	-3년 이상 장기수신금리 -단기·거액의 시장성 수신상품금리(CD, RP 등)	-2년 이상 회사채금리
제2단계 (1993.11)	-재정지원 및 한국은행 재할인대상 대출을 제외한 모든 여신금리	-2년 이상 수신상품금리	-2년 미만 회사채, 금융채 및 국공채 금리
제3단계 (1994.7~1995.11)	-한국은행총액한도대출 관련 자금의 여신금리	-요구불예금 및 3개월 미만 저축성예금을 제외한 수신상품금리	-
제4단계 일부 (1997.7)	-	-7일 이상 3개월 미만 저축성 예금금리	-
2000년 이후~	-재정지원 자금의 여신금리	-요구불예금 및 7일 미만 저축성예금	-

자료 : 한국은행

1991년 11월에 당좌대부 등 단기 대출금리와 CD, 거액 RP 등 시장성 수신금리, 3년 만기 정기예금금리 및 2년 이상의 회사채 발행금리를 자유화하는 등 제1단계 금리자유화를 실시한 이후, 단계별로 금리자유화를 추진해 오다가, 1997년의 외환위기를 계기로 금리자유화의 계획을 앞당겨 일부의 요구불예금 금리를 제외한 모든 금리를 전면적으로 자유화하였다.

3. 금융의 국제화-자본시장의 국제화와 외환자유화-

1990년대 이후 대내적으로는 OECD 가입의 실현 등에 따른 개방체제로의 전환, 금융규제완화의 지속, 대외적으로는 WTO 체제의 확립, 미국 등의 금융시장 개방 압력 등의 제반 환경요인에 대응함과 아울러, 기업의 경쟁력향상과 국민의 편익증대를 꾀하기 위해, 자본시장의 국제화와 외환거래의 자유화에 중점을 두고 금융의 국제화를 재차 추진하게 되었다. 1990년대 이후의 금융의 국제화는 1993년 5월의 「제3단계 금융 자유화 및 시장개방계획(Blue Print For Financial Liberalization and Market Opening」을 근간으로 추진되었다(〈표 13-3〉 참조).

먼저, 자본시장의 국제화의 경우, 1992년에 일반 외국인 투자자의 우리나라 주식에 대한 직접투자를 종목별로 10%의 범위내에서 허용한 이후, 그 투자 한도를 지속적으로 확대해 오다가, 1997년 외환위기를 계기로 완전히 철폐하였다. 한편, 일반 외국인 투자자의 우리나라 채권에 대한 직접투자의 경우도 1994년에 중소기업발행의 전환사채(CB)에 대한 투자를 허용한 이후, 채권형 펀드를 통한 국내 상장채권에 대한 간접투자 허용(1995년), 중소기업발행의 무보증사채에 대한 직접투자 허용(1996년) 등의 순서로 단계적으로 국제화를 추진해 오다가, 1997년의 외환위기를 계기로 전면적으로 개방하게 되었다.

국내 투자자의 해외증권에의 투자도 기관투자자의 경우 1990년대 중반까지 전부 자유화되었고(증권, 투자신탁, 보험의 경우 1994년, 종합금융회사와 각종 연금은 1995년), 개인, 법인 등 일반 투자자도 그 투자 한도를 점진적으로 확대해 1996년에는 완전히 자유화하였다.

또한, 국내기업의 해외증권 발행의 경우, 1996~1997년에 CB, DR 등의 주식 관련 증권발행의 자유화, 원화 표시 주식 관련 증권발행의 인가를 허용한 후, 1997년의 외환위기 이후에는 비주식 관련 증권의 해외증권발행도 자유화하였다.

증권업무 및 관련 업무의 개방은 1992년에 외국증권회사의 국내지점설치가 인가된 이후, 그 설치조건 및 증권 관련 업종(투자신탁회사, 투자자문회사 등)의 외국인 지분, 합작회사의 인가 등이 점차로 완화되어 오다가, 1997년의 외환위기를 계기로 전면적으로 개방되었다.

〈표 13-3〉 자본시장 국제화·개방화의 추진계획과 내용

	제1단계(1993년)	제2단계(1994~95년)	제3단계(1996~97년)
외국인의 국내 증권투자	-50%이상 외국인직접투자 기업에 대한 외국인의 주식투자 한도폐지	-종목별 외국인 1인당 취득 한도의 확대 (10%→15%) -국내거주 외국인의 주식투자 시 내국인 대우 -중소기업발행 CB에 대한 외국인직접투자 허용 -국내 상장채권에 대한 간접투자허용	-종목별 외국인 1인당 취득 한도의 확대 (18~20%) -중소기업발행 무보증 장기채권에 대한 외국인의 투자허용
내국인의 해외 증권투자	-기관투자자의 범위, 투자한도 확대 -일반투자자의 간접투자확대	-기관투자자의 해외증권투자 완전자유화 -일반투자자의 해외증권투자 허용	-일반투자자의 해외증권투자 완전자유화
국내외 증권발행	-	-국제기구의 원화채권 발행허용 -국제금리수준에 근접한 국공채에 대한 외국인의 인수허용	-외국기업발행 주식의 국내상장 허용 -원화표시 주식관련 증권의 해외발행 허용
증권업 및 관련 업무의 개방	-외국투신·투자자문사의 지분참여허용 (전체: 10%, 1사당: 10%)	-외국증권회사 국내지점의 설치요건 완화 -외국투신·투자자문사의 국내사무소 설치 허용	-외국증권회사 국내지점의 영업기금 인하 -외국투신·투자자문사의 지분참여 확대(전체: 49%, 1사당: 10%) -외국투신사의 국내지점설치 및 합작회사 설립 허용

자료 : 재무부(현재의 기획재정부), 「제3단계 금융 자유화 및 시장개방계획」, 1993년

외환 자유화는 1990년 3월에 환율제도가 「시장평균환율제도」로 전환된 이후, 전일 평균 외환거래의 상하한 폭 1.0%로 제한된 환율의 1일 변동 폭이 점차로 확대해 시행해 오다가, 1997년의 외환위기로 완전변동환율제로 전환하였다. 한편, 1998년 9월 종래의 원칙금지·예외허용체제(positive system)의 외국환관리법이 폐지되고 새로이 원칙허용·예외금지체제(negative system)의 외국환관리법이 새로 제정되었으며, 1998년 6월 「외환거래 자유화 기본계획」을 통해 외환거래의 전면자유

화를 시행하기에 이르렀다.

동 계획에 따라 1999년 4월에 기업 · 금융기관의 대외 영업활동 관련 외환거래의 전면적인 자유화가 이루어졌고, 2001년 1월부터는 일부 자본거래를 제외하고는 종래의 허가제에서 원칙적으로 신고제로 전환하였다.

이처럼 1990년 이후의 금융 국제화의 추진은 다음과 같은 특징을 지니고 있음을 알 수 있다.

첫째, 금융 국제화는 금리자유화, 간접통화방식의 정착 등의 대내적 자유화의 속도에 덧붙여, 국내외 간의 금리 차의 축소, 국제수지의 균형, 물가안정 등의 거시경제의 제반 조건의 성숙을 고려해 단계적으로 추진되었다는 점이다.

둘째, 금융 국제화의 순서가 금융 및 외환시장에 미치는 영향이 적은 부문으로부터 추진되었다는 점이다. 즉, 거래형태 측면에서는 순수한 금융거래보다는 실물거래와 관련한 거래를, 자본시장 측면에서는 채권보다도 주식을, 각각 우선적으로 개방하였다.

셋째, 자본시장의 개방은 우리나라의 금리 측면의 특수성으로 대량의 해외자금 유입이 예상되어, 해외증권투자 등 자본을 생산적인 부문으로 수출할 수 있는 부문, 해외증권발행 등 우리나라 기업이 외자조달수준을 확대할 수 있는 부문을 먼저 추진함과 아울러, 국내자본시장을 점진적으로 개방하는 형태로 추진하였다는 점이다.

넷째, 1997년의 외환위기를 계기로 계획을 앞당겨 조기 개방하게 되었다는 점을 지적할 수 있다.

4. 금융 재편성의 추진

1990년대 이후 금융제도를 둘러싼 급격한 환경변화로 금융 재편성이 급격히 전개되었다. 금융 재편성의 추진과정은 크게 은행, 비은행금융기관 등으로 구분하여 볼 수 있다.

1) 은행

1990년대 이후 은행의 재편성 방향은 금융 · 자본시장의 대외개방에 대비해 대외경쟁력 강화의 일환으로 규모의 대형화, 합병을 추진함과 아울러, 기능이 저하된 일부의 특수은행을 일반은행으로 전환하고자 하는데 있었다.

〈표 13-4〉 우리나라 은행의 연도별 증감 추이

(단위 : 개)

	시중은행		지방은행		특수은행		인터넷은행			
	개수	증감	개수	증감	개수	증감	개수	증감	개수	증감
1997년말	16	1	10	-	7	△1			33	-
1998년말	12	△4	8	△2	6	△1			26	△7
1999년말	11	△1	6	△2	6	-			23	△3
2000년말	11	-	6	-	5	△1			22	△1
2001년말	9	△2	6	-	5	-			20	△2
2002년말	8	△1	6	-	5	-			19	△1
2003년말	8	-	6	-	5	-			19	-
2004년말	8	-	6	-	5	-			19	-
2005년말	8	-	6	-	5	-			19	-
2006년말	7	△1	6	-	5	-			18	△1
2007년말	7	-	6	-	5	-			18	
2008년말	7	-	6	-	5	-			18	
2009년말	7	-	6	-	5	-			18	
2010년말	7	-	6	-	5	-			18	
2020년말	6	-	6		5	-	2		19	

자료 : 금융감독원

먼저, 1991년에 '금융기관 합병 및 전환에 관한 법률'을 제정함으로써 금융기관이 업종전환을 추진할 수 있는 제도적 장치를 정비한 이후, 1995년에는 '조세감면법'을 개정함으로써 금융기관의 합병과정에서 발생할 수 있는 조세 부담을 감면하였고, 또한 '예금자 보호법'을 제정함으로써 경영내용이 부실한 은행을 합병한 은행에 대해 자금지원을 할 수 있도록 하였다. 이에 덧붙여 1996년 말에는 '금융기관의 구조개선에 관한 법률'을 제정함으로써 금융기관의 인수·합병과 경영내용이 부실한 금융기관의 퇴출을 보다 용이하게 하였다.

이와 같은 제도정비와 더불어, 1997년의 외환위기를 계기로 부실은행의 퇴출 및 은행합병이 대대적으로 전개되었다. 먼저, 1998년에 대동, 동남, 경기, 충청은행 등 5개 은행의 우량자산과 부채를 국민, 주택, 신한, 한미, 신한은행 등에 각각 자산·부채의 이전(purchase & assumption) 방식으로 이전시킴으로써 부실은행의 퇴출과 은행합병을 시행하였다. 또한, 1999년에는 충북은행 및 강원은행이 조흥은행과 합병된 것을 비롯해, 한외종합금융이 외환은행으로 흡수 · 합병되었다.

〈표 13-5〉 1997년 이후의 은행의 재편성현황

(2020년말 기준)

금융기관	합병일	변동사항	비고
신 한	1998. 6. 29	동화은행 합병	자산부채인수(P&A)방식
주 택	〃	동남은행 합병	〃
하 나	〃	충청은행 합병	〃
한 미	〃	경기은행 합병	〃
국 민	〃	대동은행 합병	〃
한 빛	1998. 12. 31	한일은행 + 상업은행	신설합병
국 민	〃	장기신용은행 흡수합병	
외 환	1999. 1. 1	한외종합금융 흡수합병	
하 나	〃	보람은행 흡수합병	
강 원	2. 9	현대종합금융 흡수합병	
조 흥	5. 3	충북은행 흡수합병	
주 택	9. 6	주은영동금고 흡수합병	
조 흥	9. 11	강원은행 흡수합병	
한 빛	8. 1	한일중부금고 흡수합병	
국 민	8. 22	전남국민 · 부산국민 · 대구국민금고 흡수합병	
광 주	10. 1	광은금고 흡수합병	
주 택	12. 20	주은금고 흡수합병	
농 협	2000. 7. 1	축협중앙회 흡수합병	
국 민	2001. 11. 1	국민은행 + 주택은행	신설합병
한 빛	12. 31	평화은행 흡수합병	상호변경(우리, '02.5.20)
하 나	2002. 12. 2	서울은행 흡수합병	
우 리	2003. 7. 31	우리종합금융 흡수합병	
국 민	9. 30	국민신용카드 흡수합병	
외 환	2004. 3. 2	외환카드 흡수합병	
우 리	3. 31	우리카드 흡수합병	
한 미	11. 1	씨티은행서울지점 영업양수	상호변경(한국씨티)
제 일	2005. 11. 28	스탠다드차타드은행서울지점 영업양수	상호변경(한국씨티)
신 한	2006. 4. 1	조흥은행 합병	
하 나	2012. 1. 27	외환은행 합병	

자료 : 금융감독원

한편, 2000년에는 금융지주회사 설립 및 건전성 규제 등을 주요 내용으로 하는 '금융지주회사법'의 제정을 계기로 하여 한빛(한일은행과 상업은행이 합병된 은행), 평화, 광주, 경남은행을 정부가 대주주로 설립하는 금융지주회사에 통합하였다.

특수은행의 일반은행으로의 전환의 경우, 1995년에 국민은행법이 폐지됨으로써 국민은행이, 1997년에 한국주택은행법이 폐지됨으로써 주택은행이 각각 일반은행으로 전환되었다.[7)]

2) 비은행금융기관

먼저 투자금융회사와 종합금융회사의 재편성은 1996년의 '종합금융회사 개정 법률'에 의해 장기적으로 투자은행(investment bank) 체제로 이행하도록 하였다. 즉, 투자금융회사를 점진적으로 도태시킴으로써 투자금융회사와 종합금융회사의 업무영역을 통합하고, 투자금융회사를 종합금융회사로 전환하는 형태로 재편성이 이루어졌다. 이와 더불어 종합금융회사는 기존의 업무 이외에 어음 중개, 유가증권의 매매・매매의 중개 또는 대리업무 등을 추가로 취급하게 되었다. 그 결과 종합금융회사는 은행의 예대 업무를 제외한 단기금융업무, 리스, 증권투자신탁 업무, 외환 업무 등 거의 모든 금융업무를 취급할 수 있었다.

이처럼 투자금융회사의 종합회사로의 전환이 이루어진 이후 1997년의 외환위기를 계기로 부실 종합금융회사의 퇴출과 합병이 대대적으로 전개되었다. 1997년의 외환위기 이후 17사가 퇴출, 2사는 은행과 1사는 증권회사와 각각 합병되고, 2000년에 들어 다시 4사가 정리되어 1사로 통합되는 등, 커다란 구조조정을 겪었다.

투자신탁 업무에 대해서는 1995년 8월에 재정경제원(현재의 기획재정부)이 발표한 '증권산업개편안'에 의해 동년 10월 '증권투자신탁법'이 개정됨으로써 재편성이 이루어졌다. 먼저 투자신탁의 운용방식은 투자신탁회사가 신탁자산의 운용과 수익증권의 판매를 함께 취급했던 종래의 방식으로부터, 신탁자산의 운용과 수익증권의 판매를 분리하는 방식으로 개편하였다. 이는 투자신탁업이 장기적으로 종합자산운용업으로 발전할 수 있도록 기반을 구축하고자 하는 조치로서, 신설회사는 자산운용만을 전담하는 투자신탁 운용회사를 설립하고, 수익증권 판매는 증권회사에 위탁

7) 국민은행과 주택은행은 2001년에 합병하여 현재의 국민은행이 되었다.

하도록 하였다. 기존 투자신탁회사에 대해서는 운용과 판매업무의 분리 여부를 자율적으로 선택하도록 하되, 분리 시에는 본체는 증권회사로 전환하고 투자신탁 운용회사를 자회사로 설립하게 하였다.

한편, 종전까지 증권회사 혹은 투자자문회사를 가진 은행·보험회사·개인에 한하여 투자신탁의 설립 또는 전환이 허용되었으나, 증권회사 및 외국인도 투자신탁회사를 설립할 수 있도록 하였다. 또한, 투자신탁회사의 업무를 확대해 신설 및 전환 투자신탁회사뿐만 아니라 기존의 투자신탁회사에 대해서도 투자자문 업무의 겸업을 허용하였다.

투자신탁(운용)회사의 경우도 1997년의 외환위기를 계기로 구조조정이 이루어졌다. 1997년 말 현재 31사였던 투자신탁(운용)회사가 1998년에 8사가 퇴출되고 2000년에 3사가 신설되었다.

증권회사의 경우, 1999년 4월에 '증권거래법'을 개정하여 증권회사에의 진입을 완화였다. 즉, 감독 당국의 허가를 받아 증권업을 겸업할 수 있는 자를 은행, 신탁회사에서 감독 당국의 허가를 받은 자(주식회사에 한함)로 확대하였다. 이에 따라 1997년의 외환위기를 계기로 1998년에 6사가 퇴출되고 1998년에 1사, 1999년에 1사, 2000년에 12사가 각각 신설, 2000년에 1사가 합병됨으로써, 1997년 말에 36사였던 증권회사가 2000년 말 현재 43사로 증가했다.

또한, 증권회사에 대한 '자기자본관리제도'를 도입함으로써 부동산 운용, 유가증권 투자 등에 대한 각종의 규제를 철폐하는 등, 자산운용규제를 완화하였다. 즉, 종전의 증권회사에 대한 자산항목별 한도를 종괄 한도규제로 개편하고 재무구조의 건전성을 평가하는 '영업용 순자본비율'에 의해 증권회사별로 자기자본의 일정 범위 내에서 주식, 채권, 선물 등 운용자산의 투자 규모를 자유롭게 결정하게 하였다.

증권회사의 업무영역 다각화 측면에서는 기존의 증권업무와 유사한 M&A, CD 매매 및 중개업무, 외환관련 업무 등을 정부의 인가 없이 증권회사가 취급하게 하였다.

투자자문업의 경우에는 1997년에 신규진입을 전면적으로 허용하였으며, 1999년에는 투자자문업의 등록요건을 완화하는 동시에 투자일임업을 허가제에서 등록제로 전환하였다.

한편, 1998년에 수신기능없이 여신기능만을 전담하는 신용카드회사, 리스회사, 할부금융회사, 신기술사업금융회사를 하나의 법률체계로 포괄하기 위해 '여신금융업법'을 제정함으로써 이들 회사의 진입 제한을 완화하였다. 이에 따라 지급결제기능이 있는 신용카드업의 경우는 종전대로 허가를 받아 영업을 영위하여야 하나, 수신기능이 없어 진입규제의 필요성이 상대적으로 적은 리스업, 할부금융업, 신기술사업금융업 등은 등록만으로 영업을 영위할 수 있게 하였다.

제3절 1990년대 이후의 금융제도발전의 의의 및 한계

1990년대 이후 우리나라 경제는 커다란 전환기에 직면하게 되었다. 즉, 그때까지의 정부주도형으로부터 시장주도형으로, 고도성장형으로부터 안정성장형으로, 자립지향형으로부터 글로벌(global)형으로, 각각 전환의 필요성이 제기되었다. 이처럼 경제시스템 전체의 재구축이 요구됨에 따라 장기간 유지되어온 성장지원적 금융제도도 개혁의 과제에 직면하게 되었다.

이러한 금융개혁은 단지 거시 경제적 환경요인뿐만 아니라, 금융적 환경요인에 의해서도 강하게 요구되었다. 즉, 금융개혁의 필요성은 급속한 자본·금융시장의 글로벌화에 대응하여 금융기관의 취약한 체질개선, 금융기관의 효율성 향상이라는 측면에서도 필수 불가결한 것이었다. 이러한 연유로 1990년대 이후에는 금융규제완화와 금융 재편성으로 특징되는 금융개혁을 본격적으로 추진하게 되었다.

그러나 이러한 금융개혁의 추진이 구조 조정기에 관련된 제도 간의 제 모순을 해결하지 못했을 뿐만 아니라, 급변하는 국내외적 환경변화에 충분히 대응하지 못했기 때문에, 1997년에 기업(특히 재벌)의 연쇄적인 부도의 급증 → 금융기관의 부실채권급증 → 국제신뢰도의 급락 → 주가, 원화의 폭락이라고 하는 일련의 과정을 거쳐 우리나라 경제가 외환위기(금융위기)에 직면하게 되었다.

1. 금융제도발전의 의의

1990년대 이후의 금융제도발전의 의의는 다음과 같이 몇 가지 측면에서 찾아볼 수 있다.

첫째, 금융제도의 구조변화를 촉진시킨 배후에 있는 제 요인이 종래와는 다르다는 점이다. 즉 종래의 금융개혁과정에서는 거시경제발전을 지원하기 위한 거시경제적 요인이 가장 중요한 요인으로 작용하였다. 그러나 1990년대 이후에는 거시경제적 요인 이외에 금융·자본시장의 대외 개방 압력, 선진제국의 금융시장간의 통합추세에 따른 금융제도의 국제적 정합성에 대한 고려, 수요자 니즈(needs)의 변화에 대한 대응 등이 상호간에 영향을 미치고 있다.

둘째, 1990년대 이후의 금융제도의 기본적인 성격이 종래의 규제중심에서 시장기능으로 공급자 중심으로부터 수요자 중심으로 각각 전환되는 계기를 마련해 주었다는 점이다. 이에 따라 금융규제완화와 금융 재편성의 방향도 정부-금융기관이라고 하는 공급자 중심으로부터 금융기관-금융수요자라고 하는 수요측면중심으로 진전될 필요성이 높아졌다.

셋째, 선진국의 금융개혁과정에서 볼 수 있는 것처럼 금융규제완화와 겸업화를 지향하는 금융 재편성이 과거에 볼 수 없는 빠른 속도로 진행되고 있다는 점이다. 특히, 금리자유화와 금융시장의 개방이 본격적으로 진행됨에 따라 금융기관 간의 경쟁과 수요자선택에 입각한 시장 주도적인 금융 재편성이 활발히 일어나고 있다.

이처럼 1990년대 이후의 금융제도의 발전양상은 거시경제의 발전을 목표로 한 거시경제 지향적 성격으로부터 선진국에서 볼 수 있는 것처럼 시장주도에 입각한 금융 지향적 성격으로 그 의미가 변화하고 있다고 말할 수 있다.

2. 금융제도 발전의 한계

경제의 전환기적 시점에서 볼 때 1990년대에 시행된 금융개혁은 구조개혁을 추구하고자 하는 장기적 목표와 당면의 성장체제유지라고 하는 단기적 목표의 딜레마가

혼재된 상태로 끝났다고 지적하지 않을 수 없다. 이는 1997년에 기업(특히 재벌) 부도의 급증 → 은행 등 금융기관의 부실채권급증 → 국제신뢰도의 급락 → 주가 및 원화의 폭락 등의 일련의 과정을 통해 우리나라가 외환위기에 직면하게 된 것으로도 알 수 있다.[8)]

우리나라에서 금융개혁과 관련해 반복된 논쟁은 경제성장률이 어느 정도 떨어지더라도 소위 급진적 방식(big bang approach)에 의해 구조조정을 본격적으로 추진해야 하는가, 성장률을 유지하는 범위 내에서 점진적 방식에 의해 추진해야 하는가에 있었다. 급진적 방식을 취할 경우, 여러 가지의 모순을 해소할 수 있을지 모르나, 거시경제의 균형이 크게 혼란을 겪을 뿐만 아니라 기존 제도 이상으로 효율적인 보완성이 어느 정도의 시간 내에서 재생할 수 있을까에 대한 확신이 없다. 반면, 점진적인 방식을 추구할 경우 제도 간의 모순은 기득권층의 반대에 직면해 그대로 온존될 뿐만 아니라, 개혁의 속도는 더디어지고 더욱더 글로벌화가 늦추어질 위험이 있다. 이처럼 두 방식 모두 나름의 장단점을 동시에 지니고 있음을 알 수 있다.

1990년대의 우리나라의 경우 안정성장 내지는 시장형 경제시스템으로, 또한 글로벌형 시스템으로, 각각 전환하기 위해서는 장기적 관점으로서의 구조개혁이 요구되었음에도 불구하고, 단기적 정책과제를 우선으로 한 점진적인 방식을 일관되게 추진해 왔다.

이처럼 점진적인 방식을 취하게 된 기본적인 이유는 급진적인 방식 채택에 따른 성장률의 둔화, 단기적인 혼란 등을 회피하고자 하는데 있었다. 예를 들어, ① 통화공급량 관리를 중심으로 한 직접관리방식의 통화정책을 유연성 발휘가 가능한 간접관리방식으로 전환하기 위해서는 단기금융시장 육성 등의 구조개혁이 필요한데, 금융부문 특히 단기금융시장이 구조적인 취약성을 지닌 상태에서 이를 추진하기에는 상당한 시간이 요구되었으며, ② 한편, 인플레억제는 항상 정치적 요청이 수반되었기 때문에, 즉효성이 있는 조치로 통화공급관리를 목적으로 한 직접개입이 묵인될 수밖에 없었고, ③ OECD 가입에 따른 자본자유화로 내외의 금리 차이에 의한 급격한 자본유입이 일어날 경우, 현상을 유지하면서 환율에도 별로 영향을 주지 않고

8) 외환위기가 발생한 요인으로서는 ① 기업도산의 급증, ② 은행 등 금융기관의 취약한 정보 생산기능, ③ 자금시장의 단기화 경향, ④ 금융기관의 부실화, ⑤ 정부정책에 대한 신뢰성 저하 등을 들 수 있다.

이를 흡수할 수 있는 보장이 없었다는 점 등을 들 수 있다. 이처럼 단기적 정책과제를 우선하게 된 데에는 나름의 불가피성이 존재함을 알 수 있다. 특히 우리나라와 같이 급속한 경제발전으로 인해 이미 제도 간의 관계가 상당히 복잡한 경우에는 급진적인 방식을 실행하는 것이 쉬운 것은 아니다.

그러나, 과격할 정도의 급진적인 방식까지는 아닐지라도, 제도 간에 상당한 모순이 존재하고 경제시스템이 한계에 직면해 있을 경우에는, 이를 정리·조정하고 나아가서는 새로운 제도를 도입하여 보완성을 제고시키는 것이 요청된다. 주지하는 바와 같이 우리나라 개발전략의 중심은 일관되게 투자확대에 따른 성장 가속에 있었으며, 이에 따라 경제시스템은 철저하게 고성장을 목표로 하는 것이었다. 이는 기본적으로 정부-기업(특히 재벌)-금융이라고 하는 3자 구도가 상호 간에 보완성을 형성하면서 지탱될 수 있었다.

이러한 3자 구도는 정부주도형의 경제시스템이 원활하게 가동되던 시대에는 비약적인 경제발전의 원동력이 되었다. 그러나 1980년대 후반부터 1990년대 초반기에 걸쳐 급속한 임금상승과 이에 따라 국제경쟁력이 둔화되는 등, 고도성장시스템이 한계에 직면하게 되었다. 또한, 자본시장의 개방, 외환관리의 완화 등에 의해 글로벌화가 진전되는 등, 경제환경이 변함에 따라 3자 구도도 크게 변화하지 않으면 안 되었다. 다시 말해 경제의 재구축, 글로벌화의 대응을 전제로 한 시스템으로 전환하기 위해서는, 적어도 3자구도가 지니고 있는 모순을 해결해 가는 방향으로의 구조조정방안이 제시되어야만 했었다.

그러나 이에 대한 위기의식이 결여되있을 뿐만 아니라, 의식이 있었어도 정부 내지는 재벌, 그리고 금융기관 모두가 고성장시스템 하에서의 기득권에 집착하였기 때문에, 구조조정에 대한 합의(consensus)를 형성하지 못했다. 이 때문에 3자 구도가 지닌 모순은 그대로 남아 있었던 것이다.

예를 들어 우리나라 경제의 중심적인 존재인 재벌은 상호 주식보유·보증의 관행을 계속해서 유지해 왔고, 과잉투자에 수반한 부채비율도 거의 개선됨이 없이 오히려 증가하였다. 이 때문에 재벌그룹의 기업이 경영 부진에 빠지면, 그 영향이 재벌 전체에 미침과 동시에, 금융 불안을 야기시키는 취약성이 여전히 남아 있었다. 1997년에 한보그룹을 비롯해 몇 개의 재벌그룹이 연이어 도산하여 금융기관의 부실채권이 급증한 것은 이를 입증하는 예이다.

한편 금융부문도 여러 가지의 모순을 그대로 지니고 있었다. 표면적으로는 규제완화 내지는 글로벌화가 급속히 진전되었으나, 다른 한편으로는 정부개입이 여전히 지속되었다. 예를 들어 시중은행 경영의 경우, 소유 구조의 개선, 자율적인 경영권 확보를 목적으로 여러 형태의 제도적 조치가 강구되었으나, 여전히 은행장을 비롯한 간부의 인사에 대한 정부의 개입이 강하게 작용하였다. 또한 기업(특히 재벌그룹의 대기업)에의 융자가 정책금융 내지는 정치적 논리에 의해 집행되는 경우가 많았기 때문에, 은행 자신이 정보생산기능에 의해 기업의 경영성과를 검토해 융자를 집행하는 데에 필요한 심사능력의 결여가 여전히 문제로 남아 있었다. 이에 따라 국내외의 금융환경이 급변하고 있음에도 불구하고, 은행경영의 부실화, 금융기관의 국제경쟁력저하, 금융시장의 효율성 저하 등의 제반 문제가 제거되지 않고 그대로 남아 있었다. 이러한 문제점이 그대로 남아 있는 상태에서는 금융기관은 급격한 시장개방에 대응할 수 없게 되고, 만약 금융제도에 혼란이 발생하면 거시경제운영에 미치는 충격은 크게 나타난다. 이러한 우려는 1997년의 외환위기로 표출되었다.

이처럼 우리나라 경제는 1990년대에 커다란 전환기에 직면해 있음에도 불구하고 경제주체의 대응력 부족으로 여러 가지의 문제에 직면하게 되었다. 특히 경제시스템의 중심을 이루는 금융제도는 구조개혁을 추구하는 장기적 목표라고 하는 관점에서 개혁을 추진했어야 했음에도 불구하고, 단기적 정책과제를 우선하여 점진적인 개혁을 추진하였기 때문에, 거시경제의 혼란을 가중시키는 요인으로 작용하였다고 말할 수 있다.

중요개념 및 용어

OECD 가입	공급자 중심의 시장	수요자 중심의 시장
금융시장의 심화	UR협상	WTO
한 · 미금융정책회의	달러 · 엔 위원회	미 · 일금융시장협의회
금융재편성	신경제5개년계획 금융부문	책임경영권
은행법개정(1994)	은행장추천위원회제도	금융전업기업가 제도
비상임이사중심의 이사회제도	경영통제권	금리자유화
금융실명제	불건전 금융관행	간접규제방식
금리자유화 4단계조치	제3단계 금융자유화 및 시장개방계획	
시장평균환율	원칙허용 · 예외금지 체제	외환거래자유화 기본계획
금융기관합병 및 전환에 관한 법률(1995)	금융기관의 구조개선에 관한 법률(1996)	
예금자보호법(1995)	자산·부채의 이전방식	종합금융회사개정법률(1996)
증권산업개편안(1995)	증권투자신탁법 개정(1995)	증권거래법 개정(1999)
자기자본관리제도	여신금융법 제정(1998)	외환위기(1997)
급진적 방식	점진적 방식	3자 구도

연 습 문 제

1. 1996년의 OECD 가입이 1990년대 이후의 금융제도 발전과정에 미친 영향에 대하여 서술하라.

2. 금융시장에 있어서의 비금융 민간부문의 대응변화가 1990년대 이후의 금융제도 발전과정에 미친 영향에 대하여 서술하라.

3. UR 협상, WTO 체제의 출범, 한·미금융정책회의 등 국내금융시장에 대한 개방압력이 1990년대 이후의 금융제도 발전과정에 미친 영향에 대하여 서술하라.

4. 은행의 경영환경변화가 1990년대 이후의 금융 재편성에 미친 영향에 대하여 서술하라.

5. 비은행금융기관의 경영환경변화가 1990년대 이후의 금융 재편성에 미친 영향에 대하여 서술하라.

6. 1990년대 이후에 시행되고 있는 비상임이사 중심의 이사회제도와 관련하여, 동 제도의 의의 및 문제점에 대하여 서술하라.

7. 1990년대 이후 본격적인 금리자유화를 추진하게 된 배경에 대하여 서술하라.

8. 1990년대 이후 시행된 금융 국제화의 특징에 대하여 서술하라.

9. 1990년대 이후의 금융제도발전의 의의에 대하여 서술하라.

10. 1990년대 이후의 금융제도발전의 한계에 대하여 서술하라.

제14장 금융위기와 금융구조조정

본 장에서는 1997년의 외환위기를 계기로 발생한 금융위기와 금융구조조정에 대하여 살펴보고자 한다. 먼저, 금융위기가 발생하게 된 원인 및 전개과정에 대하여 알아본 후, 다음으로 금융구조조정과 관련하여 금융구조의 목표, 특징, 추진내용에 대하여 살펴보고, 마지막으로 금융구조조정의 성과에 대하여 알아보고자 한다.

제1절 금융위기의 발생원인과 전개과정

1. 금융위기의 발생원인

주지하는 바와 같이 우리나라는 1997년의 외환위기(통화위기)를 계기로 금융위기에 직면하게 되었다. 그런데 우리나라가 금융위기에 직면한 원인을 보면 일본 등 다른 금융위기 발생 국가와는 다른 면이 많다.

[그림 14-1] 우리나라의 주요 경제지표(Ⅰ)

(단위 : 대 GDP대비, %)

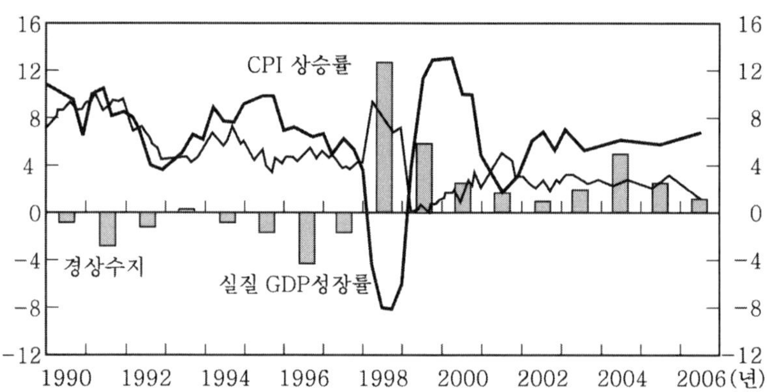

자료 : 한국은행

우리나라의 경우 1990년대에 상당한 통화공급(money supply)의 증가와 자산가격의 상승이 있었으나, 일본과 같이 급속한 통화공급(money supply)의 증가(자금여유 현상)도 자산가격의 상승(버블현상)도 없었고, 부실채권 대부분도 기업의 경영 파탄에서 비롯된 것이었다. 또한, 그 당시의 거시경제 상황을 보더라도 여타 신흥공업국가와 비교해 특징적인 차이를 볼 수가 없었다([그림 14-1] 및 [그림 14-2]

참조). 1996년에 수출성장률의 저하로 일시적으로 경상수지의 적자 폭이 컸으나, 자본유입이 경상수지의 적자 폭을 상회하였기 때문에 외화보유액도 증가하였고, 경제성장률이 높았음에도 불구하고 물가상승도 억제되었다. 또한, 금리도 저 수준에서 안정되어 있었다.

[그림 14-2] 우리나라의 주요 경제지표(Ⅱ)

(단위 : 원/미국 달러)

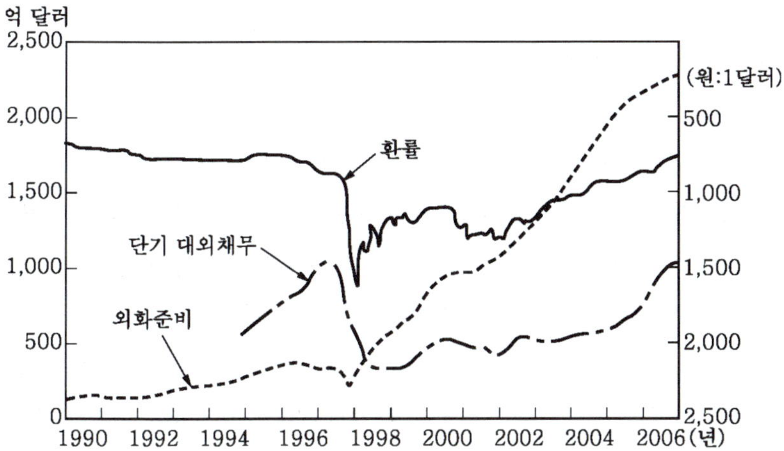

자료 : 한국은행

우리나라가 금융위기에 직면하게 된 원인으로서는 다음과 같은 요인을 들 수가 있다.[1] 첫째, 기업, 특히 재벌기업이 취약한 재무구조하에서 비생산적인 투자를 확대해, 여기에 자금을 제공한 은행 등의 부실채권이 증가하였다.

둘째, 자금시장에서 비정상적인 단기화 현상이 진전됨에 따라 기업의 자금조달 패턴의 단기화가 촉진되어 기업의 재무구조가 더욱더 악화되였다.

셋째, 은행 등 금융기관이 거액의 단기채무를 해외로부터 차입하였다.

넷째, 인도네시아에서 대량의 채권을 보유하고 있었기 때문에, 인도네시아의 루비아(인도네시아의 통화단위) 위기로부터의 전염 효과가 상대적으로 컸다.

1) 우리나라가 금융위기에 직면하게 된 원인에 대해서는 이종욱 외, 『한국의 금융·외환위기와 IMF』, 경문사, 1998년과 이창용, 박대근, "한국의 외환위기 : 전개과정과 교훈", 한국경제학회 심포지엄 발표논문, 1998년 등을 참조.

다섯째, 외화준비가 한국외환은행 등 해외지점에 예탁되어있는 상태에서 해외에서 차입한 자금까지 가중됨에 따라, 재벌기업 등이 해외에서 수행한 해외 안건에 융자한 실태가 밝혀짐으로써, 실질적으로 사용 가능한 외화준비의 부족과 은폐한 대외채무가 표면화되었다.

이와 같은 제반 환경요인이 복합적으로 작용함으로써 외환위기가 발생하였고, 이를 계기로 금융위기가 발생하게 되었다.

2. 금융위기의 전개과정

앞에서 언급한 것처럼 1990년대 이후 재벌 등 기업이 과잉투자와 무리한 사업확장을 추진한 결과, 기업채무가 급증하였다.[2] 또한, 경상수지도 적자로 전환됨에 따라 해외로부터의 자금조달이 필요하게 되었다. 1990년대에 들어와 금융 자유화 및 개방화를 본격적으로 추진하고 있었음에도 대내 직접투자 및 주식투자에 대한 규제 등 자본규제가 여전히 시행되고 있는 상황에서, 경상수지적자에 대한 자금조달을 국내금융기관에 의한 외국은행으로부터의 단기차입에 크게 의존하였기 때문에, 불안정한 대외채무가 누적되었다.

이러한 상황에서 1997년에 들어와 경기과열에 대응하기 위한 수단의 하나로 금융긴축 정책을 시행하고, 수출둔화가 계속됨에 따라 경기가 더욱더 감속되었다. 이에 따라 기아그룹 등 중견 재벌기업의 파산이 계속해서 발생하여, 은행 등 금융기관의 부실채권이 급증하였다. 또한, 은행 등 국내금융기관은 재무내용악화와 더불어 신용등급이 떨어짐에 따라, 일본계 등 상업은행 등 외국금융기관은 자금회수압박에 시달리게 되었다(〈표 14-1〉 참조). 그런데 단기로 차입한 외화자금은 재벌기업에의 투자로 대출되었기 때문에, 외국은행의 자금회수에 정상적으로 응할 수가 없었다. 이러한 경제 사정을 반영하여 국내 주가 및 원화 가치도 폭락하게 되었다. 한편 외환보유고도 원화 가치하락에 대응한 시장개입 및 외국계 자금회수에 따른 금융기관 지원 등에 연유해 바닥을 보이게 되었다([그림 14-2] 참조). 이처럼 제반 경제 사

2) 예를 들어 자금순환표베이스에 입각한 GDP대비 기업부채비율의 경우, 1989년의 115%에서 1997년에는 175%로 급증하였다.

정의 악순환으로 외화보유고가 고갈됨에 따라, 1997년 말 정부는 하는 수 없이 IMF로부터의 구제금융을 수용하게 되었다.

〈표 14-1〉 우리나라 국가신용등급 동향(장기외화채권기준)

회사별	외환위기 전	외환위기 시	외환위기 회복 후 현황 및 조정일
Moody's	A1	Ba1(6단계↓)	A2(5단계↑) 2007/7/25
S&P	AA-	B+(10단계↓)	A(8단계↑) 2005/7/27
Fitch	AA-	B-(12단계↓)	A+(11단계↑) 2005/10/24

자료 : 금융감독원

이처럼 우리나라 경제는 제반 환경요인이 복합적으로 작용하여 기업(특히 재벌기업)의 부도급증 → 은행 등 금융기관의 부실채권 급증 → 국제신뢰도 급락 → 일본의 상업은행 등 외국금융기관의 자금회수 → 주가 및 원화 가치의 폭락 → 외화보유고 고갈이라고 하는 일련의 악순환 과정에 빠짐에 따라 외환위기(통화위기)를 겪게 되었으며, 이를 계기로 금융위기가 발생하게 되었다.

제2절 금융구조조정의 추진

1. 금융구조조정의 목표와 특징

일반적으로 금융구조조정(financial restructuring)이란 금융기관의 지급능력에 대한 공공의 신뢰가 저하되어 금융중개 기능이 심각하게 위축된 경우, 중앙은행의 최종대부자 기능과 예금보험제도의 작동, 부실금융기관의 퇴출과 부실자산의 정리 등을 통하여 이들의 지급능력과 수익성을 제고시킴으로써, 금융시스템에 대한 공공의 신뢰를 회복하고, 금융중개 역량을 높이는 일련의 조치를 말한다.[3)]

3) 김동원・박경서, "금융구조조정의 좌표와 과제", 한국금융학회, 「2000년 금융정책 워크샵」, 2000년 6월. pp. 2~3.

예를 들어 IMF의 경우, 금융위기가 발생한 국가에 대하여 다음과 같이 4단계의 금융구조조정 프로그램을 적용하고 있다.[4)]

첫째, 긴급조치로 위기사태 발생 직후 지불결제제도의 미비 등 금융제도의 붕괴를 저지하고 예금에 대한 원리금 보장 등 신뢰회복을 위한 응급조치의 단계이다.

둘째, 위기상황을 효과적으로 극복하기 위해, 정부가 신속한 대응조치를 취할 수 있도록 법적 기반과 조직을 정리하는 단계이다. 이는 금융위기 대부분이 취약한 금융감독시스템을 배경으로 발생하기 때문에, 금융위기의 재발을 방지하고 금융시스템의 건전성과 효율성을 체계적이고 지속적으로 확보하기 위해서는 금융감독기구를 포함해 규제 · 감독 및 감시시스템의 정비와 질적 향상이 요구되기 때문이다.

셋째, 구체적인 구조조정조치로 금융산업에 대한 국민의 신뢰를 회복하기 위해, 지급능력을 상실한 금융기관과 건전한 금융기관을 구분하고, 부실이 심각하여 지급능력이 없는 것으로 판단되는 금융기관은 퇴출을, 회생 가능한 금융기관은 자본투입, 부채삭감, 부실자산 정리 등 재무구조조정을 통해 자산-부채구조를 건전화시킴으로써, 금융기관의 지급능력을 회복시키는 조치를, 각각 시행하는 단계이다.

넷째, 최종단계로 금융기관들이 건전한 금융기관으로 성장하기 위해서는 경영전략, 회계, 인사, 조직, 비용 절감 등 운영에 대한 구조조정을 통해, 금융기관의 수익성을 제고시키는 조치를 시행해야 한다.

우리나라도 ① 단기적으로는 신용위기의 해소와 금융중개 기능의 회복을 통한 금융시스템의 정상화, ② 중장기적으로는 금융위기 내지는 금융부실의 재발을 방지하고 금융제도의 안정성과 금융경영의 효율성을 확보함과 더불어, 시장주도의 경제경영시스템을 주도할 수 있는 금융시스템의 구축 등이 금융구조조정의 목표로 부상됨에 따라, 대체로 위와 같은 단계를 통해 금융구조조정이 시행되었다.

한편, 우리나라의 금융구조조정의 특징으로서는 ① 정부가 구조조정의 스케줄을 명확히 제시하고, ② 폭넓고 엄격한 접근방법으로 급진적이고 강력하게 추진되었다는 점을 지적할 수 있다. 이는 기본적으로 금융위기의 발생원인과 그 심각성에 기인하는 것으로, 우리나라의 경우 앞에서 언급한 것처럼 IMF 등으로부터 거액의 구

4) 김동원 · 박경서, "금융구조조정의 좌표와 과제", 한국금융학회, 「2000년 금융정책 워크샵」, 2000년 6월, p. 3.

제금융을 받지 않으면 않을 정도로 금융위기가 심각하였기 때문에, 국제금융시장으로부터의 신뢰를 조기에 회복하기 위해서는 금융구조조정이 긴급한 과제였기 때문이다. 따라서 점진적인 접근방식(prudential approach)이 아닌 급진적인 접근방식(big bang approach)으로, 그리고 기업구조조정과 노동시장 개혁 등을 동시에 병행해 추진하는 등 포괄적으로 금융구조개혁을 추진하게 되었다. 여기에는 금융위기로부터 조기에 벗어나기 위해서는 금융구조조정을 신속히 단행해야만 한다는 국민적 합의가 어느 정도 형성되었다는 점도 크게 작용하였다고 볼 수 있다.

2. 금융구조조정의 추진내용

1997년의 외환위기 이후 추진된 금융구조조정은 ① 금융구조조정과 관련한 법률의 제정과 개정, 관련 기구의 설립 및 정비, ② 경영악화된 금융기관의 정리, ③ 공적자금투입에 의한 부실채권의 정리와 금융기관의 자기자본확충, ④ 금융 재편성을 기축으로 한 금융시스템의 안정화 정책 등의 순서로 진행되었다.

1) 관련 법률의 제정 및 개정, 관련 기구의 설립 및 정비

먼저 금융구조조정을 강력히 추진하기 위해, 1998년에 재정경제부(현재의 기획재정부), 은행감독원, 증권감독원, 보험감독원 등으로 분산된 금융감독 기능이 금융감독위원회 및 금융감독원으로 통합되었다.

한편 '예금자 보호법'의 개정에 따라 분산되었던 예금보험기구가 예금보험공사에 통합되어 부실금융기관의 인수·합병 등을 위한 자금지원 및 정리기능이 대폭 적으로 강화되었을 뿐만 아니라, 예금자 보호 대상의 범위, 예금보험료율의 조정 등을 꾀할 수 있었다.

이와 더불어 자산관리공사(구 성업공사)를 설립·운영함으로써, 금융기관이 보유하고 있는 부실채권을 조기에 처리할 수 있는 제도적 장치가 마련되었다.

그리고 '금융산업의 구조개선에 관한 법률'이 제정됨으로써, 감독기구의 금융기관에 대한 적기시정조치 및 경영개선 명령의 내용이 강화됨과 더불어, 부실금융기관에 대한 정부출지 및 감독기구의 감자 명령의 근거가 마련되었다.

또한, 2001년에는 '공적자금관리법'이 제정됨으로써 공적자금관리의 공정성과 투명성을 제고시키기 위한 제도적 장치가 정비되었다. 이에 따라 재정경제부(현재의 기획재정부)안에 공적자금관리위원회가 설치되어, 동 위원회가 공적자금의 운용을 총괄함과 아울러, 공적자금의 지원 · 회수 등에 관한 사항을 심의 · 조정하게 되었다.

2) 부실금융기관의 정리 및 금융재편성

먼저 일반은행의 경우, IMF에 자금지원을 요청한 시점을 기준으로 BIS 자기자본규제비율인 8%를 지키지 못한 은행이 12개 은행, 그 외에 5대 시중은행 중 2개 은행(서울은행, 제일은행)이 채무초과에 상태에 있었다. 이 중 12개 은행에 대해서는 자구계획을 정부에 제출하고, 충분한 손실준비금을 축적한 상태에서 6개월부터 2년의 유예기간 안에 BIS 자기자본규제비율을 달성하도록 의무를 부과하였는데, 이 중 자력갱생이 어려웠던 하위 시중은행 및 지방은행 5개 은행은 각각 상위 시중은행으로 P&A방식을 통해 강제 합병되었다(제13장의 〈표 13-5〉 참조).

채무초과가 발생한 2개의 은행에 대해서는 공적 자금의 일부를 투입하여 국유화시킨 후에 외국계 금융기관으로의 매각을 추진하였다. 그 결과 제일은행은 미국계인 뉴 브릿지 캐피탈(New Bridge Capital)에 매각되었으나, 서울은행은 여러 가지의 우여곡절을 겪고 난 후, 도이치(Deutsch)은행에로의 경영위탁이 결정되었다(2002년 12월 하나은행에 매각되어 합병되었음).

이처럼 정부의 엄격한 조치가 발동됨에 따라 타 은행간에도 생존을 목적으로 한 합병움직임이 일어나, 한일은행과 상업은행이 한빛은행(현재의 우리은행)으로 합병하는 등 네 종류의 은행합병이 일어났다(〈표 13-5〉 참조). 그 외의 은행에서도 주택은행(코메츠 은행), 국민은행(골드만 삭스) 등과 외자도입을 추진하였다(국민은행과 주택은행은 2001년에 합병하여 현재의 국민은행이 되었음).

앞에서 언급한 바와 같이 은행의 경영 건전화를 향한 구조조정은 정부에 의한 일시적 국유화를 포함한 통 · 폐합, 공적자금의 투입(부실채권의 매입, 매각, 자본증강 등), 외국 금융기관과의 자본 · 경영 제휴 등 다양한 방법으로 추진되었다. 그 결과 1998년부터 2006년 말까지 8년이라는 기간에 시중 · 지방은행은 33개 은행에서 18개 은행으로 재편성되었다.

〈표 14-2〉 금융구조조정의 추이

	시점		주요내용
제1라운드	1997년	1월	-한보그룹 파산. 그 이후 중견 재벌그룹 파산 지속
		11월	-금융시장안정과 금융산업구조조정에 관한 종합대책 발표 ① 자산관리공사의 자금확충 ② 금융기관의 정리 · 통합 ③ 예금보험의 확충(2000년 말까지 금융기관원리금전액의 지불보증) -IMF에 자금지원요청(11월 21일)
		12월	-IMF이사회 자금지원승인(12월4일) *IMF프로그램의 금융구조조정에 관한 주요내용 ① 종합금융회사의 면허정지(업무정지조치를 취하기 앞서 1개월 이내에 적절한 자구책을 강구하지 못할 경우) ② BIS 자기자본비율의 연내달성 ③ 당국에 의한 예금보증은 2000년 말까지 폐지
	1998년	1월	-제일은행, 서울은행을 국유화
		4월	-금융감독위원회를 설립
		5월	-제1차 금융구조조정계획을 발표 *64조원의 공적자금투입(주로 일반은행의 부실채권매입, 자본투입에 사용)을 결정(2000년 8월 말까지 전액투입)
	1999년	7월	-대우그룹 자금난의 표면화
		9월	-제일은행을 미국의 New Bridge Capital에 매각
제2라운드		12월	-자산건전성기준의 엄격화(FLC: Forward Looking Criteria기준의 도입)
	2000년	6월	-FLC기준으로 BIS비율이 8%를 하회하는 은행과 공적자금투입을 받은 은행(8사)에 대해 수정경영개선계획의 제출을 요구
		9월	-제2차 금융구조조정계획의 발표 ① 추가적 공적자금의 투입(50조원〈투자신탁회사, 종합금융회사, 신용금고, 제일은행 등에 대해 자금투입 등) ② 금융지주회사의 도입 ③ 은행의 합병추진
		11월	-현대그룹의 자금난 표면화
		12월	-채무초과가 판명된 한빛, 평화, 광주, 제주, 경남 등 5개의 은행을 국유화(*2001년 4월 이들 은행 중 4개의 은행을 통합해 금융지주회사설립)
제3라운드	2001년	1월	-예금보증 폐지 *보증한도액 : 5,000만원 *결제성 예금에 대해서는 2004년 초에 예금보증폐지
	2002년		-국유화은행의 민영화 추진 *우리금융지주회사의 주식매각 시작 *서울은행을 하나은행에 매각 · 합병(12월)

한편, 비은행금융기관[종합금융회사, 투자신탁회사, 상호신용금고(현재의 상호저축은행)]에 대해서도 부실채권, 대손충당금 등의 기준을 은행과 똑같이 엄격히 적용함으로써, 1998년에서 2006년에 걸쳐 비은행금융기관의 약 42.9%가 퇴출, 합병 등을 통해 정리되었다(〈표 14-3〉 참조).

〈표 14-3〉 우리나라 금융기관 수의 변화 내용(1998~2006년)[1)]

(단위 : 개)

	1997년말 (A)	구조조정(1998~2005년)					신설 등	2006년
		퇴출[2)]	합병[3)]	해산・파산, 영업이전 등	계 (B)	비중 (B/A)		
은행	33	5	10	-	15	45.5	-	18
종합금융회사	30	22	7	-	29	96.7	1	2
증권회사	36	5	7	3	15	41.7	19	40
자산운용회사[4)]	32	7	5	-	12	37.5	26	46
보험회사	50	10	6	4	20	40.0	21	51
여신전문금융회사[5)]	68	16	28	-	44	64.7	26	50
상호저축은행[6)]	231	106	28	1	135	58.4	14	110
신용협동조합	1,666	2	110	539	651	39.0	9	1,024
계	2,146	173	201	547	921	42.9	90	1,341

주 : 1) 가교 금융회사 및 외국금융회사 국내지점 제외
2) 인가취소(신청), 파산, 해산 포함
3) 합병으로 소멸된 금융회사 수
4) 2003년 이전은 투자신탁 운용회사 기준
5) 신용카드사, 리스사, 할부금융사, 신기술금융사 포함
6) 2001년 이전은 상호신용금고 기준

자료 : 금융감독원

3) 공적자금의 투입

1997년부터 2006년까지에 걸쳐 금융구조조정을 위해 투입된 공적자금은 총 168.3조 원에 이르고 있는데, 그 내역을 보면 채권발행이 102.1조 원, 정부의 공공자금 19.9조 원, 기집행된 공적자금의 회수자금 42.0조 원 등이다. 이렇게 조성된 공적자금의 집행내역을 보면, 경영정상화를 추구하는 금융기관을 지원하기 위해 출자 63.5조 원, 부실채권매입 38.7조 원, 출연 18.5조 원, 자산매입 등 17.3조 원 등이 사용되었으며, 퇴출금융기관의 예금자를 보호하기 위해 예금대지급 용도로 30.3조 원이 사용되었다(〈표 14-4〉 참조).

〈표 14-4〉 공적자금 조성 및 지원현황(1997년 11월~2006년 12월 말)

(단위 :조원)

	예금보험기금, 정부 등				부실채권정리기금	계
	출자	출연	예금대지급	자산매입 등	부실채권매입	
채권발행	42.2	15.2	20.0	4.2	20.5	102.1
회수자금	7.7	3.1	7.4	6.7	17.2	42.0
공공자금	13.5	-	-	6.3	-	19.9
기타자금[1]	0.03	0.2	2.9	0.1	1.1	4.3
계	63.5	18.5	30.3	17.3	38.7	168.3

주 : 1) 예보·자산관리공사의 기금적립금 등 자체조달재원 및 금융기관 차입금 등으로 조성된 자금

자료 : 공적자금관리위원회

한편, 금융기관별 공적자금 사용 내역을 보면, 일반은행, 증권회사, 투자신탁회사(현재의 자산운용회사), 보험회사에 대해서는 주로 출자, 출연 등의 자본증강과 부실채권매입을 시행하는데 사용되는 한편, 종합금융회사, 상호저축은행, 신용협동조합)에 대해서는 존속 불가능하다고 판단 시에는 폐쇄하고(종합금융회사는 거의 폐쇄), 예금자를 보호하는데 사용되었다.

〈표 14-5〉 금융기관별 공적자금의 투입상황(1997년 11월~2006년 12월 말)

(단위 : 조원)

금융권		출자	출연	예금대지급	자산매입 등	부실채권매입	계
은행		34.0	10.0		14.1	24.6	86.0
제2금융권	종 금	2.7	0.7	18.3	-	1.3	23.0
	증권·투신	10.9	0.3	0.01	1.9	8.5	21.6
	보 험	15.9	3.1	-	0.3	1.8	21.2
	신 협	-	-	4.8	-	-	4.8
	저축은행	-	0.4	7.3	0.6	0.2	8.4
	소 계	29.5	4.6	30.3	2.9	11.8	79.1
해외금융기관 등		-	-	-	-	2.4	2.4
계		63.5	18.5	30.3	17.3	38.7	168.3

자료 : 공적자금관리위원회

공적자금투입의 특징으로는 ① 도덕적 해이(moral hazard) 회피의 관점에서 경영

진 퇴진 및 자본금의 감자 시행, ② 주식의 형태로는 보통주의 형태로 취득, ③ 정부가 경영진을 파견하지 않고 수치 목표(부실채권비율, 자기자본비율, ROA, ROE 등)를 제시하는 형태로 경영에 간여, ④ 최종적으로 주식의 시중매각 등을 들 수 있다. 이처럼 정부가 주식매각을 통해 공적자금의 회수를 추구하였기 때문에, 은행의 가치를 높이고자 하는 인센티브가 작용되었다고 볼 수 있다. 따라서 외환위기 전에 볼 수 있었던 정경유착은 배제되었다고 말할 수 있다.

부실채권의 매입은 자산관리공사(KAMCO : Korea Asset Management Corporation)가 GDP의 20%를 초과하는 채권(장부가 베이스)을, 시가로 매입, 직접회수·경매 이외에 자산유동화증권(ABS : asset backed securities)의 발행·채권매각 등을 활용하여 처리되었다. 자산관리공사가 대량의 부실채권을 집중적으로 매입해 처리하는 수법은 ① 부실채권시장을 형성하여 은행 자신에 의한 ABS 발행·채권 매각을 촉진하였을 뿐만 아니라, ② 신용카드 채권 등 부실채권이 아닌 채권을 자산으로 하는 ABS 시장의 급격한 확대를 초래하였다.

제3절 금융구조조정의 성과

1. 금융기관의 재무구조 개선

먼저 BIS 자기자본비율의 추이를 보면(〈표 14-6〉 참조), 1997년 말에는 일반은행 26개 은행 중 14개 은행의 자기자본비율이 8%보다 낮았기 때문에(이중 2개의 은행은 채무초과) 일반은행의 BIS 자기자본비율은 7.0%에 머물렀으나, 공적자금투입 등이 시행됨으로써 2002년 말에는 전 은행이 BIS 기준 최저 자기자본비율인 8%보다 높았으며, 2006년 말에는 일반은행의 BIS 자기자본비율이 12.3%로 상승하였다.

〈표 14-6〉 은행의 BIS 자기자본비율 추이

(단위 : %)

	1997	1998	1999	2000	2001	2002	2006
일반은행	7.0	8.2	10.8	10.5	10.8	10.5	12.3
특수은행	-	-	13.9	10.7	13.6	13.2	13.6
국내은행	-	-	11.7	10.6	11.7	11.3	12.7

자료 : 금융감독원, 「금융통계월보」각호.

한편 일반은행의 경우, 수익 측면에 있어서도 괄목할 만한 개선이 이루어졌음을 알 수 있다. [그림 14-3]에서 볼 수 있는 것처럼 일반은행의 자기자본이익률(ROE)의 경우, 1997년에 -14.2%, 1998년에 -52.%를 기록하던 것이, 2001년 이후에는 부실채권의 감소, 구조조정의 효과 가시화, 중소기업 대상 대출의 신장 등에 힘입어, 과거 최고치를 경신하여 2005년에는 20.3%의 수준까지 상승하기도 하였다.

[그림 14-3] 일반은행의 자기자본순이익률(ROE) 변화추이

자료 : 금융감독원

2. 부실채권 규모의 감소

정부의 지속적인 공적자금을 이용한 부실채권매입, 관련 제도정비 및 건전성 감독강화 등 정부 및 금융기관의 지속적인 노력으로 부실채권 규모가 급속히 축소되었다. 〈표 14-7〉에서 보는 것처럼 고정이하 여신[고정이하 여신/총 여신×100(%)]

비율의 경우, 1998년 말의 10.5%에서 2002년 말에는 3.9%로 축소되었고, 2006년 말에는 1.6%에 이르게 되었다.

금융기관별 고정이하 여신비율의 추이를 보면, 특히 은행의 고정이하 여신비율이 1997년 말 6.1%, 1998년 말 7.7%, 1999년 말 12.9%, 2000년 말 8.0%, 2001년 말 3.4%, 2002년 말 2.3%, 2006년 말 0.8%로 은행의 자산 건전성이 상당히 회복되었음을 알 수 있다.[5] 한편, 증권회사[투자신탁운용사(현재의 자산운용회사)포함]의 경우, 종합금융회사 합병에 따른 부실채권인수 및 대우증권의 계열사 연계 콜 등의 특수요인이 작용하여 2000년 말 이후부터 고정이하 여신비율이 크게 상승하기도 하였으나, 그 이후 크게 하락하여 2006년 말에는 8.0%에 이르렀다. 상대적으로 높은 고정이하 여신비율을 유지해 왔던 비은행 금융기관도 업종별 부실채권 감축 지도에 힘입어, 비은행 금융기관 대부분의 고정이하 여신이 감소하였음을 알 수 있다.

〈표 14-7〉 금융기관 별 부실채권(고정이하 여신) 추이

(단위: 조원, %)

	1997년 말	1998년 말	1999년 말	2000년 말	2001년 말	2002년 말	2006년 말
은 행	32.5(6.1)	33.9(7.7)	61.0(12.9)	42.1(8.0)	18.8(3.4)	15.1(2.3)	7.8(0.8)
증 권	1.6(9.3)	2.0(27.4)	3.4(34.0)	4.0(52.6)	4.6(51.7)	2.6(38.2)	1.0(8.0)
보 험	4.8(9.6)	3.4(8.8)	5.9(13.8)	3.8(8.5)	2.5(5.5)	2.1(4.1)	1.7(2.7)
비은행	13.6(12.0)	21.2(24.3)	17.7(28.4)	14.7(34.0)	15.2(14.0)	12.0(10.7)	7.3(6.5)
합 계	52.5(7.4)	60.5(10.5)	88.0(14.9)	64.6(10.4)	39.1(5.9)	31.8(3.9)	17.8(1.6)

주 : 1) ( )는 고정이하 여신비율[(고정이하 여신÷총여신×100(%)]을 의미
2) 증권은 2002년말 까지는 투자신탁(운용)회사(자산운용회사)포함
3) 보험은 생명보험회사와 손해보험회사를 포함
4) 비은행은 상호저축은행, 종합금융회사, 신용협동조합, 할부금융, 신기술금융 등을 포함

자료 : 금융감독원

5) 1999년 이후 부실채권의 적용 범위가 확대된 점을 감안할 때, 부실채권의 감소비율은 더욱 확대된 것으로 판단된다. 1997년 외환위기 이후 강화된 부실채권분류의 기준은 다음과 같다.
-1998년 6월 말 : 고정이하여신 분류기준 강화 (6개월 이상 연체여신 ⇒ 3개월 이상 연체여신)
-1999년 말 : FLC(Forward Looking Criteria) 기준 도입, 자산 건전성 분류대상 여신 범위 확대
-2000년 중 : 잠재부실 반영

3. 금융재편성의 진전

앞에서 언급한 것처럼 금융구조조정의 지속적인 추진으로 금융기관의 재편성이 활발히 전개되었는데, 특히 은행업의 경우 외국계의 부상이 현저하였다.

〈표 14-8〉에서 보는 것처럼 1997년의 외환위기 이후 외국계 자본(주로 구미투자자)의 국내은행 지분 보유가 크게 증가하여, 주요 국내은행 지분의 대부분이 외국자본에 의해 보유되고 있다. 외국인은 주요주주로 참가하고 있을 뿐만 아니라, 임원을 파견하는 등 은행경영에 적극적으로 참여하고 있는데, 이와 같은 외국인투자자 및 경영자는 외환위기 이전에 나타났던 정경유착을 배제함과 더불어 수익성을 중시하는 은행경영을 요구하기 때문에, 우리나라 은행업의 경영형태에 커다란 영향을 주고 있다.

〈표 14-8〉 주요은행의 외국인 지분비율(2006년 말 현재)

(단위 : %)

	외국인 보유비율(%)	주요주주
국 민 은 행	84.49	Bank of NY (15.21)
하나 금융 지주	79.56	Goldman Sachs(9.34)
외 환 은 행	73.33	LSF KEB Holdings, SCA(50.53)
대 구 은 행	66.60	Small CAP World Fund(7.87)
신 한 은 행	63.46	BNP Paribas(7.76)
부 산 은 행	62.46	롯데(14.11)
우리 금융 지주	10.35	예금보험공사
평 균	62.89	

자료 : 김자봉·하준경·이석호·구정한, 「FTA와 금융산업의 경쟁력」, 한국금융연구원, 2007년 2월, p. 31.

한편, 2001년 이후에는 국내외 금융기관 간의 경쟁격화에 대응하여 민간주도의 대형합병 및 지주회사설립움직임이 광범위하게 일어났다. 이에 따라 국민은행과 주택은행이 합병하여 오늘날의 국민은행으로 전환되었으며, 우리금융지주회사와 신한금융지주회사가 각각 설립되었다.

또한, 2002년부터는 공적자금투입으로 국유화한 은행의 민영화가 진척되어, 시장 메커니즘이 한층 강화되게 되었다. 1999년에 제일은행이 미국의 New bridge Capital 컨소시엄에 매각되었다가 영국의 SCB에 재매각되었으며, 서울은행의 경우 영국의 HSBC와 협상결렬로 해외매각이 유보되다가 2002년에 하나은행에 매각되었다. 일부 우리금융지주회사 주식의 시장매각이 이루어진 것을 비롯해, 2006년에 조흥은행이 신한금융지주회사에 통합되어 통합 신한은행으로 출범하게 되었다.

4. 성과평가

앞에서 언급한 바와 같이 1997년 외환위기 이후의 금융구조조정은 정부주도로 공적자금을 적극적으로 활용함으로써 은행을 중심으로 수행되었음을 알 수 있다. 이와 같은 금융구조조정에 따라, 부실금융기관의 퇴출, 공적자금투입에 의한 자본증강, 수익력 개선에 의한 내부유보이익의 증가 등으로 국내 금융산업의 재무구조 및 자산 건전성이 전반적으로 개선되었고, 이에 따라 해외 신인도도 회복되었다고 평가할 수 있다.

이처럼 공적자금 등을 이용한 정부주도의 금융구조조정은 금융위기의 조기 극복이라는 과제를 어느 정도 달성하였기 때문에, 일 단락할 시점에 도달했다고 말할 수 있다. 그러나 다른 한편으로는 은행 중심의 금융구조조정이 비은행 금융기관부문의 불완전한 구조조정을 초래함과 더불어, 기업구조조정에 대한 손실 부담을 은행에게 직·간접적으로 전가함으로써, 은행의 잠재부실규모를 증가시키는 요인을 제공하였다는 문제점을 지적할 수 있다. 따라서 구조조정으로 인한 정부의 금융부문에 대한 영향력확대를 해소하고, 민간금융부문의 자율적인 경영확대를 위한 민영화 정책을 일관성 있게 유지함과 아울러, 지속적인 시장주도에 의한 비은행금융기관부문의 구조조정이 추진되게 되었다.

중요개념 및 용어

금융위기	버블현상	전염 효과
신용등급	금융구조조정	구제금융
IMF 구조조정 프로그램	금융재편성	점진적인 방식
급진적인 접근방식	기업구조조정	적기시정조치
경영개선 명령	공적자금 관리법(2001)	BIS 자기자본규제비율
P&A 방식	자본증강	공적자금 투입
부실채권의 매입	자산유동화증권	고정이하 여신

연 습 문 제

1. 1997년의 외환위기를 계기로 우리나라가 금융위기에 직면하게 된 원인에 대하여 설명하라.

2. 1997년의 외환위기를 계기로 발생한 금융위기의 전개과정에 대하여 설명하라.

3. IMF에서 금융위기 발생 국가에 적용하고 있는 금융구조조정 프로그램을 크게 4단계로 구분하여 설명하라.

4. 1997년의 외환위기 이후 우리나라에서 시행된 금융구조조정의 목표와 특징에 대하여 설명하라.

5. 1997년의 외환위기 이후 추진된 금융구조조정의 순서에 대하여 설명하라.

6. 1997년의 외환위기 이후 추진된 금융구조조정의 성과를 평가하라.

제15장 선진국형의 금융제도발전

본 장에서는 선진국형의 금융지향적인 금융제도의 발전을 추구하고 있는 금융제도의 발전방향에 대하여 살펴보고자 한다. 먼저, 금융지향적 금융제도발전의 추진배경에 대하여 알아보고, 다음으로 선진형 금융제도가 어떻게 전개되었는지 살펴보고, 마지막으로 선진국형 금융제도의 발전방향을 제시하고자 한다.

제1절 금융 지향적 금융제도 발전의 추진 배경

우리나라의 금융제도는 선진국형 금융제도로 발전해가고 있다. 앞에서 언급한 것처럼 선진국형의 금융제도 발전은 금융운영의 메커니즘으로서 시장기구가 확립되어 있는 상태에서, 금융업이 중심이 되어 환경변화에 대응한 금융체제 그 자체의 개혁 과정으로서, 금융 지향적 성격을 띠고 있는 것이 특징이다. 이처럼 우리나라의 금융제도가 금융 지향적 금융제도 발전을 추구하게 된 다음과 같이 크게 네 가지로 분류하여 설명할 수 있다.

1. 패러다임의 변화

우리나라의 금융제도는 경제 및 금융 환경이 급변하면서 패러다임의 전환기에 직면해 있다. 이와 관련하여 먼저 지적할 수 있는 것은 우리나라 경제가 고도성장의 단계를 거쳐 성숙경제단계로 진입하고 있다는 것이다. 우리나라의 실질 경제성장률(평균)의 추이를 보면 1970년대의 10.3%에서 1980년대의 8.6%, 1990년대의 6.7%를 거쳐 2008년 이후에는 2.9%의 수준으로 떨어졌다. 이처럼 경제가 성숙단계로 진입하여 저성장시대로 전환됨에 따라, 종전과 같은 수출제조업 중심의 성장방식을 탈피하여 창의와 혁신을 기반으로 한 고부가가치서비스업의 육성이 필요하게 되었다.

다음으로 우리나라의 인구구조가 빠른 속도로 고령화되고 있다는 것이다.[1] 일반적으로 65세 이상으로 정의되는 고령 인구의 비중이 14% 이상인 경우 고령사회라 하고, 20% 이상인 경우를 초고령사회라고 부르는데, 통계청이 발표한 고령자통계에 의하면 우리나라는 2017~18년경에 고령사회에 진입하고, 2026년에 초고령사회에 진입할 것이다.[2] 이러한 급속한 고령화의 진전은 노동력의 감소, 저축률의 저하, 소

1) 고령화의 진전이 금융제도에 미치는 영향에 대해서는 이인호 · 신관호, "고령화의 진전과 금융산업의 구조적 변화-주요국의 대응사례와 시사점-", 「금융연구 Working Paper」 2012-06호, 한국금융연구원 참조.

비패턴의 변화와 소비 수요의 감소, 정부 재정지출의 증가, 부동산 등 자산가치 하락 등으로 작용하여 경제활동을 저하시킬 뿐만 아니라, 나아가서는 경제성장을 저해시킨다.

이와 같은 저성장, 고령화 등의 패러다임의 변화는 금융수요자(금융소비자)의 금융행태를 변화시키는 요인으로 작용하여, 정책당국이 장기성장 전략의 일환으로 금융업 및 금융·자본시장의 육성·발전을 적극적으로 추진하는 계기를 제공하고 있다.[3)]

한편, 금융시장 구조 측면에 있어서 2008년의 글로벌 금융위기를 계기로 금융공급자·시장중심에서 금융수요자(금융소비자)로 중심축이 이동되고 있다. 예를 들어 독립적인 금융소비자 보호 기구로서 미국은 FRB 산하에 금융소비보호국(CFPB: Consumer Financial Protection Bureau)을, 영국은 금융행위감독원(FCA: Financial Conduct Authority)을 각각 설립·운영 중인데, 우리나라도 이러한 국제적인 추세에 맞춰 금융소비자 보호를 강화하지 않으면 안 되게 되었다.

2. 금융의 개방화·범세계화의 진전

우리나라는 1990년대 중반 OECD 가입과 외환위기(금융위기)를 거치면서 어느 국가보다 빠르고 급격하게 금융개방을 단행해 왔다. 자본자유화를 통해 지금은 대외거래를 제약하는 거의 모든 규제가 사라졌다. 외환 업무의 경우 선물환 외환 매매 시의 실수요원칙 및 실수요증명요건 등의 각종 규제가 폐지되었으며, 외환거래의 해외소비도 허용되었다. 이에 따라 OECD 자본이동 자유화 규약을 기준으로 비교할 때 우리나라의 외환 자유화 정도는 OECD 30개 회원국 중 중상위권 수준

2) 현재 가장 고령화가 진전된 국가로는 일본, 이탈리아, 독일 등을 들 수 있는데, 이들 국가들이 고령사회에서 초고령사회로 진입하는데 걸린 시간은 우리나라(예상)보다 길었다. 2006년에 초고령화사회에 진입한 일본과 이탈리아는 고령사회에서 초고령사회로 전환되는데 각각 12년과 18년이 걸렸고, 2009년에 초고령사회에 진입한 독일은 38년이 걸렸었다.

3) 금융위원회는 향후 우리나라 금융업의 가치를 제고하기 위해 마련한 「금융업 경쟁력 강화방안」을 금융발전심의회 전체회의의 최종 논의를 거쳐 확정·발표(2013년 11월 27일)하였고, 동년 12월 2일 「금융업 경쟁력 강화방안」 가운데 자본시장의 역동성 제고와 관련한 세부 추진계획을 발표하였다.

에 해당한다.

〈표 15-1〉 우리나라의 외환 자유화 현황

구 분	현 행	비 고
경상거래	-상품 · 용역의 수출입 -해외유학생 · 여행자경비 -해외이주비	완전자유화 (한도 없으면 신고절차도 불필요)
자본거래	-예금 및 신탁 -대차 및 보증 -증권의 발행 · 취득 -해외지사 설치 -현지금융 -파생금융거래 -해외직접투자(신고수리) -외국인 직접투자(외국인 투자촉진법)	자유화 (신고면제 또는 기획재정부 · 한국은행 · 은행신고제)
	-해외 부동산 거래 실수요 주거 목적 투자 목적용 해외 부동산	자유화(한도폐지) 한도 300만 달러
지급 · 영수 (환거래)	-거래대금의 대외지급 · 영수	자유화 (비정상적 방법의 경우 신고 필요)
대외채권 회수의무	-건당 50만 달러를 초과하는 대외채권의 1년 6개월 내 국내회수	기관연장 · 면제시 허가
지급수단 수출입	-지급수단의 휴대수출입	자유화 (1만 달러 초과 시 세관 신고)
	-지급수단의 일반수출입	100만 달러 초과 시 허가 필요

자료 : 윤덕룡 · 김태중 · 문우식 · 송치영 · 유재원 · 채희율, 『금융개방의 경제적 효과와 과제(KIEP 중장기통상전략연구08-01)』, 대외경제연구원, 2008년, p. 47.

금융서비스 시장에 대한 규제도 급격히 사라져 외국인의 한국 시장접근에 대한 대부분의 규제가 철폐되었다. 외국의 국내 주식 및 채권 등에 대한 투자가 전면적으로 자유화되었으며, 은행 및 증권의 현지법인 설립 허용, 은행, 증권 등 금융기관 전체에 걸친 인수확대와 지분참여 등 외국금융기관의 국내 진출과 관련된 대부분의 규제가 폐지되었다.

이와 같은 결과, 객관적인 측면에서도 우리나라의 금융의 개방화는 선진국 못지 않은 수준으로 진전을 이루었다. 대외적 금융자유화 정도를 실제로 수량화한 자료에 의하면 우리나라는 1997년에 비해 대폭적으로 개선되어 2006년에는 85.1을 기록하였는데, 이는 영국, 일본 등 다른 선진국의 자유화 정도에 버금가는 수치이다.

〈표 15-2〉 우리나라 금융시장의 자유화 정도 평가[1)]

(단위 : %)

한국		OECD[2)]	발전도상국[3)]	미국	일본	독일	영국
1997	2006						
65.0	85.1	89.3	84.2	95.0	86.1	89.1	86.1

주: 1) OECD의 자본이동 자유화 코드에 따른 on/off 방식으로 산출되었음.
2) 한국 제외
3) 터키, 멕시코, 체코, 헝가리, 폴란드, 슬로바키아

자료 : 윤덕룡 · 김태준 · 문우식 · 송치영 · 유재원 · 채희율, 『금융개방의 경제적 효과와 과제(KIEP 중장기 통상전략 연구08-01)』, 대외경제연구원, p. 60.

한국은행의 발표(2010년 8월 10일)에 따르면 자본시장 개방도가 세계에서 12번째로 높다는 분석 결과가 나왔다. 우리나라의 2009년도 '자본 접근성 지수(CAI : Capital Access Index)'4)는 10점 만점에 7.39점으로 조사 대상인 122개국 가운데 12위를 기록했다. '자본 접근성 지수'는 물가 · 금리 · 세율 등을 포괄한 거시경제, 금융 관련 법과 제도, 건전성이나 효율성 등 금융회사 척도, 주식 및 채권시장 발달 정도, 벤처캐피털이나 신용카드 같은 기타 자본시장 여건, 외국인 자본 활용 가능성 등 7가지 항목으로 구성되는데, 캐나다(8.25점)가 가장 높았으며 홍콩(7.99점), 영국(7.95점), 싱가포르(7.92점), 미국(7.88점), 스위스(7.68점), 스웨덴(7.54점), 호주(7.52점) 등의 순이었다. '금융허브'인 홍콩과 싱가포르를 제외하면 우리나라는 아시아권에서 중국(6.00점, 32위)은 물론 대만(6.54점, 26위)이나 일본(6.72점, 23위)보다도 개방도가 높았다.

한편, 금융규제완화에 따른 금융거래비용 감소, 해외금융상품의 수요 증대, 다국적 금융기관의 증가 등에 기인하여 금융의 범세계화(globalization)가 크게 진전되고 있다. 우리나라의 경우 〈표 15-3〉에서 보는 바와 같이 자본 유출입의 규모가 2002년 4,840억 달러에서 2012년 1조 8,123억 달러로 3.74배 증가하고, 외국환은행의 일

4) CAI는 각국의 자본시장 개방도를 나타내는 지수다. 자본시장과 세계경제 동향 연구 기관인 미국의 밀켄 연구소가 매년 집계하고 있다.

평균 외환 거래규모가 2002년 92억 달러에서 2012년에 453.8억 달러로 4.93배 증가하는 등 금융의 범세계화가 급속히 진전되고 있다.

〈표 15-3〉 자본의 국내외유출입 규모의 추이

(단위 : 억 달러, %)

		2002년 말	2006년 말	2010년	2012년 말
자본유입	직접투자	627(22.6)	1,180(18.0)	1,342(16.1)	1,561(16.3)
	증권투자[1)]	1,171(42.3)	3,573(54.6)	5,168(62.1)	6,090(63.8)
	기타투자	974(35.1)	1,790(27.4)	1,807(21.8)	1,895(19.9)
자본유출	직접투자	207(10.0)	468(10.4)	1,432(20.6)	2,018(23.5)
	증권투자[1)]	125(6.0)	849(18.9)	1,397(20.2)	1,694(19.8)
	기타투자	522(25.2)	787(17.5)	1,195(17.2)	1,596(18.6)
	준비자산	1,214(58.7)	2,390(53.2)	2,916(42.0)	3,269(38.1)
자 본 유 출 입 합 계		4,840	11,035	15,257	18,123
외환시장 거래규모(일평균)		92	371[2)]	418.1	453.8

주 : 1) 증권투자에는 파생금융상품도 포함
2) 2007년 3월말 기준, ( )내는 전체유입 및 유출액 대비 비중

자료 : 한국은행

이와 같은 금융의 개방화·범세계화의 진전으로 금융시장의 기능 및 자원 배분의 효율성이 증대되고, 선진 금융기법의 습득 및 가격 결정의 합리화가 추구되는 등의 긍정적인 효과가 발생할 수 있다. 그러나 다른 한편으로는 국내 금융기관의 수익성 저하에 따른 국내금융기관과 외국금융기관 간의 불균형이 심화되고, 외부충격으로 국내 거시경제 및 금융시장의 불안이 가중되어 금융위기를 유발할 우려도 있다.

따라서 이러한 금융의 개방화·범세계화의 진전에 대응하기 위해서는 적절한 금융감독 체계의 정비와 더불어, 국내금융기관의 경쟁력 제고가 주요한 과제로 부상되고 있다.

〈표 15-4〉 금융의 개방화·범세계화의 효과

	내 용
긍정적 효과	-금융시장의 기능 및 자원 배분의 효율성 증대 -선진 금융기법의 습득 및 가격 결정의 합리화 추구 -자금조달의 다양화에 따른 유동성 위험 해소 -경영의 투명성, 재무건전성 강화에 입각한 금융구조조정의 지속 -금융수요자의 금융서비스에 대한 만족도 증대 -금융제도의 동조화에 따른 금융제도의 선진화
부정적 효과	-국내 금융기관의 수익성 저하에 따른 국내금융기관과 외국금융기관 간의 불균형심화 -단기적 투기성 자금유입 증대에 따른 금융시장의 불안정 고조 -해외환경요인에 대한 민감도 증대에 따른 금융위기의 전염효과의 증대 -적대적 M&A 등을 통한 외국자본의 국내 금융산업 지배 가능성 고조

3. 금융제도의 안정성 유지와 겸업화 추진

2008년의 글로벌 금융위기를 계기로 세계적인 금융제도의 겸업화 및 금융기관의 대형화가 제동이 걸린 면이 없지 않다. 글로벌 금융위기가 세계적인 과잉유동성이 금융기관의 대형화와 금융제도의 겸업화에 의해 증폭되어, 글로벌 시장의 불균형을 심화시킴으로써 발생하였기 때문에, 시스템 리스크의 방지 및 거시건전성 감독강화를 통한 금융제도의 안정성을 확보하기 위해 겸업화 및 대형화에 대한 규제를 강화하였다.

그러나 우리나라의 경우 글로벌화의 진전에 따라 앞에서 언급한 환경요인과 더불어, 범위의 경제·규모의 경제효과와 업무확대를 통한 수익원의 다양화, 자본력의 강화를 통한 국제경쟁력의 강화 등을 위해 금융제도의 안정성을 유지하면서, 대형화·겸업화가 지속적으로 이루어져야 한다.

4. 차세대 유망 서비스산업으로서의 금융업 육성

선진국의 경우 금융업이 성장산업으로서 국민경제의 일익을 담당하고 있는데, 향후 우리나라의 경우도 금융업을 하나의 독립적인 유망 서비스산업으로 간주하여 금융 지향적인 가치 제고를 추구해 나가야 할 것이다. 이는 다음과 같이 현재의 국민경제에 있어서의 금융업의 위상을 살펴봄으로써 유추할 수가 있을 것이다.

〈표 15-5〉에서 보는 것처럼 GDP에서 금융업이 차지하는 비중(실질기준)은 2000년의 6.86%에서 2005년 7.52%, 2008년 7.10%로 추세적으로 상승하고 있음을 알 수 있다. 이는 영국 및 미국보다는 낮으나 일본보다는 높은 것으로 우리나라 금융업이 높은 성장잠재력이 있음을 시사해 주고 있다.

〈표 15-5〉 우리나라 금융업의 GDP 대비 비중의 변화추이

(단위: %)

2000년	2003년	2004년	2005년	2008년	미국[1)]	영국[1)]	일본[1)]
6.86	7.82	7.34	7.50	7.10	7.76	8.17	6.26

주 : 1) 미국, 영국, 일본은 2005년의 수치.
자료: OECD

또한, 금융업은 부가가치 유발효과가 다른 산업에 비해 높은 고 부가치 산업이다. OECD에 의하면 우리나라의 금융업의 부가가치 비중은 주요 선진국보다 크게 뒤지지는 않으나, 2000년 5.8%에서 2005년 6.9%로 상승추세를 보이다가 2011년 7.0%를 기록하는 등 정체현상을 보였다. 정책당국이 목표로 하는 것처럼 금융업의 부가가치 비중을 2018년까지 8.5%, 2023년까지 10.0% 수준으로 향상시키기 위해서도 금융업을 유망 서비스산업으로 육성해야 할 것이다.[5)]

5) 금융위원회, 「창조경제 구현과 일자리 창출을 위한 금융업 경쟁력 강화방안」, 2003년 11월 27일, p.60.

제2절 선진국형 금융제도의 전개

1. 금융제도의 안정성 및 건전성 유지

우리나라도 2008년 글로벌 금융위기를 계기로 시스템 리스크를 방지하기 위해 바젤Ⅲ를 중심으로 건전성 규제를 강화하고 있다. 은행의 건전성 강화를 위하여 2013년 12월부터 바젤Ⅲ에 따른 자본규제를 국내은행에 대하여 단계적으로 도입하기 시작하였다. 구체적으로 은행이 위험가중자산과 관련하여 보유해야 하는 자본의 최저 규모를 보통주 자본 4.5%, 기본자본 6.0%, 총자본 8.0%로 세분화하고 자본의 유형별(보통주 자본, 기타 기본자본, 보완자본, 공제항목)로 자본인정요건을 강화하였다. 또한, 2015년에는 유동성 커버리지 비율(LCR), 2016년에는 자본보전 완충자본 및 국내 시스템적으로 중요한 은행(D-SIBs; Domestic Systemically Important Banks)에 대한 추가자본 적립을 시행하였다. 2018년부터는 순 안정자금 조달비율(NSFR) 및 레버리지 비율 규제를 시행하였다.

금융위기 이후 금융회사 지배구조 확립과 관련된 제도가 마련되었다. 먼저, 금융회사의 건전한 경영을 유도하기 위하여 2015년 7월 '금융회사의 지배구조에 관한 법률'을 제정하였다. 이 법은 은행, 금융투자업자, 보험회사, 상호저축은행, 여신전문금융회사, 금융지주회사 등 금융회사의 임원 자격요건, 이사회의 구성 및 운영, 내부통제제도 등 금융회사의 지배구조에 관한 기본적인 사항을 정하고 있다.

또한, 경제력집중문제, 이해상충문제 등의 부작용을 방지하기 위하여 금융자본과 산업자본 분리를 더욱 강화하였다. 2013년 8월 '은행법' 과 '금융지주회사법'을 개정하여, 비금융주력자(산업자본)의 은행 및 금융지주회사에 대한 주식보유 한도를 의결권 있는 발행주식 총수의 9%에서 4%로 축소하였다

2. 지주회사방식의 겸업화 전개

우리나라의 경우 2000년 이후 지주회사방식의 외부 겸영방식을 중심으로 겸업화를 추구해 왔다. 2000년 10월 '금융지주회사법'의 제정을 계기로 2001년 4월 우리금융지주회사가 설립된 이후, 은행을 중심으로 금융지주회사가 신설되었다. 2009년에는 산은금융지주회사[6]가 설립되어, 한국산업은행이 국책은행에서 주식회사로 전환하였다. 이를 계기로 한국산업은행은 '은행법'의 적용을 받으면서 업무 범위도 일반은행의 업무 범위 수준으로 확대하여 상업은행들과 경쟁할 수 있게 되었다.

〈표 15-6〉 우리나라 주요 금융지주회사의 구조

	우리금융	신한금융	하나금융	KB금융	KDB산은금융	NH농협
은행	우리은행 경남은행 광주은행	신한은행 제주은행	하나은행	KB국민은행	산업은행	NH농협은행
증권	우리투자증권	신한금융투자	하나대투증권	KB투자증권	KDB대우증권	NH농협증권
보험		신한생명보험	하나HSBC생명	KB생명보험		NH농협생명 NH농협손해보험
카드		신한카드	하나SK카드			
자산운용	우리자산운용	신한BNP파리바자산운용 신한아이타스		KB자산운용	산은자산운용 한국인프라자산운용	NH-CA자산운용
기타	우리파이낸셜 우리프라이빗에쿼티 우리금융저축은행 우리에프아이에스 우리금융경영연구소	신한캐피탈 신한프라이빗에쿼티 신한신용정보 신한데이터시스템 SHC매니지먼트 신한저축은행	하나캐피탈 하나다올신탁 하나I&S 하나저축은행 하나금융경영연구소	KB부동산신탁 KB인베스트먼트 KB신용정보 KB데이터시스템 KB저축은행	산은캐피탈	NH농협선물 NH농협캐피탈
	12	13	10	10	5	7

주: 2012년 말 기준

6) 산은금융지주회사는 그 이후 정책금융의 효율성 추구를 위해 한국산업은행과 정책금융공사가 다시 통합됨으로써 2015년에 해체되었다.

2020년 말 현재 인가된 금융지주회사는 은행지주회사 8사,[7] 비은행지주회사 2사[8] 등 총 10사에 이르고 있다.

3. 자본시장 및 금융투자업의 재편성

정부는 2000년대 중반 이후 금융업을 높은 부가가치와 양질의 고용을 창출할 수 있는 성장산업으로 육성하기 위해 금융제도 개혁을 추진하였다. 자본시장과 관련해서는 2007년 8월 종래의 '증권거래법', '간접투자자산운용업법', '신탁업법' 등 자본시장 관련 6개 법률을 통합하여 '자본시장과 금융투자업에 관한 법률'(2009년 2월 시행, 이하 '자본시장법'이라 함)이 제정되었다.

이는 자본시장과 금융투자업에 대한 규제를 재편하여 금융혁신과 경쟁을 촉진하고, 대형 투자은행 육성과 자본시장 활성화 등 직접 금융시장을 확충함으로써 기존 은행 중심의 간접금융체계와 조화를 도모하기 위한 기반을 조성하는 것이었다.

금융투자업을 투자매매업 · 투자중개업 · 집합투자업 · 신탁업 · 투자일임업 · 투자자문업 등 6개로 구분하고, 이들 상호 간 겸영을 허용함으로써 내부 겸영방식에 의한 겸업화가 가능하게 되었다. 이와 관련하여 이해상충 발생 가능성이 높다고 인정되는 금융투자업 간에는 매매에 관한 정보제공 금지, 임직원의 겸직 제한, 사무공간 등의 공동이용 제한 등을 의무화하였다. 또한, 고유자산 및 운용재산이 각각 2조 원 이상, 6조 원 이상인 금융투자업자는 의무적으로 사외이사를 선임하고 감사위원회를 설치하도록 하였다.

'자본시장법'에서는 금융투자상품을 포괄주의에 입각하여 원본 손실이 발생할 가능성이 있는 모든 금융상품으로 정의하였다. 또한. 금융투자상품을 증권, 장내파생금융상품, 장외파생금융상품으로 구분하고 증권은 다시 채무증권, 지분증권, 수익증권, 증권예탁증권, 투자계약증권, 파생결합증권 등으로 구분하였다.

이러한 자본시장 확대 및 제도개선 등에 따라 2000년대 중반 이후 증권관련 금융

---

7) 은행지주회사에는 우리(2001년 4월 설립), 신한(2001년 9월), 하나(2005년 12월), KB(2008년 9월), BNK(2011년 3월), DGB(2011년 5월), NH농협(2012년 3월), JB(2013년 7월)금융지주회사가 있다.

8) 비은행지주회사에는 한국투자(2003년 1월) 및 메리츠 금융지주회사(2011년 3월)가 있다.

기관설립이 크게 증가하였다. 2020년말 현재 투자매매 · 중개업자 61개(증권회사 57개, 선물회사 4개), 집합투자업자 326개, 투자일임자문업자 221개, 신탁업자 50개가 영업중이다.

4. 금융소비자 보호 강화

글로벌 금융위기 이후 금융소비자 보호의 중요성에 대한 인식이 높아지면서 우리나라도 금융소비자 보호 체계를 강화하였다.[9] 2012년 5월 금융감독원은 감독·검사 부문으로부터 금융소비자 보호 부문을 분리하여 금융소비자보호처를 설치하였다. 이를 통해 우선 금융소비자에게 불리한 금융상품 조사, 분쟁조정 사례, 금융거래 유의사항 등의 정보를 제공함으로써 금융소비자의 피해를 사전에 차단하고자 하였다. 또한, 집단 분쟁조정제도 도입 등 소비자피해 구제를 강화하고, 금융소비자 보호 협의회를 운영하여 소비자 보호와 건전성 감독의 조정기능을 수행하도록 하였다. 그리고 금융위기 이후 금융소비자 보호 모범규준을 네 차례 개정하여 소비자의 권익 향상을 도모하였다. 2013년에는 금융회사 내 금융소비자 보호 총괄책임자 지정, 금융상품의 개발 · 판매 · 사후관리 단계별 금융소비자 보호 체계 구축을 주된 내용으로 하는 모범규준 개정안을 마련하였다. 계속해서 2014년 금융 취약계층 보호, 2016년 3월 소비자 보호 실태평가 시행을 중심으로 모범규준을 개정하였다. 2016년 12월에는 금융회사 임직원의 인센티브 체계를 정비하여 불완전 판매를 방지하고, 금융소비자의 분쟁조정 시 금융회사 자료에 대한 포괄적 열람권을 허용하는 등 보다 적극적으로 금융소비자 보호를 위한 제도를 개선하였다. 또한, 2016년 9월부터 금융소비자 정보 포털사이트 파인(FINE)을 개시하여 금융상품 비교검색, 금융거래 내역 조회, 금융정보, 금융통계 및 기업공시 정보 확인 등의 서비스를 이용할 수 있도록 하였다.

9) 이하의 내용은 한국은행, 『한국의 금융제도』, 2018년, p. 45.

제3절 선진국형 금융제도의 발전방향

우리나라 금융제도의 발전방향은 크게 ① 금융제도의 겸업화 및 시장 중심제도로의 전환, ② 금융업의 경쟁력 강화, ③ 금융제도의 안전성 확보 및 금융소비자 보호 강화 등에서 살펴볼 수 있다.

1. 금융제도의 겸업화 및 시장중심형 제도로의 이행

우리나라의 금융제도는 세계적인 금융의 통합화 및 증권화 현상에 대한 대응, 규모의 경제 및 범위의 경제 추구, 업무확대를 통한 수익원의 다양화, 자본력의 강화를 통한 금융업의 경쟁력 강화 등을 위해, 지주회사 방식의 외부 겸영 방식을 중심으로 겸업화를 보다 가속화함과 더불어, 은행 중심형의 금융제도로부터 시장 중심형의 금융제도로의 이행을 추구해 나가야 할 것이다.

이와 관련하여 금융업 간의 경쟁과 혁신을 유도하기 위해 금융업에의 진입과 관련한 인·허가규제는 대단위 통합 등 단순하게 개편하여, 신규 진입자가 손쉽게 해당 금융업에 진입할 수 있는 여건을 조성해야 할 것이다. 또한, 금융업종별·상품별 규제차익의 해소를 통해 금융시장에서 공정 경쟁할 수 있도록 해야 할 것이다. 그리고 금융업 부수업무 및 투자규제를 원칙적으로 '원칙허용·예외금지(negative system)'로 전환하여 내부 겸영에 의한 겸업화가 활성화되도록 해야 할 것이다.

우리나라의 자본시장은 증권·선물시장의 통합(1995년), 코스닥시장의 개설(1996년), 자본시장법의 제정·시행(2009년) 등의 지속적인 제도개선을 추구하여 세계적인 수준으로 성장하였다. 특히 2009년의 '자본시장법' 시행과 2013년의 '자본시장법' 개정은 자본시장과 금융투자업에 대한 규제를 재편성하여 금융혁신과 경쟁을 촉진하고, 대형 투자은행의 육성을 통한 글로벌 경쟁력을 제고함과 더불어, 직접 금융시장의 활성화를 추구함으로써, 은행 중심형의 금융제도를 시장 중심형의 금융제도로 이행하는 계기를 마련하는데 크게 기여하였다고 말할 수 있다.

이를 계기로 금융업간의 경쟁이 심화되고 동종·이종 금융회사간의 M&A 등이 활성화됨으로써, 국내금융기관의 대형화 및 겸업화가 촉진되는 동시에, 시장 중심형 금융제도로의 이행이 가속화될 것이다.

2. 금융업의 경쟁력 강화

앞에서 살펴본 바와 같이 금융업 발전의 세계적 경향에 비추어 볼 때, 금융업은 국민경제적 위상과 역할의 변화를 필요로 할 뿐만 아니라, 나아가서는 하나의 성장산업으로서 새롭게 접근되어야 할 필요성을 지니고 있다. 이와 더불어 금융시장의 세계적 통합이 급속하게 진전됨에 따라 경쟁력이 있는 금융업과 효율적인 금융시장을 확보하지 못할 경우, 금융서비스 수요가 다른 나라의 금융시장이나 외국의 금융기관으로 이탈하는 금융 공동화현상이 일어난다. 특히 최근 외국금융기관의 국내진출이 급속히 증가하고 있는 추세를 감안할 때, 우리나라의 경우 그 심각성이 보다 심화될 가능성이 높다. 따라서 이와 같은 제 환경변화에 대처하기 위해서는 국내금융시장에서 우리나라 금융기관이 중심적 위치를 확보하는 것이 무엇보다도 긴요하며, 이를 달성하기 위해서는 국내금융기관의 경쟁력을 강화하는 것이 필수불가결함은 말할 필요도 없을 것이다.

국내 금융업의 경쟁력을 강화하기 위해서는 은행업의 경우, ① 바젤Ⅲ의 차질없는 시행으로 건전성을 확보·유지한 상태에서 ② 업무영역, 금융상품개발, 금융서비스전달체계, 해외진출에 대한 규제를 완화함으로써 글로벌 경쟁력을 확보함과 더불어, ③ 금융기관간의 인수·합병을 통한 대형화 추구 및 금융지주회사 등을 통한 금융그룹화의 촉진 등의 제 방안이 강구되어야 할 것이다.

금융투자업의 경우, 저금리·저성장 기조가 정착되고 고령화가 급속히 진행됨에 따라 연금자산 규모의 급속한 증가와 더불어, 예·적금 등 전통적인 안전자산에서 금융투자상품으로 투자수요의 구조적 변화가 예상된다. 따라서 금융투자업의 경쟁력 제고를 통해 금융 부가가치 창출과 금융혁신을 선도하는 위해서는 ① 자본시장의 투자수요 기반을 강화하고, ② 금융투자회사 간의 M&A를 촉진하여 투자은행(IB: investment bank)의 역량을 제고하기 위하여 위탁매매 중심의 영업행태에서 벗어나 IB, 자산관리 서비스 등 다양한 비즈니스를 영위함과 더불어, ③ 투자자의 라이프 사이클(life cycle)과 수요에 부합하는 금융투자상품을 개발해 나가야 할 것이다.

3. 금융제도의 안정성 확보 및 금융소비자 보호 강화

2008년의 글로벌 금융위기처럼 대부분의 시스템위기는 급격한 환경변화에 따라 동일한 리스크에 다수의 금융기관이 노출되어 있어, 동 리스크가 변동 시에는 이를 회피하기 위해 다수의 금융기관들이 군집적으로 행동함에 따라 내생적으로 발생한다. 따라서 이와 같은 시스템 위기를 방지하면서 금융제도의 안정성을 확보하기 위해서는 기존의 미시건전성 감독과 더불어, 거시건전성 감독의 강화가 이루어져야 할 것이다.

거시건전성 정책은 중앙은행이 수행하는 협의의 금융안정기능과 거시건전성 감시기능, 감독기구(금융위원회, 금융감독원 등)가 수행하는 거시건전성 감시 및 감독기능 등의 수단을 포함하고 있는데, 향후 우리나라의 거시건전성 정책체계의 개선방향은 현재와 같이 중앙은행과 감독기구가 분리체제를 유지하면서 각각의 거시건전성 정책을 수행하되, 미국의 금융서비스감시위원회(FSOC: Financial Service Oversight Council) 내지는 G20의 금융안정위원회(FSB : Financial Stability Board)와 유사한 기능을 수행하는 금융안정위원회(가칭)를 신설·운영함으로써 정책 공조와 업무협조를 도모하는 것도 고려할 만하다고 여겨진다. 또한 금융제도의 안전성 확보를 위해서는 제도적 측면에서의 안전망(safety net)체계의 효율화와 더불어, 시장기능의 보완을 통한 상시적 구조조정체계의 정립이 요구된다.

이와 더불어 금융소비자 보호를 위한 법령과 기구를 전면적으로 재정비하여 소비자 보호 가치를 실질적으로 실현하도록 해야 할 것이다. 이와 관련하여 2021년 3월부터 시행되고 있는 금융소비 전 과정(정보제공-금융상품 판매-사후 피해 구제)을 규율하는 '금융소비자보호에 관한 법률'을 정착시키고, 금융감독원과 독립된 감독기구로서 '금융소비자 보호원'을 신설하여 금융회사의 영업행위 감독을 강화함으로써, 금융소비자 중심의 금융감독체계를 확립시키도록 해야 할 것이다.

중요개념과 용어

고령사회	금융소비자 보호	외환 자유화
금융의 개방화·범세계화	글로벌 금융위기	금융투자업
집합투자업	범위의 경제	투자매매·중개업
겸업화	지주회사방식	규모의 경제
외부 경영방식	시장 중심형제도	내부 경영방식
원칙허용 · 예외금지	자본시장법	금융투자상품
금융 공동화 현상	투자은행	거시건전성 감독
거시건전성 정책	시스템 위기	안전망

연 습 문 제

1. 우리나라의 금융제도와 관련한 패러다임의 변화에 대하여 설명하라.

2. 우리나라의 금융제도가 겸업화 및 금융기관의 대형화를 지속적으로 추구해야 하는 이유는 무엇인가.

3. 우리나라의 금융업이 경쟁력을 강화하기 위해서는 어떻게 해야 하는지를 설명하라.

4. 우리나라의 금융제도가 안정성을 확보하기 위해서는 어떻게 해야 하는지를 설명하라.

5. 금융소비자 보호를 강화하기 위한 방안에 대하여 설명하라.

금융기관

제3편

제16장 우리나라의 금융기관

본 장에서는 먼저 우리나라의 금융기관의 업무영역에 대하여 살펴본 후, 다음으로 금융기관의 현황에 대하여 개괄적으로 알아보고, 마지막으로 금융기관에 대한 감독체계와 안정성유지와 관련한 제반 제도에 대하여 알아보고자 한다.

제1절 우리나라 금융기관의 업무영역

금융기관 본체의 업무영역을 중심으로 금융제도를 구분할 경우, 우리나라의 금융제도는 기본적으로 전업주의 제도를 유지해 왔다고 말할 수 있다.

우리나라의 금융기관들은 법령에 의거 고유업무, 부수 업무 및 겸영 업무를 영위해 왔다. 고유업무는 법령에서 허용된 해당 금융업종의 핵심업무를,[1] 부수 업무는 해당 금융업종의 고유업무와 관련하여 영위할 수 있는 보조업무를,[2] 겸영 업무는 타 금융업종의 업무로서 법령 등에 의해 별도의 허가를 받아서 영위하는 업무를, 각각 의미한다. 내부 겸영과 관련해서는 원칙적으로 은행·증권업(자본시장법상의 금융투자업, 이하 금융투자업이라고 칭함)·보험업으로 구분되는 전업주의 제도를 채택하고, 이에 각 금융업이 영위하는 업무의 범위를 법령에 명시하는 열거주의(positive system) 규율방식을 적용해 왔다. 즉, 우리나라의 각 금융기관의 업무영역은 전업주의 원칙과 열거주의 방식에 의거해 한정되어 왔다고 말할 수 있다. 따라서 각 금융기관은 타 금융업의 고유업무 및 상당수의 부수 업무를 취급할 수 없으며, 법령에서 열거방식으로 허용된 일부의 부수 업무에 대해서만 내부 겸영이 가능했다.

이처럼 금융기관 본체의 업무영역 측면에서는 전업주의 체제를 유지해 왔다고 말할 수 있으나, 2009년의 '자본시장법' 시행을 계기로 각 금융기관의 업무영역을 포괄주의(negative system)방식[3]으로 규율하고, 금융회사를 중심으로 규율하는 기관별 규율(institutional regulation) 체제에서 경제적 실질이 동일한 금융기능을 동일

1) 은행의 경우 지급수단의 발행·교환·결제업무를, 증권회사의 경우 유가증권의 위탁매매에 관한 업무를, 보험회사의 경우 보험의 인수 및 자산의 운용업무를, 각각 그 예로 들 수 있다.

2) 현재 부수업무는 은행의 경우 허가나 신고없이 자유로이 영위할 수 있으나, 증권의 경우 신고제로, 보험의 경우 허가제로 운영되어 왔다.

3) 규제대상을 열거하지 않고 추상적으로 정의하여 동 정의에 해당하는 모든 금융업무를 규율대상으로 하는 방식을 의미한다.

하게 규율하는 기능별 규율(functional regulation)체제로 전환됨에 따라, 은행업·금융투자업(증권업)·보험업을 3대축으로 산업내 경쟁(intra-industry competion)의 단계를 넘어, 산업간 경쟁(inter-industry competion)이 촉진되는 단계로 겸업화의 진전이 가속화될 전망이다(〈표 16-1〉 참조).

〈표 16-1〉 금융투자업의 기능별 분류에 따른 우리나라의 금융산업

기관별 분류(종전)		기능별 분류(2009년 이후)		
금융업		금융업	정의	전업단위
(방카슈랑스)	보험업	보험계약 체결·이행업	보험계약의 체결(인수)과 계약상 의무를 이행하는 업무	보험업(종전과 동일)
은행업	상호저축은행업 신협 (어음관리계좌)	여수신업	예금계약을 통해 금전을 수취하여 지급보증 등 신용계약을 체결하고 금전을 지급하는 업무	은행업(종전과 동일)
(채권인수) 은행, 보험사, 자산운용사(펀드판매) 증권업 / 선물업	종금업	① 투자중개업	자기 계산으로 금융투자상품을 매매 등을 하는 업무	금융투자업
		② 투자중개업	타인 계산으로 금융투자상품을 매매 등을 하는 업무	
은행 보험사 부동산·선박투자회사 등		③ 집합 투자업	집합투자를 영업으로 하는 업무	
자산운용업	투자 일임업	④ 투자 일임업	투자판단의 전부 또는 일부를 일임받아 투자자별로 구분하여 운용하는 업무	
	투자 자문업	⑤ 투자자문업	투자판단에 관한 자문을 영업으로 하는 업무	
은행, 증권, 보험사	신탁업	⑥ 신탁업	신탁을 영업으로 하는 업무	

자료 : 재정경제부(현재의 기획재정부)

따라서 향후 겸업화에 따른 시스템 위기를 방지하기 위해 시스템 리스크의 관리를 강화하는 한편, 지주회사방식 등 외부 겸영방식을 중심으로 한 겸업화뿐만 아니라 금융기관 본체의 타 업무영역 상호진출 등의 내부 겸영방식의 겸업화도 보다 진전될 것으로 예상된다.

그런데 겸업화를 통한 금융산업의 재편성이 이루어지는 과정에서 유의해야 할 점은 모든 금융기관이 동일한 업무를 수행하지는 않을 것이라는 점이다. 왜냐하면, 각각의 금융기관은 지금까지 축적해온 특정 금융업무의 노하우(know-how)실적을 갖고 있을 뿐만 아니라 건전성, 자본력, 업무능력, 영업전개능력 등에서 차이가 있기 때문에, 주어진 경영환경에 따라 종합금융서비스화할 것인가, 혹은 전문서비스화할 것인가를 선택할 수 있기 때문이다. 예를 들어 은행업의 경우 개별은행의 건전성과 업무능력, 자본력에 따라 선도은행(leading bank), 소형은행으로, 금융투자업의 경우 투자은행이나 종합증권회사(종합금융투자업자), 주식위탁매매업무에 한정하는 증권회사(투자매매·중개업자) 등과 같은 전문화 회사로, 각각 차별화될 것이다.

제2절 우리나라 금융기관의 현황

금융기관은 관점에 따라 여러 유형으로 분류할 수 있고 또한 각국의 금융구조에 따라 상이할 수 있다. 여기서는 은행업, 금융 투자업(증권업), 보험업 등 금융업무를 구분하고 각 업무별로 해당업무를 영위하는 기관을 분류하는 방법을 적용하지 않고, 각 금융기관의 근거법률을 중심으로 주된 업무의 성격이 유사한 금융기관을 그룹별로 구분하는 방법을 적용하여[4], 우리나라의 금융기관을 크게 은행, 비은행 예금취급기관, 보험회사, 금융투자업자, 기타 금융기관, 금융보조기관 등 6개 그룹으로 구분하여 살펴보고자 한다(〈표 16-2〉 참조).[5]

4) 이는 통화성부채의 보유여부가 중요한 분류기준인 국제통화기금(IMF)의 분류방식과는 다소 차이가 있다.
5) 이하의 내용은 한국은행, 「한국의 금융제도」, 2018년. pp. 51~53 참조.

〈표 16-2〉 우리나라의 금융기관

(2020년 12월 말 현재)

구분			기관수	비고
은행	일반은행	시중은행	8	인터넷은행 2개 포함
		지방은행	6	
		외국은행 국내지점	36	
	특수은행	한국산업은행	1	
		한국수출입은행	1	
		중소기업은행	1	
		농협은행	1	
		수협은행	1	
비은행 예금취급 기관	상호저축은행		79	
	신용협동기구	신용협동조합	879	
		새마을금고	1,300	
		상호금융	1,351	
	우체국예금		1	
	종합금융회사		1	우리종합금융
보험회사	생명보험회사		24	외국사 8포함
	손해보험회사	손해보험회사	19	외국법인(4), 지점(4) 포함
		재보험회사	9	외국사지점 9포함
		보증보험회사	3	외국사지점 1포함
	우체국보험		1	
	공제기관		3	수협, 산협, 새마을
금융투자업자	투자매매·중개업자	증권회사	57	
		선물회사	4	
	집합투자업자		326	
	투자일임자문업자		221	
	신탁업자	은행/증권/보험/부동산	50	19/14/6/11
기타 금융기관	금융지주회사	은행지주/비은행지주	8/2	
	여신전문금융회사	리스/카드/할부/신기술	106	25/8/22/51
	벤처캐피털회사	중소기업창업투자회사	165	
	증권금융회사		1	
	한국무역보험공사		1	
	한국주택금융공사		1	
	한국자산관리공사		1	
	한국투자공사		1	
	한국정책공사		1	

〈표 16-2〉 이어서

구 분			기관수	비 고
금융 보조기관		금융감독원	1	
		예금보험공사	1	
		금융결제원	1	
		한국예탁결제원	1	
		한국거래소	1	
		신용보증기관	2	
		신용정보회사	30	

주 : 1) 기관수는 인가 및 전업기준
2) 신탁업자는 겸업사 포함
자료 : 금융감독원, 신협중앙회, 새마을금고연합회, 생명보험협회, 손해보험협회, 여신전문금융협회, 벤처캐피털협회 등

은행은 '은행법'에 의해 설립된 일반은행과 각각의 특별법에 의해 설립되어 규제를 받는 특수은행으로 구성되어 있다. 일반은행은 다시 시중은행, 지방은행, 그리고 외국은행 국내지점으로 구분되고, 특수은행에는 한국산업은행, 한국수출입은행, 중소기업은행, 그리고 농협은행 및 수협은행 등이 포함된다.[6)]

비은행 예금취급기관은 은행과 유사한 여・수신업무를 주 업무로 취급하고 있으나, 보다 제한적인 목적으로 설립되어 자금조달 및 운용 등에 있어서 은행과는 다른 규제를 받는 금융기관을 말한다. 이에는 상호저축은행, 신용협동조합・새마을금고・상호금융 등의 신용협동기구 및 우체국예금, 그리고 종합금융회사 등이 있다.

보험회사는 다수의 보험계약자를 상대로 보험료를 받아 이를 대출, 유가증권, 부동산 등에 투자하여 개인이나 집단에 대해 생명, 상해, 질병, 화재 등의 보험을 제공하는 법인, 상호회사 및 기타형태의 기업이 포함된다. 이에는 생명보험회사와 손해보험회사 및 우체국 보험, 공제기관,[7)] 등이 있다. 손해보험회사에는 일반적인 손

6) 자금조달과 운용의 특성을 고려하는 금융업종의 분류에서는 한국산업은행과 한국수출입은행을 상업은행(commercial bank)과 구분하여 개발기관으로 분류하는데, 여기서는 제도적 기준에 맞추어 특수은행으로 분류하였다.
7) 공제기관의 경우 일반인을 대상으로 보험서비스를 판매하고 있는 수산업협동조합공제, 신용협동조합공제, 새마을금고공제 등이 포함된다.

해보험회사 이외에 재보험회사와 보증보험회사가 있다.

금융투자업자는 직접 금융시장에서 유가증권의 거래와 관련된 업무를 주된 업무로 취급하는 금융기관을 모두 포괄하는 그룹으로, 이에는 투자매매·중개업자(증권회사 및 선물회사), 집합투자업자, 투자일임·자문업자, 그리고 신탁업자가 있다.

기타금융기관은 앞에서 언급한 그룹에 속하는 금융기관의 업무로 분류하기 어려운 금융업무를 주된 업무로 취급하는 금융기관을 말하는 데, 이에는 금융지주회사, 리스·신용카드·신기술사업금융회사·할부금융 등의 여신전문금융회사, 벤처캐피탈회사(중소기업창업투자회사), 증권금융회사 및 공적 금융기관 등이 있다.

금융보조기관은 금융거래에 직접 참여하기보다는 금융제도의 원활한 활동에 필요한 여건을 제공해 주는 주 업무로 수행하는 기관을 말하는데, 이에는 금융감독원, 예금보험공사, 금융결제원, 한국예탁결제원 등 금융 하부구조와 관련된 업무를 영위하는 기관과 한국거래소, 신용보증기금·기술신용보증기금 등의 신용보증기관, 신용정보회사, 자금중개회사 등이 있다.

제3절 금융기관에 대한 감독과 안정성 유지

1. 금융기관에 대한 감독체계

좁은 의미로서의 금융감독은 개별 금융기관의 설립을 인가하고 금융기관이 업무수행 시 준수해야 할 각종 규칙을 제정하며 이의 준수 여부를 감시하는 것을 말한다. 이러한 의미를 지닌 금융감독의 목적은 금융기관이 금융중개를 공정하게 하고, 경영 건전성을 유지하도록 함으로써 금융소비자의 재산을 보호하고 금융거래의 활성화를 도모하는 데에 있다. 이러한 미시적 금융감독은 형식상 인가, 규제, 검사, 제재 등을 포함하는데 내용상으로는 크게 ① 진입 제한, 가격 규제, 업무범위 규제 등의 구조적 규제(structural regulation), ② 자본비율, 유동성 비율 등 건전성 규제(prudential regulation), ③ 경영정보 및 금융상품 공시 등의 영업행위규제(business conduct regulation) 등으로 구분되는데, 이러한 미시적 금융감독은 글로벌 금융위기를 계기로 전체 금융제도의 안정을 도모하기 위한 거시건전성 정책과 대비된다.[8)]

우리나라의 금융기관에 대한 감독체계는 오랜 기간 은행, 증권, 보험 등 금융업종별로 별도의 금융감독기구가 존재하는 분산형 감독체계를 유지해 왔다. 이에 따라 재정경제부(현재의 기획재정부), 한국은행, 증권관리위원회, 증권감독원, 보험감독원 및 신용보증기금이 각각 소관 금융기관에 대하여 단독 또는 중복적으로 감독업무를 담당하여 왔다. 그러나 이와 같은 금융기관별 감독체계는 금융제도의 겸업화에 따라 감독기관 간의 유기적인 협조 및 정보교환체제가 미흡뿐만 아니라, 감독업무의 효율성과 전문성의 결여 등이 지적되어 기능별 감독체계로의 개편이 요구되었다.

이에 따라 우리나라의 금융기관에 대한 감독체계는 1998년 4월에 시행된 '금융감독기구의 설치 등에 관한 법률'에 의해, 금융감독위원회와 그 집행기관인 금융감독원이 설립됨에 따라, 은행, 증권, 보험 등 업종별 금융감독기구가 하나의 통합감독기구로 재편되어, 금융감독위원회와 금융감독원이 거의 모든 금융기관에 대하여 감독업무를 담당하는 통합형 감독체계로 전환되었다.

한편, 2008년 4월에는 '금융감독기구의 설치 등에 관한 법률'이 '금융위원회의 설치 등에 관한 법률'로 개정됨에 따라 금융감독기구는 금융감독위원회 및 금융감독원에서 금융위원회 및 금융감독원으로 개편되었다.

현행 금융감독기구는 금융위원회와 금융감독원으로 구성·운영되고 있는데, 금융위원회는 금융감독 관련 정책 및 금융기관 인·허가 등 금융감독과 관련한 중요사항을 심의·의결하고, 금융감독원은 금융위원회의 결정한 사항을 집행하거나 금융기관을 검사·감독하는 업무를 수행한다.[9)] 이외에 금융감독원에 대한 검사요구나 공동검사 참여 등을 통해 제한적인 금융감독 기능을 보유하는 한국은행과 예금보험공사 등도 부분적으로는 금융감독 기능을 수행하고 있다. 한편 금융감독기구뿐만 아니라 제한적인 금융감독 기능을 보유한 한국은행, 예금보험공사, 기획재정부 등도

8) 한국은행, 「한국의 금융제도」, 2018년, p. 108.

9) "금융감독기구의 설치 등에 관한 법률"이 "금융위원회의 설치 등에 관한 법률"로 개정됨에 따라 금융위원회는 기존의 감독정책기능 외에 재정경제부(현재의 기획재정부)가 담당하던 국내금융에 대한 정책기능까지 수행하게 되었으며, 금융위원장과 금융감독원장의 겸임이 금지됨으로써 금융감독기구 내에서의 감독정책기능과 집행기능의 분리가 보다 명확해졌다.

금융감독체계를 구성하고 있다.

[그림 16-1] 우리나라의 금융감독체계

(2012년 12월 말 현재)

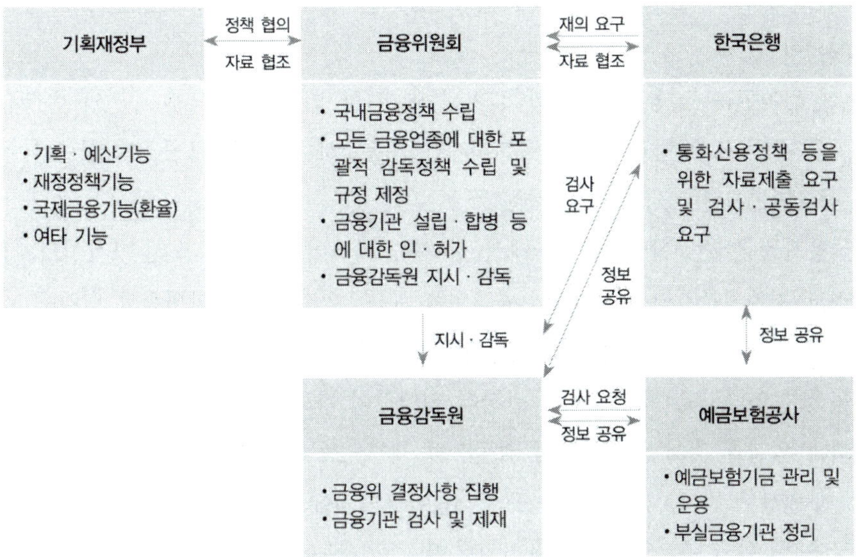

자료 : 한국은행

1) 금융위원회 및 금융감독원

금융위원회는 국무총리 소속의 합의제 행정기구로서 ① 국내금융에 관한 정책 및 제도에 관한 사항과 관련 법령 및 규정의 제 · 개정 및 폐지에 관한 사항, ② 금융회사의 설립, 합병, 전환, 영업양수 · 도 및 경영 등의 인허가에 관한 사항, ③ 금융기관의 경영과 관련된 인허가, ④ 금융회사에 대한 검사 · 제재에 관한 사항과 관련 법령 및 규정의 제 · 개정 및 폐지에 관한 사항 등 금융관련 주요 사항을 심의 · 의결한다. 또한 금융위원회는 금융감독원의 업무 · 운영 · 관리에 대한 지시 · 감독을 하며, 금융감독원의 정관변경, 예산 및 결산에 대한 승인 등의 사항을 심의 · 의결한다.

금융위원회는 5인의 임명직 위원과 4인의 당연직 위원 등 9인으로 구성되어 있다. 임명직 위원은 위원장, 부위원장, 2인의 상임위원, 1인의 비상임위원으로 구성되는데, 임명직 위원은 모두 대통령이 임명한다. 위원장은 국무총리의 제청으로, 부위원장은 위원장의 제청으로 각각 임명한다. 2인의 상임위원은 금융전문가 가운데 위원장의 추천을 받아, 1인의 비상임위원은 대한상공회의소 회장의 추천을 받아 각각 임명한다. 임명직 위원의 임기는 3년이며, 1차에 한하여 연임이 가능하다. 당연직 위원은 기획재정부 차관, 금융감독원 원장, 예금보험공사 사장, 한국은행 부총재로 구성되어 있다.

금융감독원은 '금융감독기구의 설치 등에 관한 법률'에 입각해 종전의 은행감독원, 증권감독원, 보험감독원, 신용관리기금을 통합하여 1999년 1월 2일 설립된 무자본 특수법인이다.

금융감독원에는 원장, 4인 이내의 부원장, 9인 이내의 부원장보 및 1인의 감사, 그리고 회계전문가인 전문심의위원 1인을 두며, 원장은 금융위원회의 의결을 거쳐 금융위원회 위원장의 제청으로 대통령이 임명한다. 부원장은 원장의 제청으로 금융위원회가 임명하고, 부원장보는 원장이 임명하며 감사는 원장과 마찬가지로 금융위원회의 의결을 거쳐 금융위원회 위원장의 제청으로 대통령이 임명한다. 원장 · 부원장 · 부원장보 및 감사의 임기는 모두 3년이고, 1차에 한하여 연임할 수 있다.

금융감독원의 주요업무는 금융위원회 및 증권선물위원회의 지도 · 감독을 받아 금융기관에 대한 검사 · 감독 등을 수행하는 것이다. 구체적으로는 검사 대상기관의 업무 및 재산 상황에 대한 검사, 검사결과에 따른 제재, 금융위원회 및 소속기관에 대한 업무지원 등을 처리한다. 검사대상 금융기관은 은행, 금융투자업자, 보험회사, 상호저축은행, 신용협동조합, 농 · 수 · 산림조합 등 거의 모든 금융기관이 해당된다.

2) 증권선물위원회

증권선물위원회는 증권 및 선물 분야에 대한 심의 · 의결을 위해 금융위원회에 설치되어 있는 내부조직으로, 자본시장의 불공정거래 조사, 기업회계의 기준 및 회계감리에 관한 업무, 자본시장의 관리 · 감독 및 감시 등과 관련된 주요사항에 대한 사전심의 및 금융위원회 위임업무 등을 수행한다.

증권선물위원회는 위원장 1인을 포함한 5인으로 구성되고, 금융위원회 부원장이 위원장을 겸임하며 상임 1인, 비상임 3인의 위원은 금융위원회 위원장의 추천으로 대통령이 임명한다. 위원장을 포함하여 위원의 임기는 3년이며, 1차에 한해 연임이 가능하다.

3) 한국은행

한국은행은 금융통화위원회가 통화신용정책의 수행을 위하여 필요하다고 인정하는 경우 금융감독원에 대하여 구체적인 범위를 정하여 금융기관에 대한 검사를 요구할 수 있으며, 필요시 한국은행 직원이 금융감독원의 금융기관검사에 공동으로 참여할 수 있도록 요구할 수 있다. 그리고 금융감독원에 대하여 이에 관한 검사결과의 송부를 요청하거나 검사결과에 따라 금융기관에 대한 필요한 시정조치를 요청할 수 있다.

4) 예금보험공사

예금보험공사는 예금자 보호와 금융제도의 안정성 유지를 위하여 필요하다고 인정되는 경우에는 금융감독원에 대하여 금융기관 검사를 요청하거나 소속직원의 금융기관 공동검사 참여를 요청할 수 있다. 또한, 예금자 보호를 위하여 필요하다고 인정되는 경우 금융감독원에 대하여 구체적인 범위를 정하여 부보금융기관 등에 대한 자료의 제공을 요청할 수 있으며, 부실 우려가 있다고 인정되는 부보금융기관 등에 대해서는 독자적인 조사를 실시할 수 있다.

5) 기획재정부

기획재정부는 "금융위원회의 설치 등에 관한 법률"에 의거 금융감독 관련 법령의 재・개정 권한이 금융위원회로 이관되면서 금융감독 기능이 크게 축소되었으나, 제금융기능 및 금융위원회와의 금융정책협의, 자료협조 등을 행하고 있다.

2. 금융기관의 안정성 유지

1) 자산 건전성에 대한 규제

금융기관의 자산 건전성에 대한 규제와 관련하여 1992년부터 BIS기준 자기자본비율규제제도를 도입하여 자기자본의 충실화를 유도하고 있다. 즉, 일반은행의 경우

BIS 기준 자기자본비율을 1993년 말부터 7.25%, 1995년 말부터는 8% 이상을 유지하도록 하였고, 한국산업은행, 한국수출입은행, 중소기업은행 등, 국책은행에 대해서도 1999년 3월부터 '국책은행 건전성 감독규정'을 제정하여 일반은행과 동일한 기준을 적용하고 있다. 이에 따라 BIS 기준 자기자본비율이 각각 8%, 6%, 2%에 미달하는 은행에 대하여서는 경영개선권고, 경영개선요구, 경영개선명령 등 적기시정조치를 발동하고 있다. 한편 2007년 말부터는 국내에서 영업하는 모든 은행에 대하여 「바젤 Ⅱ 협약」에 의한 BIS기준 자기자본비율을 적용해 오다가, 2013년부터는 「바젤 Ⅲ 협약」에 의한 BIS기준 자기자본비율을 단계적으로 적용하고 있다.[10)]

이와 더불어 금융기관 보유자산을 건전성에 따라 분류하고 부실자산에 대해서는 일정비율 이상의 대손충당금을 적립하도록 하고 있다. 금융기관은 차주의 채무상환능력과 금융거래 내용을 고려하여 보유자산을 정상, 요주의, 고정, 회수의문, 추정손실의 5단계로 분류하여야 하는데, 1999년 12월부터는 자산 건전성을 분류 시 차주의 과거 원리금 상환실적뿐만 아니라 미래의 채무상환능력까지를 감안한 FLC(forward looking criteria)방식을 은행에 도입하였다. 이후 그 대상을 종합금융회사(2000년 6월), 보험회사(2000년 8월) 등으로 점차 확대하여 현재는 대부분의 금융기관이 FLC 방식에 따라 자산 건전성을 분류하고 있다.

자산 건전성을 분류하는 궁극적인 목적은 채권의 회수 가능성 정도에 따라 충당금을 적절히 적립하는 것이다. 따라서 금융기관은 자산 건전성 분류단계별로 일정비율 이상의 금액을 대손충당금으로 적립하여야 한다. 이때 적립비율은 금융업종별로 약간의 차이가 있다. 자산 건전성 분류 결과 회수의문 및 추정손실로 분류된 부실자산은 자산의 건전화 유도 및 자산의 과대계상 방지 등을 위하여 조기에 대손상각하여야 한다.[11)]

---

10) 「바젤 Ⅲ 협약」에서는 은행에 대한 자본규제와 관련하여, 보통주 자본(Tier 1)의 개념을 도입하여 최소자본비율체계를 보통주 자본비율(4.5%), 기본 자본비율(6%), 총자본비율(8%)로 개편하였다.

11) 대손상각은 회수 불가능하다고 판단되는 채권을 대차대조표상의 장부가액에서 제외시켜 손실로 처리하는 것으로서, 금융기관이 금융감독원에 대손 인정을 신청하여 금융감독원이 인정하거나, 금융감독원이 요구하는 경우에 이루어진다. 대손 인정 신청은 일반은행뿐만 아니라, 특수은행(한국산업은행, 한국수출입은행 포함), 증권회사(금융투자업자), 보험회사, 종합금융회사, 상호저축은행 및 여신전문금융회사 등도 할 수 있으나, 금융감독원장의 대손상각 요구는 일반은행만을 대상으로 한다.

〈표 16-3〉 금융기관별 대손충당금 적립비율(2018년 6월말 기준)

(단위 : %)

대상기관	분류대상	자산건전성 분류기준				
		정상	요주의	고정	회수의문	추정손실
은행	기업대출금 가계대출금 카드대출·리볼빙자산	0.85[1)] 1 2.5	7 10 50	20 20 65	50 55 75	100 100 100
금융투자업자	일반자산[2)] (부동산PF대출)	0.5 (0.5-2)	2 (7-10)	20 (30)	75 (75)	100 (100)
보험회사	일반자산[3)](가계대출)	0.5	2	20	50	100
금융지주회사	일반자산[4)]	0.5	2	20	50	100
상호저축은행	일반자산[5)] (기업대출) (부동산PF대출)	1 (0.85) (0.5-3)	10 (7) (7-10)	20 (20) (30)	55 (50) (75)	100 (100) (100)
여신전문금융회사	일반자산[6)] (부동산PF대출) (신용판매) (카드대출)	0.5 (0.5~3) (1.1) (2.5)	1 (7~10) (40) (50)	20 (30) (60) (65)	75 (75) (75) (75)	100 (100) (100) (100)
신용협동조합	일반자산[7)]	1	10	20	55	100

주 : 1) 건설업, 도매 및 소매업, 숙박 및 음식점업, 부동산 및 임대업의 경우 0.9 적용
2) 대출채권, 가지급금, 미수금, 미수수익 등
3) 대출채권, 유가증권, 보험미수금, 미수금, 미수수익, 가지급금, 받을어음, 부도어음 등
4) 대출채권, 확정지급보증, 유가증권, 선급금, 미수금, 미수수익 등
5) 대출채권, 유가증권, 가지급금, 미수금, 확정지급보증 등
6) 채권 및 리스자산, 여신성 가지급금, 미수이자 등
7) 대출채권, 가지급금, 신용카드채권, 미수금 등

자료 : 금융감독원

2) 경영실태 평가 및 적기시정조치

금융감독당국은 금융기관의 재무상태, 경영관리능력, 법규준수상황 등 다양한 부문을 종합적이고 통일적인 방식으로 평가함으로써, 금융기관의 경영실태를 보다 합리적이고 객관적으로 파악하기 위해 '경영실태 평가제도'를 도입하여 운용하고 있다.

금융기관에 대한 경영실태평가는 임점 검사를 중심으로 이루어지나, 경우에 따라서는 서면보고서 등을 통한 평가도 병행하고 있는데 동 평가결과는 경영개선권고·요구·명령 등 적기시정조치의 근간이 된다.

경영실태평가는 대체로 은행을 비롯한 금융기관경영을 CAMEL방식에 의해 행해

지고 있다.[12] 즉, ① 자본 적정성(C, capital adequacy), ② 자산 건전성(A, asset quality), ③ 경영관리능력(M, management),④ 수익성(E, earings), ⑤ 유동성(L, liquidity)의 5개 부문으로 나누어 계량지표 및 비계량지표를 점검하고, 이를 부문별 및 종합적으로 평가함으로써 이루어지고 있다(〈표 16-4〉 참조).

〈표 16-4〉 금융기관의 경영실태평가 기준

금융기관		기 준
은행	일반은행 본점 및 해외현지법인	-CAMEL방식 ① 자본 적정성 ② 자산 건전성 ③ 경영관리의 적정성 ④ 수익성 ⑤ 유동성 ⑥ 시장위험에 대한 민감도
	외국은행 국내지점 및 일반은행 국외지점	-ROCA방식 ① 위험관리 ② 경영관리 및 내부통제 ③ 법규준수 ④ 자산 건전성
	특수은행 (본점, 현지법인)	-CAMEL방식 ① 자본 적정성 ② 자산 건전성 ③ 법규준수 ④ 위험관리 ⑤ 수익성 ⑥ 유동성
금융투자업자	투자매매·중개업자	-공통평가부문(60%) ① 자본의 적정성 ② 수익성 ③ 경영관리 -업종평가부문(40%) ① 유동성 ② 자산 건전성
보험회사		-RAAS방식 ① 경영관리 리스크 ②보험 리스크 ③ 금리 리스크 ④ 투자 리스크 ⑤ 유동성 리스크 ⑥ 자본 적정성 ⑦ 수익성
금융지주회사		-RFI방식 ① 리스크 관리 ② 재무상태 ③ 잠재적 충격

자료 : 금융감독원

금융투자업자(투자매매·중개업자)는 2009년 4월부터 공통평가부문과 업종평가부문을 적용하고 있다. 공통평가부문(60%)은 모든 금융투자업자에게 똑같이 적용되는 것으로서, 자본의 적정성, 수익성, 경영관리 3개 평가부문으로 구성되어 있다. 업종평가부문(40%)은 업종에 따라 부문별 가중치, 평가항목을 다르게 적용하는데, 평가부문은 유동성, 자산 건전성 2개로 구성되어 있다.

12) 이하의 내용은 한국은행, 「한국의 금융제도」, 2018년, pp. 125~127. 참조 및 인용

보험회사는 평가방식을 2012년부터 CAMEL방식에서 RASS(Risk Assessment Application)방식으로 전환하여 적용하고 있다. RASS방식은 경영관리 리스크, 보험 리스크, 금리 리스크, 투자 리스크, 유동성 리스크, 자본 적정성, 수익성의 7개 평가부문에 대하여, 계량평가와 비계량 평가을 실시해 종합 리스크 등급을 산정하는 방식이다.

금융지주회사는 리스크 관리(Risk management), 재무상태(Financial condition), 잠재적 충격(Impact)의 3개 평가부문을 종합평가하는 RFI방식을 적용하고 있다.

'적기시정조치'는 1998년 4월 '금융산업의 구조개선에 관한 법률'이 제정되면서 본격적으로 도입되었다. 일반은행, 금융투자업자, 보험회사, 상호저축은행 등 거의 모든 금융기관이 '적기시정조치제도'의 대상이 된다(〈표 16-5〉 참조).

금융위원회는 '적기시정조치'의 대상에 포함되는 금융기관의 자기자본비율이 일정한 수준에 이르지 못하는 등 적정기준에 미달하거나, 거액의 금융사고 또는 부실채권의 발생으로 인하여 재무상태가 적정기준에 미달할 것이 명백하다고 판단되는 경우에는 당해 금융기관에 대하여 경영개선을 권고·요구 또는 명령하거나 그 이행계획을 제출할 것을 명하여야 한다. 다만, 적정기준에 미달하더라도 단기간 내에 동 기준을 충족시킬 수 있다고 판단되거나, 이에 준하는 사유가 있다고 인정되는 때에는 기간을 정하여 동 조치를 유예할 수 있다.

경영개선 권고 또는 경영개선 요구를 받은 은행은 2개월 이내에 조치 요구사항이 반영된 경영개선계획을 금융감독원에 제출하여, 금융위원회의 승인을 받아야 한다. 경영개선 계획을 승인받은 은행은 매분기 말 익월 10일까지 동 계획의 분기별 이행실적을 금융감독원장에게 제출하여야 하며, 금융감독원장은 그 이행실적이 미흡하거나 관련제도의 변경 등 여건변화로 인하여 이행이 곤란하다고 판단되는 경우에는 경영개선계획의 수정요구, 일정 기간 내 이행촉구 등 필요한 조치를 취할 수 있다.[13)]

13) 한국은행, 「한국의 금융제도」, 2018년, p. 128.

〈표 16-5〉 금융기관에 대한 적기시정조치의 발동요건(2018년 6월말 현재)

발동요건		단계별조치		
		경영개선 권고	경영개선 요구	경영개선 명령
은행	총자본 비율	·8% 미만	·6% 미만	·2% 미만
	기본자본 비율	·6% 미만	·4.5% 미만	·1.5% 미만
	보통주 자본비율	·4.5% 미만	·3.5% 미만	·1.2% 미만
은행지주회사	경영실태평가	·종합평가등급이 3등급 및 자산건전성 또는 자본적정성 4등급 이하	·종합평가등급 4등급 이하	-
비은행 지주 회사	필요자본대비 자기자본비율	·100% 미만	·75% 미만	·25% 미만
	경영실태평가	·종합평가등급 3등급 및 재무상태 부문 4등급 이하	·종합평가등급 4등급 이하	-
금융 투자 업자	순자본 비율[1)]	·100% 미만	·50% 미만	·0% 미만
	최소영업 자본액[2)]	·자기자본이 최소영업 자본액에 미달	·자기자본이 필요유지자기자본과 고객·고유자산운용필요자본의 50%를 합산한 금액에 미달	·자기자본이 필요유지자기 자본에 미달
	영업용 순자본비율[3)]	·150% 미만	·120% 미만	·100% 미만
	경영실태평가	·종합평가등급이 3등급 및 자산건전성 또는 자본적정성 4등급 이하	·종합평가등급 4등급 이하	-
보험 회사	지급여력비율	·100% 미만	·50% 미만	·0% 미만
	경영실태평가	·종합평가등급이 3등급 및 자산건전성 또는 자본적정성 4등급 이하	·종합평가등급 4등급 이하	-
상호 저축 은행	BIS 자기자본비율[4)]	·7(8%)% 미만	·5% 미만	·2% 미만
	경영실태평가	·종합평가등급이 3등급 및 자산건전성 또는 자본적정성 4등급 이하	·종합평가등급 4등급 이하	-
조치내용 (권역공통)		조직·인력운용의 개선, 자본금의 증액 또는 감액, 신규업무 진출제한 등	점포폐쇄 및 신설제한, 임직원교체 요구, 영업의 일부 정지 등	주식소각, 영업양도, 외부관리인선임, 합병 및 계약이전 등

주: 1) 투자매매·중개업자
2) 집합투자업자
3) 신탁업자
4) 2018년부터 자산총액 1조 원 이상인 상호저축은행은 8% 적용

자료 : 금융감독원

3) 예금보험제도

금융환경의 급변으로 금융기관이 부실화되거나 도산할 가능성이 높아짐에 따라, 금융안전망(financial safety net)의 일환으로 1995년 12월 '예금자 보호법'을 제정함으로써, '예금보험제도'를 도입하였다. 우리나라의 경우 '예금자 보호법'에 따라 1996년 6월 예금보험공사를 설립하여 금융기관이 예금의 지급정지, 영업인·허가의 취소, 해산 또는 파산 등으로 고객의 예금을 지급하지 못하게 될 경우, 금융제도의 안정성을 유지하기 위해 예금 등을 보장하는 제도를 시행하고 있다.

종전의 우리나라의 예금보험제도는 보험감독원, 신용관리기금, 신용협동조합중앙회, 새마을금고연합회 등에 예금보험 관련 기금이 각각 설치·운용되어 왔으나, 1998년 4월 예금보험공사가 이들 예금보험기구를 흡수하여 일원화하였다. 현재 예금보험적용대상 부보금융기관은 은행[14], 투자매매·중개업자[15], 보험회사[16], 종합금융회사, 상호저축은행 등이다.[17]

현행의 예금보험제도 하에서는 가입금융기관이 보험사고(영업정지, 인가취소 등) 발생 후 파산할 경우, 원금과 소정의 이자를 포함하여 1인당 최고 5,000만원까지 예금을 보장받게 되어 있다. 보호대상 금융상품은 예금, 보험계약, 예탁금 등의 원금 및 이자이며, 양도성예금증서(CD), 금융투자상품, 금융채 등은 보호 대상에서 제외된다.

---

14) 은행법에 의한 일반은행(외국은행 국내지점포함), 한국수출입은행을 제외한 특수은행이 해당된다.

15) 증권을 대상으로 투자매매업·투자중개업의 인가를 받은 회사가 해당된다. 단, 정보통신망이나 전자정보처리장치를 이용하여 투자 중개업무를 영위하는 전자증권중개회사는 제외된다.

16) 보험회사는 재보험회사를 제외한 모든 보험회사가 해당된다.

17) 수산업협동조합의 회원조합은 예금보험공사 설립당시부터, 신용조합은 1997년 12월 기금통합 시부터 예금보험 적용 대상기관이었으나, 소합원간의 상호부조를 목적으로 한다는 점에서 부보금융기관에서 제외되었다.

〈표 16-6〉 보호대상 금융상품현황(2017년 12월말 현재)

	보호대상 금융상품	보호대상제외금융상품[1]
은 행	-요구불예금, 저축성 예금, 적립식 예금, 금전신탁, 외화예금, 퇴직연금 및 개인퇴직계좌 적립금[2] 등	-CD, RP, 은행발행채권, 실적배당형 신탁, 금융투자상품[3], 주택청약저축, 주택청약종합저축 등
투자매매·중개업자	-증권 등의 매수에 사용하지 않고 고객계좌에 현금으로 남아 있는 금액, 자기신용대주담보금, 신용거래계좌 설정보증금 등의 현금 잔액, 퇴직연금 및 개인퇴직계좌 적립금[2] 등	-금융투자상품[3], 청약자예수금, 제세금 예수금, 선물·옵션거래예수금, 유통금융대주담보금, RP, 증권회사 발행채권, CMA, 랩어카운트, ELS, ELW, 금현물 거래예탁금 등
보 험 회 사	-개인이 가입한 보험계약, 퇴직보험, 변액보험계약 특약, 퇴직연금 및 개인퇴직 계좌적립금[2], 원금보전형 금전신탁 등	-보험계약자 및 보험납부자가 법인인 보험계약, 보증보험계약, 변액보험계약 주계약, 재보험계약 등
종합금융회사	-발행어음, 표지어음, CMA 등	-금융투자상품[3], CD, RP, 종합금융회사 발행채권, CP 등
상호저축은행	-보통예금, 저축예금, 정기예금, 정기적금, 신용부금, 표지어음, 상호저축은행 중앙회 발행 자기앞수표 등	-저축은행 발행채권(후순위채권 등) 등

주 : 1) 정부·지방자치단체(국·공립학교 포함), 한국은행, 금융감독원, 예금보험공사, 부보금융기관의 예금은 보호 대상에서 제외.
2) 예금보호 대상 금융상품으로 운용되는 확정기여형 퇴직연금 및 개인퇴직계좌 적립금만 해당.
3) 수익증권, 뮤추얼펀드, MMF등

자료 : 금융감독원

중요개념 및 용어

고유업무	부수업무	겸영업무
열거주의 방식	전업주의 제도	자본시장법
포괄주의 방식	내부 겸영	기관별 규율체제
기능별 규율체제	은행	비은행 예금취급기관
금융투자업자	보험회사	기타금융기관
금융보조기관	분산형 감독체계	통합형 감독체계
미시적 감독	구조적 규제	건전성 규제
영업행위규제	거시건전성 정책	금융감독기구
금융위원회	예금보험공사	BIS자기자본비율
바젤Ⅲ 협약	대손충당금	FLC방식
자산건전성 분류	경영실태 평가제도	CAMEL방식
적기시정조치	예금자보호제도	예금보험

연 습 문 제

1. 우리나라 금융기관의 업무영역에 대하여 설명하라.

2. 우리나라 금융기관을 그룹별로 크게 6개 그룹으로 구분하여 개괄적으로 설명하라.

3. 우리나라 금융기관에 대한 감독체계를 개괄적으로 설명하라.

4. 우리나라의 경우, 금융기관의 자산 건전성에 대한 규제를 어떻게 행하고 있는지를 서술하라.

5. 우리나라의 경우, 금융기관의 경영실태평가를 어떻게 행하고 있는지를 서술하라.

6. 우리나라에서 시행하고 있는 적기시정조치에 대하여 설명하라.

7. 우리나라에서 시행하고 있는 예금보험제도에 대하여 설명하라.

제17장 중앙은행

본 장에서는 중앙은행인 한국은행에 대하여 구체적으로 살펴보고자 한다. 먼저 중앙은행의 목적과 기능에 대하여 살펴보고, 다음으로 한국은행과 관련하여 한국은행의 연역, 조직과 권한, 기능에 대하여 알아본 후, 마지막으로 통화신용정책과 관련하여 통화신용정책의 운영체계, 통화신용정책의 수단에 대하여 구체적으로 알아본다.

제1절 중앙은행의 목적과 기능

1. 중앙은행의 목적

세계 각국의 중앙은행의 목적은 각국이 처해 있는 경제 및 금융의 환경요인에 대한 인식 및 관점의 차이에 따라 다양하다. 예를 들어 영국과 같이 물가안정에 한정하는 국가, 일본과 같이 물가안정, 지급 결제 및 신용유지로 한정하는 국가, 독일과 같이 포괄적인 의미에서 통화가치의 안정을 추구하는 국가, 미국과 같이 물가안정, 성장, 고용 등 거시경제의 안정을 추구하는 국가 등이 이에 해당한다. 우리나라의 경우, 1997년 12월 '한국은행법'개정을 계기로 통화신용정책의 수립과 집행을 통한 물가안정을 도모하는 것으로 중앙은행의 목표를 규정하고 있다.

중앙은행은 정부의 보호와 지원 하에서 발권기능을 독점하면서 국가기관으로 성장하였기 때문에, 오늘날과 같이 통화가치의 안정을 목적으로 하는 중앙은행의 중립 필요성이 크게 부각되지 않았다. 그러나 1930년대 초 금본위체제가 붕괴되고 관리통화제도로 이행됨에 따라, 국민의 재산과 직접적인 관련이 있는 통화가치의 안정유지가 중요한 문제로 부각되었다. 이에 따라 각국에서는 국가기관으로서의 중앙은행과 정부 간의 관계, 즉 통화신용정책에 관한 권한과 책임을 누가 갖도록 할 것인가의 문제가 제기되기에 이르렀다.

먼저 통화신용정책의 권한과 책임을 중앙은행이 가져야 한다는 주장의 논리는 다음과 같이 정리할 수 있다. 첫째, 중앙은행이 정치적 압력에 예속되면 무분별한 통화 팽창으로 인플레이션을 야기시킬 수 있는 위험이 있다는 것이다. 이는 정부나 의회가 선거 등과 관련하여 많은 이해집단으로부터 압력을 받기 때문에, 일반적으로 팽창주의적 성향을 갖기 쉽고, 또한 물가안정과 같은 장기적인 목표를 소홀히 하는 경향이 있다는 것이다. 이와 같은 관점에서 중앙은행의 중립성을 주장하는 논자들은 정치적으로 중립성을 갖는 중앙은행이 장기적인 목표에 보다 많은 관심을 갖고 물가안정을 유지할 수 있을 것으로 보고 있다.

둘째로 정부가 재원조달에 있어서 국민적 저항을 야기시킬 수 있는 조세를 통한 정부 재원조달방법보다는, 조세저항이 없고 이용하기 편리한 중앙은행을 통한 재원조달방법을 선호하는 경향이 있다는 것이다. 특히 이들은 발전도상국의 경우, 정부는 긴축정책을 추구하기보다는 대형 국책사업을 위한 확장재정정책을 선호하고, 조세를 통한 자금조달보다는 중앙은행의 발권력을 통해 통화공급을 함으로써 인플레이션의 위험을 야기시킬 뿐만 아니라, 자원 배분의 왜곡을 가져온다고 주장한다. 따라서 중립성이 확보된 중앙은행이라면 이러한 압력을 배제할 수 있다는 것이다.

셋째로 중앙은행의 경우 통화신용정책수립과 집행과정에서 정치권의 개입이나 영향에서 벗어나 독자적으로 일관성있게 정책수행을 할 수 있으나, 그렇지 않을 경우에는 정치권의 압력을 받음으로써 정책목표달성에 지장을 초래할 수 있다는 것이다. 특히 선거와 정권교체기를 전후로 하여 중립되지 못한 중앙은행은 많은 정치권의 영향을 받을 수 있기 때문에, 중앙은행의 중립성을 보장받아야 한다는 논리이다.

한편, 통화신용정책의 권한과 책임을 정부에 두어야 한다는 논리는 다음과 같다. 첫째 논리는 국민경제에 중대한 영향을 미치는 경제정책에 관한 책임과 권한은 궁극적으로 국민으로부터의 수임기관인 정부나 의회가 맡는 것이 당연하다는 것이다. 특히 통화신용정책의 신뢰성은 통화신용정책 그 자체만으로 결정되는 것이 아니며, 정부의 전체적인 거시경제정책의 틀 안에서 결정되기 때문에, 통화신용정책에 관한 권한만을 중앙은행에 일임할 경우 정책 결정과 수행과정에서 부조화를 초래할 가능성이 높다는 것이다.

또한, 시장구조가 복잡 다원화됨에 따라 시장의 경쟁적 운영이 가능하지 않는 시장실패의 현상이 나타날 경우, 정부는 조정자로서의 역할을 수행하여야 하며, 그러기 위해서는 중앙은행의 운영에 개입해야 한다는 것이다. 그리고 중립성이 강한 중앙은행이 반드시 효율적인 통화신용정책을 수행한다는 보장도 없다는 것이다. 이는 중립성이 강한 중앙은행일수록 자신의 위상에 영향력을 행사할 수 있는 집단과 충돌을 피해 가면서 자신에 부여된 자율성과 중립성을 유지하려는 경향이 있기 때문에, 실제 중앙은행의 행동이 변질될 가능성이 크다는 것이다.

이처럼 중앙은행의 통화신용정책의 권한과 책임에 대한 찬반논리는 나름의 타당성을 지니고 있으며 또한 다양함을 알 수 있다. 문제는 어떠한 논리가 보다 설득력이 있으며, 제도적으로도 중앙은행에 어느 정도의 중립성을 부여해야 제반 경제적 현실에서 바람직하고, 또한 정치적으로도 용납할 수 있을 것인가이다.

일반적으로 중앙집권적인 국가 또는 경제성장을 우선적인 정책목표로 삼고 있는 발전도상국의 경우에는 정부 우위의 입장을 보이고 있는 반면에, 과거 전쟁 인플레이션을 경험하였거나 지방분권적 정치구조를 가진 나라에서는 중앙은행의 역할이 강조되고 있다. 그러나 통화신용정책의 권한과 책임을 누가 가져야 하느냐의 여부는 상황에 따라 변화하는 속성이 있어서, 정부의 제반 경제정책의 방향 및 중앙은행의 정책 목적에 대한 국민적 관심과 공감대의 형성 정도, 경제문제 특히 인플레이션 문제에 대한 국민의 반응, 금융 및 자본시장의 발전 정도, 그리고 정치사회구조 등 각 나라의 주변 환경요인과 특성에 따라 다르게 결정될 수 있을 것이다.

최근 세계적인 추세는 1990년대 이후 금융 자유화 등에 따른 새로운 금융상품이 출현 등으로 통화량 관리가 어려워지자 물가안정을 목표로 하는 중앙은행이 늘어나고 있을 뿐만 아니라, 중앙은행의 기능이 점차 확대되고 그 중요성이 증대됨에 따라 중앙은행의 중립성을 강화하는 방향으로 가고 있다. 한편, 2008년의 글로벌 금융위기를 계기로 세계적으로 거시건전성 정책의 중요성이 커지면서 중앙은행의 금융안정 기능을 강화하는 방향으로 제도개편이 이루어지고 있다. 이는 중앙은행이 금융제도를 총체적 관점에서 분석할 수 있는 고도의 전문성을 보유하고 있을 뿐만 아니라, 금융위기 발생과 관련한 시스템 리스크를 사전에 억제하고자 하는 동기도 보유하고 있다[1]는 데에서 연유한다고 말할 수 있다. 이의 대표적인 예로서는 시스템 리스크를 억제함으로써 금융위기를 예방하는 것에 중점을 두고 있는 거시건전성 정책에 대한 최근의 논의를 들 수 있다.

1) 한국은행, 「한국의 금융제도」, 2018년, p. 63.

2. 중앙은행의 기능

오늘날의 중앙은행은 일반적으로 ① 발권은행, ② 은행의 은행, ③ 정부의 은행, ④ 통화신용정책 등 금융정책 주체의 기능을 수행하고 있다.

1) 발권은행

오늘날 세계 각국은 중앙은행에 은행권 발행의 독점권을 부여하고 있다. 오늘날 세계 각국은 은행권 발행의 권한을 중앙은행의 재량에 맡기고 있는데, 중앙은행의 은행권, 즉 화폐는 무 제한적인 강제 통용력을 지닌 법화(legal lender)의 성격을 띠고 있다. 다만, 화폐발행액이 남발되지 않도록 최고발행액 제한과 같은 여러 가지의 장치를 두고 금·외화의 준비, 민간에 대한 신용 공여, 정부에 대한 신용 공여 등 여러 가지 경로를 거쳐 발행하고 있다.

금·외화의 준비는 대외적으로 국가신용을 유지하고 대외결제를 원활히 하기 위해서이고, 민간에 대한 신용공여는 주로 일반은행에 대한 어음재할인과 대출을 통해 이루어지며, 정부에 대한 신용공여는 정부가 발행한 증권을 인수하는 방식으로 이루어진다.

2) 은행의 은행

일반적으로 중앙은행은 원칙적으로 일반 대중과 직접 거래하지 않고, 다른 은행이나 금융기관을 상대로 업무를 수행하고 있다.

중앙은행은 은행의 은행으로서 주로 일반은행을 상대로 예금거래, 재할인, 대출거래, 유가증권거래, 외환거래 등이 빈번히 수행한다. 은행과의 예금거래는 은행의 지급준비금이나 어음교환 잔액 결제예금을 예금의 형태로 중앙은행에 보유하는 것을 의미하는데, 중앙은행에서 차입하거나 이를 상환하는 경우에도 중앙은행에 개설된 예금계정을 이용한다. 대출거래는 은행이 기업으로부터 받은 상업어음 등을 재할인하거나 국·공채 등 유가증권을 담보로 대출을 해주는 것을 의미하고, 유가증권거래는 국채 등 유가증권을 공개시장조작(open market operation)을 통해 매매함으로써 은행의 신용공급능력을 조절하는 것을 말한다. 그리고 중앙은행은 은행을 상대로 직접 거래하거나 정부의 대리인으로서 그 업무를 담당한다.

한편 중앙은행은 은행의 은행으로서 은행이나 다른 금융기관에 대하여 최종대부자(lender of last resort)로서의 기능을 수행한다.

3) 정부의 은행

중앙은행은 정부의 은행의 기능을 수행한다. 중앙은행은 정부의 대리인으로서 국고금의 출납 및 보관, 국채의 발행 및 상환 등의 업무를 대신 수행하는 동시에, 정부가 필요로 하는 신용을 공급한다.

4) 금융정책 주체의 기능

중앙은행은 앞에서 언급한 세 가지의 기본적인 기능과 더불어, 통화신용정책 등을 수행하는 등 금융정책 주체의 기능을 수행한다. 일반적으로 중앙은행은 금리정책, 지급준비율 정책, 공개시장정책 등의 금융정책수단을 동원하여 통화량과 금리수준의 조절을 통해 물가안정, 경제성장, 국제수지균형 등과 같은 거시경제 목표를 달성함으로써 국민경제 발전에 기여한다.

제2절 한국은행

1. 한국은행의 연역

우리나라에서 최초로 중앙은행의 기능을 수행한 은행은 1909년에 설립된 한국은행이었다. 그 후 일제시대 때 조선은행으로 개칭하여 1950년 새로운 중앙은행이 출범하기까지 중앙은행의 역할을 담당하였다. 그런데 당시의 조선은행의 경우 발권업무를 수행하였으나, 다른 일반은행과 똑같이 대 민간 관련 예금 및 대출업무를 취급하였으므로 엄밀한 의미에서는 순수한 중앙은행으로 규정할 수 없다.

1950년 6월 12일 '한국은행법'에 의해 ① 통화가치의 안정, ② 은행신용 제도의 건전화, ③ 정상적인 국제무역거래를 위한 대외결제 준비금의 관리 등을 목적으로 한 한국은행이 설립됨으로써 명실상부한 중앙은행이 출범하게 되었다.

한국은행은 설립 당시 미국의 연방준비제도를 모델로 삼아 중립성이 강했었으나, 1962년 군사정부가 집권함을 계기로 정부주도에 의한 경제개발계획을 추진함에 따라, 실제 운용은 물론 법제적으로도 중립성이 크게 약화되었다. 중앙은행의 중립성 약화의 계기가 된 1962년 개정된 '한국은행법'의 내용을 보면 ① 금융통화운영위원회의 정책 결정사항에 대한 재무부(현재의 기획재정부)장관의 재의요구권을 부여하고, 재무부(현재의 기획재정부)장관의 재의요청이 재적 위원 3분의 2 이상의 의결로서 부결되었을 때는 대통령이 이를 최종적으로 결정하게 함으로써 통화신용정책에 관한 정부의 실질적인 관여를 강화하였으며, ② 외환 정책을 정부에 이관하고 ③ 한국은행 총재의 임명에 관련하여 재무부(현재의 기획재정부)장관이 제청권을 행사하도록 함과 아울러, ④ 한국은행 감사에 대한 임명권을 재무부(현재의 기획재정부)장관에게 부여하였고, ⑤ 한국은행의 예산과 업무에 대하여 정부가 감독권을 보유하게 하였다. 이처럼 통화신용정책에 대한 실질적이고 최종적인 권한이 정부에 귀속되게 되고, 재무부(현재의 기획재정부)장관이 한국은행에 대한 실질적인 감독권을 보유함에 따라, 한국은행이 정부의 지시나 요구에 순응하지 않고는 어떠한 독자적인 결정도 내리기 어렵게 되었다.

그러나 1997년 12월 및 2003년 8월 '한국은행법'의 개정을 계기로, 통화신용정책의 집행 및 수립기능 등이 재정경제부(현재의 기획재정부)에서 한국은행으로 이관됨으로써, 한국은행의 중립성이 한층 제고되었다. 먼저 1997년 12월 '한국은행법'의 개정을 통해 ① 한국의 목적을 "통화정책의 수립과 집행을 통하여 물가안정을 도모함으로써 국민경제의 건전한 발전에 이바지하는 것"으로 규정하고, ② 통화신용정책의 정치적 중립성과 대표성 및 전문성을 보장하기 위해 금융통화위원회 의장을 한국은행 총재가 겸임함과 아울러 국무회의의 심의를 거쳐 대통령이 임명하게 하였으며,[1] ③ 금융통화위원회에 대한 정부의 간여를 축소하기 위하여 정부의 금융통화

1) 또한, 금융통화위원회 위원의 자격요건을 신설하여 위원 전원을 상근으로 하고, 임기 중 그 의사에 반하여 해임되지 않도록 함으로써 금융통화위원회 위원의 신분을 보장하고 있다.

위원회의 소집권과 의안 제출권을 폐지하였고,[2] ④ 한국은행의 예산에 대해서는 금융통화위원회가 심의·의결하게 함과 동시에 재정경제부(현재의 기획재정부)장관의 업무감사를 폐지하는 대신 감사원의 감사를 받도록 하였다. 그러나 이때 은행에 대한 감독기능의 대부분을 금융감독위원회에 이관함에 따라 은행에 대한 통제력은 크게 약화되었다.

2003년 개정 시에는 한국은행 부총재를 당연직 금융통화위원으로 하고, 한국은행 예산 중 정부의 사전승인대상 예산 범위를 종전의 경비예산에서 급여성 경비로 축소하였다. 한편 이때, 한국은행의 목적이 종래의 통화가치의 안정과 은행신용제도의 건전화에서 "효율적인 통화신용정책의 수립·집행을 통한 물가안정을 도모"하는 것으로 변경되었다.

2008년 글로벌 금융위기를 계기로 거시건전성 정책의 중요성이 확대됨에 따라, 2011년 8월 중앙은행의 금융안정을 강화하는 방향으로 '한국은행법'이 개정되었다. 구체적인 내용을 보면, ① 통화신용정책의 수립과 집행에 있어 금융안정에 유의하도록 하여 금융안정 책무를 목적조항에 명시하였고, ② 매년 2회 이상 거시 금융안정 상황에 대한 평가보고서를 작성하여 국회에 제출하도록 하였으며, ③ 비은행금융기관에 대한 자료제출 요구권을 부여하고, ④ 공동검사 이행 의무기간을 대통령에 명시하도록 하는 등 한국은행의 정보 접근성을 제고하였다. ⑤ 그리고 긴급유동성 지원제도가 개선되고 지급준비금 적립대상 채무를 예금이외로 확대하여 한국은행이 보다 적극적으로 금융불안에 대응할 수 있도록 하였다. ⑥ 이외에도 한국은행의 화폐관리 기능을 강화하고 순이익금 적립제도를 개선하였으며, ⑦ 외부감사를 받은 결산서를 국회에 제출하도록 하여 한국은행의 책임성을 제고하였다.

2. 한국은행의 조직과 권한

한국은행은 금융통화위원회, 총재를 정점으로 하는 집행기관, 그리고 감사로 구성되어 있다. 금융통화위원회는 통화신용정책과 한국은행의 운영에 관한 사항을 심

2) 정부정책과의 조화를 꾀하기 위해 금융통화위원회에서의 기획재정부차관의 참석·발언권을 인정하고 있으며 또한 금융통화위원회 의결에 대한 기획재정부장관의 재의요구권을 두고 있다.

의·의결하며, 총재, 부총재, 부총재보 등 집행기관은 금융통화위원회가 결정한 정책을 집행하는 기능을, 그리고 감사는 집행기관의 업무수행에 관한 감사기능을 각각 담당하고 있다.[3)]

1) 금융통화위원회

금융통화위원회는 한국은행의 정책 결정기구로서 한국은행권 발행, 대출정책·공개시장조작정책 등 통화신용정책 관련 사항, 지급결제 관련 사항, 금융기관 검사 및 공동검사 관련 사항, 한국은행의 예·결산, 조직 및 기구, 직원의 보수 등 한국은행의 경영 관련 사항 등, 통화신용정책과 한국은행의 운영에 관한 사항을 심의·의결하는 권한을 갖고 있다.

금융통화위원회는 당연직 위원인 한국은행 총재와 한국은행 부총재, 그리고 기획재정부장관, 한국은행 총재, 금융위원회 위원장, 대한상공회의소 회장, 전국은행연합회 등이 추천한 임명직 위원 5인을 포함한 7인으로 구성되어 있다. 금융통화위원회의 의장은 한국은행 총재가 겸임하고, 국무회의의 심의를 거쳐 대통령이 임명하며, 임기는 4년으로 1차에 한해 연임이 가능하다. 금융통화위원회 위원의 임기는 당연직인 한국은행 부총재(3년)를 제외하고는 임명직 위원의 경우 임기는 4년으로 1회에 한해 연임이 가능하다. 전원 상임으로서 정치활동이나 겸직이 금지되어 있으며, 특수한 경우를 제외하고는 그 의사에 반하여 해임되지 않도록 신분보장이 이루어지고 있다.

금융통화위원회의 회의는 정기회의와 임시회의로 나누어진다. 정기회의는 매월 둘째와 넷째 주 목요일에 개최하고 있으며,[4)] 임시회의는 의장이 필요하다고 인정하는 때 또는 위원 2인 이상의 요구가 있을 때 의장이 소집한다. 의안에 대해서는 특별한 경우를 제외하고는 위원 5인 이상의 출석과 출석위원 과반수의 찬성으로 의결한다.

한편 기획재정부장관은 금융통화위원회의 의결이 정부의 경제정책과 상충된다고

---

3) 한국은행의 조직에 관한 구체적인 내용은 한국은행, 「한국의 금융제도」, 2018년, pp. 67~71 참조.

4) 현재 금융통화위원회는 매월 둘째 주 목요일 정기회의에서 월중 통화성책 방향을 성하고 있다.

판단되는 경우, 금융통화위원회에 재의를 요구할 수 있다. 기획재정부장관이 재의를 요구하는 경우 이를 즉시 공표하여야 하며, 금융통화위원회가 위원 5인 이상의 찬성으로 종전과 같은 의결을 한 경우에는 대통령이 최종결정한다. 아울러 정부가 금융통화에 관한 중요한 정책을 수립하는 경우에는 금융통화위원회의 의견을 들어야 한다.

2) 총재 등 집행기관

한국은행 총재는 국무회의의 심의를 거쳐 대통령이 임명하며, 임기는 4년으로 1차에 한하여 연임할 수 있다. 총재는 금융통화위원회의 의장으로서 금융통화위원회의 의사결정에 참여함과 더불어, 금융통화위원회가 수립한 통화신용정책을 집행하고, '한국은행법' 등에 의하여 부여된 권한을 행사한다. 또한, 금융통화위원회가 유의하여야 할 사항을 수시로 통보하고 금융통화위원회의 심의·의결을 위하여 필요한 자료 및 의견을 제공할 의무를 지닌다.

부총재는 금융통화위원회의 위원으로 금융통화위원회의 의사결정에 참여함과 더불어, 한국은행 총재의 직무수행을 보좌하고, 부득이한 사유로 총재가 직무를 수행할 수 없을 때 총재의 직무를 대행한다. 부총재는 총재의 추천으로 대통령이 임명하며, 임기는 3년이고 1차에 한하여 연임할 수 있다.

부총재보(5인 이내)는 한국은행 정관이 정하는 바에 따라 분장된 업무를 담당하면서 총재와 부총재를 보좌한다. 부총재보는 총재가 임명하며, 임기는 3년이고 1차에 한하여 연임할 수 있다.

한국은행은 집행기관은 본부에 17개 부서, 지역본부에 15개 부서를 각각 두고 있으며, 5개의 국외사무소를 운영하고 있다.

3) 감사

감사는 한국은행 업무를 상시 감사하는 기능을 수행한다. 감사는 기획경제부 장관의 추천으로 대통령이 임명하며, 임기는 3년이고 1차에 한하여 연임할 수 있다. 감사는 한국은행의 업무를 상시적으로 감사하여 그 결과를 금융통화위원회에 수시로 보고하여야 하며, 매년 종합감사보고서를 작성하여 정부와 금융통화위원회에 제출해야 한다. 감사실은 감사를 보좌하는 업무를 담당한다.

3. 한국은행의 기능

한국은행은 발권은행으로서 화폐를 발행함은 물론 통화신용정책의 수립 및 집행, 지급결제제도의 운영·관리, 국고금 관리, 금융기관 경영실태 분석 및 검사, 외국환 관리, 금융기관예금의 수입, 국제금융기구와의 거래 및 교류, 조사연구 및 통계편제 등을 수행하고 있다.

1) 발권은행 기능

한국은행은 '한국은행법'이 정하는 바에 따라 대한민국 내에서 은행권과 주화를 발행할 수 있는 유일한 발권 기관으로서, 정부의 승인을 얻어 금융통화위원회가 정하는 바에 의하여 어떠한 규격·모양 및 권종의 은행권도 발행할 수 있으며, 한국은행권은 대한민국 내의 유일한 법화로서 모든 거래에 무제한 통용된다.

우리나라의 발권제도는 은행권 발행에 대한 준비로서 금 또는 외국환의 보유를 요구하지 아니하며, 화폐발행 한도에 관하여도 아무런 제한 규정을 두지 않는 등 통화 당국의 책임하에 통화공급량을 신축성 있게 조절하는 이른바 '관리통화제도'를 채택하고 있다.

현재 발행되고 있는 은행권은 50,000원권, 10,000원권, 5,000원권, 1,000원권이며 주화는 500원화, 50원화, 10원화, 1원화이다.

2) 통화신용정책의 수립과 집행

한국은행은 물가안정과 국민경제의 건전한 발전을 위해, 통화량과 금리를 조절하고 자금의 효율적인 배분을 도모하는 등 통화신용정책을 수립하고 집행하는 기능을 수행한다.

한국은행은 만성적인 초과수요의 존재, 단기금융시장 및 자본시장 등 금융시장의 미발달 등에 기인해 상당기간 동안 통화량의 조절과 자금의 배분을 민간신용의 제한, 은행 여·수신금리의 제한 등 직접규제수단에 주로 의존해 시행해 왔다. 그러나 1980년대 이후 경제 규모의 확대, 금융구조의 고도화 등에 기인해, 최근에는 공개시

장조작정책, 대출정책, 지급준비금정책 등의 간접 규제방식에 의한 통화신용정책을 주로 사용하고 있다.[5)]

3) 지급결제제도의 운영과 관리

한국은행은 통화신용정책과 관련되는 지급결제제도의 운영과 관리업무를 수행하고 있다. 예금은행은 법정지급준비금과 초과지급준비금을 중앙은행에 지급준비예금으로 예치하는데, 중앙은행은 이 예치금 계정을 통해 각 은행 간 수표와 어음의 교환 잔액을 결제시키는 중앙집중결제기능을 수행하고 있다.

특히 최근에는 정보·통신기술의 발달 등으로 지급수단의 혁신 및 새로운 금융기법이 확산됨에 따라, 중앙은행이 지급결제제도의 효율성 및 안전성 제고 등을 위해 실 시각 총액결제시스템을 직접 운영함은 물론, 지급결제제도에 대한 중앙은행의 관리기능을 강화하는 경향을 보이고 있다. 이와 관련하여 한국은행도 금융기관 간의 거액자금거래를 전자자금 이체방식에 의해 실 시각으로 결제하는 한국은행 금융결제망(BOK-Wire)을 구축, 가동하고 있다.

4) 정부재정의 대행

중앙은행은 정부의 재정대행기관으로서 모든 국고금의 출납업무를 대행하고 있다. 정부는 중앙은행에 정부 예금계정을 설치하여 모든 세입을 정부 예금계좌에 입금하며, 모든 세출도 정부 예금계좌에서 인출하고 있다.

한국은행은 국고금을 예치하여 정부를 대신해 출납업무를 대행하고 있다. 즉, 한국은행은 국고금의 공적 예수기관으로 모든 종류의 국고금을 정부예금으로 예수하며, 이와 관련한 출납업무를 담당하고 있다.

한편, 한국은행은 정부에 대하여 당좌대출 또는 기타의 형식으로 여신을 제공할 수 있으며, 국채 및 정부보유증권을 정부로부터 인수할 수 있다.

5) 금융기관 경영실태분석 및 검사

한국은행은 금융기관경영실태와 관련한 자료를 수집하고 이를 분석하는 업무를 수행한다. 또한, 이러한 업무를 원활히 수행하기 위해서 한국은행은 금융위원회에

---

5) 통화신용정책에 대해서는 제3절에서 별도로 구체적으로 살펴보고자 한다.

대한 금융기관검사 및 공동검사 요구권, 금융기관에 대한 자료제출 요구권, 긴급여신을 받은 금융기관에 대한 업무 및 재산 상황조사·확인권 등을 행사할 수 있다.

이처럼 한국은행이 경영실태와 관련한 자료를 수집하고 분석하는 것은 한국은행이 자금공급의 최종대부자(lender of last resort)기능[6]을 원활히 수행할 수 있도록 하는 한편, 한국은행 자산의 부실화를 방지하고자 하는 데에 있다. 이는 은행 등 문제 금융기관이 발생할 경우, 그 원인과 파급영향을 분석하여 최종대부자 기능을 발동할 것인가 여부를 적기에 결정하고, 지원 규모와 기간 등에 오류를 범하지 않기 위해서는 평상시 금융시장의 동향은 물론, 개별금융기관의 경영 상태를 파악하고 있어야 한다는 데에 연유한다. 또한, 한국은행은 금융기관에 대하여 거액의 대출을 공여하고 있어서 금융기관 경영실태에 정확한 분석을 통하여 국민의 재산인 대출금이 부실화하지 않도록 관리하여야 할 필요성도 크기 때문이다.

6) 외국정책 관련 업무

현행 '외국환 거래법'은 외환거래와 관련한 일체의 권한(외환 정책 수립, 환율 결정, 외국환 업무 취급기관등록·인가·감독, 외국환평형기금의 운용, 각종 외환 거래제한·허가·보고·검사 등)을 기획재정부장관에게 부여하고 있다. 따라서 현재 한국은행은 한국은행법 및 외국환 거래법에 의한 외국환 업무와 기획재정부장관이 한국은행 총재에게 위탁한 외국환 업무 취급기관에 대한 건전성 규제 업무, 외국환 거래에 대한 신고·허가업무 등을 수행하고 있다.

또한, 한국은행은 '외국환 거래법'에 의한 외환 정보 집중기관으로 지정되어 있고, 우리나라의 대외지급준비자산을 보유·운용하고 있으며, 정부의 환율정책에 대해 협의하는 기능을 수행하고 있다.

7) 금융기관 예금의 수입

한국은행은 금융기관으로부터 예금을 수입하고 있으며, 이 예금을 이용하여 어음교환결제와 금융기관 간 각종 대차거래를 결제함으로써 금융기관 간 자금결제의 중심기구로서 역할을 수행하고 있다.

6) 이에 대한 구체적인 내용은 본서의 제9장 제4절 1.을 참조.

8) 국제금융기구와의 거래 및 교류

한국은행은 정부의 대표 또는 중앙은행의 자격으로 각종 국제금융기구와의 거래 및 교류에 관한 제반 업무를 수행하고 있다.

9) 조사연구와 통계편제

한국은행은 통화신용정책수립 등에 필요한 정보의 제공을 위해 통화금융 동향 및 국내외 경제 전반에 관련한 각종 조사연구 업무를 수행한다. 또한, 경제 현황의 정확한 판단을 위해 각종 통계를 편제하고 있다. 현재 한국은행이 작성, 발표하고 있는 주요통계로서는 통화금융, 국제수지, 자금순환, 국민 계정, 생산자물가지수, 기업경영분석, 산업연관표 등이 있다.

제3절 통화신용정책

1. 통화신용정책의 운영체계

통화신용정책의 운영체계(monetary policy framework)는 통화신용정책의 최종목표를 달성하기 위해 중앙은행이 통화신용정책을 집행하는 제도적 장치를 말한다. 구체적으로는 ① 통화신용정책의 최종목표, ② 최종목표를 달성하기 위해 중점관리하는 중간목표와 운용 목표 등 명목 기준지표(금리, 통화량, 환율 등), ③ 중앙은행의 중립성, 투명성 등 통화신용정책의 제도적 측면, ④ 통화신용정책의 수단 등 크게 네 가지 범주를 포함한다.

[그림 17-1] 통화신용정책의 운영체계

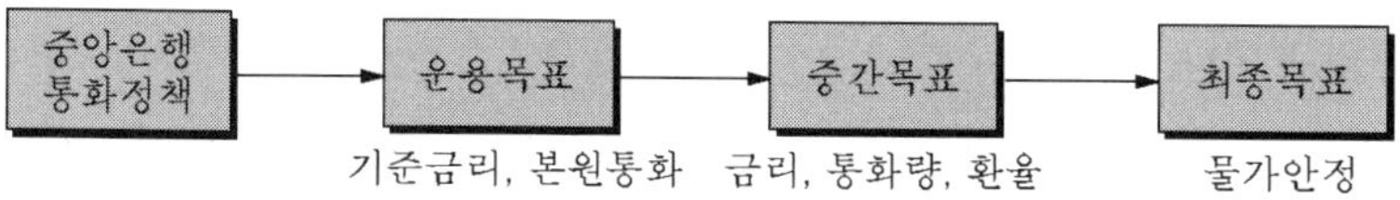

최종목표를 무엇으로 하느냐에 따라 운용체계도 다소 차이가 있는데, 우리나라는 1998년 '한국은행법'의 개정 이후 통화신용정책의 최종목표인 물가안정을 정책목표로 하는 물가안정목표제(inflation targeting system)를 통화신용정책 운용체계를 채택하고 있다. 이는 인플레이션 목표를 설정하고 각종 정보변수를 활용하여 장래의 인플레이션을 예측한 후, 이를 바탕으로 중앙은행이 직접 활용할 수 있는 정책수단을 이용하여 인플레이션 목표를 달성하는 방식이다.[7] 이때 정책변수로는 통화량, 금리, 환율, 기대인플레이션, 자산가격 등이 이용되고, 목표를 달성하기 위한 구체적인 수단으로 공개시장조작정책, 지급준비금정책, 대출정책 등이 활용된다.

물가안정목표가 설정되면 한국은행의 RP 매매, 대기성 여수신 등 대 금융기관 거래의 기준이 되는 '한국은행 기준금리'를 운용 목표로 이용하고 있다. 현재 기준금리 목표 수준은 금융통화위원회에서 매월 결정하여 공표하고 있다.[8] 이러한 기준금리 목표 수준을 결정하는 데에는 장래의 인플레이션 가능성뿐만 아니라, 경제성장, 금융시장안정 등이 고려되고 있다.

그런데 중앙은행은 공개시장조작정책 등 정책수단의 운용을 직접 실물경제 최종목표와 연결할 수 없다. 예를 들어 물가안정이라고 하는 통화신용정책의 최종목표를 달성하고자 하는 경우 중앙은행은 물가안정 그 자체를 직접 조절할 수 없어서 물가안정에 영향을 미치는 통화량이나 금리 등을 중간목표로 선정하고, 이의 조절을 통해 물가안정을 달성하고자 하는 목표를 추구하는 2단계 접근방식을 취하게 된다. 이처럼 통화신용정책의 최종목표를 달성하기 위하여 중앙은행이 영향을 미칠

7) 물가안정목표제의 기본 목적인 기대인플레이션 안정을 위해 소비자물가지수를 목표 대상 물가지수로 운용하고 있다.

8) 물가안정목표제 도입 초기에는 운용 목표를 공표하지 않고 시장금리를 내부적으로 사용하였으나, 정책의 투명성 제고 등을 위해 1999년 5월부터 콜금리를 공식적인 운용 목표로서 사용하였고, 2008년 3월부터는 기준금리를 사용하고 있다.

수 있는 경제변수를 중간목표로 선정하고 이의 조절을 통해 최종목표를 달성하고자 방식을 중간목표(intermediate target)라고 하는데, 이때 경제변수로는 통화량, 금리 등이 대상이 된다.

중간목표는 중앙은행의 정책수단에 의해 직접 또는 간접적인 조절이 가능하고 최종목표와 안정적이고 밀접한 관계를 유지하여야 하는데, 통화신용정책의 중간목표 선정은 실물 및 금융경제여건에 대한 중앙은행의 정책적 판단에 따라 결정된다. 우리나라의 경우 1997년의 외환위기 전까지는 통화량을 중간목표로 채택하였으나, 외환위기 이후에는 금리 중심으로 변경되었다.

2. 통화신용정책의 수단

한국은행은 공개시장조작정책, 지급준비금정책, 대출정책 등 주로 간접적인 조절수단을 활용하여 통화신용정책을 수행한다. 그러나 금융시장이 제 기능을 발휘하지 못하는 등으로 간접적인 조절수단만으로 정책효과를 거두기 어려울 경우에는 금융기관의 여수신금리 및 자산운용에 대하여 직접규제 수단을 사용하기도 한다.

1) 공개시장조작정책

공개시장조작정책(open market operation policy)은 중앙은행이 공개시장에서 국채와 기타 유가증권을 매매함으로써 금융기관의 지급준비금(지준)을 변동시켜 통화량을 조절하는 동시에, 유가증권의 가격에 대한 효과를 통하여 간접적으로 시장금리를 변화시키는 정책이다. 일반적으로 국공채를 매입(매각)하면 통화량은 증가(감소)하고 이자율은 하락(상승)한다.

공개시장조작정책의 최대 장점은 탄력적인 운용이 가능하다는 점이다. 즉 공개시장조작정책은 필요한 시점에 필요한 규모만큼을 쉽게 시행할 수 있어서 금융기관의 지급준비금을 적절히 조정할 수 있다. 다만 통화조절수단으로서 공개시장조작정책을 활용하기 위해서는 금융시장이 고도로 발달하여 금융자산이 다양화되어 있고, 금리가 자유화되어 있어야 한다. 따라서 발전도상국에서는 공개시장조작정책이 통화조절수단으로서 널리 활용되지 못하고 있다.

우리나라의 경우 1980년대 중반 이후 경상수지의 흑자전환, 금리자유화의 추진 등을 배경으로, 점차 공개시장조작정책의 시행을 확대함으로써 현재는 중심적인 통화신용정책으로 활용되고 있다. 현행제도 및 운용현황을 보면 다음과 같다.

먼저 금융통화위원회는 물가안정목표를 설정한 후 이와 관련하여 매년 연간 통화정책운영계획을 수립·공표하고, 매월 둘째 주 목요일 기준금리 운용 목표를 중심으로 한 월중 통화정책 방향을 발표한다. 이 때 외생적 지준(지급준비금)공급 규모를 예측하여 이를 지준 수요와 비교하여 지준의 과부족 규모를 산출하고, 이를 기반으로 공개시장조작 규모를 결정한다.[9] 만약 지준수요에 비해 지준공급이 부족할 것으로 예상되는 경우에는 한국은행이 유동성을 공급하는 방향으로, 반대의 경우에는 유동성을 흡수하는 방향으로 공개시장조작정책이 행해진다.

〈표 17-1〉 공개시장조작정책

구분		조작방법	대상증권
장기자금조절	환수	장기물 통화안정증권 발행	-
		증권 단순 매각	한국은행보유 국공채
	공급	잔존 만기가 장기인 통화안정증권 환매	-
		증권 단순 매입	거래 대상기관 보유 국공채
단기자금조달	환수	RP매각	한국은행 보유 국공채
		단기물(14일물) 통화안정증권 발행	-
	공급	RP매입	거래대상 기관 보유 국공채
		잔존 만기가 단기인 통화안정증권 환매	-

자료 : 한국은행

공개시장조작정책은 한국은행이 통화안정증권을 직접 발행하여 유동성을 흡수하거나 이를 상환하여 유동성을 공급하는 방식(통화안정증권의 발행·상환), 또는 국채, 정부보증채, 토지개발채권 등을 매매하는 방식(국공채매매) 등 두 가지로 이루어진다. 한편 국공채매매는 단순매매와 환매조건부(RP)매매로 구분된다. 통화안정증권발행 및 국공채 단순매매는 기조적인 유동성 조절수단으로, 국공채 RP매매는

9) 외생적 지준 공급은 정부, 민간, 해외, 기타부문 등을 통해 이루어지고, 지준 수요는 민간의 통화수요와 현금보유 성향 및 법정지급준비율 등에 의해 결정된다.

일시적인 유동성 조절수단으로 활용된다(〈표 17-1〉 참조).

2) 대출정책

중앙은행의 대출정책은 대출금리를 변경하거나 그 규모를 조절하여 금융기관의 자금조달 규모나 비용에 영향을 주어 금융기관의 신용공여 규모를 간접적으로 조절함으로써, 금융기관의 여수신금리 및 시장금리의 변동을 유도하는 정책을 말한다. 이와 같은 대출정책은 금융기관의 중앙은행에 대한 자금의존도가 높을수록 정책의 실효성이 커진다.

한국은행의 대출정책의 변천 과정을 살펴보면 다음과 같다. 고도 성장기에는 유동성 조절보다는 특정 산업을 지원하기 위한 정책금융의 공급창구로 주로 활용하였다. 그런데 1986년 이후 기업의 자금부족 현상이 크게 완화되고 금리자유화의 추진으로 통화관리방식을 간접조절방식으로 전환할 필요성이 제고됨에 따라, 정책금융 성격의 지원제도를 축소 내지는 정비하고, 대출제도의 유동성 조절기능을 강화하는 방향으로 제도개선을 추구하게 되었다.

이와 관련하여 1994년 3월 금융통화위원회가 정한 총액한도범위 내에서 금융기관별 한도를 일정기준에 따라 배정·지원하는 '총액한도 대출제도'를 도입하고 기존의 자동 재할인제도를 폐지하였다. 이와 더불어 무역금융, 소재·부품 생산자금, 각종 중소기업자금 등 특정 부문에 대한 금융지원제도를 폐지하였다. 또한 한국은행 대출의 유동성 조절기능을 강화하기 위하여 2000년 6월에는 유동성 조절대출제도를, 영업시간 중 발생하는 금융기관의 일시적인 지급결제 부족자금을 지원하기 위해 2000년 9월에는 일중 당좌대출제도를, 각각 도입하였다.

한국은행의 대출은 그 형식에 따라 어음재할인과 증권담보대출로 구분된다. 어음재할인은 금융기관이 보유하고 있는 어음을 한국은행이 재할인함으로써 이루어지는 대출을 말하고,[10] 증권담보대출은 금융기관이 보유하고 있는 어음, 국채, 정부보증채, 통화안정증권 등을 담보로 하는 대출을 말한다. 총액한도 대출제도 도입 이후 금융기관들이 절차가 번거로운 어음재할인보다 증권담보대출을 선호함에 따라, 현

10) 이와 같이 금융기관이 일반에게 대출(할인)하고 그 대가로 받은 상업어음 등을 중앙은행이 재할인(rediscount)하는 형태로 중앙은행의 대출이 이루어지는 경우, 이를 재할인정책이라고도 한다.

재 한국은행의 대출은 증권담보대출이 대부분을 차지하고 있다.

3) 지급준비금정책

원래 지급준비금제도는 금융기관이 수취하는 예금액 중의 일정 비율에 해당하는 금액을 중앙은행에 예치함으로써, 고객의 예금인출요구에 언제든지 응할 수 있게 하여 예금자를 보호하고자 하는데 목적이 있었다. 그러나 지급준비율의 변경이 금융기관의 가용자금에 영향을 미쳐 통화량의 변화를 가져온다는 사실이 인식됨에 따라, 1930년대 이후에는 유동성 조절을 위한 주요수단의 하나로 활용되기 시작했다.

이처럼 지급준비금정책은 중앙은행이 예금은행의 법정 지급준비율을 변경시킴으로써 금융기관의 신용창조능력을 조절하고자하는 정책으로 그 의미가 변경되었다. 즉, 지급준비금정책은 파생적 통화를 창조하는 능력을 나타내는 통화 승수를 변화시켜 통화량을 조절하는 정책이다. 예를 들어 중앙은행이 법정 지급준비율을 인하(인상)하면 통화량은 증가(감소)하게 된다. 지급준비금정책의 경우, 통화량증감의 효과가 직접적이고 확실하여서 정책의 집행 효과가 즉시 나타나는 장점을 지니고 있다. 반면에 정책이 무차별적으로 적용되고 강제적인 집행이라는 문제점을 지니고 있다.

우리나라의 지급준비금정책은 1965년의 금리현실화 조치 이후 직접규제수단의 활용이 점차로 축소됨에 따라 통화조절수단으로서 중요한 역할을 수행해 왔다. 그러나 1990년대 이후 금융규제완화의 진전, 국내외금융시장의 통합화 가속 등의 영향으로 공개시장조작정책이 한국은행의 주요한 통화정책수단으로 활용됨에 따라, 그 역할이 크게 축소되었다.

4) 금융기관에 대한 직접규제

금융기관에 대한 직접규제는 앞에서 언급한 공개시장조작정책, 대출정책, 지급준비금정책 등과 같은 간접적인 규제방식을 시행할 여건이 마련되어 있지 않거나, 이들만으로는 충분한 효과를 기대할 수 없는 경우에 사용한다. 직접규제수단에는 금융기관에 대한 여·수신금리규제, 금융기관 신용공급량의 직접통제, 특정 부문에 대한 금융기관의 여신 취급 금지와 같은 신용할당 등이 포함된다.

직접규제수단은 금융기관의 신용공급 규모 또는 공급경로 등을 보다 신속하고 정확하게 조절할 수 있는 장점이 있으나, 장기적으로는 자금 배분의 왜곡, 경쟁 제한 등으로 금융시장의 효율성을 떨어뜨리는 등 부작용이 수반되므로 일반적으로 간접규제수단의 보완적인 수단으로만 사용한다.

현재 한국은행은 직접규제수단을 중소기업대출비율제도 이외에는 사용하고 있지 않다. 중소기업대출비율제도는 1965년 중소기업에 대한 자금지원 강화를 목적으로 도입되었는데, 이는 중소기업에 대하여 금융기관이 원화 금융자금대출 증가액의 일정비율(시중은행 45%, 지방은행 60%) 이상을 지원하는 제도이다. 중소기업대출비율을 준수하지 못한 은행에 대해서는 총액대출한도에서 미준수금액의 일정비율 해당액을 차감하고, 이를 동 비율을 준수한 은행에 추가로 배정하고 있다.

중요개념 및 용어

중앙은행	통화신용정책	중앙은행의 중립성
중앙은행의 금융안정기능	글로벌 금융위기	시스템 리스크
거시건전성 정책	발권은행	은행의 은행
최종대부자 기능	정부의 은행	한국은행
금융통화위원회	한국은행의 기능	관리통화제도
간접규제방식	한국은행 금융결제망	국고금 관리
외환 정책	통화신용정책의 운영체계	최종목표
물가안정목표제	중간목표	한국은행 기준금리
통화신용정책의 수단	공개시장조작정책	대출정책
지급준비금정책	직접규제수단	중소기업대출비율제도

연 습 문 제

1. 통화신용정책의 권한과 책임을 중앙은행이 가져야 한다는 주장의 논리에 대하여 서술하라.

2. 중앙은행의 목표와 관련하여 최근의 세계적인 추세에 대하여 설명하라.

3. 현재 한국은행의 목표와 기능에 대하여 개괄적으로 설명하라.

4. 통화신용정책의 운용체계에 대하여 설명하라.

5. 통화신용정책의 수단과 관련하여 우리나라의 경우, 공개시장조작 정책을 어떻게 운영하고 있는지 설명하라.

6. 중앙은행의 대출정책에 대하여 설명하라.

7. 지급준비금정책에 대하여 정의하고, 지급준비금정책에 대하여 설명하라.

8. 현재 한국은행이 시행하고 있는 직접규제수단에 대하여 설명하라.

제18장 은 행

본 장에서는 은행에 대하여 구체적으로 살펴보기로 한다. 먼저, 일반은행과 관련하여 일반은행의 구분과 업무영역, 현황, 그리고 주요 업무에 대하여 알아보고, 다음으로 특수은행과 관련하여 특수은행의 성격과 기능, 현황에 대하여 알아본 후, 마지막으로 은행업에 대한 주요규제와 감독과 관련하여 은행의 진입과 퇴출, 소유와 지배구조, 그리고 건전성 규제에 대하여 알아보고자 한다.

제1절 일반은행

1. 일반은행의 구분과 업무영역

전통적인 의미에서 은행은 예금을 받아 대출이나 어음할인 등 단기적 상업자금을 공급하는 좁은 의미의 상업은행을 말한다.

우리나라의 은행은 일반은행과 특수은행으로 구분한다. 일반은행은 '은행법'에 의해 설립되어 동 법의 규제를 받고, 특수은행은 각각의 특수은행법에 의해 설립 및 규제를 받는다. 여기서 일반은행은 다시 영업구역의 제한 여부에 따라 전국을 영업구역으로 하는 시중은행과 특정 지역으로 영업구역이 제한되는 지방은행, 그리고 외국은행지점으로 구분된다.

종래의 우리나라의 일반은행은 은행과 증권업무의 분리, 장·단기금융의 분리원칙에 따라, 원칙적으로 1년 이내의 단기예금 및 대출업무, 환 업무, 지급보증업무 등 전통적인 단기 상업금융업무에 주력해 왔다. 그러나 1970년대까지 자본시장의 미발달, 은행이외의 금융기관의 미비 등에 기인하여, 단기 상업금융업무뿐만 아니라 필요에 따라 직접 또는 자회사를 통해 주변 업무를 영위해 왔다.

현재 일반은행의 업무는 고유업무, 부수 업무, 겸영 업무로 구분된다. 각 업무별 범위는 '은행법' 및 '은행법 시행령'에서 규정하고 있다. 일반은행은 고유업무 및 부수 업무의 경우 별도의 인가없이 영위할 수 있으나, 일부 겸영업무는 해당 법령에 따라 금융위원회의 겸영인가를 받아야 한다.

〈표 18-1〉 일반은행의 업무범위

구 분	업 무 내 용	근거규정
고유업무	-예금 · 적금의 수입 또는 유가증권, 그 밖의 채무증서의 발행 -자금의 대출 또는 어음의 할인 -내국환, 외국환	은행법 제27조
부수업무[1]	-채무의 보증 또는 어음의 인수 및 상호부금, 팩토링, 보호예수 -수납 및 지급대행, 전자상거래와 관련된 지급대행 -지방자치단체의 금고대행 -은행업과 관련된 전산시스템 및 소프트웨어 판매 · 대여 -금융관련 연수 및 도서 · 간행물 출판업무, 조사 · 연구업무 -업무용 부동산의 임대, 수입인지 · 복권 · 상품권 등의 판매대행 -은행의 인터넷 홈페이지, 서적, 간행물 및 전산설비 등 물적 설비를 활용한 광고대행 -해당 부수업무를 운영하려는 날의 7일 전까지 금융위원회에 신고한 업무 -기타 금융위원회가 정하여 고시하는 업무	은행법 제27조의2 시행령 제18조
겸영업무[2]	-해당 법령에서 인허가 또는 등록을 받아야 하는 업무 · '자본시장법'에 따른 파생상품의 매매 · 중개업무, 금융위원회가 정한 파생결합증권매매업무, 국채증권, 지방채증권 및 특수채증권의 인수 · 매출 및 모집 · 매출주선업무, 국채증권, 지방채증권, 특수채증권 및 사채권의 매매업무 · '자본시장법'에 따른 집합투자업(투자신탁으로 한정), 투자자문업, 신탁업, 투자매매업, 투자중개업, 일반사무관리회사의 업무, 명의개서대행회사의 업무 · '자본시장법' 시행령에 따른 환매조건부매도 및 매수업무 · '보험업법'에 따른 보험대리점의 업무 · '근로자퇴직급여 보장법'에 따른 퇴직연금사업자의 업무 · '여신전문금융업법'에 따른 신용카드업 · '담보부사채신탁업'에 따른 담보부사채에 관한 신탁업 · '자본시장법'에 따른 자산구성형 개인종합자산관리계약에 관한 투자일임업 · 기타 금융위원회가 정하여 고시하는 업무 -기타업무 · 금융관련 업무로서 해당법령에서 은행이 운용할 수 있도록 한 업무 · '자산유동화법'에 따른 유동화전문회사의 유동화자산 관리 및 채권추심업무에 대한 수탁업무 · '주택저당채권유동화회사법'에 따른 주택저당채권유동화회사의 유동화자산관리 수탁업무 및 채권추심업무에 대한 수탁업무 · 기업의 인수 및 합병의 중개 · 주선 또는 대리업무 · 기업의 경영, 구조조정 및 금융관련 상담 · 조력업무 · 증권의 투자 및 대차거래업무 · 상업어음 및 무역어음의 매출	은행법 제28조 시행령 제18조 이하

〈표 18-1〉 이어서

구 분	업 무 내 용	근거규정
	· 금융관련 법령에 따라 금융업을 경영하는 자의 금융상품 및 '무역보험법'에 따른 무역보험의 판매대행 · 대출 및 대출채권매매의 중개·주선 또는 대리업무 · 국외지점이 소재하는 국가의 관련 법령에 따라 영위할 수 있는 업무(해당 국외지점이 영위하는 경우로 한정) · 기타 금융위원회가 정하여 고시하는 업무	

주 : 1) 고유업무의 수행에 수반되는 업무로서 감독 당국의 별도 인가없이 영위할 수 있는 업무
2) 은행이 겸영업무를 직접 운영하려는 경우 금융위원회 신고가 필요
자료 : 한국은행, 「한국의 금융제도」, 2018년.

고유업무에는 예 · 적금수입, 유가증권 또는 채무증서 발행 등으로 조달한 자금을 대출하는 업무와 내 · 외국환업무가 있다. 일반은행은 요구불예금의 수입에 의한 만기 1년 이내의 대출, 즉 전통적인 단기 상업금융업무뿐만 아니라, 1년 이상의 기한부예금 또는 사채발행을 통해 조달한 자금을 1년을 초과하는 기한으로 대출하는 업무인 장기 금융업무도 취급할 수 있다.

부수업무는 은행 업무를 영위하는데 수반되는 업무로서, 지급보증, 어음인수, 상호부금, 팩토링, 보호예수, 수납 및 지급대행 등이 이에 해당 된다.

겸영업무에는 은행의 고유업무 및 부수업무가 아닌 업무로서, 타 법령에 따른 인허가 등이 필요한 업무와 필요로 하지 않은 기타업무가 있다. 금융위원회의 인허가 또는 등록이 필요한 겸영업무에는 유가증권의 인수 · 매출 및 모집 · 매출주선, 환매조건부채권매매, 집합투자업, 투자자문업, 투자매매업, 투자중개업, 신탁업, 방카슈랑스, 신용카드업, '자본시장법'에 의한 파생상품의 매매 등이 있다. 기타업무에는 타 법령에서 은행이 운영할 수 있도록 한 업무와 기업 인수 · 합병의 중개 · 주선 또는 대리업무, 증권의 투자 및 대차거래업무, 상업어음 및 무역어음의 매출업무, 무역보험의 판매대행 등이 있다.

2. 일반은행의 현황

1) 시중은행

시중은행은 전국을 영업구역으로 하는 은행인데, 시중은행의 변천 과정은 다음과 같다.

1970년대까지는 조흥은행, 한국상업은행, 제일은행, 한일은행, 서울신탁은행 등 5개의 시중은행이 있었다. 그런데 1980년대 이후 금융 자유화 및 금융 재편성의 영향으로 11개의 은행이 신설 또는 업종 전환에 의해 새로이 진입됨으로써 1997년 말에는 시중은행이 16개에 달했다. 이 기간 중에 신설된 은행으로는 재일 한국인에 의해 설립된 신한은행(1982년), Bank of America와 국내기업의 합작투자로 설립된 한미은행(1983년), 이북5도민 자본에 의해 설립된 동화은행(1989년), 중소기업금융전문은행으로 설립된 동남은행(1989년)과 대동은행(1989년), 근로자를 주 고객으로 하는 평화은행(1992년) 등을 들 수 있다. 한편, 하나은행은 한국투자금융이, 보람은행은 한양투자금융과 금성투자금융이 합병하여 각각 1991년에 일반은행으로 전환된 은행이다. 이외에 한국외환은행(1989년), 국민은행(1995년) 및 한국주택은행(1997년)은 특수은행에서 일반은행으로 전환하였다.

1997년의 외환위기를 계기로 3개의 은행(동남, 대동, 동화)이 퇴출되고, 7개의 은행이 3개의 은행으로 합병되고[1] 제일은행이 뉴브리지캐피털에게 매각되었고, 한미은행이 씨티은행에 매각되어 한국씨티은행으로, 그리고 서울은행이 하나은행에게, 조흥은행이 신한은행에게 각각 매각되었다. 한편 2001년의 국민은행과 주택은행의 합병(현재의 국민은행) 이후, 은행 대형화를 위한 합병과 외국계 시중은행의 출현이 지속되었다. 2004년에는 국내지점이었던 씨티은행이 한미은행을 인수・합병하여 한국씨티은행이 되었고, 2005년에는 스탠다드차타드은행이 뉴브리지케피털로부터 제일은행을 인수하여 SC제일은행이 되었으며, 하나은행이 외환은행을 인수・합병하여 KEB 하나은행이 되었다. 2017년에는 핀테크 혁신에 따라 카카오뱅크, 케이뱅

1) 한일은행과 상업은행, 평화은행이 우리은행으로, 하나은행과 보람은행이 하나은행으로, 국민은행과 주택은행이 국민은행으로 각각 합병된 것을 말한다.

크 등 2개의 인터넷전문은행이 설립되었다. 이에 따라 2020년 말 현재 8개의 은행(2개의 인터넷전문은행 포함)이 시중은행으로서의 업무를 취급하고 있다.

향후 시중은행은 금융의 범세계화, 핀테크혁신 등의 영향으로 대형화 및 전문화를 추진하는 방향으로 새로운 체제를 정립해 나아갈 것이다.

[그림 18-1] 외환위기 이후의 일반은행 변천추이

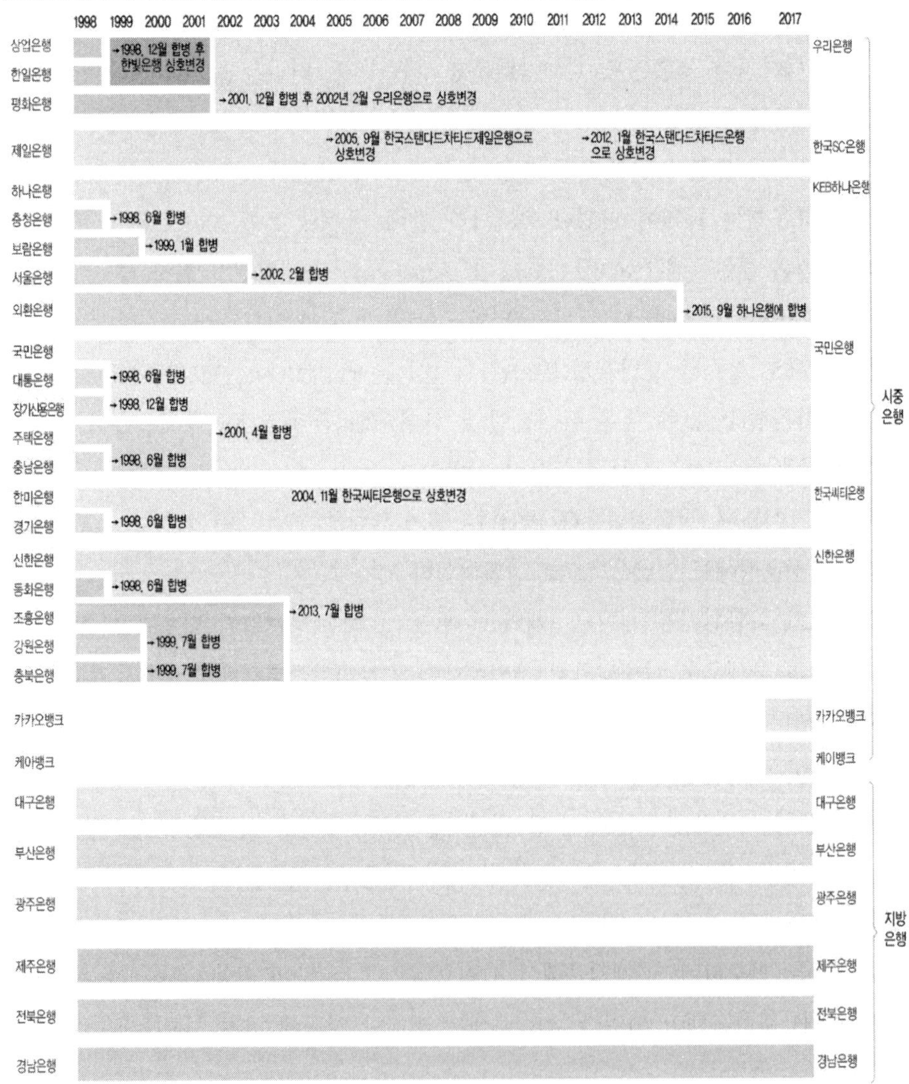

자료 : 한국은행

2) 지방은행

지방은행은 금융업무의 지역적 분산과 지역경제의 균형된 발전을 추구하기 위해 설립된 은행이다. 지방은행은 업무에서는 시중은행과 별 차이가 없었으나, 관할 행정구역 밖의 점포진출을 제한하여 지점설치는 서울 및 광역시에만 제한적으로 허용하였고, 서울 소재 지점의 대출한도를 규제해 왔다. 그러나 1998년 이를 완전히 폐지함으로써 시중은행과의 구분이 사실상 소멸되게 되었다.

1967년에 부산시와 각 도 단위로 1행씩 총 10개의 지방은행이 설립되어 1997년 말까지 10행 체제가 유지되었다. 그러나 1997년 외환위기 이후 경기, 충청은행이 퇴출되고, 강원, 충북은행이 조흥은행에 합병됨에 따라, 2020년 말 현재 6개의 지방은행으로 존속하고 있다.

지방은행은 사실상 시중은행과의 구분이 유명무실해짐에 따라, 지금까지 유지해 왔던 지역 금융 면에서의 비교우위를 상실하는 등, 경쟁력 열위에 직면해 있다. 따라서 향후 합병 내지는 업무제휴 등 대폭적인 재편성이 이루어질 것이다.

3) 외국은행 국내지점

외국은행 국내지점은 1960년대 후반 설립될 당시에는 외자도입을 위해 적극적으로 유치하였으나, 1980년대 후반 이후 외화 사정이 개선됨에 따라 국가별로 상호주의에 입각해 국내 진출을 허용하고 있다.

외국은행 국내지점은 과거 업무 범위의 일부 제한, 한국은행 공개시장조작대상에서의 제외 등 국내은행과 다소 다른 영업환경에서 영업을 해왔다. 그러나 금융 자유화 등으로 외국은행 국내지점의 업무 범위에 대한 규제가 완화됨에 따라, 현재는 국내은행과 거의 동등한 조건에서 영업하고 있다.

현재까지 외국은행의 국내 진출은 지점 또는 합작형태가 주류를 이루고 있으나, 금융의 범세계화의 진전 등으로 현지법인 등 국내 진출형태가 다양화되고, 외국금융기관의 국내은행에 대한 지분참여를 통한 지배도 보다 활성화될 전망이다.

〈표 18-2〉 국가별 외국은행 국내지점 및 사무소 진출현황(2020년 12월말 현재)

	미국	일본	중국	유럽	(영국)	(프랑스)	(독일)	기타	계
계	6	4	12	10	2	4	2	13	45

자료 : 금융감독원.

3. 일반은행의 주요 업무

1) 예금업무

일반은행이 취급하고 있는 예금은 예입 및 인출이 자유로운 반면에 이자가 없거나 저리의 이자를 받는 요구불예금과 일정 기간 동안 예치해 둠으로써 높은 이자를 받을 수 있는 저축성예금으로 크게 구분된다.

① 요구불예금

요구불예금에는 보통예금, 당좌예금, 가계당좌예금, 별단예금, 공공예금 등이 있다.

〈표 18-3〉 요구불예금의 종류와 특징

종 류	특 징
보통예금	-대표적인 요구불예금으로 가입대상, 예치금액, 예치기간 등에 제한이 없음. -보통 평균예금잔액에 대해 이자를 계산하여 이를 원금에 가산하여 지급.
당좌예금	-무이자로 자금을 은행에 예치하고, 그 예금잔액 범위 내에서 거래은행을 지급인으로 하는 당좌수표 또는 거래은행을 지급장소하는 약속어음을 발행. -가입대상 : 일정자격을 갖춘 법인 및 사업자등록증을 소지한 개인.
가계당좌예금	-신용상태가 양호한 개인 및 자영업자가 지급결제를 가계수표로 행하는 일종의 가계우대성 요구불예금. -이자지급, 예치기간 및 예치한도 제한없음. -가입대상 : 신용상태가 양호한 개인.
별단예금	-각종 은행업무를 수행하는 과정에서 발생하는 미결제, 미정리자금, 타계정으로 정리하기 곤란한 자금 등을 업무처리 편의를 위해 일시적으로 보관금 처리에 이용되는 편의적 계정. 예금증서나 통장을 발급하지 않음. -원칙적으로 이자를 지급하지 않으나, 보통 예금이자율 적용.
공공예금	-재산세, 등록세, 주민세 등의 지방세와 수도료 등의 공공요금 수납대행업무를 취급하는 예금 -이자율은 일반적으로 보통예금 이율이 적용

② 저축성예금

저축성예금은 정기예금과 같이 일정한 만기가 있거나 저축예금과 같이 만기가 없고 수표에 의한 인출이 불가능한 예금으로 요구불예금에 비해 높은 이자율이 적용되는 예금이다.

저축성예금은 크게 ① 입출금식 예금, ② 적립식 예금, ③ 거치식 예금 등으로 구분할 수 있다

〈표 18-4〉 저축성예금의 분류

분 류	금 융 상 품 명
입출금식	· 저축예금 · 기업자유예금 · MMDA
적 립 식	· 정기적금 · 상호부금
거 치 식	· 정기예금 · CD · RP

㉠ 입출금식 예금

저축예금은 가계우대 예금제도의 일환으로 도입된 금융상품으로 가입대상, 저축기간, 입출금 등이 자유롭다. 실명의 개인이면 누구나 제한없이 가입할 수 있고, 3개월마다 이자를 복리로 가산하며 보통예금보다 이자가 높다.

기업자유예금은 기업의 일시적인 여유자금을 운용할 때 편리한 예금으로 입·출금이 자유로우며 예치기간에 따라 높은 이자를 적용한다. 법인 및 사업자등록증을 소지한 개인이면 가입할 수 있으며 예치한도 및 예치기간에는 제한이 없다.

MMDA(Money Market Deposit Account : 시장금리부 수시입출금식 예금)은 증권회사의 CMA, MMF 등과 경쟁하기 위해 개발한 것으로 실제금리에 의한 이자율 적용, 자유로운 입·출금 및 각종 이체, 결제기능이 결합된 단기 금융상품이다. 예치기간, 가입대상, 가입금액 등에는 제한이 없다.

㉡ 적립식 예금

정기적금은 일정한 기간 후에 일정한 금액을 지급할 것으로 약정하고 매월 특정일에 일정액을 정립하는 예금으로, 푼돈을 모아 목돈을 마련하는데 가장 보편적인 장기저축성 금융상품이다. 대출에 대한 담보로 활용되기도 하여 적금대출이나 적금담보대출을 받을 수 있다.

상호부금은 사금융의 하나인 계가 발전한 것으로 대출을 받기 위한 저축수단의 하나이다. 일정한 기간을 정하여 그 중도 또는 계약기간 만료 시에 은행이 가입자

에게 일정한 금액을 급부(대출)하여 줄 것을 약정하고 장기적으로 부금을 납입하는 예금으로, 가입대상에 제한은 없으며 대출한도는 일반적으로 계약금액 이내이다.

㉢ 거치식 예금

일반정기예금은 일정한 예치 기간을 미리 정하여 일정 금액을 예치하고 기간만료 전에는 원칙적으로 지급을 청구할 수 없는 기한부 예금으로 가장 보편적인 장기저축성 금융상품이다. 가입대상 및 예치 한도에는 제한이 없고, 예치 기간은 1개월 이상 5년 이내이며, 매월 이자를 지급하거나 이자를 복리로 원금에 가산할 수도 있다.

CD(Certificate of Deposit : 양도성예금증서)는 정기예금에 양도성을 부여하여 무기명·할인식으로 발행된 정기예금증서로 비교적 높은 수익성과 환금성 및 안전성이 보장되고, 자유롭게 양도와 양수를 할 수 있다. 중도해지가 불가능하기 때문에 만기 전에 현금화하고자 할 경우에는 유통시장(증권회사나 종합금융회사)을 통해 매각할 수 있다. 예치기간은 30일 이상 제한이 없으며(일반적으로 91일), 예치한도도 제한이 없다(일반적으로 500만원 이상). 이자지급은 할인식 금융상품인 관계로 발행 시에 선 지급되고, 만기지급 시에는 증서소지인에게 액면금액을 지급한다.

RP(Repurchasing Agreement : 환매조건부 매매)는 일정기간 경과후 일정한 가격으로 동일 증권을 다시 매수하거나 매도할 것을 조건으로 한 증권매매방식의 금융상품이다. 전통적으로 RP거래라고 할 경우에는 채권을 담보로 단기자금을 거래하는 것을 의미한다. 따라서 RP를 이용할 경우 자금의 수요자는 채권매각에 따른 자본손실 없이 단기간에 필요한 자금을 쉽게 조달할 수 있고, 일시적으로 여유자금을 보유하고 있는 투자자는 자본손실 없이 자금을 운용할 수 있다. 가입대상 및 가입한도, 약정기간에는 제한이 없고 금리는 실세금리 연동형 확정금리를 적용하고 있다.

2) 대출업무

일반은행은 단기운전자금과 장기시설자금으로 구분되는 기업자금대출과 가계자금대출 및 공공·기타 자금대출을 취급하고 있는데, 일반은행의 대출은 취급방식에 어음할인, 어음대출, 증서대출 및 당좌대출로 구분된다.

〈표 18-5〉 일반은행 대출의 취급방식에 의한 분류

종 류	내 용
어음할인	-차주가 취득한 어음을 금융기관이 어음 할인일로부터 만기일가지의 이자를 차감하고 매입함으로써 차주에게 자금을 공급하는 대출.
어음대출	-차주가 은행을 수취인으로 하여 발행하는 약속어음을 은행이 받고 자금을 공급하는 것. -기업에 대한 단기운전자금 대출에 주로 활용. 은행이 가장 많이 이용.
증서대출	-대출시 차주로부터 어음대신 차용증서를 징구하는 대출. -주로 특약 사항이 많은 대출이나 한번 대출하면 상환 시까지 재대출이 일어나지 않는 가계대출 또는 장기시설자금 등에 주로 활용.
당좌대출	-당좌계정거래자와 은행간 약정에 의거 당좌대출한도 내에서 당좌예금 잔액을 초과하여 발행된 수표를 은행이 자동대출의 형태로 지급에 응하는 대출. -예금증서나 통장을 발급하지 않음. -원칙적으로 이자를 지급하지 않으나, 보통 예금이자율 적용.

대출의 종류에는 상업어음할인, 무역금융, 당좌대출, 일반자금대출, 주택관련 대출, 적금관계 대출, 기업구매자금대출 등이 있다(〈표 18-6〉 참조).

〈표 18-6〉 대출의 종류

종 류	내 용
상업어음할인	-상거래와 관련하여 발행된 어음을 금융기관이 만기일 전에 할인·매입하고 대금을 어음할인 의뢰인에게 지급. -당좌대출과 더불어 기업의 단기운전자금을 공급하는 대표적인 대출형태.
무역금융	-수출관련 업체를 대상으로 수출 또는 수출을 위한 원자재나 완제품의 공급 이행에 소요되는 자금을 지원하는 대출
당좌대출	-당좌예금 또는 가계당좌예금 거래자가 은행과의 사전약정에 따라 일정한도내에서 예금 잔액을 초과하여 발행된 수표 및 어음을 은행이 지급함으로써 이루어지는 대출. -상환은 거래자가 자기 당좌계정에 입금함으로써 이루어지며, 대출 약정기간 중에는 수시상환이 가능.
일반자금대출	-자금 용도에 대한 특별한 제약이 없고 대출과목도 따로 정하여지지 않은 대출. -대출 기간은 기업의 운전자금과 가계자금의 경우 보통 1년 이내이며, 기업시설자금은 통상 3~7년 사이에서 취급하지만, 일정한 기간을 경과하여야 수입이 발생하는 경우에는 거치 기간을 설정할 수 있음.

주택관련대출	-근로자주택마련저축 및 장기주택마련저축 가입자 등에게 적용되는 대출. -주택금융신용보증기금에 출연할 대출금 산정대상을 명확히 하기 위해 여타 대출과 구분하고 있음
적금관계대출	-적금계약자에게 자금융통 편의를 제공하기 위한 대출. -적금대출과 적금담보대출의 두 가지 종류가 있으며, 대출대상 및 방법 등은 각 은행이 자율적으로 정함.
기업구매자금 대출	-상업어음 사용에 대한 부작용을 해소하고 기업 간 거래의 현금결제 확대를 유도하기 위해 도입. -동 대출 이용 시 납품업체는 물품납품 후 구매기업을 지급인으로 하고 납품 대금을 지급금액으로 하는 환어음을 발행하여 거래은행에 추심의뢰하면, 구매기업은 통보받은 환어음의 지급 결제 시 거래은행과 사전에 약정한 대출한도 범위 내에서 기업구매자금을 융자받아 구매대금을 결제함.

3) 증권 투자업무 등 증권 관련 업무

일반은행은 조달한 자금을 대출로 운용할 뿐만 아니라, 증권투자를 통하여 보유자산의 다양화와 수익성 제고를 추가하고 있다. 일반은행이 보유하고 있는 증권으로는 국고채, 통화안정증권, 금융채, 지방채, 주식, 사채 등이 있다.

'은행법'에서는 은행경영의 건전성 확보를 위해 증권투자에 대해 규제하고 있다. 주식 또는 상환 기간 3년을 초과하는 증권·파생결합증권·수익증권·투자계약증권·증권예탁증권과 지분증권에 대한 투자는 자기자본의 100% 이내로 제한되며, 해당 은행의 대주주가 발행한 주식에 대해서는 자기자본의 1% 이내로 투자가 제한된다.[2] 또한, 증권 보유 한도 내에서도 타 기업을 지배할 우려가 있는 증권투자를 금지하고 있다. 즉 은행이 타 회사 발행주식의 15%를 초과하여 소유하는 것을 원칙적으로 금지하고 있으며, 이와 더불어 해당 은행의 주식을 담보로 대출하는 것도 금지하고 있다.

일반은행은 '은행법' 및 '자본시장법'에 따라 증권관련 업무를 취급하고 있다. 발행시장업무로는 국공채인수 및 간사단 참여, 회사채 인수단 참여 등을, 유통시장업무로는 회사채 및 국공채의 환매조건부 매도업무, 국채의 자기매매업무 등을 수행하고 있다.

2) 신탁업무에 의하여 취득하는 주식도 포함되나, 특정금전신탁 위탁자의 운용지시에 따른 취득은 제외한다.

제2절 특수은행

1. 특수은행의 성격과 기능

우리나라의 특수은행은 일반은행이 재원, 전문성 또는 수익성 등의 제약에 기인하여, 필요한 자금을 충분히 제공하지 못하는 특정 부문에 대해 자금을 원활히 공급함으로써, 이를 통해 국민경제의 균형적 발전을 추구하기 위해 설립된 금융기관이다.

따라서 특수은행은 자금 운용 면에서 상업금융의 취약점을 보완하는 보완 금융기관의 기능과 특정 부문에 대한 전문금융기관의 기능을 담당하고 있다. 이에 따라 재원조달 면에서도 민간으로부터의 예금수입에 크게 의존하는 일반은행과는 달리, 재정자금과 채권발행, 외국으로부터의 차입 등에 많이 의존해 왔다.

그러나 최근에는 금융 자유화의 진전, 특수은행에 대한 정부의 지원축소 등으로 특수은행이 성격이 일반은행과 별 차이가 없게 됨에 따라, 일부의 특수은행이 이미 일반은행으로 전환되었다.

〈표 18-7〉 특수은행의 개요

은행명	설립일	자본금(억원)[1), 2)]	설립목적
한국 산업 은행	1954. 4	179,38 (100.0)	개 발 금 융
한국수출입은행	1976. 7	150,000 (66.3)	수출입 금융
중소 기업 은행	1961. 8	32,898 (50.9)	중소기업금융
농 협 은 행	1961. 8	21,328[3)] (-)	농 업 금 융
수 협 은 행	1962. 4	6,600[3)] (-)	수산업 금융

주 : 1) 자본금은 2017년말 현재 납입자본금 또는 출자금,
2) ( )내는 2017년말 현재 정부지분율(%)
3) 농협금융지주회사 및 수산업협동조합중앙회가 각각 농협은행 및 수협은행에 대해 100% 지분율 보유

자료 : 한국은행, 「한국의 금융제도」, 2018년, p. 180.

〈표 18-7〉에서 보는 바와 같이 현재 한국산업은행, 한국수출입은행, 중소기업은행, 농협은행, 수협은행 등이 특수은행으로서 영업 중이다. 이들 특수은행은 각각의

업무의 전문성과 특수성에 따라 개별 특수은행법에 따라 설립되었으며, 농협은행과 수협은행을 제외하고는 모두 정부계 은행이다.

2. 특수은행의 현황

1) 한국산업은행

한국산업은행은 1918년에 설립된 이래 산업 및 국민경제의 발전을 촉진하기 위한 자금공급 및 관리 등에서 중요한 역할을 해 왔다. 즉, 1918년 일제하에서 설립된 조선식산은행(해방 후 한국식산은행으로 개칭)이 한국산업은행의 전신으로, 1953년에 '한국산업은행법'이 제정되고, 1954년에 정부의 전액출자와 기존의 한국식산은행의 자산과 부채를 계승하여 오늘날의 한국산업은행이 설립되었다. 한국산업은행은 다음과 같이 우리나라의 경제발전단계에 따라 상이한 역할을 수행하며 발전되어 왔음을 알 수 있다.

먼저, 1950년대까지는 원조자금과 재정자금을 기반으로 전쟁복구에 필요한 자금지원에 주력해 왔다. 그런데, 1961년 12월 '한국산업은행법'의 개정을 계기로 외자차입 업무, 채무보증업무 등이 추가됨으로써 그 기능이 확대되어, 1970년대까지는 재정자금, 해외차입 등을 근간으로 기간산업, 수출산업 및 중화학 관련 산업을 중점적으로 지원하였다.

1980년대에 들어와서는 중화학공업의 투자조정 및 기술집약산업을 중심으로 구조조정이 진행됨에 따라, 해외자금조달보다는 산업금융채권 발행을 통해 조달된 자금을, 구조조정, 기술개발, 첨단산업 등에 중점적으로 지원하였다.[3] 또한, 1980년대 말부터는 신탁업무 및 유가증권의 인수·매출·모집 등 증권업무를 취급함으로써 업무영역이 크게 확대되었다.

1990년대 이후에는 첨단산업 육성을 위한 기업금융 및 투자금융과 외환위기극복을 위한 신정책금융을 수행하였다. 1997년부터는 일반은행과 마찬가지로 양도성예

3) 1990년대 이후 WTO체제의 출범으로 특정산업에 자금을 지원하는 법체제 유지는 보조금 시비 등 통상마찰을 야기시킬 소지가 있어, 1997년 6월 '한국산업은행법' 개정으로 자금지원 관련 업종구분은 폐지되었다.

금증서 및 표지어음 발행업무, 증권투자업무를 취급하는 등, 업무영역이 크게 확대되었으며, 2002년부터는 채권회수와 관련 기존 거래법인의 인수·합병을 위한 주식취득자금 대출을 개시하고 산업금융채권 이외에 교환사채발행 등을 통한 자금조달도 추진하였다.

2009년 6월에는 '한국산업은행법'을 개정·시행함에 따라[4] 민영화를 추진하게 됨으로써, 동년 10월 산은금융지주회사 설립과 함께 자회사로 편입되었다. 이에 따라 한국산업은행은 가계대출·개인 요구불예금 등 소매금융, 기업금융, 국제금융, 투자금융, 자산운용 등의 분야로 업무영역을 확대하였다.

그러나 민영화 추진계획이 원활히 이행되지 못함에 따라 2015년 1월에는 '한국산업은행법'을 재차 개정·시행함으로써, 한국산업은행과 산업금융지주회사, 한국정책금융공사를 통합한 한국산업은행이 설립되었다. 이처럼 한국산업은행은 정책금융공급 주체로서 재정립되었다.

2) 한국수출입은행

한국수출입은행은 연불 거래방식에 의한 중화학공업제품의 수출 및 해외투자와 해외자원개발을 지원하기 위해, 1969년에 제정된 '한국수출입은행법'에 의거 1971년에 설립되었다.

한국수출입은행은 상품 수출을 촉진하기 위한 자금대출, 외국에 대한 기술제공을 촉진하기 위한 자금대출, 우리나라로부터 상품의 수입 또는 기술의 도입을 촉진하기 위한 자금의 외국 및 외국인에 대한 대출, 국민경제에 긴요한 자원이나 상품의 수입을 원활화하기 위한 자금대출, 해외투자를 위한 대출, 이에 부수되는 보증업무 및 외환 업무를 취급하고 있다. 특히 최근에는 선박 수출지원, 해외 프로젝트 파이낸싱(Project Financing)지원을 통한 플랜트 산업육성, 우리 기업의 해외 진출, 해외자원확보 등에 필요한 금융서비스 제공에 주력하고 있다.

이러한 업무에 필요한 자금은 정부, 국내금융기관, 또는 해외로부터의 차입금, 수

4) 목적조항에 민영화 추진을 명시하고 '은행법' 적용, 주주총회에서의 은행장 선임 등 일반은행과 동일하게 변경되었다. 한편, 산업은행의 정책기능은 2009년 4월 '한국정책금융공사법' 제정에 따라 2009년 10월 한국산업은행과 재산분할로 설립된 한국정책금융공사가 담당하게 되었다.

출입금융채권의 발행 등으로 조달하고 있다.

3) 중소기업은행

중소기업은행은 종전의 다기화 되었던 중소기업자금 지원체계를 정비하고 효율적인 중소기업 지원체제를 구축하기 위해, 1961년에 '중소기업은행법'에 입각해 농업은행으로부터 분리되어 설립되었다. 이처럼 중소기업은행은 중소기업자에 대한 효율적인 신용 제도를 확립함으로써 중소기업자의 경제활동을 원활히 하고, 이들의 경제적 지위를 향상시키는 데 설립목적이 있었다.

중소기업은행은 자본금의 50% 이상을 정부가 출자하고, 나머지는 중소기업업자가 출자하도록 되어 있었다. 그러나 1991년 12월 '중소기업은행법' 개정을 계기로 민간자본의 참여를 촉진하기 위해, 중소기업자로 제한된 민간출자자 자격요건이 폐지되었다. 2020년 12월 말 현재 정부가 63.74%, 국민연금 5.82%의 지분을 소유하고 있다.

중소기업은행은 자금조달 면에서 일반은행이 취급하는 예금 관련 업무를 제한없이 취급할 수 있어 일반은행과 상당히 동질화되었을 뿐만 아니라, 자금 운용에서도 지방은행, 지방저축기관 등의 설립으로 중소기업금융전담기관으로서의 지위가 많이 저하되었다.

향후 중소기업은행은 중소기업금융전담기관의 기능 저하로, 민간자본의 유치와 은행경영의 효율성 증대를 위해 민영화될 가능성이 크다고 여겨진다.

4) 농협은행

농협은행의 전신인 농업협동조합은 1961년에 제정된 '농업협동조합법'에 의거 농업은행과 구 농업협동조합을 통합하여 설립되었다. 한편, 축산업협동조합은 1981년 농업협동조합으로부터 분리되어 설립되었다가, 1999년 9월 '농업협동조합법'의 제정으로 농업협동조합중앙회, 축산업협동조합중앙회 및 인삼협동조합중앙회의 통합으로 다시 농업협동조합중앙회로 통합되었다.

농업협동조합은 농민 및 축산업자의 자주적인 협동조직으로서, 행정구역 또는 경제권을 중심으로 조직된 지역조합과 원예, 과수, 낙농 등 특수농업 및 축산업 경영자를 조합원으로 하여 조직된 품목조합, 그리고 이들 지역조합과 품목조합을 회원으로 하는 농업협동조합중앙회의 2단계로 구성되었다.

중앙회, 지역조합, 품목조합은 각각 독립된 법인체로서, 회원 및 조합원을 위한 교육·지원사업, 경제사업, 신용사업,[5] 공제사업, 복지·후생사업 등을 영위할 수 있다. 이 중 신용사업의 경우, 중앙회의 신용사업 부문은 '한국은행법' 및 '은행법'이 적용되어 은행으로 분류하고, 지역조합의 신용사업은 '신용협동조합법'에 의한 상호금융으로 분류하고 있다.

한편, 농업협동조합의 농정활동 및 경제사업 충실화를 위해 중앙회의 신용사업 부문과 경제사업 부문을 분리하는 방안이 추진되어, 2011년 3월의 '농업협동조합법' 개정을 통해 2012년에 농협경제지주회사와 농협금융지주회사를 신설하고, 농협은행을 농협생명보험, 농협손해보험과 더불어 농협금융지주회사의 자회사로 신설하기에 이르렀다.

5) 수협은행

수협은행의 전신인 수산업협동조합은 1962년 '수산업협동조합법'에 의해 설립되었는데, 조직은 대체로 농업협동조합과 유사하다. 중앙에 수산업협동조합중앙회를 두고, 그 회원으로서 지역조직인 지구별 수산업협동조합과 전문조직인 업종별 수산협동조합 및 수산물가공 수산업협동조합이 있다. 한편 지구별 수산업협동조합은 시·군 지역을 단위로 하여 구성되어 있고 그 조합원은 공동사업수행을 위해 다시 어촌계를 조직할 수 있다.

중앙회 및 지구별, 업종별 수산업협동조합과 수산물가공 수산업협동조합은 각각 독립된 법인체로서 회원조합 및 조합원을 위한 교육·지원사업, 경제사업, 신용사업, 공제사업, 후생·복지사업, 운송사업 등을 영위하고 있다. 현재 이 중 중앙회의 신용사업 부문만을 은행으로 간주하고 있다.[6]

5) 품목조합은 신용사업을 영위할 수 없다.
6) 2005년 7월 시행된 '수산업협동조합법'에서는 중앙회 신용사업부문에 대해 수협은행이라는 별도의 명칭을 사용할 수 있도록 허용하고 있다.

제3절 은행업에 대한 주요규제와 감독

1. 은행의 진입과 퇴출

은행의 인허가는 1999년의 정부조직법의 개정을 계기로, 은행을 비롯한 모든 금융기관의 설립 등에 대한 인허가업무가 기획재정부장관으로부터 금융위원회로 이관됨에 따라, 금융위원회가 담당하고 있다.

한편, 은행의 인허가는 다른 금융기관과 마찬가지로 예비 인허가와 본 인허가로 나누어 이루어지고 있다. 여기서 예비 인허가는 설립 등 인허가사항에 대한 사전심사 및 인허가사항의 확실한 실행을 위하여, 인허가이전에 예비적으로 행해지는 의사표시를 의미한다. 따라서 인허가의 효력을 가지지는 않는다. 이에 비해 본 인허가는 법적인 효력을 가지며, 예비 허가된 사항이 실제로 집행되었는지 여부를 심사하여 확인한다.

인허가심사기준은 모든 업종에 공통되는 사항과 각 업종의 특수성을 반영하는 업종별 특기 사항으로 구분하여 적용하고 있다. 여기서 공통심사사항에는 자본금의 적정성, 출자자 및 경영진의 적격성, 사업계획의 타당성 등이 있다.

자본금의 적정성의 경우는 법령상의 최소 자본금충족 여부 및 자본조달의 실현가능성을, 출자자의 경우는 적합성 및 재무능력을, 경영진의 경우는 전문성 및 성실성을, 사업계획의 타당성의 경우는 수익전망, 인적·물적 조직체계의 구비 여부 등이, 각각 심사대상이 된다. 이 중에서 은행의 최소자본금요건은 시중은행의 경우 1,000억원, 지방은행은 250억원이며 외국은행국내지점의 갑기금은 30억원 이상이어야 한다. 그리고 외국인이 인허가를 신청하는 경우는 원칙적으로 동일업종을 해당국에서 영위하고 있는 금융기관에 한해 허용해 주고 있다.

한편, 은행의 합병, 해산, 은행업의 폐지, 영업의 전부 또는 일부의 양도, 양수 등 퇴출은 금융위원회의 인가를 받아야 한다.

2. 은행의 소유와 지배구조

1) 소유구조

우리나라의 일반은행의 경우, 산업자본에 의한 사금고화를 방지하기 위해 동일인의 주식소유한도가 엄격히 규제되어 왔다.

동일인의 은행주식 소유한도에 대한 규제는 1982년 12월 도입된 이후 1998년까지 원칙적으로 은행의 의결권 있는 발행주식 총수의 4%(지방은행의 경우 15%) 이내로 되어 있었다. 그러나 1997년의 외환위기를 계기로 외국인에 대해 소유와 지배에 대한 규제가 크게 완화됨에 따라,[7] 내국인에 대한 역차별이란 비판과 더불어 경영통제권 창출을 위해, 2002년 4월 '은행법'개정을 계기로 동일인을 금융주력자와 비금융주력자(산업자본)[8]로 구분하여, 금융주력자는 주식소유한도를 10%(지방은행의 경우 15%) 이내로, 비금융주력자는 4%(지방은행의 경우 15%) 이내로, 변경하였다. 금융주력자의 주식 소유한도는 2010년 10월 은행자본의 확충, 정부 소유 은행의 민영화 촉진 등을 위해 9%로 완화되기도 하였으나,[9] 2014년 4월 산업자본의 경제력집중문제, 은행의 사금고화 및 이해상충 문제가 재부각되어 4%로 강화되었다.

한편, 2018년 9월에는 IT 기업의 안정적인 경영권확보 등을 위해 '인터넷전문은행

7) 외국인이 은행주식의 4%초과 10%까지는 금융위원회의 신고만으로 취득할 수 있게 하되, 동 한도 초과 승인 시는 신청인의 자격, 소유지분 분포 등에 비추어 필요하다고 판단되는 경우 10%(지방은행의 경우 15%), 25%, 33%를 초과 취득할 때마다 금융위원회의 적격성 심사를 통한 승인을 받도록 하였다.

8) 비금융주력자는 ① 동일인(본인 또는 특수관계인)소유 비금융회사의 자본총액이 당해 동일인 소유전체 회사 자본총액의 합계액의 25% 이상인 경우, ② 동일인소유 비금융회사의 자산총액이 2조원 이상으로서 대통령령으로 정하는 금액 이상인 경우, ③ '자본시장법'에 의한 투자회사로서 ①, ②의 자가 그 발행주식 총수의 9%를 초과하여 주식을 보유하고 있는 경우, ④ '자본시장법'에 의한 사모투자전문회사로서 1) ①~③중 어느 하나가 사모투자전문회사 출자총액의 18%이상 지분을 보유하고 있는 유한책임사원이 경우, 2) ①~③중 어느 하나가 사모투자전문회사의 무한책임사원인 경우, 3) 다른 상호출자 제한 기업집단에 속하는 각각의 계열회사가 취득한 사모투자전문회사 지분의 합이 사모투자전문회사 출자총액의 36% 이상인 경우, ⑤ ④에 해당하는 사모투자전문회사가 투자목적회사의 주식 또는 지분의 9%를 초과취득·보유하거나 임원의 임면 등 주요 경영사항에 대하여 사실상의 영향력을 행사하는 경우이다.

9) 금융위원회의 승인을 얻을 경우 10%까지 보유가 가능하지만 초과보유분에 대한 의결권 행사는 금지하고 있다.

특례법'을 제정하면서, 주식 소유한도를 34%로 완화하는 것을 시행령에 포함하였다.[10)]

2) 지배구조

우리나라의 은행은 경제력집중 등의 폐해를 우려하여 산업자본의 지배를 봉쇄해 온 관계로, 지배주주가 없는 체제가 유지되어 왔다. 이처럼 주인 없는 체제가 계속되었기 때문에 은행의 책임경영체제가 확립되지 못하고, 은행경영의 부실화가 초래되었다는 비판을 받아 왔다.

이에 따라 앞에서 언급한 것처럼 은행의 지배구조를 개선하기 위한 노력을 1990년대에 들어 몇 차례 시도하였다. 특히 1999년 12월의 '은행법' 개정을 계기로 비상임이사의 명칭을 사외이사로 변경함으로써 현재의 지배구조를 형성하게 되었다.

은행의 이사회는 사외이사 3인 이상을 두어야 하며, 사외이사의 수는 전체 이사수의 100분의 50 이상이 되어야 한다. 또한, 은행의 이사회에서는 ① 경영목표 및 평가에 관한 사항, ② 정관의 변경에 관한 사항, ③ 임원 및 직원의 보수를 포함한 예산 및 결산에 관한 사항, ④ 해산, 영업양도 및 합병 등 조직의 중요한 변경에 관한 사항, ⑤ 내부통제 기준에 관한 사항 등을 심의, 의결하도록 하였다.

한편, 이사회 내에 감사위원회 설치를 의무화하고 그 위원의 2/3 이상을 사외이사로 구성하도록 하였다. 또한, 감사위원회의 위원 후보는 사외이사 전원으로 구성된 후보추천위원회에서 추천하도록 하였다. 그리고 은행은 내부통제기준의 준수 여부를 점검하고 내부통제기준에 위반하는 경우 이를 조사하여 감사위원회에 보고하는 준법감시인 1인 이상을 의무적으로 두게 하였다.

3. 건전성 규제

현재 은행에 대한 건전성규제는 국제적 수준으로 강화되고 있다.

먼저 '적기시정조치(prompt corrective action)'를 도입하여 경영이 악화된 은행에 대해 적기에 시정조치를 내림으로써 은행의 부실과 이에 따른 금융제도의 불안을

10) 한국은행, 「한국의 금융제도」, 2018년, p. 182.

방지하고 있다. 현재 BIS 자기자본비율, 경영실태 평가 등을 기준으로 3단계로 나누어 단계적 발동요건을 정하고 있다(제16장의 〈표 16-5〉 참조).

또한, 차입자의 미래 상환능력에 중점을 둔 '신자산건전성 분류(Forward Looking Criteria: FLC)제도'를 도입하는 등 자산 건전성 분류 및 대손충당금 적립을 위한 기준을 강화하고 있다. 은행은 정기적으로 차주의 채무상환능력과 금융거래내용 등을 고려하여, 보유자산의 건전성을 정상, 요주의, 고정, 회수의문, 추정손실의 5단계로 분류하고 적정수준의 대손충당금(지급보증충당금 포함)을 적립·유지하도록 하고 있다(제16장의 〈표 16-3〉 참조).

한편, 은행은 당해 회계연도 결산(가결산 포함)기준일 현재 대손충당금 설정 대상자산에 대한 자산 건전성 분류결과에 따라 대손충당금을 100% 이상 적립해야 한다. 대손충당금 적립은 정상 분류자산의 100분의 0.2 이상, 요주의 분류자산의 100분의 2 이상, 고정 분류자산의 100분의 20 이상, 회수의문 분류자산의 100분의 50 이상, 추정손실 분류자산의 100분의 100 상당액이다.

그리고 개별은행의 경영부실위험을 적기에 파악해 대처함과 아울러 금융제도의 안전성을 제고시키기 위해, 경영실태평가를 시행하고 있다. 경영실태평가는 은행 본점, 외국은행지점, 은행 해외지점 및 현지법인을 대상으로 하며, 1등급(우수), 2등급(양호), 3등급(보통), 4등급(취약), 5등급(위험)의 5단계 등급으로 구분한다. 평가방식은 은행(금융기관)본점 및 해외법인은 CAMEL방식, 국내은행(금융기관)해외지점은 ROCA방식으로 각각 평가하고 있다(제16장의 〈표 16-4〉 참조).[11]

---

11) CAMEL방식은 금융기관의 재무상태, 법 및 규제준수, 그리고 전반적인 영업의 건전성을 평가하는 방식으로, 자본적정성(Capital Adequacy)평가, 자산건전성(Asset Quality)평가, 경영관리능력(Management)평가, 수익성(Earning)평가, 유동성(Liquidity)평가, 시장위험 민감도(Sensitivity to market risk)평가 등 6개 부문을 평가하고 있다. 한편, ROCA방식은 위험관리(Risk management), 경영 및 내부통제(Operation management), 제반 법규의 준수(Compliance), 자산건전성(Asset quality) 등 4개 부문을 평가하고 있다.

중요개념 및 용어

일반은행	고유업무	부수업무
겸영업무	시중은행	지방은행
외국은행국내지점	요구불예금	저축성예금
대출업무	특수은행	한국산업은행
한국수출입은행	중소기업은행	농협은행
수협은행	은행의 소유와 지배구조	건전성 규제
적기시정조치	자산 건전성 분류	대손충당금
경영실태평가	CAMEL 방식	ROCA 방식

연 습 문 제

1. 우리나라의 일반은행의 업무를 고유업무, 부수업무, 겸영업무로 구분하여 설명하라.

2. 일반은행의 예금업무와 관련하여 요구불예금에 대하여 설명하라.

3. 일반은행의 대출업무에 대하여 개괄적으로 설명하라.

4. 일반은행의 증권투자에 대한 규제내용에 대하여 설명하라.

5. 특수은행의 성격과 기능에 대하여 설명하라.

6. 최근 한국산업은행이 어떻게 변화하고 있는지를 설명하라.

7. 최근 농협은행이 어떻게 변화하고 있는지를 설명하라.

8. 동일인의 은행주식 소유한도에 대한 규제에 대하여 설명하라.

9. 최근 은행의 이사회를 중심으로 한 지배구조의 변화에 대하여 설명하라.

10. 은행의 경영실태평가에 대하여 설명하라.

제19장 비은행 예금취급기관

제 1 절 상호저축은행
제 2 절 신용협동기구
제 3 절 우체국예금
제 4 절 종합금융회사

본 장에서는 비은행 예금취급기관인 상호저축은행, 신용협동기구, 상호금융, 우체국예금, 종합금융회사에 대하여, 설립목적, 발전과정, 현황, 주요 업무 및 금융상품 등에 중점을 두고 살펴보고자 한다.

제1절 상호저축은행

1. 상호저축은행의 현황

상호저축은행은 1972년의 소위 「8·3조치」 이후 사금융 양성화 3법의 하나로서 제정된 '상호신용금고법'에 의해 사금융을 제도금융시장으로 흡수하기 위해 설립된 서민금융기관이다. 2001년 '상호신용금고법'이 '상호저축은행법'으로 개칭되면서 명칭이 상호신용금고에서 상호저축은행으로 바뀌었다.

1970년대 초반 상호저축은행이 설립될 당시에는 서민이나 소규모기업의 상당수는 사설 무진회사 등의 사금융을 통해 자금을 융통하였다. 그런데 이들 사금융기관은 경영 규모의 영세성과 부실경영 등으로 도산이 속출함으로써 거래자에게 막대한 피해를 주고, 금융 질서를 문란하게 하는 사례가 빈발하는 등 많은 사회적 문제를 일으켰다. 이에 따라 정부는 사금융기관을 양성화하여 이를 합리적으로 규제함으로써 거래자를 보호하는 한편, 신용 질서를 확립하고 소규모기업과 서민에게 금융 편의를 제공할 목적으로 상호신용금고를 설립하였다.

상호저축은행은 기본적으로 일정 행정구역 내에 소재하는 서민 및 중소 기업에게 금융 편의를 제공하는 지역 서민금융기관으로의 성격을 지니고 있다. 따라서 원칙적으로 상호저축은행은 지점설치가 불가능하였으나, 1999년부터 일부 우량금고나 타 지역의 금고를 인수하는 경우에는 지점설치가 허용되고 있다. 2001년 3월에는 영업구역 제한 및 지점설치 기준이 완화되었으며, 업무 범위 및 동일인 여신한도 확대 등이 이루어졌다. 반면에 영업구역별 최저자본금이 100% 증액되고 사외이사 및 감사위원회제도가 도입되었으며, 소수 주주권행사 요건이 완화되었다. 그리고 2006년 5월에는 우량저축은행의 동일인 여신에 대한 규제를 완화하는 등 상호저축은행의 경쟁력 강화를 위한 규제 완화를 지속적으로 추진하였다.

상호저축은행은 설립 초기인 1972년 말에는 그 수가 350사에 달했으나, 일부 금고의 부실화에 따른 부실금고의 정비 및 통폐합유도, 신규억제조치 등으로 계속 감소하여 1980년 말에는 192사로 줄어들었다. 한편, 1980년대에 들어 1982년 기준 자본금제의 도입, 정부의 지도 감독 등 공신력 제고에 힘입어 58사의 금고가 신설되어, 1990년 말에는 237사로 그 수가 증가하였다. 그러나 1990년대에 들어 금융규제 완화 및 금융시장의 개방 등의 진전으로 상호저축은행의 비교우위가 저하됨과 더불어, 1997년의 외환위기를 계기로 지방중소기업의 도산급증 등에 따른 부실금고가 급증함에 따라, 퇴출 및 합병 등의 구조조정을 거치기도 하였다. 2006년 5월 이후에는 규제 완화를 배경으로 일부 상호저축은행들이 외형확대와 함께 리스크가 높은 부동산 PF 대출[1] 등에 집중하였는데, 2008년 글로벌 금융위기를 계기로 부동산시장이 침체됨에 따라 부실화되어[2], 2011년에는 부산저축은행 그룹을 비롯한 8개의 상호저축은행이 영업정지 처분을 받았다. 이에 따라 1997년 말 231사에 달하던 상호저축은행의 수가 2020년 12월 말에는 79사로 크게 줄었다.

〈표 19-1〉 상호저축은행의 변화추이(기말기준)

(단위 : 사)

연 도	1985	1990	1995	1997	2000	2005	2010	2011	2020
상호저축은행 수	239	237	236	231	147	110	105	98	79

자료 : 금융감독원

2. 상호저축은행의 주요 업무

상호저축은행의 취급업무는 크게 수신업무와 여신업무, 부대 업무로 구분할 수 있다. 먼저 수신업무의 경우, 설립 초기에는 일정 계좌별로 기간과 금액을 정하여 정기적으로 계금을 납입하고 계좌마다 추첨, 입찰 등의 방법으로 계원에게 금전을

1) 부동산 PF대출은 부동산 개발사업과 관련된 토지매입 자금에 대한 계약금, 중도금, 잔금 및 공사비 등을 지원하는 여신상품을 말한다. 상호저축은행이 취급하는 PF대출은 단기 브릿지 론(bridge lian)형태가 주를 이루고 있다. 보다 구체적으로 말하면 이는 상호저축은행이 아파트, 상가 등에 대한 분양형 부동산개발과정에서 시행사에게 토지매입자금 등을 대출하면, 시행사가 관련 지방자치단체의 인허가 및 사업승인을 얻은 후 제1금융권 대출 등(본 PF내출)으로 상호저축은행의 내출을 상환하는 구조를 말한다.

2) 이에는 대주주와 경영진의 도덕적 해이도 크게 작용하였다.

급부하는 신용계[3]), 일정 기간을 정하여 부금을 납입하면 기간의 중도 또는 만기 시에 일정 금액을 급부하는 신용부금[4]), 일반예금과 유사한 부금예수금 등이 주요한 업무였다. 그러나 1990년대에 들어 상호저축은행을 둘러싼 금융환경의 변화로 상호저축은행의 상호 부금적 성격이 퇴색하고 일반은행화됨에 따라, 1994년 및 1997년의 '상호신용금고법'의 개정으로 종합적인 예금과 저축업무로 업무 범위가 확대되었다. 이에 따라 보통예금과 같이 입출금이 자유로운 예금, 정기예금처럼 일정기간 동안 예치를 목적으로 하는 예금, 일정한 금액을 정기적으로 적립하여 만기에 목돈을 찾아가는 부금 및 적금을 취급하고 있다.

여신업무의 경우, 종래에는 어음할인, 소액 일반자금대출 등이 기본업무였으나, 1994년 및 1997년의 '상호신용금고법'의 개정으로 수신업무와 연계된 계약 금액 내의 대출, 예·적금담보대출, 종합통장대출 등 일반적인 대출업무로 업무 범위가 확대되었다. 또한, 본인의 신용만으로 대출을 받거나 다른 사람을 보증인으로 세우는 방법과 부동산 등을 담보로 제공하는 방법을 통해 대출을 받을 수 있다.

부대 업무로는 자금이체나 추심업무인 내국환업무, 귀중품을 보관하는 보호예수업무, 대여금고, 야간금고, 공과금수납 등 대행업무가 있다.

제2절 신용협동기구

현재 우리나라의 신용협동기구는 신용협동조합, 새마을금고, 농업협동조합·수산업협동조합·산림조합의 상호금융을 포괄하고 있다. 이들 신용협동기구의 목적은

3) 신용계는 일정 수의 계좌로 조를 편성하고, 정기적으로 일정한 금액을 계원으로부터 납입받아, 추첨에 의하여 선정된 계원에게 급부(대출)하는 형태를 취해 왔다. 그런데 조 편성 및 급부업무가 번잡한 데다가, 각종 가계대출제도가 확충됨에 따라 점차 위축되어, 현재는 사실상 소멸되었다.

4) 신용부금은 일정 금액을 계약기간 동안 매월 일정일(또는 매일)에 적립하면 만기일에 원리금을 지급 받을 수 있고, 가입 즉시 계약금액 범위 내에서 대출을 받을 수 있는 적금식 금융상품이다. 적립방법은 6개월 이상 5년 이내의 예치기간에서 월 단위로 가능한 월부금식과, 매일 적립하여 3년 이내에 가능한 일일 부금식으로 구분된다. 신용부금은 상호부금과 유사한 금융상품으로 가입대상에 제한이 없다.

조합원 간의 유대 및 상호부조를 바탕으로, 조합에 대한 저축편의 제공과 대출을 통해 조합원 상호간의 공동이익을 추구하는 데에 있다.

1. 신용협동조합

우리나라의 신용협동조합은 1960년 부산에 소재하는 메리놀병원이 조직한 성가신용협동조합에서 출발하였다. 그 후 신용협동조합의 활동이 활발히 전개됨에 따라 이를 제도적으로 수용해야 할 필요성이 제기되어, 1972년 '신용협동조합법'이 제정되었는데, 이를 계기로 발전의 기반을 마련하였다.

신용협동조합은 '신용협동조합법'의 제정 이전인 1971년 말에 582개였던 조합 수가 1997년 말에는 1,666개로 증가하였으나, 1997년의 외환위기 이후 부실채권의 증가로 부실조합 등 상당수가 합병 또는 파산·처리되어 2020년 말 현재 883개로 감소하였다.

신용협동조합은 그 성격상 지역조합, 직장조합, 단체조합으로 구분할 수 있는데, 각 조합별로 공동유대의 범위와 조합원의 자격 등을 정하고 있다.

신용협동조합의 취급업무로는 조합원과의 예탁금·적금의 수입 및 대출, 내국환업무, 국가·공공단체·중앙회 및 금융기관의 업무대리, 보호예수, 어음할인 등을 들 수 있다.[5)]

한편, 신용협동조합은 조합원으로부터의 출자금, 예탁금, 적금 등의 형태로 자금을 조달하여 주로 조합원에게 융자하는 형태로 운용되고 있다.

그리고 2004년부터 신용협동조합이 예금보험공사의 부보금융기관에서 제외됨에 따라 조합원에 대한 예탁금 등의 환급보장을 위해 신용협동조합 예금보호기금을 설치·운영하고 있다.

5) 비 조합원의 경우도 대출과 어음할인을 제외하고는 내국환, 국가·공공단체 및 금융기관의 대리업무, 보호 예수업무 등을 이용할 수 있다.

2. 새마을금고

새마을금고는 도시의 동과 농촌의 리 단위 및 직장 단위로 조직된 신용조합이다.

새마을금고는 재건 국민운동중앙회의 주도로 경남지역에 설립된 신용조합에서 발전한 것으로, 1972년 '신용협동조합법'이 제정되면서 동 법의 규제를 받음과 동시에 명칭도 마을금고로 일원화되었다. 1982년에 '새마을금고법'이 제정됨으로써 새마을금고로 명칭이 개명됨과 아울러, 독자적으로 발전할 수 있는 기반을 마련하였다.

'새마을금고법' 제정 당시 금고 수는 11,719개였으나, 동 법 시행 이후 부실금고의 정비 등으로 1983년 말에는 5,360개로 금고 수가 급감한 것을 비롯하여, 1997년의 외환위기의 영향으로 계속 감소하여 2020년 말 현재에는 금고 수가 1,300개에 이르고 있다.

새마을금고는 회원으로부터의 예탁금 · 적금의 수납 · 대출, 내국환업무, 국가 · 공공단체 · 중앙회 및 금융기관의 업무대리, 보호예수 업무 등 어음할인을 제외하고는 신용협동조합과 동일한 업무를 취급하고 있다.[6)]

한편, 새마을금고는 주로 회원으로부터 예탁금, 적금 등으로 조달된 자금을 회원에 대한 대출로 운용하고 있다.

새마을금고는 자금차입의 대상을 새마을금고연합회, 국가 · 공공단체 또는 금융기관으로 제한하고 있으며, 차입 한도는 자기자본 이내로 되어 있다. 그리고 동일인 대출한도는 자기자본의 10% 이내이다. 또한, 예탁금과 적금 잔액의 10% 이상을 상환준비금으로 보유하여야 하며, 이 가운데 50% 이상을 새마을금고연합회에 예치해야 한다.

3. 상호금융

농 · 수 · 산림협동조합의 상호금융은 각각 농어민 등에 대한 상호부조를 목적으로

6) 1998년 1월 '새마을금고법'의 개정을 계기로 회원의 이용이 지장이 없는 범위 내에서 비회원도 단위금고의 모든 사업을 영위할 수 있다.

설립되어, 농업, 어업, 산림업에 대한 조합원지도 및 공동이익 도모사업과 조합원 상호 간의 금융을 취급하고 있다.

상호금융은 1969년 농업협동조합 단위조합이 자립기반 확립을 위한 사업의 일환으로 농협 연쇄점을 설치함으로써 시작되었다. 그 후 1972년 '신용협동조합법'이 제정됨으로써 농업협동조합 단위조합의 상호금융이 제도금융기관으로서 법적 기반을 갖추게 되었다.[7] 1974년 6월에는 수산업협동조합의 단위조합이 상호금융업무를 시작하였고, 1981년 1월에는 농업협동조합으로부터 분리된 축산업협동조합이 상호금융업무를 취급하기 시작했다.[8] 이외에 산림협동조합도 상호금융업무를 취급하고 있으나. 아직은 규모가 미미한 수준이다.

이들 상호금융은 주로 회원으로 예탁금, 적금 등으로 조달된 자금이나 국가에서 지원하는 정책자금을, 회원에 대한 대출로 운용하는 신용사업을 영위하고 있다. 이와 더불어 각 조합의 특성에 따라 농수산물의 판매 및 유통, 임도, 휴양림에 대한 시공 등 산림사업 등 경제사업을 영위하고 있다.

4. 신용협동기구의 주요 금융상품

신용협동기구의 금융상품은 신용협동조합 및 새마을금고, 농·수·산림협동조합의 상호금융 등 신용협동기구가 취급하는 저축을 총칭한다.

신용협동기구의 저축은 은행의 예금 및 적금과 성격이 유사한 예탁금과 적금으로 구분되는데, 신용협동기구의 설립취지를 고려하여 금리 및 세제 면에서 은행의 예금 및 적금보다 유리한 것이 혜택을 주고 있는 것이 특징이다(〈표 19-2〉 참조).

한편 신용협동조합 및 새마을금고에서는 자본금을 형성하는 출자금도 취급하고 있다. 신용협동조합 및 새마을금고의 조합원 혹은 회원이 되기 위해서는 누구나 1

7) '신용협동조합법'에서는 신용협동조합업무를 수행하는 농·수·산림협동조합을 '신용협동조합법'에 의한 신용협동조합으로 규정하고 있다. 한편, 1973년 3월 '농업협동조합법'이 개정되면서 상호금융업무를 농업협동조합 단위조합의 신용사업으로 규정한 이후 수산업협동조합 등도 법개정을 통해 상호금융업무를 신용사업으로 명시하였다.

8) 1999년 9월 농업협동조합, 축산업협동조합 및 인삼협동조합을 농업협동조합으로 통합하는 '농업협동조합법'이 제정됨으로써 축산업협동조합 및 인삼협동조합의 단위조합도 농업협동조합 단위조합으로 통합되었다.

좌 이상을 출자해야 하는데, 조합원 등은 출자금액에 따라 매년 조합의 이익을 배당받게 된다. 또한, 출자금에 대해서는 1인당 1,000만 원 이하인 경우 비과세 혜택이 부여되며, 출자금액에 따라 대출 등 다양한 서비스도 받을 수 있다.

〈표 19-2〉 신용협동기구의 저축

종 류	특 징
보 통 예 탁 금	-입출금이 자유로운 요구불예금. 은행의 보통예금과 유사. -가입대상 및 예치한도 : 제한 없음. -2,000만원 이하의 예탁금의 이자소득에 대해서는 비과세
자 립 예 탁 금	-개인의 가계자금을 우대하기 위한 예탁금. 은행의 저축예금과 유사. -언제나 입출금이 가능. -예치 한도 : 제한 없음. -2,000만 원 이하의 예탁금의 이자소득에 대해서는 비과세
자유저축예탁금	-은행의 자유저축예금과 동일. -2,000만원 이하의 예탁금의 이자소득에 대해서는 비과세
정 기 예 탁 금	-은행의 정기예금과 유사. -가입대상 및 예치 한도 : 제한 없음. -예탁 기간 : 5년 이내 -2,000만 원 이하의 예탁금의 이자소득에 대해서는 비과세
정 기 적 금	-은행의 정기적금과 유사. -가입대상 : 제한 없음. -월부금 및 계약금액 : 자유로이 결정.
자 유 적 립 금	-저축금액과 납입 일자가 자유롭고 고수익이 보장되는 저축상품. -계약 기간 : 5년 이내 월 단위.

제3절 우체국예금

우체국예금은 전국에 분포되어있는 우체국을 통해 이루어지는 국영금융으로서, 농어촌 주민 및 도시의 소액 가계저축 예수를 주 업무로 취급하고 있다.[9]

우체국예금업무는 1961년 12월 '우편저금법'의 제정 이후 체신업무의 부대 업무로

9) 1999년 11월 법개정으로 '체신예금·보험에 관한 법률'이 '우체국예금·보험에 관한 법률'로 바뀜에 따라 체신예금의 명칭도 우체국예금으로 바뀌게 되었다.

운용되어 오다가, 1977년 '우편저금법'의 폐지에 따라 체신예금의 신규 취급이 중지되고, 잔액관리업무가 농업협동조합으로 이관됨으로써 일시 중단되었다.

그 후 우체국예금은 1982년 12월 국민의 저축의욕을 고취하는 동시에 우정사업의 부족 재원을 조달하기 위해 제정된 '체신예금 · 보험에 관한 법률'(현재의 우편예금 · 보험에 관한 법률')에 의거 1983년 7월부터 재개되었다. 업무재개 이후 1984년에는 보통 및 저축예금에 대한 온라인제도가 도입되었으며, 1985년 10월부터는 체신전자종합통장, 가계수표, 체신종합카드 업무를 신규로 취급하였다. 또한, 1986년부터는 세금우대 종합통장제도, 자유저축예금 및 가계우대 정기적금 등이 도입되었다. 한편, 1990년 6월에 전국 우체국의 온라인망이 구축되고, 1995년에는 우체국전산망과 은행전산망이 연결됨으로써 우체국예금의 업무가 크게 확충되었다. 한편 2000년 7월부터는 정보통신부(현재의 과학기술정보통신부) 산하에 우정사업본부를 설치하여, 우체국금융 등 우정사업을 총괄하게 되었다.

우체국예금은 요구불예금과 저축성예금으로 구분할 수 있는데, 이에 대한 구체적인 종류와 가입대상, 금리 등은 과학기술정보통신부가 정하고 있다. '우체국예금 · 보험에 관한 법률 시행령'에서는 이에 대한 권한을 우정사업본부장에게 위임하고 있는데, 우정사업본부가 고시한 '우체국예금에 관한 사항'에서 정하고 있는 예금종류로는 보통예금, 저축예금, 듬뿍 우대저축예금, e-Postbank 예금, 정기예금, 정기적금, 챔피언 정기예금 등이 있다.[10] 이러한 우체국예금은 국가가 운용하기 때문에 원리금에 대해 정부가 지급책임을 지고 있다. 또한, 우체국예금은 환매조건부 국공채 매도를 통해 자금을 조달한다.

우체국예금의 자금 운용은 종래에는 금융기관에의 예탁, 국공채 매입 등으로 한정되어 있었으나, 2004년 및 2009년 법 개정으로 '자본시장법'에 따른 증권의 매매 및 대여, 자금중개회사를 통한 금융기관 대여, 파생금융거래 등으로 확대되었다. 그러나 일부 금융거래에 대해서는 자금 운용의 안정성이 저해되지 않도록, 과학기술정보통신부령으로 매입 한도 등을 정하여 운용하고 있다.[11] 한편 1994년부터는 '공

10) 한국은행, 「한국의 금융제도」, 2018년, p. 233.

11) "우체국예금 · 보험에 관한 법률 시행규칙"에서는 사채권취득은 예금자금 총액의 5%, 장내파생상품거래를 위한 위탁증거금은 예금자금 총액의 1.5%, 장외파생상품금융거래를 위한 증거금은 예금자금 총액의 1.5%, 장외파생금융거래를 위한 기초자산 취득은 예금

공자금관리기금법'에 의하여 예금의 지급에 필요한 자금을 제외한 여유자금을 공공자금관리기금에 예탁하도록 하고 있다.[12]

이 밖에 체신관서에서 취급하는 금융관련업무로는 우체국예금이외에 우체국보험, 우편환[13], 우편대체[14] 등이 있다.

제4절 종합금융회사

종합금융회사는 1975년 12월 '종합금융회사에 관한 법률'의 제정을 계기로 영국의 머천트 은행(merchant bank)과 미국의 투자은행(investment bank)의 기능에 설비금융의 기능을 혼합해 설립된 금융기관이다.

종합금융회사는 원활한 외자도입과 더불어 당시 은행과 증권회사로 분리되어 있던 금융제도를 보완하여, 종합적인 금융서비스를 제공할 목적으로 설립되었다. 이와 같은 설립배경에 따라 1970년대에 들어 한국종합금융(주)이 최초로 설립된 것을 비롯해 5사가 추가로 설립되어,[15] 1970년대 말까지 6사 체제로 운영되었다. 그런데 이들 6사 모두 국내금융기관 및 국내기업과 외국금융기관과의 합자회사 형태로 설립되었다.

1990초까지 종합금융회사는 6사가 있었으나, 1994년 9월 지방소재 투자금융회사 9사가 종합금융회사로 전환됨과 아울러, 1995년 '종합금융회사에 관한 법률'의 개정을 계기로 투자금융회사업무와 종합금융회사업무가 통합됨에 따라, 1996년에 15사의 투자금

자금 총액의 20% 이내로 제한하고 있다.

12) 한국은행, 「한국의 금융제도」, 2018년, p. 234.

13) 우편환은 온라인 또는 증서의 이동에 의한 송금수단으로, 금융기관이 온라인망이 설치되어 있지 않은 지역에 대한 송금을 위해 이용된다.

14) 우편대체는 우체국에 개설한 우편대체계좌를 통하여 자금결제를 할 수 있는 제도로서, 이를 통하여 세금·공과금·할부금 등 수납, 각종 연금·급여지급, 공과금 자동이체 및 수표발행 등의 서비스가 제공된다.

15) 국제종합금융(주)(1976년 12월), 새한종합금융(주)(1977년 2월), 한불종합금융(주)(1977년 7월), 아세아종합금융(주)(1977년 11월), 한외종합금융(주)(1979년 5월) 등이 각각 설립되었다.

융회사가 종합금융회사로 전환되어 1997년 말에는 종합금융회사가 30사에 달했다.

〈표 19-3〉 종합금융회사의 변화추이

	연초 회사수	구조조정			신 설	연말회사수
		인가취소	합 병	계		
1998년	30	16	-	16	-	14
1999년	14	1	3	4	-	10
2000년	10	5	-	5	1[1)]	6
2001년	6	-	3	3	-	3
2002년	3	-	-	-	-	3
2003년	3	-	1	1	-	2
2007년	2	-	-	-	-	2
2010년	2	-	1	1	-	1
2020년	1	-	-	-	-	1
소계		22	8	30	1	1

주:1) 한국·한스·중앙·영남종금 등 4개의 인가를 취소하고 계약이전하여 우리종금 신설
자료 : 금융감독원

그러나 전환 종합금융회사를 비롯한 대다수 종합금융회사가 단기로 외화를 차입하여 국내 리스 및 동남아 국가들의 기업에 대한 대출로 무리하게 자금을 운용하였기 때문에, 1997년의 외환위기 이후 17사가 퇴출, 2사는 은행과 1사는 증권회사와 각각 합병되고, 2000년에 들어 다시 4사가 정리되어 1사로 통합되고, 2001년에 3개사가, 2003년에 1개사가 합병되는 등, 커다란 구조조정을 겪으면서 2020년 말 현재 1사만이 종합금융회사로 남아 있다.

종합금융회사는 1970년대의 설립취지에 따라 예금업무 및 보험업무 등 일부를 제외하고는 금융업무의 거의 모든 업무를 취급할 수 있었다. 그러나 실제로는 어음 및 채무증서의 발행·할인·매매·중개·인수 및 보증, 어음관리계좌(CMA : Cash Management Accounts)업무, CD 등의 인수·매매 및 중개 등의 단기금융업무, 장·단기외자의 차입 및 대출, 해외투자 및 기타 국제금융의 주선 등의 국제금융 및 외자 업무, 리스업무 등을 주로 취급하였고, 제한적으로 유가증권업무, 회사채발행업무, 중장기대출업무, 증권투자신탁업무,공사채형 수익증권 등의 팩토링업무 등을 취급하였다.

'종합금융회사에 관한 법률'은 2009년 2월 '자본시장법'이 시행됨에 따라 폐지되었는데, '자본시장법'에서는 종합금융업과 관련한 신규인 · 허가 조항이 없고, 폐지 · 해산 등에 관련된 사항만 규정하고 있어, 향후 종합금융회사는 업종 전환 내지는 소멸할 가능성이 크다.

중요개념 및 용어

비은행 예금취급기관	상호저축은행	부동산 PF대출
신용협동기구	신용협동조합	새마을금고
상호금융	우체국예금	종합금융회사

연 습 문 제

1. 상호저축은행의 설립목적 및 성격에 대하여 설명하라.

2. 현재 우리나라에 존재하는 신용협동기구를 열거하고, 신용협동기구의 설립에 대하여 설명하라.

3. 상호금융의 주요 업무에 대하여 설명하라.

4. 우체국예금의 예금종류에 대하여 설명하라.

5. 종합금융회사의 현황 및 미래상에 대하여 서술하라.

제20장 보험회사

본 장에서는 보험회사에 대하여 구체적으로 살펴보고자 한다. 먼저, 보험회사와 관련한 기본적인 사항과 최근의 동향에 대하여 알아보고, 다음으로 생명보험회사 및 손해보험회사, 우체국보험과 관련하여 발전과정, 취급상품, 자금조달 및 자산운용에 대하여 알아보고자 한다. 마지막으로 보험업에 대한 주요 규제와 감독과 관련하여 진입·퇴출규제 및 소유·지배구조, 건전성 규제에 대하여 알아보고자 한다.

제1절 보험회사의 기본적인 이해

보험회사는 다수인의 위험을 집적(pooling)함으로써 개개인의 위험을 분산하여 감소시키는 위험인수기능, 수입된 보험료를 산업자본으로 전환하여 각 부문에 운용하는 금융중개 기능 등을 수행하는 기관을 말한다. '보험법'에 의하면 보험회사는 주식회사, 상호회사[16], 그리고 외국보험회사의 국내지점만이 영위할 수 있다.

'보험업법'에 의하면, 보험업의 영업대상은 크게 생명보험, 손해보험, 제3보험으로 구분된다. 생명보험은 사람의 생존 또는 사망과 관련된 보험금을, 손해보험업은 우연한 사건으로 발생하는 손해에 관한 보험금을 지급하다.[17] 한편, 제3보험업은 질병, 상해및 간병에 관한 보험금을 지급한다.

세계 대부분의 나라와 마찬가지로 우리나라는 본체 내에서 생명보험업무와 손해보험업무의 겸영은 원칙적으로 금지하고 있으나, 자회사 또는 출자 관계를 통한 상호진출은 허용하고 있다. 이는 기본적으로 생명보험과 손해보험의 위험 및 업무의 성격이 다르기 때문이다. 이와 더불어 한 기관에서 양 업무를 겸업할 경우 감독상의 어려움이 있고, 양 보험계약자 간에 이해상충 문제가 발생할 가능성이 높은 점도 지적할 수 있다.

그러나 최근에는 양 보험의 위험의 동질화 현상의 증대, 보험인수 기법의 발달, 양 업무 간의 위험차단 장치의 마련 등에 기인하여, 일부 보험업에서 대해서는 상호진출을 허용하고 있다. 이의 대표적인 예로는 상해보험, 장기 간병 보험, 질병보험 등과 같은 제3보험(grey zone insurance)을 들 수 있다.

생명보험회사와 손해보험회사 간의 업무영역의 겸업화 현상은 보험상품뿐만 아니라, 생명보험과 손해보험의 모집조직간 교차판매 등 모집채널 등의 분야에 이르기

16) 상호회사는 보험계약자를 사원으로 하는 회사인데, 우리나라에서는 아직 상호회사형태로 보험회사를 영위하는 회사는 없다.

17) 생명보험은 미리 약정한 금액을 보험금으로 지급하는 정액보상이다. 반면에 손해보험은 피보험자가 사고로 입은 손해를 보험금으로 지급하는 실손보상이다.

까지 확대되고 있다. 또한, 소비자의 다양한 수요(needs)에 대응하여 주문형과 투자형 상품의 개발이 증가하고 있고, 보험상품의 효율적인 판매를 위해 타 금융기관과의 제휴상품개발과 판매 제휴가 활발히 일어나고 있다.

이와 더불어 보험회사는 겸영 업무로 투자자문·일임 업무가 허용되어 자산운용에 있어서 기관투자자로서의 역할이 확대되었다. 또한, 부수 업무도 '자본시장법' 체계에 맞춰 허용범위를 네거티브 시스템(negative system)으로 전환하여 대폭적으로 확대되었다.

이처럼 생명보험이나 손해보험과 같은 민영보험뿐만 아니라, 국가기관 구체적으로는 과학기술정보통신부가 취급하는 국영보험인 우체국보험이 있다. 이외에도 보험기능을 수행하는 기관으로 공제기관이 있다. 현재 일반인을 대상으로 공제업무를 취급하고 있는 기관으로는 수산업협동조합공제, 신용협동조합공제, 새마을금고공제가 있다.

제2절 생명보험회사

1. 생명보험회사의 발전과정

생명보험은 원칙적으로 보험사고 발생으로 인한 손해의 발생 여부와 관계없이 일정 기간 경과 후 계약자에게 약정된 보험금을 지급한다. 이와 관련하여 생명보험회사는 사망, 질병, 노후 등에 대비한 보험의 인수·운영을 주된 업무로 하는 금융기관이다.

우리나라의 생명보험업은 19세기 말 국내에 진출한 구미계와 일본계 금융기관 및 상사들이 자국 보험회사의 대리점 역할을 겸하는 형태로 시작되었다. 한국계 보험회사로는 1921년에 조선 생명보험주식회사가 처음 설립되었으며, 1946~59년 중 6사의 생명보험회사가 차례로 설립되었으나, 정치, 경제의 불안정으로 제대로 발전하지 못하였다.

1962년 정부는 경제개발계획의 추진에 필요한 내자 동원기반 확충방안의 하나로 보험업의 정비에 착수하여, '보험업법', '보험모집단속법' 및 '외국보험사업자에 관한 법률' 등 보험 관계 3대 법률을 제정하였다. 이에 따라 생명보험업은 제도적 기반이 마련되었으나, 보험에 대한 일반의 인식 부족, 보험회사의 공신력의 취약 등 구조적인 제약요인으로 1970년대 중반까지 부진을 면하지 못했다. 그러다가 1977년 정부가 보험업의 근대화를 추구하기 위해 보험 관계 법률을 '보험업법'으로 통합·정비하는 한편, 보험금 지급절차의 개선, 보험약관의 간소화, 생명 보험료에 대한 소득공제제도의 도입 등 획기적인 제도를 개편함으로써 보험업 발전의 새로운 계기가 마련되었다.

1980년대 이후 소득수준의 향상 및 인구의 고령화 등으로 보험에 대한 수요가 증대되고 보험서비스에 대한 인식이 크게 높아짐에 따라, 보험회사의 신설 필요성 및 외국으로부터의 보험업 개방요구가 증대되었다. 이러한 환경변화에 대응하여 정부는 1986년 12월 외국 생명보험회사 설립기준을 제정한 데 이어, 1987년 6월에는 외국 생명보험회사의 국내지점설치허가기준을, 1988년 3월에는 합작 생명보험회사 설립허가기준을 각각 마련하였다. 이에 따라 외국 생명보험회사의 국내지점설치와 합작회사 및 현지법인 설립을 허용함과 아울러, 국내 생명보험회사의 신설을 대거 인가함으로써 대내외 시장개방이 이루어지게 되었다.

2000년대에 들어서는 금융규제완화 및 겸업화의 진전, 소비자권익의 중요성 대두 등의 환경요인에 기인하여 2003년 8월 '보험법'을 개정하였다. 이를 계기로 보험사 신규진입제도 개선, 운용자산에 대한 열거주의(positive system)폐지, 공시제도개선, 제3보험, 방카슈랑스 도입 등이 이루어졌다. 그리고 2010년 7월 '보험법'개정을 계기로, 보험업의 경쟁력 강화와 소비자 보호를 위한 자산운용규제의 완화, 보험상품개발 절차의 간소화, 보험상품의 설명의무부과 등이 행해지게 되었다.

2010년대 이후에는 그동안 부과되었던 각종 규제 들이 완화되었다. 2015년 금융위원회가 '보험산업 경쟁력 강화 로드맵'을 마련·발표한 것을 계기로, 경쟁과 혁신에 주안점을 둔 규제개혁을 시행하게 되었다. 이와 관련하여 2016년 '보험업법'의 일부 개정 등이 이루어짐으로써, 보험회사의 보험상품개발과 자산운용에 대한 사전적 규제가 대폭 완화되었다. 반면에 사후 감독이 강화되었다.

1980년대 중반 이후 진입규제완화를 배경으로 1994년까지 15사가 신설되는 등 설립이 활발했던 생명보험회사도 1997년의 외환위기 이후 구조조정이 일어나 7사가 퇴출, 5사가 합병으로 소멸되고 3사가 신설됨으로써 1997년 말 31사에 달하였다. 2000년대에 들어와 생명보험회사의 경쟁력 강화를 위해 대형 생명보험회사의 중소형 보험회사 인수・합병이 증가함에 따라, 생명보험회사의 수가 2020년 말 현재 24사로 줄어들었다.

〈표 20-1〉 생명보험회사 수의 변화추이[1)]

(단위 : 개)

	1990	1995	2000	2005	2010	2020
생명보험회사 수	31	33	29	22	23	24

주 : 1) 기말기준
자료 : 금융감독원

2. 생명보험회사의 취급상품

생명보험회사가 취급하고 있는 생명보험상품은 피보험자를 기준으로 개인보험과 단체보험으로 양분되며, 개인보험은 다시 보험금 지급조건에 따라 사망보험, 생존보험 및 생사혼합보험(양로보험)으로 세분된다.[18)]

사망보험은 피보험자가 보험기간 중에 장해 또는 사망 시 보험금이 지급되는 전형적인 보장성보험으로서, 정기보험과 종신보험이 있다. 정기보험은 보험기간을 미리 정해놓고 피보험자가 보험기간 내에 사망하였을 때 보험금을 지급하는 보험이며, 종신보험은 보험기간이 피보험자의 일생 동안에 걸쳐있는 보험이다.

생존보험은 피보험자가 보험기간 만기일까지 생존하는 경우에만 보험금이 지급되는 형태로써, 저축성 기능이 강한 보험이다. 그러나 실제로는 이처럼 순수한 형태의

18) 생명보험상품은 그 기능에 따라 보장성보험과 저축성보험으로 분류할 수 있다. 보장성보험은 보험사고가 발생할 경우에는 약정보험금이 지급되지만, 보험사고 없이 계약이 만료되는 경우 보험금이 이미 납입한 보험료를 초과하지 않는 보험상품을 말한다(예: 암보험 등). 한편 저축성보험은 생명보험 고유의 위험보장기능보다는 만기 생존 시에 보험이 지급되는 저축기능에 중점을 둔 보험상품을 말한다(예: 교육보험 등).

생존보험 상품은 없고, 피보험자가 사망 시 별도의 보험금을 지급하는 특약이 부가되는 것이 일반적이다.[19]

생사혼합보험은 생존보험의 저축기능과 사망보험의 보장기능을 겸비한 절충형 보험으로, 피보험자가 보험기간 중에 사망 또는 고도장해 상태가 될 경우에는 사망보험금이, 생존 시에는 생존급부금이 각각 지급된다.

그리고 단체보험은 일정한 요건을 갖춘 단체의 구성원 일부 또는 전부를 피보험자로 하는 집단보험을 말한다. 이 보험은 고용주가 보험기간 중 피고용자의 사망, 질병 또는 퇴직 등과 같은 예기치 않은 손해 발생위험을 보험회사에게 전가하는 방법으로 널리 이용되고 있다.

한편, 생명보험가입자에게는 생명보험회사로부터 계약자배당이 지급된다. 계약자배당이란 보험회사가 보험계약자로부터 납입된 보험료를 운용하여 약정된 보험금을 적립, 지급하고, 남은 잉여금의 일정 부분을 보험계약자에게 되돌려 주는 것을 말한다. 계약자배당에는 이자율 차익배당, 위험률 차익배당, 사업비 차익배당 등이 있다. 이자율 차익배당은 예정이율보다 실제 운용수익률이 높을 경우 생기는 이자 차익을, 위험률 차익배당은 예정 위험률에 비해 실제 사망이나 재해, 질병 등이 작을 경우 생기는 위험률 차익을, 그리고 사업비 차익배당은 예정사업비보다 실제 사업비가 작을 경우 발생하는 비용차익을, 각각 배당하는 것을 의미한다.

3. 생명보험회사의 자금조달 및 운용

2017년 말 현재 생명회사의 자금조달 내역을 보면 보험업의 특성상 보험료수입의 적립금인 책임준비금이 총자금 조달액의 71.2%를 차지하고 있는 반면에,[20] 자본금 등 여타 자금조달수단의 비중은 미미한 수준에 머물고 있다. 한편, 자금운용은 1998년까지는 대출금이 가장 큰 비중을 차지하였으나, 2000년 이후에는 유가증권 운용

19) 이와 관련한 주요상품으로는 교육보험과 노후생활 자금 마련을 위한 연금보험 등이 있다.

20) 책임준비금(liability reserve)이란 보험회사가 만기 시의 보험금 지급이나 계약 해약 시의 해약환급금 지급 등에 대비하기 위하여, 보험료의 일정부분을 부채로서 적립하는 것을 말한다. 이처럼 책임준비금은 준비금인 동시에, 보험계약자가 납입한 보험료로 적립한다는 측면에서 재산으로서의 성격을 지니고 있다.

의 비중이 대출금의 비중을 상회하여 가장 주요한 자금 운용수단으로 부상되어, 2017년말 현재 전체자산 중 60.2%를 차지하고 있는 반면에 대출금의 비중은 15.3%로 크게 감소하였음을 알 수 있다(〈표 20-2〉 참조)[21].

〈표 20-2〉 생명보험회사의 자금조달 및 운용의 추이

(단위: 십억원, %)

		1995		2000		2010		2017	
		금 액	비 율	금 액	비 율	금 액	비 율	금 액	비 율
조달	보험계약준비금	68,658	98.5	106,500	88.2	285,406	68.5	593,223	71.2
	기 타 부 채	1,318	1.9	12,902	10.7	93,368	22.4	168,157	20.2
	자 본 금	788	1.1	3,972	3.3	8,580	2.1	10,269	1.2
	잉 여 금	-1,087	-1.6	-2,644	-2.2	29,298	7.0	61,178	7.3
	합 계	89,677	100.0	120,730	100.0	416,652	100.0	832,827	100.0
운용	운 용 자 산	65,484	94.0	99,813	82.7	310,554	74.5	656,211	78.8
	현금·예금	9,585	13.8	3,701	3.1	11,697	2.8	13,839	1.7
	유가 증권	19,202	27.6	48,271	40.0	220,122	52.8	501,173	60.2
	대 출 금	31,581	45.3	38,342	31.8	66,535	16.0	127,497	15.3
	부 동 산	5,116	7.3	9,450	7.9	12,200	2.9	13,702	1.6
	기 타 자 산	4,193	6.0	20,917	17.3	106,098	25.5	176,616	21.2

주 : 1) 회계연도 말 기준
자료 : 생명보험협회, 「생명보험통계」

제3절 손해보험회사

1. 손해보험회사의 발전과정

손해보험회사는 화재, 자동차사고, 해상사고 등에 대비한 보험의 인수·운영을 고유업무로 취급하고 있다.

손해보험회사는 1922년 10월에 설립된 조선화재보험(1950년 6월 동양화재해상보

21) 한국은행, 「한국의 금융제도」, 2018년, pp. 281, 282.

험으로 상호변경)을 효시로 하여, 1940년대에 5사, 1950년대에 4사가 각각 설립되어 종합적인 손해보험업무를 영위해 왔다. 1960년대에는 재보험만을 전문적으로 취급하는 대한재보험과 한국자동차보험(1995년 10월 동부화재해상보험으로 상호변경) 그리고 대한보증보험이 설립되었으며, AHA(American Home Assurance) 및 AFLA(American Foreign Association: 1984년 10월 CIGNA가 인수)의 2사의 미국계 손해보험회사가 국내에 지점을 설치하였다. 그 후 1980년대 말까지는 손해보험회사의 추가설립이 이루어지지 않다가 1989년 11월 한국보증보험이 설립되고, 1992년 7월에는 미국계의 VIGILANT사가 국내에 지점을 설치하였다.

한편 1997년의 외환위기를 계기로 적자누적으로 심각한 부실에 직면하였던 한국보증보험과 대한보증보험이 서울보증보험으로 합병되었다. 2000년대에 들어와서는 손해보험회사에 대한 자동차보험 사업 규제가 철폐됨에 따라 국내 자동차보험사 2개가 신설되고, 재보험회사를 중심으로 8사의 외국계 보험회사가 국내지점을 개설되었다. 또한, 2000년대 중반 이후에는 국내 보험사 2사가 신설되었으며, 2015년에는 해운업 등 경기민감업종의 불황 시 경쟁력 유지를 지원하기 위해 한국해양보증보험이 신설되었고, 2개의 외국계 재보험회사들이 국내지점을 개설하였다.

〈표 20-3〉 손해보험회사 수의 변화추이[1)]

(단위 : 개)

	1990	1995	2000	2005	2010	2020
손해보험회사 수	16	17	217	28	30	31

주 : 1) 기말기준
자료 : 금융감독원

2. 손해보험회사의 취급상품

손해보험은 각종 사고 발생에 따른 재산상의 손실위험에 공동 대처하기 위한 상호보장적 성격을 지니고 있다. 따라서 장기저축기능과 상호보장적 기능이 혼합된 생명보험과는 그 성격을 달리하고 있다.

손해보험회사가 취급하는 보험 종목은 부보 위험의 대상에 따라 화재, 해상, 자동차, 보증, 특종, 연금, 장기저축성 및 해외 원보험의 8가지로 분류된다.

보험종목별 보험상품 내용을 보면 해상보험에는 적하보험, 선박보험, 운송보험 등이 있으며, 자동차보험(개인용, 업무용, 영업용)에는 자동차종합보험과 운전자보험이 있다. 보증보험에는 신원보증, 계약이행보증, 할부판매보증 및 납세보증 등이 있으며, 특종보험에는 상해보험, 도난보험, 배상책임보험 및 원자력보험 등이 포함된다. 보험기간 중 보험사고가 없더라도 만기 시 보험금을 지급하는 장기저축성보험에는 장기화재, 장기상해, 장기종합보험 등이 포함되고, 개인연금 및 퇴직보험은 대표적인 연금보험이다. 해외 원보험은 해외에 진출한 국내손해보험회사가 외국인과 체결한 각종 보험을 말한다.

〈표 20-4〉 손해보험회사의 자금조달 및 운용의 추이

(단위: 십억원, %)

		1995		2000		2010		2017	
		금 액	비 율	금 액	비 율	금 액	비 율	금 액	비 율
조달	책임준비금	10,305	81.1	25,410	90.6	69,122	69.8	203,264	73.4
	기타부채	1,724	13.6	4,895	17.5	15,199	15.4	38,634	13.9
	자본금	421	3.3	5,301	18.9	3,351	3.4	2,994	1.1
	잉여금	261	2.1	-7,558	-26.9	11,337	11.5	32,205	11.6
	합계	12,711	100.0	28,049	100.0	99,009	100.0	98,987	100.0
운용	운용자산	10,448	94.0	22,137	78.9	79,509	80.3	225,292	81.3
	현금·예금	2,390	13.8	2,809	10.0	4,903	5.0	6,817	2.5
	유가증권	4,155	27.6	12,648	45.1	51,734	52.3	147,149	53.1
	대출금	2,788	45.3	3,816	13.6	17,321	17.5	65,300	23.6
	부동산	1,115	7.3	2,864	10.2	5,551	5.6	6,017	2.2
	기타자산	2,263	6.0	5,913	21.1	19,500	19.7	51,805	18.7

주 : 1) 회계연도말(익년 3월말)기준
자료 : 손해보험협회, 「손해보험통계」

손해보험회사의 자금조달내역을 보면, 2017년말 현재 책임준비금이 총자금 조달액의 73.4%를 차지하고 반면에, 자본금 등 여타 자금조달수단의 비중은 미미한 수준에 머물고 있다. 한편, 자산운용은 유가증권투자의 비중이 53.1%로 가장 크고, 대출금이 23.6%로 그 다음을 차지하고 있다.[22)]

22) 한국은행, 「한국의 금융제도」, 2018년, p. 285.

제4절 우체국 보험

1. 우체국 보험의 발전과정

우체국 보험은 일반보험과 달리 우체국이 취급하는 국영보험으로, 보험의 보편화를 통해 재해의 위험에 공동으로 대처함으로써, 국민의 경제생활안정과 공공복리 증진을 꾀하고자 하는데 그 목적이 있다.

우체국 보험은 1929년 10월 공영보험인 조선간이생명보험을 기원으로 한다. 해방 이후에는 국민생명보험으로 명칭을 바꾸었으나, 불안한 정치·경제적 여건으로 영업 규모는 오히려 위축되었다. 국민생명보험은 1952년 12월에 제정된 '국민생명보험법'에 의해 체신부(현재의 과학기술정보통신부)의 부대 업무로 되었다. 그러다가 1977년 1월 농협, 새마을금고 등의 저축기관과의 경쟁을 피하고자 하는 취지에서 '국민생명보험법'이 폐지됨으로써, 체신 관서의 보험사업은 중단되고 동 보험의 잔액 관리업무는 농협으로 이관되었다. 그 후 1982년 12월에 '체신예금·보험에 관한 법률'의 제정을 계기로 체신 관서(현재의 과학기술정보통신부)의 보험업 겸영이 허가됨으로써 1983년 7월부터 우체국 보험이 재개되었다.[23)]

2. 우체국 보험의 취급상품

우체국 보험은 생명보험만을 취급하고 있는데, 보험의 종류와 계약보험금 한도액과 기타의 사항은 금융위원회와 협의하여 과학기술정보통신부 장관이 결정하도록 하고 있다. 현재 우체국 보험은 민영 생명보험회사와 마찬가지로 교육보험, 연금보험, 보장성보험 및 생사혼합보험을 모두 취급하고 있다.

---

23) 1999년 11월에 '체신예금·보험에 관한 법률'이 '우체국예금·보험에 관한 법률'로 명칭이 변경되었다.

우체국 보험은 정부가 보험금 등의 지급책임을 지며, 보험금 또는 환급금을 받을 권리의 양도 및 압류가 제한되어 있다. 또한, 주된 보험가입자가 저소득층임을 감안하여 민영보험에 비해 보험료가 상대적으로 저렴하게 책정되어 있을 뿐만 아니라, 계약보험금 한도도 1인당 4천만 원 이내의 소액으로 되어 있다.[24]

납입된 보험료는 '우체국보험특별회계법'에 따라 설치된 우체국 보험적립금으로 운용되고 있다. 자금의 운용방법은 금융기관예탁, '자본시장법'에 따른 증권의 매입 및 파생상품거래,[25] 보험계약자 및 공공기관에 대한 대출, 업무용 부동산의 매입·임대, 벤처기업 투자, 재정자금 예탁 등이 있다[26].

제5절 보험업에 대한 주요 규제와 감독

현재 보험업에 대한 규제로는 진입과 퇴출규제, 건전성 규제, 자산운용에 대한 규제, 보험 요율에 대한 규제, 계약자배당에 대한 규제, 보험상품에 대한 규제, 보험모집에 대한 규제, 보험사기 방지를 위한 규제 등을 들 수 있다.

1. 진입·퇴출규제 및 소유 및 지배구조

'보험업법'에서는 보험사업을 영위하기 위해서는 금융위원회의 허가를 받도록 규정하고 있다. 이는 보험사업을 영위할 수 있는 기본적 요건을 정함으로써 보험계약자의 부당한 피해를 방지하고, 공공성에 위배되는 경영 활동을 금지시키기 위해서이다.

또한 보험회사의 설립은 자본금과 주주요건 등을 고려하여 허가하고 있다. 보험업자는 300억원 이상의 자본금 또는 기금을 납입하여야 보험사업을 개시할 수 있

24) '국가공무원법' 제52조에 의해 국가공무원의 후생·복지를 위하여 판매되는 단체보험상품의 경우에는 1인당 한도액이 2억 원이다.

25) 증권매입은 적립금의 90% 이내에서 가능하며, 이 중 주식투자는 적립금의 20% 이내로 제한되고 있다. 또한, 파생상품매입을 위한 위탁증거금 및 벤처기업 투자는 각각 적립금의 2% 및 1% 이내에서만 가능하다.

26) 한국은행, 「한국의 금융제도」, 2018년, p. 287.

다. 다만, 틈새시장인 일부 보험종목에 특화하는 보험회사와 통신판매 전문보험회사의 경우 이보다 적은 최저자본금으로 영위할 수 있도록 하고 있다. 외국보험사업자의 경우는 사업의 내용에 따라 영업기금이 차등화(30억원 이상)되고 있다.

그동안 우리나라의 경우, 경제력집중과 재벌의 사금고화 방지를 목적으로 대규모 기업그룹의 생명보험업에의 진입을 규제해 왔다. 즉 1989년 규제 도입 시에는 15대 대규모 기업그룹은 1988년 2월 이후 설립된 생명보험회사의 주식을 소유하지 못하도록 하였으며, 16~20대 그룹에 대해서는 지분을 50% 미만으로 제한하였다. 그러나 신설 생명보험회사들의 지급능력 부족으로 계약자 보호가 우려되는 등 이들 회사들의 경쟁력 강화가 시급한 과제로 등장함에 따라, 1996년 5월에는 주식 소유 금지대상을 5대 그룹으로, 지분율 50% 미만의 규제대상을 6~10대 그룹으로 각각 축소·조정하였다. 그러다가 1997년 8월부터는 부실보험회사를 인수하는 경우에는 5대 그룹의 진입이 조건부로 허용되었으며, 아울러 6~10대 그룹에 대한 지분규제를 폐지하였다. 2003년 4월부터는 5대 그룹의 신규진입 제한도 전면적으로 폐지되었다.

1997년 1월부터 정부가 시장 상황 등을 고려하여 외국보험회사의 국내 진출을 사전적으로 심사하는 경제적 수요심사(ENT: economic need test)제도가 폐지됨으로써, 외국보험회사들이 국내사무소나 지점, 합작법인을 자유롭게 설립할 수 있게 되어 보험업의 개방화가 가속화되었다.

보험사업자는 보험사업 이외의 사업을 영위하거나 인보험 사업과 손해보험사업을 겸영할 수 없다. 또한. 부수 업무를 영위하기 위해서는 금융위원회의 승인을 얻어야 하는데, 1998년 4월 다른 보험사업자를 위한 보험거래의 중개·대리업무, 보험 수리업무, 기업의 인수·합병 및 동 중개업무 등을 부수 업무로 추가하였다.

한편 경영지배구조에 있어서 1999년 12월 '보험법'의 개정으로 대통령령이 정하는 보험회사는 전체 이사의 1/2 이상을 사외이사로 선임하여야 한다. 또한, 이사회 내에 감사위원회를 설치하고 그 위원의 2/3 이상을 사외이사로 구성하여야 한다.

2. 건전성 규제

보험회사의 자기자본을 충실화하기 위한 건전성 규제는 법정준비금 제도와 지급여력 제도를 중심으로 하고 있다. 보험회사의 법정준비금과 지급여력은 보험회사가 보험계약과 관련한 각종의 지급이나 예상 밖의 손실로 발생하는 채무 등에 순조롭게 대처할 수 있는 지급능력(solvency)을 의미한다. 이와 관련하여 경영실태평가를 통한 적기시정조치를 시행하고 있다.

1) 법정준비금 규제

보험회사가 적립해야 하는 법정준비금은 책임준비금과 비상위험준비금으로 구분된다. 책임준비금은 보험회사가 장래에 지급하여야 할 보험금, 환급금, 계약자배당금 등의 지급에 충당하기 위하여 수입보험료의 일부를 적립하는 것으로, 보험회사의 부채로 계상한다. 비상위험준비금은 지진, 태풍, 화재, 항공사고 등 보험회사가 보험금을 지급해야 할 대상위험의 발생확률이 매우 불규칙하고 사고발생시 책임준비금만으로는 부담하기 어려운 거액의 보험금지급이 필요한 위험에 대비하기 위하여 적립한다.

현재 생명보험회사에 대해서는 책임준비금만을 적립하도록 하고 있는 반면에, 손해보험회사에 대해서는 책임준비금과 비상위험준비금 모두를 적립하도록 하고 있다. 이는 인보험을 위주로 하고 있는 생명보험의 경우 손해보험과 달리, 보험회사에 큰 손실을 끼칠 수 있는 대규모 사고의 발생 가능성이 거의 없기 때문이다.

보험회사의 책임준비금은 다시 보험료적립금,[27] 미경과보험료적립금, 지급준비금, 계약자배당준비금, 재보험료적립금 등으로 나누어지는데 그 중 보험회사가 순보험료식에 의하여 적립해야하는 보험료적립금이 대부분을 차지한다. 한편, 손해보험회사는 매년 당해 회계연도의 보험료 합계액에 당해 사업연도의 예정이익률을 곱하여 계산한 금액의 범위 내에서 금융위원회가 정하는 기준에 따라 비상위험준비금을 누적하여 계상하여야 한다.

2) 적기시정조치

보험회사의 적기시정조치는 지급여력비율과 경영실태평가등급에 따라 적용된다.

27) 보험료적립금은 보험금 등의 지급사유가 발생하지 않은 보험계약이 해약되는 경우에 계약자 또는 수익자에게 지급하여야 할 해약환급액을 적립하는 것이다. 생명보험회사의 경우에는 보험료적립금, 손해보험회사의 경우에는 장기저축성보험료적립금이 이에 해당한다.

지급여력 제도는 보험회사가 각종 위험에 대비할 수 있는 지급능력(solvency)을 확보함으로써 보험회사의 재무건전성을 도모하기 위해 마련된 제도이다. 즉, 책임준비금 이외에 예기치 못한 사태가 발생하더라도 채무이행에 필요한 최소한의 안전판 역할을 수행하는 지급여력 기준을 산정하고, 동 기준이상으로 실제 지급여력을 보유하고자 하도록 하는 제도이다.

지급여력비율은 (지급여력/지급여력기준) × 100으로 계산한다. 여기서 지급여력은 보험회사의 지급능력, 즉 보험회사가 계약자에게 지급해야 하는 책임준비금 이상을 보유한 잉여금을 의미하며, 일반적으로 자산총액에서 부채상당액을 차감한 순자산액으로 산정한다. 지급여력 기준은 보험 계약상 보험금 지급 등 의무이행을 위한 최소한의 금액(책임준비금 등에 대한 일정비율)으로, 보험회사가 예상치 못한 위험을 대비해 보유해야 할 필요잉여금 수준을 의미한다.

생명보험회사의 지급여력은 자본금, 자본잉여금, 이익잉여금, 자본조정, "정상" 및 "요주의" 분류된 대손충당금, 후순위 차입금, 계약자 이익배당준비금, 계약자안정화준비금, 초과책임준비금 적립액, 계약자지분조정의 투자 유가증권 평가손익 등의 합계액에서 미상각신계약비, 영업권 등 무형자산, 선급비용, 이연법인세차 등의 차감항목을 차감하여 산정한다.

한편, 생명보험회사의 지급여력 기준금액은 ① (순보험료식 책임준비금-미상각신계약비) × 책임준비금 위험계수(=4%)의 소정 비율에 ② 위험보험금(보험가입금액-책임준비금) × 보험위험계수(단위 가입 금액당 당해 연도에 지급된 순위험보험류수준)의 소정비율을 합하여 산출한다.

손해보험회사의 지급여력도 생명보험회사와 거의 비슷하다.[28] 한편, 손해보험회사의 지급여력기준은 일반보험과 장기보험으로 각각 구분하여 산출하여 합산한다. 일반보험은 보험료기준 산출금액과 보험금기준 산출금액 중 큰 금액을 지급여력금액으로 한다. 여기서 보험료기준 산출금액은 대차대조표일 이전 1년간 보유보험료에 보험료기준비율을 곱하여 산출하며, 보험금 기준산출금액은 대차대조표일 이전

28) 손해보험회사의 지급여력은 자본금, 자본잉여금, 이익잉여금, 자본조정, "정상" 및 "요주의" 분류된 대손충당금, 후순위차입금, 계약자이익배당준비금, 비상위험준비금, 저축성보험료중 해지 시 환급될 금액을 초과하여 적립된 금액 등의 합계액에서 미상각신계약비, 영업권 등 무형자산, 선급비용, 이연법인세차 등의 차감항목을 차감하여 산정한다.

3년간의 평균 발생손해액에 보험금 기준비율을 곱하여 산출한다.

금융위원회 또는 금융감독원장은 일정기준의 지급여력비율을 충족하지 못하는 보험회사를 대상으로 적기시정조치를 발동할 수 있는데, 각각 100%, 50% 및 0%에 미달할 경우 경영개선권고, 경영개선요구, 경영개선명령을 내리게 된다.

3) 경영실태평가

금융감독원은 보험회사의 재무상태, 경영관리, 자산운용의 건전성, 리스크관리 등 다양한 부문을 종합적이고 통일적인 방식으로 평가함으로서 경영의 건전성을 확보하는 한편, 감독 및 검사업무의 효율성을 높이기 위해 보험회사에 대해서도 2000년 1월부터 경영실태평가제도를 도입·운영하고 있다.

경영실태평가는 모든 보험사업자와 보험사업자의 현지법인 및 해외지점을 대상으로 시행하고 있으며, 2012년 9월부터 RAAS(Risk Assessment Application System)방식을 적용하고 있다. 경영실태평가는 1등급(우수), 2등급(양호), 3등급(보통), 4등급(취약), 5등급(위험)의 5단계 등급으로 구분한다.

금융감독원장은 이와 같은 경영실태평가의 결과를 토대로 적기시정조치를 발동하는 등, 감독 및 검사업무에 반영할 수 있다. 예를 들어 특정 보험회사가 지급여력기준비율이 50% 이상 100% 미만이거나 종합평가등급 3급(보통)이상으로 지급여력 또는 자산건전성부문의 평가등급이 4등급(취약)이하로 평가받은 경우에는 “경영개선권고”를, 지급여력기준비율이 0% 이상 50% 미만이거나 종합평가등급 4등급(취약)이하로 평가받은 경우에는 “경영개선요구”를 각각 발동할 수 있다. 그리고 지급여력기준비율이 0% 미만이거나 경영실태평가결과 감독원장이 정하는 평가부문의 평가등급이 5등급(위험)으로 판정된 보험사업자에 대해서는 부실보험사업자의 결정을 위한 자산·부채의 평가 및 산정을 실시할 수 있다.

중요개념과 용어

보험회사
제3보험
단체보험
생사혼합보험
보장성보험
연금보험
위험률차익배당
해상보험
특종보험
해외 원보험
우체국보험적립금

생명보험
방카슈랑스
사망보험
정기보험
저축성보험
계약자배당
사업비차익배당
자동차보험
장기저축성보험
보험계약준비금
지급여력

손해보험
개인보험
생존보험
종신보험
교육보험
이자율차익배당
부보위험
보증보험
연급보험
우체국 보험
RAAS방식

연 습 문 제

1. 최근 보험업계의 동향에 대하여 설명하라.

2. 생명보험회사의 성격과 생명보험회사에서 취급하고 있는 보험상품에 대하여 설명하라.

3. 생명보험회사의 계약자 배당에 대하여 설명하라.

4. 손해보험의 성격과 손해보험회사가 취급하고 있는 보험상품에 대하여 설명하라.

5. 우체국 보험이 취급하고 있는 보험상품에 대하여 설명하라.

6. 보험회사에 대한 경영실태평가에 대하여 설명하라.

제21장 금융투자업자

본 장에서는 금융투자업자에 대하여 구체적으로 살펴보고자 한다. 먼저 금융투자업자를 중심으로 의의, 분류, 진입규제에 대하여 살펴보고, 다음으로 투자매매 · 중개업자, 집합투자업자, 투자자문 · 일임업자, 신탁업자에 대하여 연혁 및 현황, 취급업무 등을 알아본 후, 마지막으로 금융투자업자에 대한 건전성 규제에 대하여 알아본다.

제1절 금융투자업자

1. 금융투자업자의 의의

2009년 2월 '자본시장과 금융투자업에 관한 법률(이하 '자본시장법'이라고 칭함)'을 시행함으로써 금융투자상품의 거래와 관련한 업무를 주된 업무로 하는 금융기관인 금융투자업자가 출범하게 되었다. '자본시장법'에서는 금융투자업자를 금융투자상품을 매개로 영업을 하는 자로 정의하고 있다.

'자본시장법'에서는 '투자성(원본손실 가능성)'이라는 기능을 기준으로 금융투자상품과 비금융투자상품으로 구분하고, '투자성(원본손실가능성)'이라는 특징을 갖는 모든 금융상품을 포괄하는 개념으로 금융투자상품을 추상적으로 정의하여, 동 정의에 해당하는 모든 금융투자상품의 설계·취급을 금융투자업자에게 허용하고 있다.

금융투자상품은 이익을 얻거나 손실을 회피할 목적으로, 현재 또는 장래의 특정 시점에 금전 등을 지급하기로 약정함으로써 취득하게 되는 것으로서, 원본손실 가능성(투자성)을 부담하는 것으로 정의하고 있다.

[그림 21-1] 금융상품의 경제적 실질에 따른 분류체계

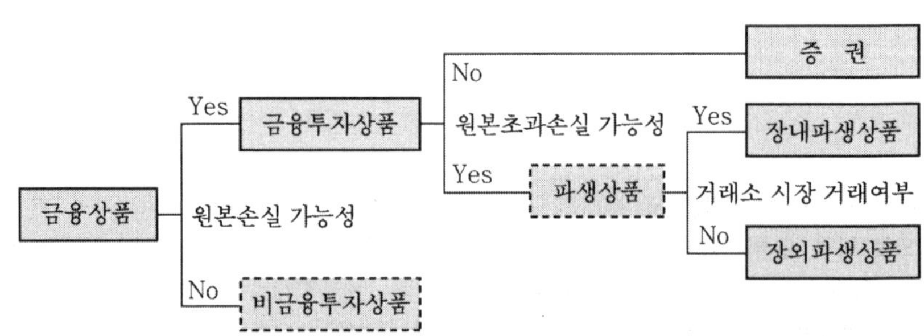

금융투자상품은 경제적 실질에 따라 증권과 파생상품으로 구분된다. 증권은 원본

이상의 손실 가능성이 없는 상품으로, 파생상품은 원본 이상의 손실 가능성이 있는 자산으로 정의하고 있다. 파생상품은 거래소 시장 거래 여부에 따라 장내파생상품과 장외파생상품으로 구분된다.

2. 금융투자업의 분류

'자본시장법'에서는 자본시장 관련 금융업을 '금융투자업'으로 지칭하고, 이를 경제적 기능에 따라 투자매매업, 투자중개업, 집합투자업, 투자자문업, 투자일임업, 신탁업 등 6개로 분류하고 있다. 이들 모든 금융투자업 상호 간에는 겸영을 허용하고 있다. 따라서 단일의 금융투자업자는 각각의 업종진입조건을 갖추어 금융위원회의 인가를 받거나 금융위원회에 등록하면, 이들 금융투자업을 겸영할 수 있다.

자본시장 관련 금융업은 경제적 실질에 따라 다음과 같이 6개의 금융투자업으로 분류된다.

① **투자매매업** : 자기의 계산으로 금융투자상품을 매도·매수, 발행·인수 또는 그 청약의 권유·청약·청약의 승낙을 하는 업

② **투자중개업** : 타인의 계산으로 금융투자상품을 매도·매수, 그 청약의 권유·청약·청약의 승낙 또는 발행·인수에 대한 청약의 권유·청약·청약의 승낙을 하는 업

③ **집합투자업** : 2인 이상에게 투자권유를 하여 모은 금전 등을 투자자 등으로부터 일상적인 운용지시를 받지 아니하면서 자산을 취득·처분 그 밖의 방법으로 운용하고 그 결과를 투자자에게 배분하여 귀속시키는 업

④ **투자자문업** : 금융투자상품의 가치 또는 투자판단에 관하여 자문을 하는 업

⑤ **투자일임업** : 투자자로부터 자산에 대한 금융투자상품에 대한 투자판단의 전부 또는 일부를 일임받아 투자자별로 구분하여 자산을 취득·처분 그 밖의 방법으로 운용하는 법

⑥ **신탁업** : 신탁업에 의한 신탁을 수탁하는 업

이러한 분류에 따라 종래 다수의 법률에 산재해 있었던 금융투자업을 경제적 실질에 따라 분류하면 〈표 21-1〉과 같이 구분할 수 있다.

〈표 21-1〉 종래의 자본시장 관련 금융법에 규정된 금융투자업의 기능별 분류

법 령	회 사 명	규정된 금융투자업	금융기능에 의한 분류
증권 거래 법	증권회사	매매업, 인수업, 매출업	① 투자매매업
	증권회사	위탁매매업, 중개업, 대리업, 매매위탁의 중개·주선·대리업, 모집·매출의 주선업	② 투자중개업
선물 거래 법	선물회사	선물거래법	
종합금융회사에 관한 법률	종합금융회사	중개업	
		매매업, 인수업	① 투자매매업
		어음관리계좌업무	수신매매업
	자금중개회사	자금중개업	자금중개업
신 탁 업 법	신탁회사	신탁업, 개인연금신탁업, 연금신탁업	⑥ 신탁업
자산운용업법	은행, 증권, 보험, 자산운용사	간접투자증권의 판매	① 투자매매업 또는 ② 투자중개업
	투자자문사	투자자문업	④ 투자자문업
	투자일임사	투자일임업	⑤ 투자일임업
	자산운용사	투자신탁재산의 운용·운용지시	③ 집합투자업
		투자회사재산의 운용업무	
	-	투자전문회사(PEF)의 업무집행사원 기능	
	수탁회사	투자신탁재산의 수탁업	⑥ 신탁업
	자산보관회사	투자회사의 자산보관업	
부동산투자회사(REITs)법	자산관리회사	위탁관리REITs자산의 투자·운용	③ 집합투자업
		CrREITs 자산의 투자·운용	
	자산보관기관	위탁관리REITs와 CrREITs 자산보관업	⑥ 신탁업
선박 투자 회 사 법	선박운용회사	선박투자회사 자산의 운용	③ 집합투자업
	자산보관회사	선박투자회사 자산의 보관	⑥ 신탁업
중소 기업 창업지원법	창업투자회사	창업투자회사조합의 업무집행조합원 기능	③ 집합투자업
산업발전법	CRC 등	기업구조조정조합의 업무집행조합원 기능	
벤처 육성 특 별 법	창업투자회사, 일반인 등	벤처투자조합/개인투자조합의 업무집행조합원 기능	
부품 소재 특 별 법	창업투자회사, 상장법인 등	부품소재전문투자조합의 업무집행조합원 기능	
여신 전문 금융 업법	신기술사업 금융업자	신기술투자조합자금의 관리·운용	

문화 산업 진 흥 법	문화사업자, 투자자 등	문화산업전문회사 자산의 운용	
	자산관리자	문화산업전문회사 자산의 보관·관리	⑥ 신탁업

3. 금융투자업자의 진입규제

금융투자업자의 진입규제는 동일한 금융기능(금융투자업의 종류+금융투자상품의 범위+투자자의 유형)에 대해서는 동일한 인가요건이 적용되도록 금융기능별로 진입요건을 적용하고 있다. 이와 더불어 금융투자업자는 필요한 업무 단위를 추가하는 방식(add on방식)으로 업무영역을 확대할 수 있다. 다만, '자본시장법'에서는 투자자가 노출되는 위험이 크기에 따라 인가제와 등록제를 적용하고 있다. 고객과 직접 채권 채무관계를 갖거나(투자매매업), 고객의 자산을 수탁하는 금융투자업(투자중개업, 집합투자업, 신탁업)에 대해서는 인가제를, 고객의 자산을 수탁하지 않는 금융투자업(투자일임업, 투자자문업)에 대해서는 등록제를 각각 적용하고 있다.

한편 '자본시장법' 시행령에서는 금융투자업의 위험과 투자자 보호 필요성 등에 따라 인가 및 등록단위별 최저자본요건을 다르게 설정하고 있다. 업종별로는 투자매매업은 투자중개업에 비해, 신탁업은 집합투자업에 비해, 인가대상 업무는 등록대상 업무에 비해, 각각 높은 자기자본을 요구하고 있다. 금융투자상품별로는 장외파생상품, 증권, 장내파생상품 순으로, 투자자유형별로는 일반인 대상으로 하는 경우 높은 자기자본을 요구하고 있다. 이와 더불어 취급하려는 인가업무가 늘어나면 이에 해당하는 자기자본 금액을 추가로 보유하게 함으로써, 금융투자업자의 대형화, 겸업화, 전문화를 꾀하고 있다.[1)]

1) 한국은행, 『한국의 금융제도』, 2018년, p. 240.

〈표 21-2〉 금융투자업 최저 자기자본 인가요건(2020년 3월말 현재)

(단위 : 10억원)

종 류		금융투자상품의 범위	최저 자기자본 (일반/전문투자자)
투자매매업		증권[1]	50/25
		채무증권[2]	20/10
		국채증권, 지방채증권 및 특수채	7.5/3.75
		지분증권(집합투자증권은 제외)	25/12.5
		집합투자증권	5/2.5
		장내파생	10/5
		장내파생(주권을 기초자산으로 하는 것만 해당)	5/2.5
		장외파생	90/45
		장외파생(주권을 기초자산으로 하는 것만 해당)	45/22.5
		장외파생(주권 외의 것을 기초자산으로 하는 것만 해당)	45/22.5
		장외파생(통화·이자율을 기초자산으로 하는 것만 해당)	18/9
		사채권(인수업만 해당)	6/3
	인수제외시	증권[1]	20/10
		채무증권[2]	8/4
		국채증권, 지방채증권 및 특수채증권	3/1.5
		사채권	4/2
		지분증권(집합투자증권은 제외)	10/5
		집합투자증권	2/1
		RP대상증권[3]	6(일반투자자)
투자매매업(다자간매매체결회사, ATS)			30(전문투자자)
투자중개업		증권[1]	3/1.5
		채무증권[2]	1/0.5
		지분증권(집합투자증권제외)	1/0.5
		RP대상증권[3]	0.5(전문투자자)
		장내파생	2/1
		장내파생(주권을 기초자산으로 하는 것만 해당)	1/0.5
		장외파생	10/5
		장외파생(주권을 기초자산으로 하는 것만 해당)	5/2.5
		장외파생(주권 외의 것을 기초자산으로 하는 것만 해당)	5/2.5
		장외파생(통화·이자율을 기초자산으로 하는 것만 해당)	2/1
	장외채권중개	채무증권	3(전문투자자)
투자중개업(다자간매매체결회사, ATS)			20(전문투자자)
집합투자업		증권집합투자기구, 부동산집합투자기구, 특별자산집합투자기구, 혼합자산집합투자기구, 단기금융집합투자기구	8(일반투자자)

투자매매업	증권집합투자기구, 단기금융집합투자기구	4(일반투자자)
	부동산집합투자기구,	2(일반투자자)
	특별자산집합투자기구	8(일반투자자)
신탁업	금전,증권,금전채권,동산,부동산관련 권리, 무체재산권	25/12.5
	금전	13/6.5
	증권, 금전채권, 동산, 부동산, 부동산관련 권리, 무체재산권	12/6
	동산, 부동산, 부동산관련 권리	10/5

주: 1) 증권은 채무증권을 비롯하여 지분증권, 수익증권, 파생결합증권 및 증권예탁증권을 모두 포괄하는 금융투자상품('자본시장법'제4조)
2) 채무증권은 국채증권, 지방채증권, 특수채증권, 사채권, 기업어음증권 등을 포함
3) RP증권: 국채증권, 지방채증권, 특수채증권, 그 밖에 금융위원회가 정하여 고시하는 증권

자료: '자본시장법' 시행령

4. 금융투자업자의 업무

금융투자업자는 고유업무, 겸영 업무, 부수 업무를 영위할 수 있다. 고유업무는 '자본시장법'에서 금융투자업자가 영위할 수 업무로 규정된 것으로, 금융투자업자는 금융위원회의 인가나 등록을 받아 이를 수행할 수 있다. 금융투자업자는 경제적 실질에 따라 분류된 6개의 금융투자업(투자매매업, 투자중개업, 집합투자업, 투자자문업, 투자일임법, 신탁업)상호간에 겸영을 할 수 있을 뿐만 아니라, 투자매매, 투자중개, 투자자문, 신탁업 등 모든 금융투자업을 종합적으로 영위하는 금융투자회사를 설립할 수 있다.

겸영 업무는 다른 법령에서 진입규제 대상으로 하는 업무로, '자본시장법' 또는 타 법령에서 금융투자업자에게 업무를 허용하고 있다. 금융투자업자는 '자본시장법' 또는 금융관련 법령에서 금융투자업자에게 겸영이 허용된 업무 중에서 필요한 업무를 추가하는 방식으로 겸영을 할 수 있다. 금융투자업자는 겸영 업무로 보험대리점의 업무, 보험중개사의 업무, 그 밖에 대통령령으로 정하는 업무,[2] 국가 또는 공고

2) 일반사무관리회사업무, 외국환업무, 전자자금이체 업무, 퇴직연금사업자업무, 기업구조조정전문회사업무, 담보부사채신탁업무, 창업투자회사업무,신기술사업금융업, 그 밖에 금융위원회가 정하여 고시하는 업무('자본시장법'시행령 제43조 ②)

단체의 대리업무, 투자자예탁금으로 수행하는 자금 이체업무, 그 밖에 투자자 보호 및 건전한 거래질서를 해할 우려가 없는 금융업무로서 대통령령으로 정하는 금융업무[3])를 금융위원회 신고로서 영위할 수 있다.[4])

이 중에서 특히 금융업을 영위함에 따른 외국환 업무는 '외국환 거래법'상 외국환 업무 취급기관으로서의 외국환 업무에 포함하여, 별도의 절차 없이 모두 허용하고 있고, 고유재산의 자산운용에 따른 외국환거래는 '외국환 거래법'상 자본거래 절차를 준수하는 한 허용하고 있다. 또한, 투자자예탁금으로 행하는 자금 이체업무가 허용됨에 따라, 금융투자업자에 위탁매매계좌를 개설한 개인투자자는 동 계좌 내의 현금을 계좌 이체하거나, ATM(automatic teller machine) 등을 통해 입출금이 가능하게 되었다.

한편, 금융투자업자의 대형화와 겸업화를 통한 투자은행 업무의 활성화를 위해, 증권인수와 M&A업무와 관련된 신용공여 및 지급보증업무, 대출중개, 신기술사업금융 등의 겸영을 허용하고 있다. 특히 2013년 6월에는 초대형 투자은행을 육성하기 위하여 자기자본, 위험관리 능력 등 '자본시장법'상의 일정한 기준을 충족하는 금융투자회사를 종합금융투자사업자로 지정하고,[5]) 이들에게 전담중개업무,[6]) 기업신용공여, 비상장주식의 내부주문집행 업무[7]) 등을 수행할 수 있게 하였다. 2017년 5월에는 종합금융투자업자의 대형화 유도 및 고부가가치 사업역량 강화를 위해 '자본시장법' 시행령을 개정하였다. 이를 통해 자기자본 4조 원 이상인 종합금융투자사

3) 유동화에 따른 자산관리자업무와 유동화전문회사의 수탁업무, 사채모집의 수탁업무, 증권의 대차거래와 그 중개·주선 또는 대리업무(투자매매·중개업), 지급보증업무(증권 및 장외파생상품에 대한 투자매매업), 원화표시 CD의 중개·주선 또는 대리업무, 기업금융업무, 기타 금융위원회가 정하여 고시하는 금융업무 등('자본시장법'시행령 제43조 ⑤)

4) '자본시장법' 제40조

5) '자본시장법'에 의하면, 금융위원회는 투자매매업자 또는 투자중개업자로서 ① '상법'에 따른 주식회사, ② 증권에 관한 인수업을 영위할 것, ③ 3조원 이상으로서 대통령령으로 정하는 금액 이상의 자기자본을 갖출 것, ④ 그 밖에 해당 투자매매업자 또는 투자중개업자의 신용공여 업무수행에 따른 위험관리 능력 등을 고려하여, 대통령령으로 정하는 기준을 모두 충족하는 자를 종합금융투자업자로 지정할 수 있다.

6) 증권대차, 신용공여, 펀드재산 보관·관리(custody), 매매체결·청산(clearance), 펀드투자자에 대한 보고(reporting) 등의 종합금융서비스를 연계·제공하는 업무를 말한다(강병호·김대식·박경서, 『금융기관론(제22개정판)』, 박영사, 2020년. p. 437.

7) 내부주문집행 업무는 투자은행이 거래소나 ATS 등을 통해 고객 주문을 집행하지 않고 투자은행 내에서 다수 고객의 주문을 집행하는 것을 말한다. 법상으로는 내부주문 집행업무를 허용하였으나, 실제로는 운영되지 않고 있다.

업자의 경우는 만기 1년 이내인 어음의 발행 · 할인 · 매매 · 중개 · 인수 · 보증업무 등 단기금융업무가, 자기자본이 8조 원 이상인 경우는 고객으로부터 예탁받은 자금을 통합하여 기업 금융자산 등에 운용하고 수익을 고객에게 지급하는 종합투자계좌업무가 각각 허용되었다. 또한, 보다 적극적으로 모험자본 공급기능을 수행할 수 있도록 단기금융업무와 종합투자계좌업무 운용자산을 레버리지 비율 산정 시 제외하고, 대출자산의 위험 수준에 따라 건전성 부담이 결정되는 새로운 NCR 지표[8]를 적용하는 등 관련 건전성 규제를 재정비하였다.[9] 2020년 말 현재 국내 7개 금융투자회사(증권회사)가 종합금융투자사업자로 지정되어 있다.

부수 업무는 금융투자업 업무를 영위하는데 수반되는 업무로, 금융투자업자가 보유하고 있는 인력이나 자산, 설비 등을 활용하여 수행할 수 있는 업무이다. 종래의 금융업법에서는 금융업자가 영위할 수 있는 부수 업무를 사전에 법령에서 열거하는 열거주의(positive 체제)를 채택하였으나, '자본시장법'에서는 모든 부수 업무를 원칙적으로 허용하되, 예외적으로 금지하는 체제(negative 체제)를 채택하고 있다. 따라서 금융투자회사는 부수 업무 개시 전에 금융위원회에 부수 업무 개시 사실을 신고하면 영위할 수 있다. 한편, 금융위원회는 부수 업무가 금융투자회사의 건전성과 투자자 보호 및 금융시장의 안정성을 저해할 우려가 있는 경우, 부수 업무의 영위를 제한하거나 시정을 요구할 수 있다.

8) 개정 전에는 만기 1년 이상인 대출채권은 영업용순자본에서 대출채권 전액을 차감하였으나, 개정 후에는 영업용순자본에서 차감하지 않고, 신용 위험액(위험 값 0%~32%)에 반영하는 것으로 변경하였다.

9) 한국은행, 「한국의 금융제도」, 2018년, p. 250.

제2절 투자매매 · 중개업자

1. 증권회사

1) 연역 및 현황

증권회사는 증권의 발행 주체(기업, 정부 등)가 필요로 하는 자금을 원활하게 공급할 수 있도록 하며, 일반 투자자들에게 부를 획득하는 주요수단인 증권투자를 손쉽게 할 수 있도록 하는 역할을 수행하는 기관이다.

우리나라에서 최초로 설립된 증권회사는 1949년 11월에 영업을 개시한 대한증권(주)이었다. 1962년 1월 '증권거래법'의 제정으로 증권시장의 제도적 기반이 갖추어지고 증권시장이 주식거래 시장으로 변모되면서 증권회사의 설립이 급증하여 같은 해에 한때 60사까지 늘어나기도 하였다.

한편, 1968년 12월에는 '증권거래법'이 개정되어 증권회사의 설립이 등록제에서 허가제로 전환되었는데, 그 후 1980년대까지는 증권회사가 신설되지 않았다. 1990년대에 들어 증권업의 대외개방과 더불어 국내증권회사의 신규설립도 증가하였다. 1991년에는 한국산업증권과 투자금융회사에서 업종을 전환한 5사가 각각 설립되었으며, 1992~96년 중에는 3사의 합작회사가 신설되었다. 또한, 1991년 이후 외국증권회사 지점도 설치되기 시작하였다. 그러나 1997년의 외환위기를 계기로 1998~2000년 중 6사가 퇴출되었으며, 이후에도 부실누적 등으로 2사가 추가로 퇴출되고 6사가 다른 증권회사에 합병되었다. 또한, 동 기간 중 7사의 투자신탁회사가 증권회사로 전환하였다. 한편 온라인증권회사와 중개전문증권회사[10]를 중심으로 1998~2006년 중 18사가 신설 또는 전환되고 10사가 퇴출, 2사가 합병되었다. 2008년에는 '자본시장법' 시행을 앞두고 다수의 증권회사가 신설 · 합병됨에 따라 2010년 말 62

10) 유가증권 인수업무는 수행하지 않으면서 유가증권위탁매매업무 또는 유가증권매매업무와 위탁매매업무를 같이 영위하는 증권회사

사까지 증가하였다. 그러나 증권회사 폐업 · 자진청산 및 NH농협증권과 우리투자증권 합병 등으로 증권회사의 수가 감소하여, 2021년 3월말 현재 58 사의 증권회사가 영업 중이다.

〈표 21-3〉 증권회사 수의 변화추이

(단위 : 사)

	1985	1990	1995	2000	2005	2010	2021.3
국 내 증 권 회 사	25	25	33	32	39	50	47[1)]
외국증권회사 지점	-	-	14	22	15	12	11
계	25	25	47	54	54	62	58

주: 1) 국내증권회사 47사 중에는 외국계 현지법인 12사가 포함되어 있음
자료 : 금융감독원

2) 취급업무 및 영업 범위

증권회사는 증권과 관련된 위탁매매, 발행 및 인수, 자기 매매 등을 영위하고, 이 외에도 펀드 및 신종증권판매, CMA 등 자산관리 서비스업무를 취급하고 있다.

① 위탁매매 업무

위탁매매업무(brokerage)는 증권 및 파생상품 등 금융투자상품에 대한 투자 중개 업무로서, 고객의 매매주문을 성사시키고 수수료를 받는 업무를 말한다. 이러한 위탁매매업무는 위탁매매, 매매의 중개 · 대리 및 위탁의 중개 · 주선 · 대리의 세 가지 형태로 이루어진다. 위탁매매업무는 고객의 매매주문을 받아 증권회사의 명의와 고객의 계산으로 금융투자상품의 매매하는 업무이다. 증권회사는 매매 거래에 따른 일정한 수수료를 고객으로부터 받는다. 매매의 중개 · 대리는 타인간의 금융투자상품의 매매가 성립되도록 노력하거나, 고객을 대리하여 매매하고 일정한 수수료를 받는 업무를 말한다. 그리고 위탁의 중개 · 주선 · 대리는 한국거래소의 회원이 아닌 증권회사가 수행하는 업무로서, 비회원인 증권회사는 회원인 증권회사를 통하여 고객의 위탁매매주문을 중개 · 주선 · 대리해 주고 고객으로부터 받은 수수료를 회원인 증권회사와 배분한다.

② 자기매매업무

자기매매업무(dealing)는 투자매매업무로서 자기명의와 자기계산으로 인적 · 물적

시설을 갖추고 지속적 · 반복적으로 금융투자상품을 매매하는 업무를 말한다. 증권회사는 자기매매업무를 통해 증권시장 또는 장외거래에서 일시적인 수급불균형을 조정하는 한편, 금융투자상품 가격의 연속성을 확보함으로써 시장조성자(market maker)로서의 역할을 한다.

③ 인수 · 주선업무

증권의 인수업무(underwriting)는 투자매매업무로서 증권회사가 신규발행된 증권을 매출할 목적으로 취득하는 업무를 말하며, 모집, 매출, 공모, 사모의 네 가지 형태가 있다. 모집은 새로 발행되는 증권에 대하여 취득의 청약을 권유하는 것을 말하며, 매출은 이미 발행된 증권에 대하여 매도 청약을 하거나 매수 청약을 권유하는 것을 말한다. 공모는 50인 이상의 투자자를 대상으로, 사모는 49인 이하의 투자자를 대상으로 한다. 한편 주선업무는 증권회사가 제3자의 위탁에 따라 모집 · 매출을 주선하는 업무를 말한다.

④ 펀드판매 및 자산관리업무

펀드(자본시장법에서는 집합투자기구라고 칭함)판매업무는 증권회사가 투자중개업자로서, 펀드에서 발행하는 수익증권 등을 투자자에게 판매하는 업무이다. 2020년 말 현재 투자중개업자별 펀드 판매비중을 보면, 증권회사 55.55%, 은행 39.44%, 보험회사 1.93%, 기타 3.08%로, 국내에서 판매되는 대부분의 펀드는 증권회사 및 은행을 통해 판매되고 있다. 한편 증권회사는 채권형 및 MMF의 판매 비중이 높고, 은행은 주식형 펀드 및 MMF의 판매비중이 높다.

자산관리업무는 투자자문 및 투자일임업자로서 투자자에게 랩어카운트(wrap accunt) 및 CMA 서비스를 제공하는 업무이다. 랩어카운트는 여러 종류의 자산운용 관련 서비스를 하나로 싸서(wrap) 고객의 투자성향분석에 따라 이를 제공하는 자산종합관리계좌이다. 자산 전반에 대한 컨설팅을 통해 투자자산을 배분 · 운영하고, 이에 따른 주문집행 및 결제 등의 업무를 일괄적으로 처리하여, 관련 업무수행에 따른 제 비용을 합해서 단일 수수료를 징수하는 금융상품이다.

랩어카운트는 자산 운용방식과 투자 대상상품에 따라 컨설턴트 랩(consultant wrap)과 펀드 랩(fund wrap)으로, 투자일임 여부에 따라 일임형과 자문형으로 각각 구분할 수 있다. 컨설턴트 랩(consultant wrap)은 고객의 투자목적에 맞도록 해당 증권회사와 계약을 맺고 있는 투자 자문회사를 추천하고, 해당 투자 자문회사에서 고객에 적합한 투자전략을 수립한 후, 이를 바탕으로 고객의 자산을 운용하는 방식이다. 펀드 랩((fund wrap)은 고객의 성향에 적합한 자산배분 유형이나 투자전략에 따라 가장 적합한 펀드로 최적의 폴트폴리오를 구성하는 투자전략을 제안하는 방식이다. 한편 일임형은 고객 자산을 증권회사가 스스로 판단하여 운용하는 방식이며, 자문형은 고객의 자산운용에 대해 자문만 하고 최종판단은 고객이 결정하는 방식이다.

CMA(cash management account)는 증권회사가 고객에게 권유하고 있는 CMA는 증권계좌에 자산관리기능 등을 추가한 것으로서, 일반 증권계좌에 부가서비스를 결합한 증권종합계좌서비스이지 그 자체가 독립적인 수익률을 제공하는 금융상품이라고 보기는 어렵다. 이와 같은 특성에 기인하여 증권회사 CMA는 예금자보호 대상이 아니다.

증권회사는 CMA 서비스약정을 통해 증권계좌 내의 유휴자금(idle money)을 MMF, RP 등에 자동 투자하고 고객의 현금인출 또는 유가증권 투자 시 자동 환매하는 서비스와 더불어, 제휴은행의 연계계좌를 통해 급여 이체, 인터넷뱅킹, ATM 입출금, 결제 대금(공과금, 카드대금, 보험료 등) 자동납부 등의 각종 금융서비스를 제공하고 있다. 그런데 이러한 CMA 서비스는 정형화된 부가서비스 형태가 아니라, 증권회사별로 제휴능력에 따라 다양하게 제공되고 있는데, 최근에는 예탁증권담보 자동대출 등의 대출 기능도 추가되고 있다.

⑤ 신용공여업무

신용공여업무는 증권회사가 증권거래와 관련하여 고객에게 금전을 융자하거나 증권을 대부하는 업무이다. 현재 증권회사가 취급할 수 있는 신용공여업무에는 고객의 증권매수에 대해서는 융자를 해주고 매도에 대해서는 대주를 해주는 신용거래업무, 예탁된 증권을 담보로 하는 대출업무 등이 있다.

증권회사의 전체 영업이익은 2020년말 기준으로 18조 9,827억원으로, 전년도 대비 3조769억(23.2%) 증가하였다. 영업부문별로 보면 수수요 수익이 차지하는 비중이 높음을 알 수 있다(〈표 21-4〉 참조)

〈표 21-4〉 증권회사의 주요 항목별 손익

(단위 : 억원)

구분	2019년(A)		2020년(B)		증감	증감률
	금액	비율(%)	금액	비율(%)	(B-A)	(%)
수수료 수익(A)	94,938	61.62	136,511	71.91	41,573	43.8
수탁 수수료	34,636	22.49	70,924	37.37	36,288	104.8
IB부문 수수료	34,218	22.21	39,351	20.73	5,133	15.0
자산관리부문 수수료	10,580	6.86	10,291	5.42	△289	△2.7
기타 수수료	15,503	10.06	15,945	8.39	442	2.9
자기매매손익(B)	39,664	25.74	26,695	14.06	△12,989	△32.7
주식관련 손익	5,308	3.44	△2,521	△1.31	△7,829	△47.5
채권관련 손익	67,519	43.82	51,184	26.96	△16,335	△24.2
파생관련 손익	△33,163	△21.52	△21,967	△11.57	11,196	33.8
기타자산 손익(C)	40,921	26.56	43,949	23.15	3,028	7.4
외환관련 손익	2,558	1.66	△279	△0.14	△2,837	△110.9
대출관련 손익	26,143	16.97	24,723	13.02	△1,420	△5.4
펀드관련 손익	12,220	7.93	19,506	10.27	7,286	59.6
기타손익[1](D)	△21,465	△13.92	△17,327	△9.12	4,138	19.3
영업이익(A+B+C+D)	154,058	100	189,827	100	35,769	23.2

주 : 1) 기타 손익: 수수료비용, 전체 조달자금 이자비용 등
자료 : 금융감독원, 「금융감독정보」 제2021-5호

2. 선물회사

선물회사는 선물거래 및 해외선물거래에 대한 위탁매매 등 장내파생상품에 대한 투자매매 및 투자 중개업무를 영위하는 금융기관이다. '자본시장법'에서는 파생상품을 선도, 옵션, 스왑 중 어느 하나에 해당하는 투자성 있는 것으로 정의하고, 파생상품시장에서 거래되는 것을 장내파생상품으로 규정하고 있다.

우리나라의 선물회사는 1996년 7월 '선물거래법' 시행에 따라 1996년 11월에 35사가 설립 허가를 받았다. 그 후 1997년 4월에는 13사가 해외선물거래업을 허가받았다. 그러나 1997년의 외환위기 발생에 따른 금융구조 및 선물거래소의 위치선정 지연에 따른 선물시장 개설의 지연 등으로, 상당수의 업체가 선물회사의 설립을 포기하고, 일부 선물회사가 해산됨에 따라 선물회사의 수는 크게 줄어들었다. 그러다가 1998년 12월 '선물거래법'에 따라 11사가 선물거래업을 금융위원회에서 허가받고, 이들 11사를 중심으로 부산에 한국선물거래소(KOFEX)가 설립됨으로써, 1999년 4

월부터 본격적인 선물거래가 시작되었다. 그 이후 1999~2000년 중 3사의 선물회사가 선물거래업 허가를 신규취득하기도 하였으나, 2009년 '자본시장법' 시행 이후 일부 선물회사가 증권회사와 합병, 증권회사로 전환, 영업폐지 등으로 감소함에 따라, 2020년 말 현재 4사의 선물회사가 영업 중이다.

〈표 21-5〉 선물회사 수의 변화추이

(단위 : 사)

	1999	2000	2005	2010	2017	2020
선물회사	16	14	14	9	5	4

자료 : 금융감독원

우리나라의 선물회사는 선물거래와 해외선물거래의 자기거래, 위탁거래, 위탁의 중개・주선・대리업무를 영위한다.

현재 취급하고 있는 주요선물상품으로는 KOSPI 200선물 및 옵션을 포함한 주식상품, 금리상품(3년 국채선물), 통화상품(달러선물, 엔선물), 금 및 돈육선물과 같은 일반상품이 있다. 해외상품으로는 Dow Jones, S&P 500, T-Note, T-Bond, FX Margin Trading, Euro FX 등이 있다.

[그림 21-2] 선물 및 옵션거래 실적

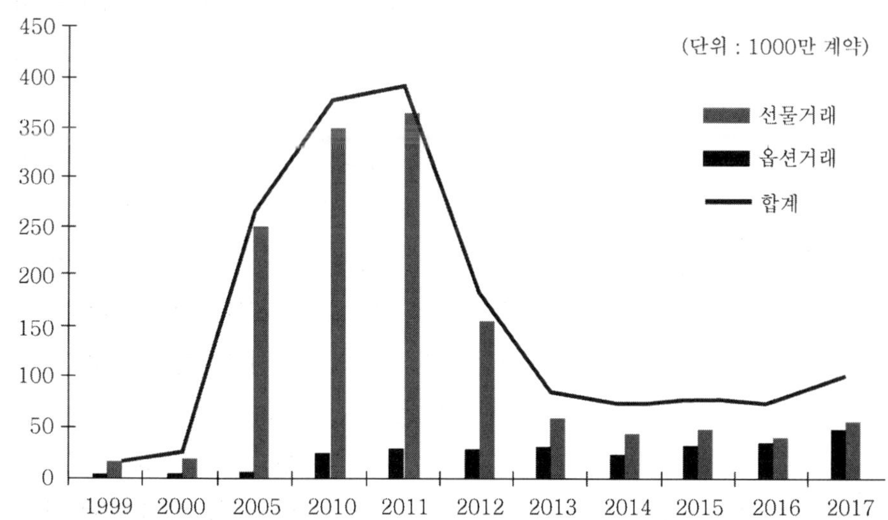

자료 : 한국거래소

1999년 4월 선물거래소가 개장된 이래 선물 및 옵션거래의 실적을 보면([그림 21-2] 참조), 초기에는 거래량(계약기준)이 그리 많지 않았으나, 2000년 이후 선물상품의 다양화 등을 통해 선물시장이 정비되면서 크게 증가하고 있다.

제3절 집합투자업자

1. 연역 및 현황

집합투자업자는 '자본시장법' 시행에 따라 집합투자를 수행하는 금융기관이다. 2003년 12월 '간접투자 자산운용업법'을 제정하여 종래의 '증권투자신탁업법'에 의한 투자신탁회사와 '증권투자회사법'에 의한 자산운용회사를 통합·개편함으로써 새롭게 도입된 자산운용회사가 이에 해당된다.

종래 우리나라의 증권투자신탁 제도는 1969년 '증권투자신탁업법'이 제정·공포됨으로써 시작되었는데, 동 법에 의거 1970년 한국투자공사가 한국신탁은행을 수탁회사로 하여 증권투자신탁업을 시작한 것이 효시이다. 한편, 본격적으로 증권투자신탁업무가 시행된 것은 1974년 9월 최초의 전업 투자신탁회사인 한국투자신탁이 설립된 이후였으며, 1977년 2월에 한국투자공사가 증권감독원과 대한투자신탁으로 분리되면서 증권투자신탁업의 성장이 한층 가속화되었다. 그 후 1982년 7월 국민투자신탁이 설립되었고, 1989년 11월에는 5사의 지방 투자신탁회사가 신설되었다.

종래에는 투자신탁회사가 운용과 판매를 겸업하는 체제를 유지해 왔으나, 1995년의 '증권투자신탁업법'의 개정으로 운용조직과 판매조직을 분리하여 판매조직을 증권회사로 전환할 수 있게 하였다. 이에 따라 기존의 운용과 판매를 겸업하던 투자신탁회사는 증권회사로 전환하고, 운용만을 전담하는 투자신탁회사(투자신탁운용회사)를 자회사로 별도로 설립하게 되었다. 그 결과 1996년 7월부터 1997년 7월까지 23사의 투자신탁운용회사가 투자자문회사에서 전환되거나 신설되어, 1997년 말에는 투자신탁회사가 31사에 이르렀다.

그러나, 1990년 이후 주식시장의 침체 등으로 적자가 누적된 상태에서 1997년 외환위기로 7사가 퇴출되고, 그 이후 1998~2004년 중 11사의 투자신탁회사가 새로이 설립되기도 하였다.

1998년 9월 '증권투자회사법' 제정을 통해 회사형 증권투자신탁인 투자회사가 도입되었다. 도입 당시 기존의 투자신탁운용회사에 대해서는 재정경제부(현재의 기획재정부)장관의 인가를 통해 회사형 증권투자신탁업무를 겸영할 수 있도록 하였다. 2003년 12월 '간접투자자산운용법'으로 통합되기 전까지 '증권투자회사법'에 의해 설립·운영되었던 자산운용회사는 13사에 이르렀다.

2003년 '간접투자자산운용법'의 제정[11] 이후 간접투자기구가 투자신탁, 주식회사, 합자회사(PEF)로 한정되어 다양한 투자기구 활용이 곤란하고, 법령에 규제되지 않은 간접투자기구에 대해서는 투자자 보호장치가 발동되지 않았기 때문에, 2009년부터 시행된 '자본시장법'에서는 간접투자기구를 집합투자기구로 새로 변경하고, 유한회사, 민법상 조합, 상법상 익명조합 등 민·상법상 설립 가능한 모든 기구로 그 범위를 확대하였다. 투자대상 자산도 종래에는 투자증권, 장내·외 파생상품, 부동산, 실물자산 등으로 한정되었으나, '자본시장법'에서는 '재산적 가치가 있는 투자대상자산'으로 포괄적으로 규정하였으며, 집합투자기구 종류별 투자대상 자산 또한 완화하였다.

한편, 2015년 '자본시장법' 개정을 계기로 사모 집합투자기구(사모펀드) 활성화를 위하여, 운영목적에 따라 전문투자형(헤지펀드)[12]과 경영참여형(PEF)으로 단순화하고, 공모펀드와 구별하여 규율하였다. 이와 더불어 전문투자형 사모펀드를 운용하는 집합투자업자를 '전문사모집합투자업자'로 칭하고, 등록[13]만으로 진입할 수 있게 하였다. 이에 따라 2015년 말 93사였던 집합투자업자는 2017년 215사로 증가하여[14], 2020년 말 현재 326사의 집합투자업자가 영업 중이다.

---

11) 이는 당시 은행신탁계정의 불특정금전신탁이 투자신탁회사의 취급업무와 서로 상충되고 있었던 데다, 간접투자와 관련한 투자기구가 계약형 투자신탁(투자신탁회사)과 회사형 투자신탁(증권투자회사)로 이원화되어 복잡해짐에 따라, 간접투자와 관련한 금융기관 체 계를 합리적으로 조정해야 할 필요성이 제기된 데에 기인한 것이었다.

12) 기존 일반사모펀드와 헤지펀드를 통합하여 전문투자형 사모펀드로 칭하였다.

13) 등록요건은 자기자본 20억, 전문인력 최소 3인(3인 중 1인은 공모펀드 운용역, 2인은 전문투자형 사모펀드 운용역)이상 등이나.

14) 증가한 집합투자업자는 모두 전문사모 집합투자업자이었다.

〈표 21-4〉 집합투자업자 수의 추이

(단위 : 사)

	1990	1995	1997	2000	2005	2010	2015	2020
집합투자업자[1]	8	8	31	24	46	80	93	326

주 : 1) 2000년까지는 투자신탁(운용)회사 기준이며, 2004년부터 기본의 투자신탁(운용)회사 및 구 자산운용회사가 자산운용회사로 일원화됨에 따라 2005년 이후 수치는 구 자산운용회사(2003년말 기준 13사)를 포함

자료 : 금융감독원

2. 취급업무

집합투자업자(자산운용회사)는 투자신탁 또는 투자회사 등의 방식으로 설정·설립되는 집합투자기구(펀드, 이하에서는 펀드로 칭하기도 한다)의 재산을 운용하는 것을 주된 업무로 한다.

집합투자기구(펀드)의 설립형태를 보면, 투자신탁이란 투자자로부터 자산에 운용할 목적으로 자금 등을 모은 집합투자업자(위탁회사, 자산운용회사)가 그 투자신탁재산을 수탁자(수탁회사, 신탁회사)로 하여금 투자·운용하게 하고 그에 따른 수익권을 분할하여 당해 투자자에게 취득시킬 목적으로 하는 집합투자기구(펀드)를 말하는데, 수익증권형태의 펀드상품을 취급한다. 국내 펀드의 대부분이 투자신탁 방식으로 이루어지고 있다.

한편 투자회사란 회사의 재산을 자산에 운용하여 그 수익을 주주에게 배분하는 것을 목적으로 성립된 집합투자기구(펀드)를 말한다. 투자회사[15]는 자산의 운용, 보관, 모집·판매, 기타 일반사무 업무를 각각 별도의 자산운용회사, 자산보관회사, 판매회사, 일반사무 관리회사에 위탁하여야 한다. 투자회사의 위탁을 받아 자산을 운영하는 자산운용회사는 서류상 회사인 투자회사의 설립 및 주식모집을 실질적으로 주관한다. 자산보관회사는 투자회사의 위탁을 받아 자산을 보관하는 회사로, 투자회사의 자산을 자신의 고유재산 및 다른 수탁자산과 구분·관리한다. 자산보관회사는 투자신탁에서의 수탁회사와 마찬가지로 신탁회사 또는 신탁업을 겸영하는 금융기관으로 제한되어 있다. 판매회사는 투자회사의 위탁을 받아 주식의 모집 또는

15) '상법'상의 주식회사이나 서류상의 회사이다.

판매를 담당하고 있는데, 주로 은행, 증권회사, 보험회사 등이 수행하고 있다. 일반사무관리회사는 투자회사의 위탁을 받아 주식명의개서, 주식발행사무, 증권투자회사의 운영에 관한 사무 등을 담당하는 회사로 주로 자산운용회사가 맡고 있다.

〈표 21-5〉 투자신탁과 투자회사의 비교

	투자회사	투자신탁
형 태	-회사형태(신탁재산에 법인격 부여) -'상법'에 의해 설정	-펀드 형태(법인격 없음) -투자신탁 계약에 의해 설정
증 권 형 태	-주식	-수익증권
투자자 지위	-주주	-수익자
중도환매 여부	-가능(유가증권시장 및 코스닥시장에서의 매매도 가능)	-가능
투자수익확보 및 수익 배분	-배당금, 주식매매차익 -배당형태의 분배	-환매 -운용실적에서 신탁보수 및 운용보수 등 비용공제 후 전액분배
최소투자규모	-일정금액이상	-펀드마다 다양
투 자 기 간	-1년(이상)	-펀드마다 다양
참가당사자	-투자회사 : 계약형펀드에 해당	-위탁자 : 자산운용 -수탁자 : 자산보관·관리 -판매자 : 수익증권판매 -수익자 : 투자자
근 거 법 규	-'자본시장법'	-'자본시장법'

집합투자기구(펀드, 이하 펀드라고 칭함)는 투자대상별로 증권, 부동산, 특별자산, 단기금융(MMF), 혼합자산 등 5종류로 구분된다. 증권펀드는 집합투자재산의 50%를 초과하여 증권 및 이를 기초자산으로 하는 파생상품에 투자하는 펀드이고, 부동산펀드는 집합투자재산의 50%를 초과하여 부동산, 이를 기초자산으로 한 파생상품, 부동산개발과 관련된 법인에 대출, 신탁재산·집합투자재산·유동화 자산의 50% 이상이 부동산 관련 자산 및 특별자산인 수익증권·집합투자증권·유동화 증권, 부동산투자회사가 발행한 주식 등에 투자하는 펀드이다. 그리고 특별자산펀드는 집합투자재산의 50%를 초과하여 특별자산(증권 및 부동산을 제외한 투자대상 자산을 말함)에 투자하는 펀드이고, 혼합자산펀드는 집합투자재산 운용에 있어서 증권, 부동산, 특별자산 펀드 관련 규정의 제한을 받지 않는 펀드이다. 한편 단기금융펀드는

집합투자재산 전부를 단기금융상품[16]에 투자하는 펀드로서, 대통령령으로 정하는 방법으로 운용되고 있다.

〈표 21-6〉 투자대상에 따른 펀드 유형

유 형		분 류 기 준
증권	주식형	-자산총액의 60% 이상 주식에 투자
	채권형	-자산총액의 60% 이상 채권에 투자
	혼합형	-자산총액 중 주식에 투자할 수 있는 최고 편입 한도가 50% 이상
	혼합 주식형	-자산총액 중 주식에 투자할 수 있는 최고 편입 한도가 50% 미만
	혼합 채권형	-자산총액의 60% 이상을 투자계약증권에 투자. 다만 투자계약증권에 60% 미만 투자 시 혼합주식형으로 분류
	재간접형	-자산총액의 40% 이상을 집합투자증권에 투자
단기금융(MMF)		-유가증권의 운용비율 등에 제한이 없고, 자산을 주로 단기성 자산(콜론, CP, CD 등)에 투자
부 동 산		-50% 이상을 부동산(부동산개발과 관련된 법인에 대한 대출, 그 밖에 대통령령이 정하는 부동산과 관련된 증권)에 투자
특별 자산		-50% 이상을 특별자산(증권, 부동산 이외의 투자대상 자산)에 투자
혼합자산		-증권, 부동산, 특별자산 펀드 관련 규정의 제한을 받지 않는 펀드

16) '자본시장법' 시행령에서는 RP, 잔여 만기 6개월 이내 CD, 잔여 만기 5년 이내 국채증권, 잔여 만기 1년 이내 지방채증권, 특수채증권 · 사채권 · CP, 잔여 만기 1년 이내 금융기관 발행 · 할인 · 매매 · 중개 · 인수 · 보증 어음(CP 제외), 30일 이내 단기대출, 만기 6개월 이내 금융기관 예치, 다른 단기금융집합투자기구의 집합투자증권 등으로 규정하고 있다.

제4절 투자자문 · 일임업자

투자자문 · 일임업자인 투자자문 회사는 유가증권의 가치 또는 유가증권의 투자판단에 관한 고객에게 조언하거나 투자판단을 일임받아 투자를 수행하는 회사이다. 투자자문 회사의 자격으로 영업을 하기 위해서는 금융위원회에 등록해야 한다.

투자자문업이 제도금융시장의 일원으로 자리 잡게 된 것은 1987년 11월 '증권거래법'의 개정으로 투자자문업에 대한 근거조항이 신설되고, 1988년 1월 증권관리위원회의 '투자자문 회사의 등록 및 업무 등에 관한 규정'이 제정된 이후이다.[17] 이에 따라 1988년 증권회사, 은행, 보험회사 등 기관투자자를 중심으로 25사의 투자자문 회사가 설립되었고, 1989년에 4사가 추가로 설립되었다. 그리고 1997년에 3사가 추가로 투자신탁운용회사로 전환하였고 3사가 폐업하였으며 9사가 신규로 설립되었다.

한편, 1997년 4월 '증권거래법'개정으로 기존에 투자자문업을 영위하고 있던 회사 중에서 신규로 재경부(현재의 기획재정부)장관의 허가를 받은 경우에는 투자일임업을 허용하였으며, 불특정다수인을 대상으로 통신 및 간행물을 통해 투자정보를 제공하던 유사투자자문업에 대해서는 신고만으로도 영업이 가능하도록 하였다. 또한, 1999년 4월부터는 투자일임업을 허가제에서 등록제로 전환하는 등, 투자자문 회사의 설립을 완전 자유화하여, 투자자문업과 투자일임업 모두를 금융감독위원회(현재의 금융위원회)의 등록사항으로 완화하였다. 그 이후 투자자문 수요의 확대, '자본시장법' 시행에 따른 등록요건 완화 등으로 큰 폭으로 증가하여, 2020년 말 현재 221사의 전업 투자자문 회사가 등록 · 영업 중이다.

17) 우리나라의 투자자문업은 1984년 7월 대우경제연구소가 코리아펀드(Korea Fund)와 투자자문계약을 체결하여 시행한 것이 효시이다. 그 후, 비공식으로 증권회사계열의 경제연구소 등이 투자자문업을 시행해 왔다.

〈표 21-7〉 전업 투자자문 회사 수의 추이

(단위 : 사)

	1988	1990	1995	2000	2005	2010	2020
전업 투자 자문회사	25	29	29	32	52	135	221

자료 : 금융투자협회

투자자문 회사는 금융투자상품의 가치 또는 금융투자상품 투자에 관하여 구술·문서 기타의 방법으로 조언을 하는 업무인 투자자문업무와 고객으로부터 금융투자상품 가치 등의 분석에 기초한 투자 판단의 전부 또는 일부를 위임받아 고객을 위하여 투자를 행하는 투자일임업무를 영위할 수 있다. 투자자문 회사가 투자자문업과 투자일임업을 영위하기 위해서는 자기자본금 20억원과 투자자문 전문인력 확보 등의 요건을 갖추어 금융위원회에 등록해야 한다.

〈표 21-8〉 투자자문·일임업자의 등록요건

업 종	요 건	자 본 시 장 법
자문	자본 인력	-자기자본 5억원(2.5억원)[1]이상 -투자권유자문인력 1인 이상
일임	자본 인력	-자기자본 15억원(7.5억원)[1]이상 -투자운용인력 2인 이상
자문 일임	자본 인력	-자기자본 20억원(10억원)[1]이상 -전문인력(자문+운용) 3인 이상

주 : 1) 전문투자자만 대상인 경우 자본요건이 절반으로 완화되어 적용
자료 : 금융감독원

제5절 신탁업자

1. 연역 및 현황

신탁업자에는 은행, 금융투자업자(증권회사), 보험회사 등의 신탁겸업회사와 부동산신탁회사가 있다. 신탁겸업회사는 신탁계정을 통하여 금전 및 재산을 신탁받아, 유가증권, 대출금 등으로 운용하여 나온 수익을 투자자에게 분배한다.

신탁업은 1960년대 이후 경제개발계획 추진에 따른 장기저축성 자금 동원의 필요성으로 본격적으로 발전하게 되었다. 1961년 12월 '신탁법'과 '신탁업법'의 제정으로 신탁관련 기본법령이 정비되었으며, 1962년 11월에는 4개 시중은행이, 1968년에는 지방은행인 부산은행이 각각 신탁업무에 참여하게 되었다. 이처럼 일반은행의 신탁업 겸영이 확대되면서 신탁업무의 외형 규모는 꾸준히 늘어났으나, 질적인 면에서 별다른 발전을 이루지 못하였다. 이에 따라 1968년 기존의 신탁업 겸영은행의 신규수탁을 금지하면서 신탁업 전담기관인 한국신탁은행을 설립하였다. 1970년 5개 시중은행 및 지방은행 신탁계정의 한국신탁은행으로의 이관, 1976년 신탁은행과 서울은행의 합병으로 인한 서울신탁은행(1995년 서울은행으로 개명)설립 등을 거치면서 신탁업 전담기관인 서울신탁은행이 신탁업을 독점적으로 겸영하게 되었다.

1980년대에 들어 금융기관간 경쟁촉진을 위해 1983년 5월과 1984년 2월 지방은행 및 여타 시중은행에게도 신탁업 겸영을 허용함으로써 신탁업무는 경쟁체제로 바뀌었다. 이어 1985년에는 당시 특수은행이었던 한국외환은행과 일부 외국은행 국내지점에 대해서도 신탁업무 취급이 허용되었으며, 1989년에는 한국산업은행과 한국장기신용은행 등 특수은행까지 취급기관이 확대되었다. 또한 1989년 이후 신설된 시중은행에 대해서도 차례로 신탁업의 겸영이 허용되었다.

1990년대에 들어 경제 규모의 지속적인 확대와 더불어, 모든 은행이 신탁업을 취급함에 따라 은행신탁은 급속도로 성장하였다. 1996년에는 신탁 만기를 장기화(최단만기를 종전 1년에서 1년 6개월로 조정)하고 확정배당형 신탁상품을 단계적으로 축소하는 조치를 취하기도 하였으나, 1997년말 종합금융회사의 업무정지에 따른 보완책으로 은행신탁계정의 CP할인· 매입을 촉진하기 위해, 만기 6개월의 신종 적립신탁을 도입한 데 이어, 1999년에는 투자신탁 수익증권과 비슷한 단위신탁상품이 등장하였다.

2000년대 들어서는 저금리 기조 정착에 따라 은행신탁상품의 배당률이 하락하면서 은행신탁 수신 규모가 감소하였다. 특히 2000년에는 채권 시가평가제 도입 영향으로 장부가 평가 실적배당상품 신규수탁이 중지되고, 2004년에는 '간접투자 자산운용업법' 시행으로 개인연금 및 퇴직연금을 제외한 불특정금전신탁의 신규수탁이 중지되었다. 한편 2004년에는 신탁고객에 대한 편의 제공과 외환위기 이후 금전신탁 부실화 등으로 위축된 신탁업의 활성화를 위해 종합재산신탁제도[18]가 도입되었다. 또한, 2005년 '신탁업법' 개정으로 증권회사 및 보험회사도 신탁업 겸업이 가능해짐에 따라 2005년 9개 증권회사가, 2007년에는 미래에셋생명보험이 최초로 신탁업무에 참여하여 이후 증권회사 및 보험사의 신탁업 겸업이 확대되었다.[19]

2020년 12월말 기준 신탁 겸업회사는 국내은행 16개와 외국은행 국내지점 3개, 증권사 14개, 보험회사 6개 등이 있다.

2. 취급업무

신탁(trust)은 위탁자(trustor)와 수탁자(trustee)간의 신임관계를 바탕으로 개인 또는 단체인 위탁자가 금전 또는 그 밖의 재산의 관리 또는 처분을 신탁금융기관인 수탁자에게 일정기간 동안 위탁하여 운용하게 하고, 여기서 발생하는 운용수익을 수익자(beneficiary)에게 귀속시키는 것을 말한다.

신탁은 위탁자, 수탁자, 수익자의 관계에 의한 계약으로, 신탁이라는 법률관계가 성립하려면 신탁관계인[20], 신탁행위 및 신탁재산이라는 구성요소가 필요하다.

---

18) 단일계약으로 금전, 유가증권, 부동산, 무채재산권 등 여러 유형의 재산을 함께 수탁하여 통합·관리하는 제도이다.

19) 한국은행, 「한국의 금융제도」, 2018년, pp. 264~266.

20) 신탁관계인은 신탁 설정행위를 하는 당사자인 위탁자와 수탁자를 포함하여 수익자, 신탁

신탁업무는 위탁자와 수탁자 간의 계약관계에 기초한 법률관계를 규정한 신탁에 관한 기본법인 '신탁법'과, 신탁의 인수를 영업으로 하는 신탁업자를 규율하는 법인 '자본시장법' 시행령에 따라 운영되고 있다. 신탁업자는 '자본시장법'에 의해 신탁의 인수, 신탁재산의 관리·운용·처분 등에 관한 업무 및 이에 수반하는 부수업무[21])를 취급하고 있으며, '신탁법', '담보부사채신탁법' 등에 의한 신탁업무도 취급하고 있다.

1) 수탁업무

우리나라의 경우 신탁업자가 위탁자로부터 수탁할 수 있는 재산의 종류에 대해서는 '신탁법'상 제한이 없다. 그러나 영업으로 수탁을 하는 자를 규율하는 '자본시장법'에서는 신탁재산은 금전, 증권, 금전채권, 동산, 부동산, 지상권, 전세권, 부동산임차권, 부동산소유권이전등기청구권, 그 밖의 부동산 관련 권리 및 무체재산권으로 한정하고 있다.

① 금전신탁

신탁은 수탁재산의 형태에 따라 금전으로 수탁하는 금전신탁과 금전 이외의 재산이나 경제적 권리로 수탁하는 재산신탁으로 구분된다. 금전신탁은 금전을 신탁재산으로 인수하는 신탁형태를 총칭하는 것으로, 신탁종료 시 신탁재산을 금전으로 교부하는 신탁을 말한다. 금전신탁은 위탁자가 신탁재산의 운용방법을 특정하고 있느냐의 여부에 따라 특정금전신탁과 불특정금전신탁으로 구분된다.

특정금전신탁은 위탁자가 신탁재산의 운용대상으로 특정주식, 특정대출 등과 같이 구체적으로 그 운용방법을 정하여 위탁한 경우를, 불특정금전신탁은 그 운용방법을 특별히 지정하지 않고 수탁자에게 일임하여 신탁종료시에 금전으로 환급할 것을 약정하는 경우를, 각각 의미한다. 특정금전신탁에는 대표적으로 맞춤형 특정금전신탁과 분리과세 특정금전신탁 등이 있고, 불특정금전신탁은 연금신탁을 제외하고

관리인 및 신탁 재산관리인 등을 들 수 있다.

21) 보호예수, 채무의 보증, 부동산매매의 중개, 금전 또는 부동산 대차의 중개, 공사채·주식의 모집 및 그 불입금의 수입과 원리금·배당금 지급의 취급, 재산에 관한 유언의 집행, 회계의 검사, 재산의 취득·관리 ·처분 또는 대차, 재산의 정리 또는 정산, 채권의 추심, 채무의 이행, 보험 등에 관한 대리사무 등이 있다.

는 2004년 7월부터 신규 판매가 금지되고 있다.

② 재산신탁

재산신탁은 신탁인수 시에 신탁재산으로 금전 이외의 재산 즉 금전채권, 증권, 부동산 등을 수탁하여 신탁종료 시 신탁재산을 현상 그대로 수익자에게 교부하는 신탁을 말한다. 재산신탁은 재산의 종류에 따라 금전채권신탁, 유가증권신탁, 부동산신탁, 동산신탁, 무체재산권신탁, 이 밖에 지상권, 전세권, 임차권 등의 신탁으로 구분된다.

금전채권신탁은 수탁자가 금전채권 등 신탁재산을 위탁자로부터 수탁하여 이를 관리하고 그 대금을 받아 위탁자에게 지급하는 것을 말한다.

유가증권신탁은 고객소유의 증권을 신탁재산으로 수탁하여 증권의 보관, 이자배당금, 상환금의 수령, 증자대금의 불입, 담보제공, 대여 등 증권을 관리, 처분, 운용하고 신탁종료 시 신탁 원본 및 수익을 운용 현상대로 교부하는 재산신탁을 말한다. 이는 신탁목적에 따라 관리신탁, 운용신탁 및 처분신탁으로 구분된다. 관리신탁은 증권의 관리업무를 신탁업자가 대행하는 데에 그 목적이 있는데, 증권의 이자나 배당금의 추심이 이에 해당된다. 한편 운용신탁은 신탁업자가 수탁된 증권을 운용하여 위탁자가 그 운용수익을 얻도록 하기 위한 것으로 증권대여료 수입 등이 그 예이다. 그리고 처분신탁은 신탁업자가 수탁된 증권을 위탁자가 지정한 가격과 기간 내에 처분하기 위한 신탁이다.

부동산신탁은 고객소유의 부동산을 수익자의 이익 또는 신탁계약에 정한 바에 따라 관리, 처분, 담보 및 개발을 목적으로 수탁받아 운용하고, 신탁종료 시 그 현 상태로 교부하는 신탁상품이다.

이외에도 동산신탁, 지상권, 전세권, 임차권 등의 신탁이 있으나, 실제로는 취급실적이 거의 없다.

2) 운용업무

'자본시장법'에서는 신탁재산에 속하는 금전의 운용방법을, 증권, 장내·외 파생상품 등 금융투자상품의 매수, 금융기관에의 예치, 금전채권의 매수, 대출, 어음의 매수, 실물자산의 매수, 무체재산권의 매수, 부동산의 매수 또는 개발, 그 밖에 신탁재산의 안전성· 수익성 등을 고려하여 대통령령으로 정하는 방법 등으로 제한하고 있다. 운용한 신탁자산의 처분은 이익 상충 방지를 위해 시장을 통하여 매매하는 것을 원칙으로 하고, 특정 신탁상품의 수익률을 올릴 목적으로 운용자산을 편입하거나 편출할 수 없다.

제6절 금융투자업자에 대한 건전성 규제

1. 자본 적정성

금융위원회는 금융투자업자가 유동성 부족이나 손실 급증으로 인한 재무 불안을 사전예방하고 영업이 중단된 경우에도 투자자의 재산을 차질없이 변제할 수 있도록 자본 적정성에 대해 규제하고 있다.

투자매매·중개업자는 순자본비율을 100% 이상 유지하여야 한다. 순자본비율은 필요유지자기자본[22]에 대한 순자본의 비율을 의미한다.

집합투자업자는 자기자본을 최소영업자본액 이상으로 유지하여야 한다. 여기서 최소영업자본액이란 필요유지자기자본에 집합투자재산 및 투자일임재산을 운용하는 과정에서 법령 및 집합투자규약 등에 위배되는 행위를 하여 발생할 수 있는 잠재적 손실액을 완충할 수 있는 자본(고객자산운용 필요자본) 및 집합투자업자의 고유재산 투자 과정에서 시장가격 변동 등으로 인해 발생할 수 있는 잠재적 손실액을 완충할 수 있는 자본(고유자산운용 필요자본)을 합산한 금액을 의미한다.

신탁업자는 영업용순자본비율을 150% 이상 유지하여야 한다. 여기서 영업용순자본비율이란 총위험액에 대한 영업용순자본의 비율을 의미한다. 영업용순자본비율을 구성하는 항목을 보면, 먼저 영업용순자본은 대차대조표상의 자산총액에서 부채총액을 차감한 순재산액에서 즉시 현금화하기 곤란한 자산 및 평가손실 등을 차감하

22) 필요유지자기자본은 인가업무 또는 등록업무 단위별로 요구되는 자기자본을 합계한 금액을 말한다.

고,[23] 상환의무가 없거나 자본의 보완적 성격을 지닌 부채를 가산하여[24] 산출한다. 한편, 총위험액은 시장위험액[25], 신용위험액[26], 운영위험액[27]을 합하여 산출한다.

이와 관련하여 금융투자업자는 순자본비율 등이 기준에 미달하는 경우 지체없이 이를 금융감독원장에게 보고하여야 하며 기준을 충족할 때까지 매월 해당 비율 또는 금액을 익월 20일까지 금융감독원장에게 보고하여야 한다.

2. 경영실태평가

금융위원회는 경영실태평가결과를 바탕으로 경영개선권고 · 요구 · 명령 등 적기시정조치를 발동한다. 금융투자업자의 경우 '자본시장법' 시행을 계기로 모든 금융투자업자(투자자문· 일임사 제외)에게 공통 적용하는 경영실태평가를 시행하고 있다. 평가부문은 공통평가부문과 업종평가부문으로 구분된다. 다만 집합투자업자에 대한 경영실태평가는 업계의 특성 반영 등의 목적으로 2015년 4월에 폐지되었다.

공통평가부문(60%)은 모든 금융투자업자에게 똑같이 적용되는 것으로, 자본 적정성, 수익성, 경영관리 3개 평가부문으로 구성되어 있다. 업종평가부문(40%)은 영위 업종에 따라 부문별 가중치, 평가항목을 달리 적용하며, 유동성, 자산 건전성 등 2개 평가부문으로 구성된다.

---

23) 차감항목에는 유동 자산중에서 금융투자업자가 현금화할 수 없는 선급금 · 선급비용 · 선급법인세 등과, 투자자산(상장투자 유가증권, 정기예금 등은 제외), 기타자산(부채상환을 위해 예치한 자산 등은 제외), 기타자산(부채상환을 위해 예치한 자산 등은 제외), 고정자산, 특수관계인이 발행한 유가증권, 평가손실 및 파생상품의 미현실손실 등이 포함된다.

24) 증권거래증거금, 후순위차입금, 유가증권평가이익 등이 포함된다.

25) 보유 유가증권 등의 시세변동으로 금융투자업자가 입을 수 있는 손실금액을 의미하는데, 주식위험액, 채권위험액, 수익증권위험액, 인수위험액, 환율위험액, 옵션위험액 등의 합으로 산출된다.

26) 거래상대방의 계약불이행 등으로 인하여 발생할 수 있는 잠재적인 손실액을 말한다.

27) 부적절하거나 잘못된 내부의 절차, 인력 및 시스템의 관리부실 또는 외부의 사건 등으로 인하여 발생할 수 있는 잠재적인 손실액을 말한다.

3. 적기시정조치

금융위원회는 순자본비율 등 규제가 기준에 미달하는 금융투자업자에 대해 경영실태의 평가 등급에 따라 경영개선권고, 경영개선요구 및 경영개선명령 등의 적기시정조치를 발동하고 있다.

투자매매 · 중개업자는 순자본비율이 100%, 50%, 0%에 미달하는 경우, 집합투자업자는 자기자본이 최소영업자본액, 필요유지자기자본과 고객 · 고유자산운용필요자본의 50%를 합산한 금액, 필요유지자기자본에 미달하는 경우, 신탁업자는 영업용순자본비율이 150%, 120%, 100%에 미달하는 경우, 각각 경영개선권고, 경영개선요구 및 경영개선명령을 발동하고 있다(〈표 16-5〉 참조).

중요개념 및 용어

금융투자업자	자본시장법	금융투자상품
투자성	경제적 실질	금융투자업
금융기능	투자매매업	투자중개업
집합투자업	투자자문업	투자일임업
신탁업	증권	장내파생상품
장외파생상품	전문투자자	일반투자자
고유업무	겸영업무	부수업무
금융투자회사	종합금융투자사업자	증권회사
위탁매매업무	자기매매업무	인수·주선업무
펀드판매	자산관리업무	랩어카운트
신용공여업무	선물회사	집합투자업자
집합투자기구(펀드)	투자신탁	투자회사
투자자문 · 일임업자	신탁업자	금전신탁
특정금전신탁	불특정금전신탁	재산신탁
금전채권신탁	유가증권신탁	부동산신탁
순자본비율	최소영업자본액	영업용순자본비율
경영실태평가	적기시정조치	

연 습 문 제

1. 금융투자업자에 대하여 정의하라.

2. 금융투자상품에 대하여 정의하고, 경제적 실질에 따라 구분하라.

3. 자본시장과 관련한 6개의 금융투자업에 대하여 개괄적으로 설명하라.

4. 금융투자업자의 진입규제에 대하여 설명하라.

5. 금융투자업자의 고유업무에 대하여 설명하라.

6. 종합금융투자사업자에 대하여 설명하라.

7. 증권회사의 취급업무를 개괄적으로 설명하라.

8. 투자신탁과 투자회사에 대하여 비교·설명하라.

9. 투자자문업무와 투자일임업무에 대하여 비교·설명하라.

10. 금융투자업자에 대한 적기시정조치에 대하여 설명하라.

제22장 기타 금융기관

본 장에서는 기타금융기관을 금융지주회사, 여신전문금융회사(리스회사, 신용카드회사, 할부금융회사, 벤처캐피털회사), 기타 민간금융기관(증권금융회사, 대부업자), 기타 공적 금융기관(한국자산관리공사, 한국주택공사, 한국투자공사) 등으로 분류하여 각각의 금융기관의 설립배경 및 주요 업무, 현황 등에 대하여 살펴보고자 한다.

제1절 금융지주회사

1. 금융지주회사의 설립 · 운영 및 현황

금융지주회사는 일반적으로 주식 소유를 통하여 은행업, 금융투자업, 보험업 등 금융업을 영위하는 회사 또는 금융업의 영위와 관련이 있는 회사를 지배하는 것을 주된 사업으로 하는 회사를 의미한다.

우리나라의 경우 경제력집중문제, 불공정경쟁 문제 등의 이유로 지주회사의 설립을 금지해 왔으나, 1997년의 외환위기 이후 ① 금융구조조정의 촉진, ② 겸업화에 따른 금융기관의 경쟁력 강화, ③ 금융제도의 국제적 추세에의 부응 등의 이유로 금융지주회사를 설립할 수 있게 되었다.

1999년 1월 '공정거래법'의 개정으로 금융지주회사를 포함한 지주회사설립의 기반을 마련하였으며, 2000년 10월 '상법', '은행법' 등의 특례를 규정하여 '금융지주회사에 관한 법률'을 제정함으로써 실질적으로 금융지주회사의 설립이 가능하게 하는 계기를 마련하였다.[1]

'금융지주회사법'에 의하면, 금융지주회사의 설립 및 자회사를 편입할 때에는, '공정거래법'상의 행위제한 및 설립제한에 관한 사항과 관련 시장에서의 경쟁제한 여부를 사전에 공정거래위원회와 협의한 후, 금융위원회가 인가 또는 승인하도록 되어 있다.

금융지주회사는 순수지주회사의 형태를 취한다. 따라서 금융지주회사는 자회사의 영업전략 수립 등 경영관리와 이에 따른 부수 업무만을 수행한다. 한편, 금융지주회사의 자회사는 금융지주회사에 의하여 사업내용을 지배받는 회사로서,[2] 금융기관,

1) '금융지주회사에 관한 법률'은 '공정거래법'의 특별법의 성격을 갖고 있다. 따라서 '금융지주회사에 관한 법률'이 '공정거래법'에 우선하여 적용되며, '금융지주회사에 관한 법률'에서 규정하지 않은 조항은 '공정거래법'이 적용된다.

2) 금융지주회사는 자회사주식의 50%(상장법인 30%) 이상을 소유해야 한다.

금융관련 업무를 영위하는 비금융기업 및 중간지주회사로 그 범위를 제한한다.[3)]

한편, 금융지주회사는 은행을 자회사로 두는 은행지주회사와 지방은행지주회사, 은행지주회사가 아닌 비은행지주회사로 구분된다. 그리고 외국금융기관을 포함한 금융기관이 금융지주회사를 지배하는 것은 금지하고 있다. 다만 금융지주회사가 다른 금융지주회사를 지배하는 경우나 투자회사(mutual fund)가 금융지주회사를 지배하는 경우는 예외로 인정하고 있다.

산업자본의 은행지배를 방지하기 위해 은행지주회사 및 지방지주회사의 경우 '은행법'상의 동일인 소유한도를 적용하고 있다. 즉, 동일인이 은행지주회사의 의결권 있는 발행주식총수의 100분의 9를 초과하여 보유할 수 없으며(지방지주회사의 경우 100분의 15), 비금융주력자는 100분의 4를 초과하여 보유할 수 없다.[4)]

〈표 22-1〉 금융지주회사 수의 추이(기간중)

(단위 : 사)

	2000	2005	2010	2015	2020
은행 지주회사	-	3	7	7	8
비은행지주회사	-	1	2	2	2
계	-	4	9	9	10

자료 : 금융감독원

2020년 말 현재 인가된 금융지주회사는 은행지주회사 8사, 비은행지주회사 2사 등 총 12사이다(〈표 22-1〉 참조). 구체적으로 살펴보면 은행지주회사에는 우리, 신한, 하나, KB, 농협, DG, JB, BNK 금융지주회사가 있으며, 비은행지주회사에는 한국투자 및 메리츠 금융지주회사가 있다.

2. 금융지주회사에 대한 규제 및 감독

금융지주회사의 경우도 3인 이상의 이사를 두어야 하는데, 사외이사가 이사 총수

3) 자회사인 비금융기업은 금융전산회사, 부동산 등 자산관리회사, 금융조사연구기관 등을 의미하고, 중간지주회사는 금융지주회사의 자회사인 금융지주회사를 말한다.

4) 비금융주력자가 4%를 초과하여 보유하면서 은행지주회사가 되거나, 경영에 관여하고자 하는 경우는 사전에 금융위원회의 적격성 심사를 받아 승인을 받아야 한다. 승인을 받을 경우, 4%를 초과한 지분율에 대해 지배력 행사를 제한할 수 있다.

의 2분의 1 이상이 되어야 한다. 또한, 감사위원회를 설치해야 하는데, 감사위원회의 총 위원의 3분의 2 이상을 사외이사로 구성하여야 한다.

또한, 금융지주회사에 대해서도 적기시정조치를 적용하는 등 금융지주회사와 자회사를 포괄하는 경영 건전성 감독을 시행하고 있다. 은행지주회사에 대한 적기시정조치는 금융지주회사와 자회사를 연결한 자본 적정성 비율과 경영실태평가결과를 기준으로 한다. 여기서 자본 적정성 비율 기준은 은행과 같이 자회사를 포함한 연결기준 위험가중자산 대비 자기자본비율, 즉 BIS비율로 하고 있다. 한편, 비은행지주회사에 대한 적기시정조치는 필요자본[5]에 대한 자기자본과 경영실태평가에 의한 등급으로 기준으로 시행한다.[6]

금융지주회사의 경영실태평가는 RFI방식을 취하고 있다. 즉, 리스크관리(risk management), 재무상태(financial condition), 잠재적 충격(impact) 등을 주요 평가요소로 삼고, 그 결과를 바탕으로 종합평가하고 있다.

금융지주회사의 경우 소유의 다단계로 지주 자회사와 자회사간의 지배관계가 강하고 이해상충 문제, 자회사 간의 리스크의 전염효과 등이 발생할 가능성이 높기 때문에 이를 방지하기 위해 일반적으로 차단벽(fire wall)을 설치한다.

우리나라의 경우 금융지주회사와 자회사의 동일차주 및 동일한 개인과 법인에 대한 신용공여 한도를 설정하고, 금융지주회사의 대주주에 대한 신용공여 한도설정, 은행지주회사의 대주주 주식취득제한제도 도입 등 대주주에 대한 신용공여 규제를 강화하고 있다.

5) 필요자본은 개별 금융기관이 관계 법령에 규정된 자본 적정성 기준을 충족하기 위하여 보유해야 하는 자기자본을 말한다.

6) 필요자본에 대한 자기자본=(금융기관별 자기자본-자회사 등에 대한 출자액)/금융기관별 필요자본의 합계액)

제2절 여신전문금융회사

여신전문금융회사는 수신기능 없이 여신업무만을 취급하는 금융기관을 말한다. 우리나라의 경우, 리스, 신용카드, 할부금융, 벤처캐피털, 펙토링 회사 등이 이에 속하며, 이들 금융기관은 채권발행이나 차입금 등으로 재원을 마련하고 있다.

여신전문금융회사는 '여신전문금융법'이 제정되기 이전에는 '시설 대여법', '신용카드업법' 등 개별근거법에 따라 업종별로 별도의 회사를 설립하여 운영되었다. 그러나 여신업무만을 취급하는 금융기관 간의 칸막이식 규제는 최근의 금융겸업화추세에 맞지 않을 뿐만 아니라, 이에 수반한 규모의 영세성으로 이들 업종에 대한 금융 수요의 증가를 충족시키지 못하고 있었다. 또한, 금융시장 개방 확대에 따라 자본력과 금융기법에서 비교우위를 가진 외국계 회사의 국내 진출에 대비할 필요성이 높아졌다.

이와 같은 환경변화에 대응하기 위해 1997년 8월 개별사업법을 통합하여 단일법인 '여신전문금융업법'을 제정하여 여신전문금융기관이 유사한 업무를 종합적으로 영위할 수 있게 하였다. 이에 따라 한 회사가 희망에 따라 1~4개 업종을 선택적으로 취급할 수 있도록 하였다.

여신전문금융회사는 수신기능이 없고 건전성 확보를 위한 진입규제의 필요성이 크지 않으므로 금융위원회에 등록만으로 설립할 수 있다. 다만 지급결제 기능을 가진 신용카드업의 경우, 신용질서 유지와 소비자 보호를 위해 금융위원회의 허가를 받아야 한다.[1)]

여신전문금융회사는 영위할 수 있는 세부 업종의 범위에 따라 최저자본금이 차등화되어 있다. 신기술사업금융업만을 전문하는 경우에는 자본금 100억원 이상이어야 하고, 신용카드업을 포함하여 2개 이하의 세부 업종을 영위하거나 신용카드업을 제

1) 그러나 유통산업발전 상의 대규모 점포운영업자 등은 금융위원회 등록만으로도 신용카드업을 영위할 수 있다.

외한 2개 이하의 세부 업종을 영위하기 위해서는 자본금이 200억원 이상이어야 하며, 신용카드업을 포함하여 3개 이상의 세부 업종을 영위하기 위해서는 400억원 이상이어야 한다. 다만 여신전문금융회사가 아닌 겸영 여신업자로서 신용카드업을 영위하기 위해서는 자본금과 자기자본이 각각 20억원 이상이어야 한다.

여신전문금융회사는 등록 혹은 허가받은 고유업무 이외에 대출, 어음할인, 매출채권의 양수·관리·회수, 신용조사, 다른 금융기관보유 채권 또는 이를 근거로 발행된 유가증권매입, 지급보증, 유동화 자산관리 등을 영위할 수 있다.

여신전문금융회사의 자금조달 방법은 금융기관차입, 회사채 또는 어음발행, 보유 유가증권의 매출, 보유 대출채권의 양도 등으로 제한되어 있는데, 주로 금융기관차입과 회사채발행을 통해 자금을 조달하고 있다. 자금운용의 경우 동일인에 대한 여신한도는 설정되어 있지 않으나, 대주주 및 그 특수 관계인에 대한 여신은 자기자본의 100% 이내로 제한하고 있다.

2020년 말 현재 여신전문금융회사로 등록하였거나 허가받아 영업 중인 회사는 모두 106사이다(〈표 22-2〉 참조).

〈표 22-2〉 여신전문금융회사 현황(2020년 말 현재)

(단위 : 사)

	리스회사	신용카드회사	할부금융회사	신기술사업금융회사
회사수	25	8	22	51

자료 : 여신금융협회

1. 리스회사

리스회사는 시설대여방식으로 중장기 기업설비자금을 공급하는 금융기관이다. 현재 리스업에는 리스전업회사, 종합금융회사 및 벤처캐피털회사 등이 참여하고 있다.

우리나라의 리스회사는 1972년 12월 한국산업리스(주)가 처음 설립된 데 이어, 1973년 12월 '시설대여법(1997년 '여신전문금융업'의 제정으로 폐기)'이 제정되면서 제도적 기틀이 마련되었다. 그 후 1975년에 한국개발리스(주)가 설립된 것을 비롯하여, 1988년까지 8사가 영업하다가 1989~1991년 중 17사가 신설되었다. 또한 종합금융회사는 1978년부터, 신기술금융회사는 1989년부터 리스업무를 겸업하였다. 1994~1996년 중 투자금융회사의 종합금융회사로의 전환에 따라 겸업 회사가 크게 증가하여, 1997년 말에는 전업리스회사가 25사, 겸업 회사가 34사에 달하였다. 한편, 1997년의 외환위기를 계기로 거래기업의 도산 증가에 따라 리스회사가 부실화됨에 따라, 격심한 구조조정을 겪기도 하였다. 2020년 말 현재 25사의 리스회사가 영업 중이다.

리스회사는 시설대여업무와 연불판매업무를 취급하고 있다. 여기서 시설대여업무는 특정 물건을 새로이 취득하거나 대여받아 고객에게 일정 기간 사용하게 하고, 그 기간 중 일정 대가(리스료)를 정기적으로 분할 · 수취하는 업무이다. 연불판매업무는 새로이 취득한 특정 물건을 고객에게 인도하고, 그 물건의 대금 · 이자 등을 일정 기간 이상에 걸쳐 정기적으로 분할 · 수취하는 업무이다. 이때, 시설대여기간 종료 후 물건의 처분 및 연불 판매 시 물건의 소유권 이전에 관한 사항은 당사자간의 약정에 따르게 되어 있다.

한편, 리스 전업회사의 경쟁력 강화와 시설대여를 받은 기업에 대한 운전자금의 지원을 위해, 1996년 3월부터 리스회사로부터 설비대여를 받은 기업들이 취득한 외상 매출채권을 대상으로 하는 팩토링업무, 일반대출업무 및 지급보증업무도 제한적으로 허용하였다.

[그림 22-1] 리스의 구조

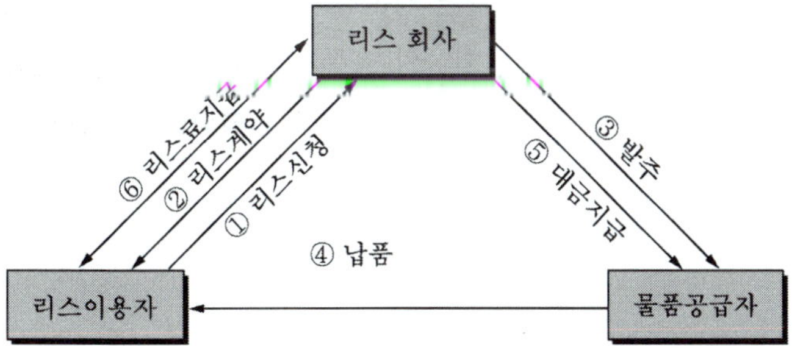

리스회사의 리스계약 실적을 보면, 1997년 외환위기 이후 크게 줄어들어 2000년에 1.3조 원에 머물렀으나, 그 이후 크게 회복하여 2010년에는 약 9.6조 원, 2015년에는 12.9조 원으로 증가하여, 2020년에는 15.74조 원에 이르렀다.

〈표 22-3〉 리스회사의 리스계약 추이

(단위: 10억원)

2000	2005	2010	2015	2020
1,322	5,765	9,955	12,987	15,741

자료 : 여신금융협회

2. 신용카드회사

신용카드회사는 신용카드의 이용과 관련한 소비자금융을 영위하는 금융기관을 말한다.

우리나라의 신용카드는 1969년 백화점에서 처음 도입된 이래 1980년대에 들어 은행이 신용카드업을 겸업하면서부터 크게 확대 · 발전해 나가게 되었다. 그 후 1987년 5월 '신용카드업법(1997년 8월 '여신전문금융법'의 제정에 따라 폐지)'이 제정됨으로써 제도적 기반이 마련되기도 하였다. 법 제정 이후 신용카드업을 겸업하던 종래의 은행 중 일부는 자회사에 업무를 이관하기도 하였으나, 종래의 직접 겸업체제를 그대로 유지하고 있는 은행이 오히려 많으며, 비은행계 전업회사도 추가로 설립되었다.

신용카드회사는 신용카드이용과 관련된 대금의 결제, 신용카드의 발행 및 관리, 신용카드가맹점의 모집 및 관리업무를 기본업무로 하고 있다. 또한, 이러한 기본업무에 더불어, 신용카드회원에 대한 자금의 융통, 직불카드의 발행 · 대금결제,[2] 선불카드의 발행 · 판매 · 대금결제[3]와 같은 부수 업무를 영위할 수 있다.[4]

2) 직불카드는 물품 또는 용역의 제공과 그 대가의 지급을 동시에 이행할 수 있도록 신용카드회사가 발행한 증표를 말한다.

3) 선불카드는 신용카드회사가 대금을 미리 받고 이에 상당하는 금액을 기록하여 발행한 증표로서 선불카드소지자의 제시에 따라 신용카드가맹점이 그 기록된 금액의 범위 내에서 물품 또는 용역을 제공할 수 있게 한 증표이다.

4) 신용카드업을 영위하는 유통업자는 기본업무만을 영위할 수 있고, 부수 업무는 수행할 수 없다.

〈표 22-4〉 신용카드 보급 및 이용추이

	2002	2005	2010	2015	2020
발급매수(기말, 만매)	10,481	8,291	11,659	9,314	11.373
가맹점수(기말, 만개)	148	153	208	242	290
이용금액(기간중,조원)	631	356	493	594	758
민간소비지출대비 신용카드 이용비중(%)	38.8	39.1	55.0	63.6	70.3

자료 : 여신금융협회

신용카드의 보급 및 이용 추이를 보면, 현금서비스 한도제한 폐지. 가맹점공동망 제도 시행, 신용카드 사용액에 대한 소득공제 도입(1999년) 및 한도확대(2001년), 신용카드 영수증 복권제도입(2000년) 등 신용카드 사용 장려시책의 영향으로 크게 신장하기도 하였다. 그러나 이러한 과정에서 과도한 외형확대가 신용불량자 양산 및 신용카드회사의 경영부실을 초래하여, 2002년을 정점으로 신용카드회사의 영업이 크게 위축되었다. 이처럼 2000년대 중반까지 축소되었던 신용카드 보급 및 이용 추이는 최근 들어 소비심리개선, 온라인 쇼핑증가 등으로 증가세로 전환하여 소폭 확대되었다. 2002년말 1억 481만매에 달했던 신용카드 발급매수는 2005년 말 8,291만 매로 크게 감소하였다가, 2010년 말에는 1억 1,659만 매로 다시 늘어났으며, 2020년에는 1억 1,373만 매에 이르렀다. 신용카드이용금액도 2002년 623조 원에서 2005년 364조 원으로 감소하였다가 2010년 493조 원, 2020년에는 758조 원으로 증가하였다. 한편, 가맹점 수는 2002년 말 148만 개에서 꾸준히 늘어나 2020년 말 현재 290만 개에 달하고 있다.

3. 할부금융회사

할부금융은 할부금융회사가 재화와 용역의 매도인 또는 매수인과 각각 약정을 체결하여 재화와 용역의 구매자금을 매도인에게 지급하고, 매수인으로부터 그 원리금을 분할하여 상환받는 방식의 금융을 말한다. 이처럼 할부금융회사는 할부금융이용자에게 재화와 용역의 구매자금을 공여하는 역할을 하는 금융기관이다.

우리나라의 할부금융업은 정부가 '신용카드업법'을 근거로 1995년 관련 법규를 정비함으로써 도입되었다.[5] 그 후 할부금융회사의 영업은 1996년부터 시작되었는데,

이 당시에는 할부금융회사의 취급품목에 따라 일반 할부금융회사, 주택 할부금융회사 및 기계 할부금융회사의 세 종류로 구분하여 인가하였고, 취급품목도 종류별로 제한하였다. 그러나 이러한 인가 구분 및 취급품목의 제한은 1997년 8월 여신전문금융법의 제정에 따라 폐지되었다.

할부금융회사는 내구재, 주택 및 기계류 등의 구입자에게 할부상환조건으로 금융을 지원하는 할부금융과 팩토링업무, 양 업무와 관련된 신용조사업무 등을 영위한다. 이외에도 학자금, 의료비, 전세자금대출 등 소비자금융과 지급보증, 유동화 자산관리업무 등을 취급할 수 있다. 현재는 주로 자동차할부금융을 취급하고 있다.

1996년 3월 할부금융업이 출범할 당시에는 31사가 영업을 시작하였는데, 그동안 신용카드회사와의 합병, 일부 주택 할부회사의 폐업 등으로 회사 수가 감소하여, 2020년 말 현재 22사의 할부금융회사가 영업 중이다.

〈표 22-5〉 할부금융회사의 할부금융잔액추이

(단위 : 10억원)

	2000	2001	2005	2010	2015	2020
취급실적	14,074	12,837	9,809	10,453	20,103	22,089
취급잔액	5,418	6,610	7,080	11,304	29,131	36,321

자료 : 여신금융협회

할부금융회사의 할부금융 추이를 보면, 신규 취급실적의 경우 2000년에는 14조원에 달하기도 하였으나, 신용관리 강화 및 소비위축 등의 영향으로 2005년에는 9조 원 수준으로 크게 감소하였다. 그 이후 증가추세로 반전하여 2020년에는 22조원에 달하였다. 취급 잔액은 2020년 37조 원에 육박하고 있다(〈표 22-5〉 참조).

4. 벤처캐피털회사

벤처캐피털(venture capital)회사는 기술력과 장래성은 있으나, 자본과 경영기반이 취약한 유망기업을 대상으로 자금지원 및 경영·기술지도 등을 수행함으로써 투

5) 1994년 1월 '신용카드업법'의 개정으로 할부금융회사의 금융채발행이 허용되고 1995년 4월 '할부금융업 인가기준' 등이 발표됨으로써 법적 근거가 정비되었다.

자한 기업의 성공과 더불어 수익을 추구하는 기관이다.

일반적으로 벤처캐피털회사는 새로운 제품 또는 서비스의 연구개발을 위한 기업의 설립자금이나 신기술개발을 위한 자금을 지원하는 경우가 많으며, 투자한 기업이 성공한 후에 투자원금과 배당 및 이자소득, 시세차익 등을 획득할 수 있다. 그러나 한편으로는 벤처캐피털은 투자 대상기업의 성공 여부가 불투명한 상태에서 자금을 지원하기 때문에 회수불능의 위험성이 항상 상존할 뿐만 아니라, 투자 대상기업이 성장하여 이익을 창출하기까지는 상당한 기간이 소요되므로, 이에 대한 위험부담을 감수해야만 한다.

우리나라의 벤처캐피털회사는 크게 신기술사업금융회사와 중소기업창업투자회사로 구분된다. 이들 회사는 업무 내용은 유사하나, 설립 근거법, 지원 대상, 업무규제 등에 있어서 다소 차이가 있다. 신기술사업금융회사는 '여신전문금융업법'에 의거하여, '기술신용보증기금법'에서 정한 신기술사업자를 지원 대상으로 하며, 리스, 할부금융 등 다른 여신금융업무를 겸업할 수 있다. 이에 비해 중소기업창업투자회사는 '중소기업창업지원법'의 규제를 받고, '벤처기업육성에 관한 특별조치법'에 의한 벤처기업과 창업자를 주된 지원대상으로 하며, 중소기업 창업 관련 벤처캐피털 업무에 특화하고 있다.

1) 신기술사업금융회사

우리나라의 벤처캐피털은 1974년 한국기술진흥(주)이 처음 설립된 이후 1981년에 특별법에 의해 한국종합기술금융(주)이 설립됨으로써 정부주도에 의한 본격적인 벤처캐피털제도가 성립하게 되었다. 그 후 1984년까지 2사가 추가로 설립되었으며, 1986년 12월에는 '신기술사업금융지원에 관한 법률'이 제정됨에 따라 4사 가운데 한국종합기술금융(주)을 제외한 3사가 신기술사업금융회사로 전환하였다. 한편, 특별법에 의해 설립된 한국종합기술금융(주)은 별도의 인가를 취득하여 1999년 여신전문금융업 상의 회사로 전환하였다. 그 이후 5사의 신기술사업금융회사가 새로 설립되었다.

한편, 2018년 '여신전문금융업법'개정으로 신기술사업자의 정의를 열거주의 방식에서 포괄주의 방식으로 변경하고, 예외업종을 명확히 규정함과 더불어 신기술사업자의 정의에 중견기업을 추가함으로써, 투자범위를 기존 재조업 위주에서 신기술 및 지적 재산권, 융복합 · 서비스업종 등을 포괄할 수 있도록 하였다.[6] 2020년 말 현재 51사의 신기술사업금융회사가 영업 중이다.

〈표 22-6〉 신기술사업금융회사의 투자실적 추이

(단위 : 개, 10억원)

연도	신규투자				투자잔액			
	투자업체수	투자금액			투자업체수	투자금액		
		회사분	조합분	합계		회사분	조합분	합계
2015	647	2,526	7,972	10,498	1,449	4,904	18,243	23,147
2016	656	2,261	10,399	12,660	1,762	5,176	24,254	29,431
2017	778	2,459	14,149	16,608	2,014	5,120	29,863	34,983
2018	1,305	2,855	22,077	24,932	2,399	6,357	43,242	49,599
2019	1,468	3,437	29,064	32,501	3,026	8,406	62,446	70,852
2020	1,652	4,196	33,721	37,917	3,665	9,456	79,109	88,565

자료 : 여신금융협회

신기술사업금융회사는 신기술사업자[7]에 대한 투 · 융자 및 경영 · 기술지도, 신기술사업투자사업의 설립 및 자금의 관리 · 운용을 주 업무로 하고 있다. 신기술사업자에 대한 투자는 주식인수, 전환사채, 신주인수권부사채, 일반사채의 인수 등을 통해, 융자는 일반융자 또는 조건부 융자방식[8]으로 각각 이루어진다.

신기술사업금융회사는 다른 여신전문금융회사와 같이 금융기관차입, 회사채, 또는 어음발행, 보유 유가증권 매출, 보유 대출채권 양도 등을 통해 자금을 조달한다. 이 외에도 공공자금관리기금, 신용보증기금 등 정부기금으로부터 신기술사업 투 · 융자에 필요한 자금을 차입할 수 있다.

6) 한국은행, 「한국의 금융제도」, 2018년, p. 305.
7) '기술신용보증기금법'에서는 기술을 개발하거나 이를 응용하여 사업화하는 중소기업과 제품 및 공정개발을 위한 연구사업, 연구개발의 성과를 기업화 · 제품화하는 사업, 기술도입 및 기술의 소화 · 개량사업 등을 영위하는 상시 종업원 1,000명 이하, 총자산 1,000억원 이하인 기업을 신기술사업자로 규정하고 있다.
8) 조건부융자는 계획한 사업이 성공하는 경우에는 일정 기간 사업성과에 따라 실시료를 받지만, 실패하는 경우에는 대출 원금의 일부만을 최소상환금으로 회수하는 방식이다.

2) 중소기업창업투자회사

중소기업창업투자회사는 중소기업 창업자[9] 및 벤처기업에 대한 투자, 창업투자조합의 결성 및 업무집행, 해외기술의 알선·보급을 위한 해외투자 등을 영위하는 회사를 말한다. 중소기업창업투자회사는 1986년 4월 제정된 '중소기업창업지원법'에 의거 납입자본금이 50억원 이상인 '상법'상의 주식회사로서 중소벤처기업부에 등록하여야 한다.

중소기업창업투자회사는 최근 정부의 벤처기업육성시책, 코스닥시장 활성화 등에 힘입어 2020년 말 현재 165사가 영업 중이다.

중소기업창업투자회사는 주식, 전환사채, 신주인수권부사채를 인수하거나 약정투자[10]등을 통해 중소기업 창업자 등에게 자금을 지원하는 투자업무를 주로 하고 있다. 그리고 등록 후 3년 이내에 납입 자본금의 50%를 창업자나 벤처기업, 창업투자조합 등에 투자하여야 한다. 이외에 투자기업의 경영 상담, 정보제공, 마케팅·기업공개·해외 진출 지원 등 기업가치 재고를 위한 활동을 영위한다. 한편, 중소기업창업투자회사는 원래는 경영지배목적의 투자를 제한하였으나, 창업 초기 기업의 자금조달 및 부실징후 기업의 구조조정 원활화를 위해, 2005년 10월부터 경영지배목적 투자를 허용하였다. 이와 더불어 창업투자회사의 사모투자 전문회사 사원참여도 허용되었다.[11]

중소기업창업투자회사는 사업수행에 필요한 자금조달을 위해 정부, 정부 기금, 금융기관 등으로부터 차입할 수 있으며, 자본금과 적립금 총액의 10배 이내에서 회사채를 발행할 수 있다.

9) 중소기업창업자는 중소기업을 새로 창업하거나 중소기업을 창업하여 사업을 개시한 날로부터 7년이 경과되지 않은 사업자를 말한다.

10) 약정투자는 창업투자회사와 기업간에 투자조건에 대한 약정을 맺는 방식으로 이루지는 투자를 밀한다.

11) 한국은행, 「한국의 금융제도」, 2018년, p. 307.

〈표 22-7〉 중소기업창업투자회사 및 조합의 창업투자 실적

(단위 : 억원, 개)

		2013	2015	2017	2020
창업투자회사	신규	3	14	5	21
	전체	101	115	120	165
신규투자 (기간중)	업체수	755	901	1,266	1,608
	금액	13,845	16,393	23,803	43,045

자료 : 벤처캐피털협회

중소기업창업투자회사 및 조합의 창업투자는 최근 들어 바이오, ICT 분야를 중심으로 증가하고 있다. 2020년 12월말 현재 신규 투자기업 수 및 투자금액은 1,608사 4조 3,045억으로 증가하였다(〈표 22-7〉 참조).

제3절 기타 민간 금융기관

1. 증권금융회사

증권금융회사는 증권의 취득, 인수, 보유 및 매매 등에 필요한 자금이나 증권을 증권회사(금융투자업자)나 일반 투자자 등에게 공급해 주거나 대여해 주는 기능을 전문적으로 수행하는 금융기관이다.

증권금융은 미국, 유럽 등 대부분의 국가에서는 은행 등 일반금융기관이 취급하고 있으나, 우리나라와 일본에서는 증권금융전담기관을 설립하여 시행하고 있다. 2020년 말 현재 한국증권금융(주)이 증권금융을 전담하고 있다.

한국증권금융은 1955년 10월 증권회사의 공동출자로 한국연합증권금융(주)이 설립되었다가, 1962년 '증권거래법'상의 금융기관으로 지정되면서 현재의 명칭으로 바뀌었다. 1968년에는 자본시장육성책의 일환으로, 정부투자 기업으로 운영되기도 하였으나, 이후 순수민간영리법인으로 전환되어 현재는 '자본시장법'에 의거 금융위원회 인가를 받아 증권금융업무를 영위하고 있다.

한국증권금융(주)이 취급하는 주요업무로는 증권인수자금 대출[12], 증권유통금융[13], 증권담보 대출[14], 금전신탁, 집합투자자산의 수탁업무 등을 들 수 있다. 이외에 실권주 청약예수금[15] 등 일반수신업무와 금융투자업자 등의 투자자예탁금 등 금융기관으로부터 예수하는 법인 예수 업무 등의 수신업무도 취급하고 있다.

2. 대부업자

대부업이란 불특정 다수인을 상대로 금전의 대부 또는 그 중개(어음할인·양도담보 그밖에 이와 유사한 방법에 의한 금전의 교부 및 중개를 포함)를 업으로 행하는 것을 말한다.

미국과 일본의 경우 대부업은 예금금융기관으로부터 자금조달이 어려운 소외계층의 금융수요를 충족시키기 위해 형성된 틈새시장(niche market)을 기반으로 성장하였다. 한편, 우리나라의 경우, 사금융적 성격을 띤 사채업자를 중심으로 대부업과 유사한 금융서비스를 제공되어 왔다. 이처럼 사금융시장을 중심으로 대부업이 이루어진 관계로 음성적인 자금거래 및 이에 따른 금융 질서의 혼란, 이용자의 과중한 금융비용부담 및 부당한 이익침해 등 제반 문제가 발생하였다. 이에 따라 사금융시장을 제도금융으로 흡수하는 방안으로 '대부업 제도'의 도입이 추진되었다.

우리나라의 경우, 2002년 8월에 제정된 '대부업등록 및 금융이용자보호에 관한 법률(이하 '대부업법'이라고 칭함)'에 의해, 대부업을 영위하고자 하는 자(여신금융기관은 제외)는 영업소별로 해당 영업소를 관할하는 특별시장·광역시장 또는 도지사에게 등록하고 대부업 등의 준수사항 등에 관한 교육을 받아야 한다.[16] 또한, 동

---

12) 증권인수자금 대출은 발행시장에서 증권인수인에게 증권인수 및 취득에 필요한 자금을 대출하는 것을 말한다.

13) 증권유통금융은 증권회사의 고객이 신용거래로 증권을 매입하는 경우 필요자금을(신용융자), 신용거래로 증권을 매도할 경우 이에 필요한 증권을(대주), 각각 증권회사를 차주로 하여 대출해 주는 결제금융을 말한다.

14) 증권담보대출은 개인이나 법인이 보유한 유가증권을 담보로 자금을 대출하는 것을 말한다.

15) 실권주 청약예수금은 주권상장법인이 주주우선 공모방식으로 유상증자를 행하는 경우 구주주와 우리사주조합이 신주인수권을 포기한 실권주를 대상으로 청약대행서비스와 청약증거금 대출을 하는 예금이다.

16) 등록하지 않고 영업을 하는 대부업자에 대해서는 징역이나 벌금형이 가해지고 불법 채

법에서는 과잉대부의 금지, 대부이자율의 제한, 불법적 채권추심행위의 금지 등을 규정하여 이용자를 보호하고 있다. 대부업은 대체로 최저자본금 등의 진입요건이 없고 영업지역도 제한이 없으며, 자금조달에 관한 규제도 없다. 다만, 2018년 11월 '대부업'의 개정을 통하여 대부업자 중 법인으로서 자산규모가 100억 원을 초과하는 자, P2P연계 대부업자, 채권매입 추심업자 등은 금융위원회에 등록하여 감독을 받아야 한다.

대부업체의 대부금리는 연 24%를 초과할 수 없다. 다만, 미등록 대부업자의 경우 '대부업법'이 아닌 '이자제한법 및 시행령'에 따라 25%가 적용된다.[17)]

금융위원회, 금융감독원 및 행정안전부가 공동으로 실시한 대부업 실태조사에 따르면, 2020년 말 현재 8,501개의 대부업자가 영업 중이며, 총 대부 잔액은 14조5,000억 원 정도이다.

〈표 22-8〉 등록 대부업 및 대부중개업자수의 추이

(단위 : 개)

	2013	2015	2017	2020
등록 대부업자수	9,326	8,752	8,084	8,501

자료 : 금융위원회, 금융감독원, 행정안전부

권추심행위에 대해서도 형사 처벌이 가능하다.

17) 한국은행, 「한국의 금융제도」, 2018년, p. 311.

제4절 기타 공적 금융기관

1. 한국자산관리공사

한국자산관리공사(KAMCO: Korea Asset Management Corporation)는 금융기관의 부실자산 인수와 부실징후 기업의 정상화 지원 등을 통하여 금융기관자산의 유동성과 건전성을 제고시키기 위해 설립된 자산정리 전문기관이다.

한국자산관리공사는 1962년 4월 '한국산업은행법'에 의거 한국산업은행의 연체대출금 회수업무 수행을 목적으로 설립된 성업공사가 1999년 12월 '금융기관 부실자산 등의 효율적 처리 및 성업공사의 설립에 관한 법률'이 '금융기관 부실자산 등의 효율적 처리 및 한국자산관리공사의 설립에 관한 법률'로 변경됨에 따라 명칭이 한국자산관리공사로 변경된 것이다. 2020년 말 현재 자본금은 8,600억원이고 정부, 한국정책금융공사 및 금융기관이 출자하고 있다.

한국자산관리공사는 부실자산인수·정리를 위한 기금의 운용[18], 부실징후기업의 정상화지원[19], 정부대행업무[20], 개인 신용지원[21] 등의 업무를 수행한다.

18) 이와 관련하여 부실채권정리기금 및 구조조정기금을 관리·운용하고 있다. 부실채권정리기금은 1997년 외환위기 당시 금융기관의 부실채권을 신속하게 인수·정리하기 위해 설치된 것으로 39조원의 인수재원을 조성하여 부실채권인수업무가 종료된 2012년 11월까지 34.5조원의 부실채권을 인수하였다. 부실채권 인수현황을 보면, 일반채권(담보·무담보) 23.1조원, PF채권 10.8조원, 특별채권·워크아웃채권 0.4조원으로 구성되어 있다. 구조조정기금은 2008년 글로벌 금융위기로 대두된 금융시장의 불안정성에 선제적으로 대응하기 위해 2009년 5월 40조원 규모로 설립된 것으로, 2012년부터는 인수한 부실자산의 정리에 주력하여 4조 4,372억원을 회수하였다.

19) 금융회사 등의 요청에 따라 부실징후기업의 자구계획 대상자산을 관리·매각 또는 인·정리하며 경영진단 및 정상화를 위한 자문업무도 수행한다.

20) 정부대행업무로는 국가 압류재산의 매각, 국유재산의 관리·처분, 국가귀속법인의 청산 등을 들 수 있다.

21) 한국자산관리공사는 신용불량자의 신용회복지원을 위한 개인 신용지원도 시행하고 있다.

2. 한국주택금융공사

한국주택금융공사는 장기 안정적인 주택공급을 촉진하기 위하여 2004년 3월 '한국주택금융공사법'에 의거해 설립되었다. 한국주택금융공사에는 정부, 한국은행, 국민주택기금이 출자하고 있다.

한국주택금융공사의 주요 취급업무로는 보금자리론 · 적격대출 공급, 유동화증권 발행, 주택금융 신용보증 및 주택연금을 들 수 있다[22]. 보금자리론 · 적격대출은 장기 · 고정금리 · 분할 상환방식의 주택담보대출 상품으로, 보금자리론은 2017년 5월 채무자의 변제책임을 담보물로 한정하여 대출하는 유한책임(비소구)디딤돌 대출을, 적격대출은 2017년 1월 순수 고정금리 주택담보대출을, 각각 출시하였다.

한편, 한국주택금융공사는 주택저당채권 유동화업무를 수행하고 있다. 즉 은행, 보험회사 등 금융기관으로부터 주택저당채권을 양도받아 이를 담보로 주택저당채권 담보부채권 또는 주택저당증권(MBS)을 발행하고, 양도받은 주택저당채권의 관리 · 운용 · 처분으로 발생한 수익으로 채권원리금 또는 증권배당을 지급하고 있다.

또한, 한국주택금융공사 내에 설립된 주택금융신용보증기금은 주택수요자가 주택건축, 구입 등에 필요한 자금을 금융기관으로부터 대출받을 때 신용보증을 제공하는 주택금융 신용보증과 노후생활자금의 원활한 공급을 위한 주택담보 노후연금 보증업무를 수행하고 있다.

3. 한국투자공사

한국투자공사는 외환보유액 및 공공기금의 효율적 운용을 위해 2005년 7월 '한국투자공사법'에 의거 설립되었다. 한국투자공사는 정부가 전액출자하고 있다.

한국투자공사는 정부, 한국은행 및 각종 기금 등으로부터 자산을 위탁받아 관리 · 운용하고 있다. 한국투자공사는 위탁받은 자산을 증권 및 외국환, 파생금융거래, 국내외 금융기관예치, 국내외 부동산 등에 직접 운용하며, 자산운용사에 재위탁

22) 이하의 내용은 한국은행, 「한국의 금융제도」, 2018년, pp. 317~319 참조.

할 수도 있다. 위탁자산의 운용수익은 위탁기관에 귀속되며 운용수수료는 위탁기관과 협의하여 결정한다.

2019년 말 현재 한국투자공사의 전체 운용 자산규모는 1,573억 달러인데, 구체적인 자산 운용 내역을 보면 주식, 채권 등 전통자산뿐만 아니라, 사모주식, 헤지펀드, 부동산 등 대체자산에도 투자하고 있음을 알 수 있다. 투자 비중을 보면 주식이 40.8%로 가장 높고, 채권이 35.5%로 그 다음을 차지하고 있으며, 기타는 8.1%를 차지하고 있다.

〈표 22-9〉 한국투자공사 자산운용 현황(2019년 12월말 현재)

(단위: 미 억달러, %)

자산 구분		금액	구성비
전통자산	주식	643	40.8
	채권	559	35.5
	기타[1)]	126	8.1
	소계	1,328	84.4
대체자산	사모주식	93	5.9
	부동산・인프라스트럭처	97	6.2
	헤지펀드	51	3.3
	현금등가	4	0.2
	소계	245	15.6
합계		1,573	100.0

주: 1) 물가연동채권, 현금, 혼합형
자료: 한국투자공사

중요개념 및 용어

금융지주회사	순수지주회사	은행지주회사
비은행지주회사	적기시정조치	경영건전성감독
필요자본	소유의 다단계	여신전문금융회사
여신전문금융업법	할부금융회사	벤처캐피털회사
신기술사업금융회사	중소기업창업투자회사	대부업자
한국자산관리공사	한국주택금융공사	한국투자공사

연 습 문 제

1. 금융지주회사와 관련하여 개념, 형태, 취급업무, 종류 등에 대하여 설명하라.

2. 여신전문금융회사에 대하여 정의하고 동 회사가 영위할 수 있는 세부업종에 대하여 설명하라.

3. 리스회사의 취급업무에 대하여 설명하라.

4. 신용카드회사의 업무에 대하여 설명하라.

5. 우리나라 벤처캐피털회사에 대하여 개괄적으로 설명하라.

6. 한국증권금융(주)의 취급업무에 대하여 설명하라.

7. 우리나라에서 대부업을 영위하고자 하면 어떻게 해야 하는지를 설명하라.

8. 한국자산관리공사의 취급업무에 대하여 설명하라.

9. 한국주택금융공사의 취급업무에 대하여 설명하라.

10. 한국투자공사의 취급업무에 대하여 설명하라.

제23장 금융보조기관

본 장에서는 금융보조기관을 신용보증기관(신용보증기금, 기술신용보증기금), 신용정보회사(신용평가회사, 신용조회회사, 신용조사회사, 채권추심회사), 기타 금융보조기관(예금보험공사, 자금중개회사) 등으로 분류하여 각각의 금융기관의 설립배경 및 주요 업무, 현황 등에 대하여 살펴보고자 한다.

제1절 신용보증기관

1. 신용보증기금

신용보증기금은 담보능력이 취약한 중소기업이나 영세기업의 채무에 대한 지급을 보증하여 자금융통을 원활히 하고, 신용정보의 효율적인 관리 및 운용을 통하여 건전한 신용질서를 확립하고자 설립된 기관이다.

신용보증기금은 1961년 8월 중소기업은행의 설립과 더불어 도입된 신용보증준비금제도가 확충·발전되어 온 것으로, 1974년 12월 '신용보증기금법'이 제정됨으로써 중소기업은행의 업무대행을 종료하고 특수법인으로 독립하였다.

신용보증기금은 신용보증, 대위변제 및 구상권 행사, 신용보험 등의 업무를 수행하고 있다. 신용보증기금이 취급하는 보증에는 대출보증, 지급보증의 보증, 사채보증, 납세보증, 어음보증, 제2금융보증, 시설대여보증, 이행보증, 무역어음인수담보보증 및 상거래담보보증, 담보부보증 등 11종류가 있다. 이 중에서 대출보증이 가장 큰 비중을 차지하고 있다. 한편, 신용보증기금은 사치 향락업종을 제외한 모든 업종에 대해 보증이 가능하나, 총 보증금액의 60% 이상을 중소기업에 보증하도록 의무화되어 있다. 그리고 신용기금의 보증 한도는 기본재산과 잉여금의 합계액의 20배이며, 동일기업에 대한 최고 신용보증 한도는 기술보증기금의 일반보증을 합하여 30억 원이다.

신용보증기금은 보증기업이 채무 능력을 상실하게 되면 금융기관 등 채권자의 보증 채무이행 청구에 의하여 보증 채무를 대위변제하고, 채권자로부터 채무자에 대한 구상권을 취득하여 행사한다.

신용보험은 기업 간 상거래에 있어서 물품 또는 용역을 신용(외상)으로 공급하는 채권자가 채무자의 지급불능이나 채무불이행 등의 예측하지 못한 손해발생에 대비하여 가입하는 손해보험을 말한다.

2. 기술신용보증기금

기술신용보증기금은 1986년 12월에 제정된 '신기술사업[1] 금융지원에 관한 법률'(2001년에 '기술신용보증기금법'으로 변경)에 의거 중소기업의 기술개발을 촉진하고 담보력이 미약한 기업의 자금조달을 지원하기 위해 설립된 기관이다.[2]

기술신용보증기금이 담보력이 부족한 기업의 채무를 보증한다는 점에서는 신용보증기금과 유사하나, 보증의 중점대상이 신기술사업자로 하고 있다는 점에서 차이가 있다. 즉, 기술신용보증기금은 기술개발의 높은 위험 때문에 금융기관에서 대출을 기피하는 기업을 보증함으로써 중소기업의 기술개발을 촉진하고자 하는데 그 목적이 있다.

기술신용보증기금의 주요업무로는 기술신용보증, 기술평가, 대위변제 및 구상권 행사, 신용보험 등이 있는데, 이 중에서 특히 신기술사업자에 대한 기술신용보증을 우선적으로 취급하도록 하고 있다.

기술신용보증은 신기술사업자가 부담하는 금전채무에 대한 보증을 말하는데, 기금의 총 보증금액의 75% 이상을 기술신용보증에 투입하도록 의무화하고 있다. 주요 보증상품으로는 대출보증, 지급보증의 보증, 비은행 대출보증, 회사채보증, 어음보증, 이행보증, 사채인수보증, 상거래담보보증 등이 있다.

기술신용보증기금의 보증대상이 되는 신기술사업자는 신기술사업을 영위하는 중소기업, 신기술사업을 영위하며 상시 종업원 및 총자산액이 각각 1,000명, 1,000억원 이하인 중소기업 이외의 기업, 그리고 산업기술연구조합으로 한정된다. 기술신용보증기금의 보증 한도는 기금의 기본재산과 이월 이익잉여금 합계액의 20배이다. 동일기업에 대한 최고 신용보증한도는 30억원이고, 기업의 신용도, 기술력, 사업성 등을 고려하여 보증지원 가능 금액을 정하고 있다. 일부 자금의 경우 최고 100억원까지 보증이 가능하다.

---

1) 신기술사업은 제품·공정개발을 위한 연구, 연구개발성과의 제품화 등 새로운 기술을 개발하거나 이를 응용하여 사업화하는 것을 말한다.

2) 이하의 내용은 한국은행, 「한국의 금융제도」, 2018년, pp. 162~164 참조.

기술평가는 해당 기술의 기술성, 시장성, 사업성 등을 평가하고 그 결과를 금액, 등급, 의견 등으로 표시하는 제도를 말하는데, 이는 기술가치평가, 기술사업 타당성 평가 및 종합기술평가로 구분된다. 기술가치평가는 해당 기술에 의하여 현재 실현되었거나 장래에 실현될 가치를 평가하는 것이고, 기술사업 타당성 평가는 기업이 특정기술을 신규로 사업화하거나 현재 추진 중인 기술사업의 투자를 확대하고자 할 때 해당사업의 기술성 및 타당성을 평가하는 것이다. 그리고 종합기술평가는 기업이 보유하고 있는 모든 기술을 경영환경, 사업전망 등을 고려하여 종합적으로 평가하는 것이다.

제2절 신용정보회사

신용정보업의 종류에는 신용조회업, 신용조사업, 채권추심업 등이 있는데, 이와 같은 신용정보업을 영위하고자 하는 자는 '신용정보의 이용 및 보호에 관한 법률'에 의거 각 업무별로 금융위원회의 허가를 받아야 한다. 1개의 업체가 2개 이상의 신용정보업을 허가받을 수 있는데, 4개의 신용정보업을 전부 영위하는 기관으로는 SCI평가정보가 있다. 2020년 말 현재 30사의 민간 신용정보회사가 등록되어 있다.[3)]

1. 신용조회업

신용조회업은 신용정보를 수집·정리하고 의뢰인의 요청에 따라 이들 정보를 제공하는 업무를 말한다. 이와 관련한 신용정보에는 신용개설정보, 대출거래 내역, 채무불이행정보, 채무 보증내역, 공공기록정보 등이 있는데, 2020년 말 현재 신용조회업 허가를 받은 회사는 나이스신용평가정보, SCI평가정보, 이크레더블, 나이스디앤비, 코리아크레딧뷰로, 한국기업데이터 등 6사가 있다. 이 중 나이스신용평가정보[4)]

3) 이하 신용정보회사에 대한 내용은 한국은행, 「한국의 금융제도」, 2018년, pp. 165~167 참조.

와 SCI평가정보, 코리아크레딧뷰로[5]는 금융회사, 기업, 공공기관으로부터 개인신용정보를 제공받은 뒤[6] 이를 신용평점 등의 형태로 가공하여 다시 금융회사 등 회원사에 제공하는 크레딧뷰로(CB : Credit Bureau)[7] 기능도 하고 있다.

2. 신용조사업

신용조사업은 고객의 의뢰를 받아 개인이나 기업의 신용정보를 조사하여 제공하는 업무를 말한다. 의뢰인은 신용조사 서비스를 통해 거래상대방의 신용상태 및 지불능력을 사전에 확인할 수 있으며, 부실채무가 발생한 경우 채무자의 은닉재산 확인, 채권보전조치 등을 위한 재산 조사를 실시할 수 있다. 의뢰받은 신용조사회사는 서면자료 조사, 면담 및 실사를 포함한 현장조사 등을 통해 수집한 신용정보를 분석·정리하여 신용조사보고서를 작성한다.

3. 채권추심업

채권추심업은 채권자의 위임을 받아 채무 불이행자에 대한 재산조사, 변제촉구, 변제금 수령 등을 통해 채권자를 대신하여 채무에 관한 권리를 행사하는 업무를 말한다. 채권자가 채무자와의 사이에서 발생한 미수채권에 대한 추심을 채권추심회사에 위임하면, 동 회사는 채무자에 추심 위임사실을 통보하고 채무금을 회수하여 채권자에게 반환한다.

추심대상이 되는 채권은 기업과 기업, 기업과 개인 간의 금융거래 및 상거래에서 발생하는 금전채권인데, 금융채무, 물품·용역대금 등이 이에 해당된다.

---

4) 나이스신용평가정보는 2010년 11월 한국신용정보가 분할합병하여 설립되었다.

5) 코리아크레딧뷰로는 국민은행, 농협, 하나은행, 삼성카드, LG카드, 우리금융지주, 신한금융지주, 서울보증보험 등 8사의 금융회사가 참여하여 2005년 2월 설립되었다.

6) 개인신용정보를 입수하는 금융기관은 은행·카드·보험회사, 기업은 통신·유통회사, 공공기관은 법원·국세청 등이며 전국은행연합회로부터도 정보를 받는다.

7) 개인신용정보를 집중시켜 관리·제공하는 민간업체를 크레딧뷰로라고 한다. 금융회사는 고객 여신심사, 신용한도 및 금리조정, 거래유지 판단, 연체관리 등을 위해 크레딧뷰로로부터 개인신용정보를 제공받는다. 금융회사가 크레딧뷰로를 통해 개인의 신용정보를 집중시키거나 정보를 조회할 때에는 반드시 해당 개인의 동의를 받아야 한다.

채권추심회사는 채무금 회수를 위해 채무자에 대한 소재파악, 재산조사 및 신용정보조사[8], 우편 · 전화 · 방문 등을 통한 변제촉구, 재산처분을 위한 법적 조치 등을 실시한다.

제3절 신용평가회사

1. 연역 및 현황

신용평가회사는 피 평가대상 주체가 발행하는 유가증권이나 원리금 상환능력에 영향을 주는 여러 요소를 평가하여 신용평가등급을 제공하고 그 대가를 수수료형태로 수취하는 회사이다.[9]

우리나라의 신용평가업무는 1983년 12월 한국기업평가(주)가 설립됨으로써 전문적인 신용평가 업무가 개시되었으며, 1985년 CP(기업어음)에 대해 처음으로 신용평가제도가 도입되었다. 그 후 1985년 2월에는 한국신용평가(주)가, 1986년 9월에는 한국신용정보(주) 등의 신용평가회사가 각각 추가로 설립되고, 1986년 3월에는 무보증채권평가제도가 도입되기도 하였으나, 미미한 수준에 지나지 않았다. 그러나 1994년 7월 복수신용평가제도 도입, 신용평가의무대상 유가증권의 지정, 금융상품의 적격성 준거로서의 평가등급 활용 등에 힘입어 점차 활성화되었다. 한편, 1997년부터 금융산업 개방일정에 따라 외국신용평가회사의 국내 진출이 허용되어 신용평가 전문기관의 신설이 이루어지고, 무디스(Moody's) 등 외국신용평가회사의 국내진출이 허용되었다.

신용평가업을 영위하려는 자는 '자본시장법'에 따라 금융위원회로부터 인가를 받아야 한다.[10] 2020년 말 현재 신용평가업 허가를 받은 회사는 한국기업평가, 한국

8) 채권추심업과 신용조사업의 업무간 연관성으로 인해 두 업무를 함께 허가받아 영업하는 업체가 많다.

9) 신용평가등급은 채무불이행 또는 원리금 상환지연 가능성을 나타내는 것으로, 환율, 금리 변동 등으로 인한 시장가치 변동위험은 평가대상에 포함되지 않는다.

신용평가, NICE평가 및 서울평가정보 등 4사가 있다.

2. 취급업무

신용평가회사는 신용평가기관의 고유업무라 할 수 있는 유가증권 등급평가와 채무발행기업 및 보증기관 평가업무를 수행하고, 보험금 지급능력 평가, PF 원리금상환능력 평가, 주식가치 평가, 기업의 사업성 평가 등의 부수 업무를 함께 영위하고 있다.

유가증권 등급평가는 기업어음, 무보증채권, 자산유동화증권의 신용평가등급을 책정하는 업무이다. 이중 기업어음평가는 증권회사(금융투자업자)가 기업어음을 매매하거나 중개 또는 대리하는 경우, 2개 이상의 신용평가회사로부터 평가를 받아야 한다. 또한, 종합금융회사가 매출할 경우도 2사 이상의 신용평가회사로부터 일정 등급 이상의 신용평가등급을 받아야 한다. 무보증채권은 2사 이상의 신용평가회사로부터 신용평가등급을 받은 경우만 인수기관에 의해 인수가 가능하고, 은행 등의 신탁재산에 편입될 수 있다. 한편, 자산유동화증권 평가는 유동화 전문회사 등이 사채의 형태로 유동화 증권을 발행할 때 적용하는 것으로, 1사 이상의 신용평가회사로부터 신용평가를 받도록 되어 있다.

보증기관평가는 채권의 원리금지급을 보증하는 기관에 대한 신용평가이다. 당해 채권의 발행일로부터 과거 1년 이내에 채권의 지급보증과 관련하여 2사 이상의 신용평가회사에 의해 평가받은 기관이 보증한 채권에 한해 은행 등의 신탁재산에 편입할 수 있도록 되어 있다.

신용평가등급은 기업어음과 채권의 등급체계가 다르다. 기업어음의 신용등급은 신용도에 따라 A1에서 D까지 6개의 등급으로 구성되어 있다. 등급 중 A1에서 A3까지는 적기상환능력이 인정되는 투자등급이며, B와 C는 환경변화에 따라 적기상환능력이 크게 영향 받을 수 있는 투기등급으로 분류된다(〈표 23-1〉 참조).

---

10) 2013년 5월에 신용평가회사에 대한 업무 범위와 진입 · 행위규제에 대한 사항을 기존의 '신용정보의 이용 및 보호에 관한 법률'에서 '자본시장법'으로 이관하였다.

〈표 23-4〉 기업어음의 신용평가 등급

AAA	원리금 지급능력이 최상급임.
AA	원리금 지급능력이 매우 우수하지만, AAA의 채권보다는 다소 열위임.
A	원리금 지급능력은 우수하지만, 상위등급보다 경제여건 및 환경악화에 따른 영향을 받기 쉬운 면이 있음.
BBB	원리금 지급능력은 양호하지만, 상위등급에 비해서 경제여건 및 환경악화에 따라 장래 원리금의 지급능력이 저하될 가능성을 내포함.
BB	원리금 지급능력이 당장은 문제가 되지 않으나, 장래 안전에 대해서는 단언할 수 없는 투기적인 요소를 내포하고 있음.
B	원리금 지급능력이 결핍되어 투기적이며 불황 시에 이자지급이 확실하지 않음.
CCC	원리금 지급에 관하여 현재에도 불안요소가 있으며, 채무불이행의 위험이 커 매우 투기적임.
CC	상위등급에 비하여 불안요소가 더욱 큼.
C	채무불이행의 위험이 높고 원리금상환능력이 없음.
D	상환불능상태임.

주: 상기등급 중 A2부터 B등급까지는 +, - 부호를 부가하여 동일등급 내에서의 우열을 나타내고 있음.
자료 : 한국신용평가(주)

채권의 신용평가등급은 원리금 지급능력의 정도에 따라 AAA부터 D까지 10개의 등급으로 분류된다. 등급 중 AAA부터 BBB까지는 원리금상환능력이 인정되는 투자등급이며, BB에서 C까지는 환경변화에 따라 크게 영향을 받는 투기등급으로 분류되며, D는 상환불능상태를 나타낸다. 한편 자산유동화증권의 신용평가등급은 채권의 신용평가등급을 따르고 있다(〈표 23-2〉 참조).

〈표 23-2〉 회사채의 신용평가등급

A1	적기상환능력이 최상이며, 상환능력의 안정성 또한 최상임.
A2	적기상환능력이 우수하나, 그 안정성은 A1에 비해 다소 열위임.
A3	적기상환능력이 양호하며 그 안정성은 양호하나, A2에 비해 열위임.
B	적기상환능력은 적정시되나, 단기적 여건변화에 따라 그 안정성에 투기적인 요소가 내포되어 있음.
C	적기상환능력 및 안정성에 투기적인 요소가 큼.
D	상환불능상태임.

주 : 상기등급 중 AA부터 B등급까지는 +, - 부호를 부가하여 동일등급 내에서의 우열을 나타내고 있음.
자료 : 한국신용평가(주)

제4절 기타 금융보조기관

1. 예금보험공사

예금보험공사는 금융기관이 경영부실 등으로 인해 예금원금이나 이자를 지급할 수 없는 경우, 해당 금융기관을 대신하여 원리금의 전부 또는 일부의 지급을 보장함으로써 예금자를 보호하고 금융제도의 안정성을 유지하기 위해 설립된 법인이다.

예금보험공사는 1995년 제정된 '예금자 보호법'에 의거 1996년 4월에 설립되었다. 설립 당시에는 은행만을 대상으로 한 예금보험기구였으나, 1997년 12월 '예금자 보호법'개정을 계기로 1998년 4월 1일부터는 금융권별로 분산되어 있던 예금보험 관련 기금이 예금보험공사 내의 예금보험기금으로 통합되었다. 그 이후 2003년 1월에는 수산업협동조합의 회원조합이, 2004년 1월에는 신용협동조합이 각각 제외되어, 현재 부보 금융기관은 은행의 경우에는 '은행법'에 의한 일반은행(외국은행 국내지점, 농업・수산업협동조합중앙회 포함)과 한국수출입은행을 제외한 특수은행이, 투자매매・중개업자의 경우에는 정보통신망이나 전자정보처리장치를 이용하여 투자중개업무를 영위하는 전자증권중개회사를 제외하고 증권을 대상으로 투자매매업・중개업의 인가를 받은 회사가, 보험회사의 경우에는 재보험회사를 제외한 모든 보험회사가, 각각 포함된다. 그밖에 종합금융회사, 상호저축은행도 부보 금융기관이다.

보호대상 금융상품은 금융기관이 취급하는 예금, 보험계약・예탁금의 원금 및 이자이며, CD(양도성예금증서), RP, 금융투자상품, 금융채 등은 제외된다(제16장 〈표 16-6〉 참조).

우리나라의 경우, '예금자보호제도'를 도입한 이래 금융기관별로 1인당 2,000만원까지만 예금을 보호해 왔다. 그런데 1997년의 외환위기 이후 금융산업의 구조조정에 따른 사회적 충격을 최소화하고, 금융거래의 안정을 기하기 위하여 한시적으로 예금전액을 보장하기도 하였는데, 그 시한은 2000년말 종료되었다. 2001년부터는 예금보험제도를 전액 보호제도에서 부분 보호제도로 전환되면서 금융시장에 미치는 충격을 완화하기 위하여 원금과 소정의 이자를 포함하여 1인당 최고 5,000만 원으로 상향 조정하여 현재에 이르고 있다.

예금보험공사는 예금보험기금의 관리 및 운용, 보험료의 수납 및 보험금의 지급, 부실금융기관의 정리 등의 업무와 이와 관련한 부수 업무, 그리고 정부 위탁·지정 업무 등을 수행한다.[11)]

1) 예금보험기금의 관리 및 운용

예금보험공사 내에 있는 예금보험기금은 부보 금융기관의 보험료 및 출연금, 예금보험기금채권 발행, 정부가 무상으로 양여한 국유재산, 차입금, 보험금 지급 후 취득한 채권의 회수자금, 기매입 예금채권 등의 회수자금, 부실금융회사의 정리 등을 위하여 지원한 자금을 회수한 자금, 기금의 운용수익 등을 재원으로, 보험금 지급, 정리금융기관에의 출자, 부실금융기관 정리 등을 위한 자금지원, 예금보험기금채권 및 차입금의 원리금 상환 등으로 지출하고 있다.

예금보험기금채권상환기금은 공적자금상환기금으로부터의 출연금, 상환기금채권 발행, 부보 금융회사로부터의 특별기여금, 한국은행 등으로부터의 차입금, 보험금 지급 후 취득한 채권의 회수자금, 기매입 예금채권 등의 회수자금, 부실금융회사의 정리 등에 지원된 자금의 회수자금, 기금의 운용수익 등을 재원으로, 예금보험기금채권 및 상환기금채권의 원리금 상환, 보험금 및 개산 지급금 지급, 정리금융기관 및 부실 금융기관 등에 대한 자금지원, 차입금 원리금 상환 등으로 지출하고 있다.

2) 보험료의 수납 및 보험금지급

예금보험공사는 부보 금융기관으로부터 매년 예금 잔액의 0.5%를 초과하지 않는 범위 내에서 대통령령이 정한 보험료율을 적용하여[12)] 산출된 보험료를 징수하여, 부보 금융기관이 보험사고[13)]가 발생시 당해 금융기관 예금자 등의 청구에 의하여

11) 이하의 예금보험공사의 업무내용은 한국은행, 「한국의 금융제도」, 2018년, pp. 144~149 참조.

12) 현재 보험료율은 0.08%~0.4% 범위 내에서 차등 적용하고 있으나, 2008년 9월 '예금자보호법' 개정 등에 따라 예금보험공사가 동일업종 내에서 보험료율을 기관별로 10% 이내에서 차등 적용할 수 있게 되었다.

보험금을 지급하고 있다.

3) 부실기업의 정리 및 자금지원

예금보험공사는 부실금융기관[14] 또는 당해 부실금융기관을 자회사로 두는 금융지주회사를 당사자로 하는 합병이나 영업의 양도 또는 제3자에 의한 인수를 알선할 수 있으며, 금융위원회에 대하여 부실금융기관에 대한 계약이전의 명령, 파산신청 등 필요한 조치를 취할 것을 요청할 수 있다.

그리고 예금보험공사는 ① 부실금융기관 또는 당해 부실금융기관을 자회사로 두는 금융지주회사를 인수·합병하거나 그 영업을 양수하고자 하는 자 또는 계약이전을 받고자 하는 자의 자금신청이 있거나 부실금융기관의 합병 등이 원활하게 이루어질 수 있도록 하기 위하여 필요하다고 인정되는 경우, ② 예금자 보호 및 신용질서의 안정을 위하여 부실금융기관 등의 재무구조개선이 필요하다고 인정되는 경우, ③ 금융위원회가 정부 등에 대하여 부실금융기관에 대한 출자 또는 대통령령이 정하는 유가증권의 매입을 요청하는 경우에는 자금지원을 할 수 있다.

자금지원의 재원은 2002년 12월 31일 이전에 보험사고가 발생하였거나 금융위원회 또는 예금보험위원회가 부실금융기관 등으로 결정한 경우에는 예금보험기금채권상환기금에서, 2003년 1월 1일 이후에 보험사고 등이 발생한 금융기관의 경우에는 예금보험기금에서 각각 부담한다.

---

13) 부보 금융기관의 예금 등 채권의 지급정지(제1종 보험사고)나 부보 금융기관의 영업인가·허가의 취소, 해산결의 또는 파산선고(제2종 보험사고)가 있는 경우를 말한다.

14) '예금자 보호법'상 부실금융기관은 다음의 세 가지의 경우를 말한다.
① 부채가 자산을 초과하거나 거액의 금융사고 또는 부실채권의 발생으로 부채가 자산을 초과하게 되어 정상적인 경영이 어렵게 될 것이 명백하다고 금융위원회 또는 예금보험위원회가 결정한 부보 금융기관
② 예금 등 채권의 지급 또는 다른 금융기관으로부터의 차입금 상환이 정지상태에 있는 부보 금융기관
③ 외부로부터의 자금지원 또는 별도의 차입 없이는 예금 등 채권의 지급이나 차입금의 상환이 어렵다고 금융위원회 또는 예금보험위원회가 결정한 부보 금융기관

〈표 23-6〉 예금보험공사의 자금지원 현황

(단위: 조원)

기 간	자금 지원 형태				계
	출 자	출 연	예금대지급	자산매입 등	
1997.11~2005.12	50.8	18.1	30.3	10.8	110.0
2006.01~2011.06	-	0.5	-	0.9	0.9
합 계	50.8	18.6	30.3	11.2	110.9

자료 : 공적자금관리위원회

자금지원현황을 보면(〈표 23-6〉 참조), 예금보험공사가 1997년 11월 이후 2005년 말까지 출자, 출연, 예금대지급 등의 형태로 110조원을 지원한 것을 비롯하여 2011년 6월말 현재 110.9조 원의 자금지원이 행해지었다. 그리고 이 중 2018년 6월말까지 58.5조 원이 출자금회수, 파산배당, 자산매각 등을 통하여 회수되었다.

2. 자금중개회사

자금중개회사는 금융기관간의 자금거래 중개를 전문으로 하는 회사이다. 자금중개회사를 설립하기 위해서는 금융위원회의 인가를 받아야 하고, 외국환 중개업무를 수행하기 위해서는 기획재정부장관의 인가를 받아야 한다. 2012년 말 현재 한국자금중개주식회사와 서울외국환중개주식회사, KIDB자금중개회사, IPS외국환중개 등의 4개 국내사와 ICAP외국환중개, 털릿프리본 코리아외국환중개(Tullett Prebon Money Brokerage Korea) 등 6개의 외국사가 영업 중이다.

자금중개회사의 주요업무는 90일 이내의 금융기관간 단기자금거래(콜 거래), CD, RP 등 원화 자금거래의 중개, 외국환 중개 등이다. 이외에도 외화콜 및 외환파생상품거래, 장외시장채권매매 등의 중개업무를 취급하고 있다. 이와 같은 중개업무는 수수료만 받고 단순히 거래상대방을 연결하여 주는 단순 중개(brokerage)를 원칙으로 하나, 제한적으로 자신의 책임과 계산 하에서 거래하는 매매 중개(dealing)도 허용된다.

중요개념 및 용어

신용보증기금	신용보증	신용보험
기술신용보증기금	신기술사업	기술평가
신용정보업	신용정보	신용평가회사
유가증권등급 평가	자산유동화증권 평가	보증기관 평가
신용평가등급	신용조회회사	크레딧뷰로
신용조사회사	채권추심회사	예금보험공사
예금자 보호법	예금보험제도	예금보험기금
예금보험기금채권상환기금	부실금융기관	보험사고
보험효율	자금중개회사	자금거래 중개

연 습 문 제

1. 신용보증기금의 설립배경 및 신용보증기금이 취급하는 보증에 대하여 설명하라.

2. 기술신용보증기금과 신용보증기금의 유사점과 차이점에 대하여 설명하라.

3. 신용평가회사의 주요업무 중의 하나인 유가증권 등급평가와 채무발행기업 및 보증기관평가에 대하여 설명하라.

4. 우리나라의 예금자보호제도에 대하여 설명하라.

5. 예금보험공사의 주요 업무 중의 하나인 예금보험기금의 관리·운용에 대하여 설명하라.

6. '예금자 보호법' 상에서는 부실금융기관을 어떻게 규정하고 있는지를 세 가지로 구분하여 설명하라

7. 예금보험공사는 어떠한 경우에 자금지원을 하는지 세 가지로 구분하여 설명하라.

8. 자금중개회사의 주요업무에 대하여 설명하라.

참고문헌

강병호 · 김대식 · 박경서, 『금융기관론(제22개정판)』, 박영사, 2020년.

강형철 · 조성훈, 「자본시장 통합법과 우리나라 자본시장 및 금융투자업 발전을 위한 과제」, 한국증권연구원, 2006년.

고성수 · 김대식, "구조조정이후 금융안전망체제의 평가와 개선방안", 「2002 금융정책 Workshop」, 한국금융학회, 2002년.

구본성, "우리나라 금융의 비전과 발전방향", 「금융선진화를 위한 비전 및 정책과제」, 자본시장연구원 심포지엄, 2010년.

권재중 외 9명, 『금융기관론(제2판)』, 율곡출판사, 2013년.

금융감독원, 「금융감독정보」 각호.

_________, 「금융통계월보」 각호.

_________, 「은행경영통계」 각호.

금융감독위원회, 「은행업인가지침」, 2002년 9월.

금융위원회, 「창조경제 구현과 일자리창출을 위한 금융업 경쟁력 강화방안」, 2003년 11월 27일.

금융산업발전심의회, 「금융제도개편연구」, 1993년.

김경수, "한국의 금융 60년 : 금융정책을 중심으로", 「건국60년 기념 학술세미나」, 건국 60년 기념사업회, 2008년.

김동원, "1980년대 금융제도개혁의 제원인", 「금융의 국제화와 규제완화」 제1권 제2호, 금융경제연구소, 1988년.

______, "은행의 민영화의 과제와 전망", 「금융의 국제화와 규제완화」, 한국경제연구원, 연구조사자료 49-91-04.

______, "수요측면에서의 금융개혁과제", 「기업의 국제경쟁력 강화와 금융의 역할 제고」, 한국금융학회 제1차 특별심포지엄, 1994년 11월.

______, 「은행의 소유구조와 경영권창출」, 한국경제연구원, 1994년.

김동환, 「산업 · 금융자본 결합규제에 관한 연구」, 한국금융연구원, 2006년.

______, "『자본시장통합법』이 은행산업에 미치는 영향과 대응방안", 「금융」2007년 8월호, 전국은행연합회, 2007년.

______, "한국금융시스템의 비교제도분석 : 은행 VS 시장", 「KIF연구보고서」 2012-7, 한국금융연구원, 2012년.

김대식, "금융감독에 관한 종합적 고찰", 「금융연구」 제9권 별책, 1995년.

김자봉 · 하준경 · 이석호 · 구정한, 「FTA와 금융산업의 경쟁력」, 한국금융연구원, 2007년.
김태완, "미국주택금융의 구조와 서브프라임 위기의 원인분석", 「증권금융(계간)」 제309호, 한국증권금융, 2009년.
김태준, 「UR금융서비스협상과 금융산업경쟁력제고방안」, 대외경제연구원, 1991년.
남상우 · 김동원, 「금리자유화의 과제와 정책방향」, 한국개발연구원, 1991년.
남상우 외, 「금융환경변화와 종합금융회사의 위상」, 한국개발연구원, 1989년.
박경서, 「은행의 소유 · 지배구조에 관한 연구」, 한국금융연구원, 1997년.
박경서 · 김선호, 「금융지주회사제도에 관한 연구」, 한국금융연구원, 1997년.
박경서 · 전선애 · 정지만, 「바람직한 금융겸업화 추진방향」, 금융정책심포지엄, 2005년.
박영철, 『금융발전의 과제와 정책』, 고려대학교 출판부, 1988년.
박영철 · 김병주, 『한국경제와 금융』, 박영사, 1984년.
박영철, D.C. Cole, 「한국의 금융발전 : 1945~80」, 한국개발연구원, 1984년.
서정의 · 신현열 · 김보성 · 강정미, 「금융산업의 경쟁력 강화방안」, 한국은행, 2007년.
손상호, 「금융업무의 특성과 겸업화 방향」, 한국금융연구원, 2005년.
______, "자본시장통합법(안)과 금융겸업화의 바람직한 방향", 「주간 금융브리프」 15권 9호, 한국금융언구원, 2007년.
손상호 · 김필규, "국내금융제도와 시장의 발전방향", 「금융선진화를 위한 비전 및 정책과제」, 자본시장연구원 심포지엄, 2010년.
송상진, "글로벌 금융위기 이후의 금융겸업 논의와 시사점", 「Issue Paper Series」 No. 2012-5, 한국은행, 2012년.
송지영, "시장중심시스템으로의 전환과 금융개혁의 과제-한국과 일본의 케이스를 중심으로-", 「한일경상논집」 제24권, 한일경상학회, 2002년.
______, 『현대금융제도론』, 청목출판사, 2014년.
______, 『금융시장의 이해와 활용』, 청목출판사, 2017년.
______, 『자본시장의 이해』, 청목출판사, 2019년.
송지영 · 구자삼, 『100세 시대의 자산관리를 위한 개인 재무설계의 이해』, 삼영사, 2017년.
신호순 · 박종석, "금융안정과 중앙은행의 역할", 「조사통계월보」 2002년 6월호, 한국은행, 2002년.
안종길, 「금융환경변화와 은행 · 기업관계의 발전방향」, 한국조세연구원, 1995년.
윤덕룡 · 김태중 · 문우식 · 송치영 · 유재원 · 채희율, 『금융개방의 경제적 효과와 과제(KIEP 중장기통상전략연구08-01)』, 대외경제연구원, 2008년
윤창현, "금산분리정책기조 재검토과제", 「초점」 2007년 9월호, 전국은행연합회, 2007년.
이경아, "증권업 수익구조 현황 및 시사점", 「KiRi Weekly」 제219호, 보험연구원, 2013년.
이덕훈, 「제2금융권의 발전과 업무영역조정」, 한국개발연구원, 1985년.
이덕훈 외, 「우리나라 금융산업의 발전구도」, 한국개발연구원, 1998년.

이병윤, “산업자본의 은행소유규제완화는 필요한가?”, 「주간 금융브리프」 16권 40호, 한국금융연구원, 2007년.

이병윤외 3인, “국내금융산업의 발전방향”, 「금융선진화를 위한 비전 및 정책과제」, 자본시장연구원 심포지엄, 2010년.

이인실, 「기업금융 메카니즘의 정비」, 한국경제연구원, 2002년.

이인호 · 신관호, “고령화의 진전과 금융산업의 구조적 변화 : 주요국의 대응사례와 시사점”, 「금융연구 Working Paoer」 2012-05, 한국금융연구원, 2012년.

이창선 · 김진우, “한국금융의 바람직한 발전방향”, 「LG Business Insight」1168호, LG경제연구원, 2011년.

전국은행연합회, 「금융혁신과 금융개혁」, 1985년.

전국투자금융협회, 「투자금융10년사」, 1970년.

정종인 · 박장호, 「지주회사의 현황과 과제」, 한국은행, 2007년.

정희찬 · 유찬우, “금융업에 있어서의 이익상충에 관한 연구”, 「조사통계월보」, 한국은행, 1991년 4월.

조동근, “금산분리비판 및 신금산융합을 위한 정책제언”, 「CFE Report」 No. 27, 자유기업론, 2008년.

조순, 『한국경제의 현실과 진로』, 비봉출판사, 1983년.

증권감독원(금융감독원), “영국증권시장의 제도개혁”, 「증권조사월보」, 1986년 10월호.

증권선물거래소, 「증권선물」 각호.

재무부, 「투자금융회사 기능강화 및 업무개선방안」, 1989년.

______, 「단기금융회사 기능조정방안」, 1991년.

______, 「종합금융업발전방안」, 1991년.

______, 「금리자유화 4단계 계획」, 1991년.

______, 「제3단계 금융자유화 및 시장개방계획」, 1993년.

______, 「신경제 5개년계획-금융부문-」, 1993년.

재정경제부, 「외환제도계획수정안」, 1995년.

__________, 「증권산업개편안」, 1995년.

__________, 『자본시장과 금융투자업에 관한 법률 제정안 설명자료』, 2006년

최진배, 『해방이후 한국의 금융정책』, 경성대학교 출판부, 1996년.

최홍식 · 권재중 · 구본성, 「한국 금융산업의 발전과제」, 한국금융연구원, 2003년.

한국개발연구원, 한국증권경제연구원, 「증권산업관련개편방안」, 1995년.

한국거래소, 「KRX MARKET」각호

한국증권업협회, 『자본시장과 금융투자업에 관한 법률 이해』, 2008년.

한국은행, 「한국의 금융제도」, 2018년.

_______, 「한국의 금융시장」, 2017년.

_______, 「국민경제와 금융산업」, 제2차 금융허브회의, 2007년.

_______, 「통화정책 운영체계 개편방안」, 2007년.

_______, 「경제통계연보」 각호.

_______, 「조사통계월보」 각호.

한국은행조사부, 「구조조정이후 은행·기업간의 새로운 관계-은행의 역할정립을 중심으로-」, 한국은행, 1999년.

한국은행 은행부, 「부실은행 정리유형 및 주요사례」, 1998년 6월.

함정호, "우리나라 금융제도의 발전방향", 「1999년도 정기학술대회 발표논문집」, 한국금융학회, 1999년.

Franks, Julian and Colin Mayer, "European Capital Markets and Corporate Control", in European Mergers and Merger Policy, Matthew Bishop and Joan Kay, eds., Oxford University Press, 1993.

Giovannini, A. "The Interest Elasticity of Savings in Developing Countries : The Existing Evidence", World Development 11, July 1983.

Guley, J. G., Patrick, H. T. & Shaw, E. S., The Financial Structure of Korea, U.S. Mission to Korea, July 1965.

Gurley, J. G. and Shaw, E. S., Money in a theory of Finance, The Brookings Institution, 1960.

Gupta, L., Finance and Economic Growth in Developing Countries, Croom Helm, 1984.

Kaufman, H., Interest Rates the Markets and the Few Financial World, Salomon Brothers, 1986.

Lindgren, C. J., Garcia, G.& Saal, M. I., Bank Soundness and Macroeconomic Policy, Washington, D.C. : International Monetary Fund, 1996.

Mckinnon, R. I., Money and Capital in Economic Development, The Brookings Institution, Washington D.C., 1973.

Podolski, T. M., Financial Innovation and the Money Supply, Basil Blackwell, 1986.

Ranis, G., "Economic Development and Financial Institutions", Economic Growth Center Discussion Paper, No.250, Yale University, September, 1975.

Rybczynski, T. M., "Industrial Finance System in Europe, U.S. and Japan", Journal of Economic Behavior and Organization 5, 1984.

Saunders, A and Walter Ingo, Universal Banking in the United States, Oxford University Press, 1994.

Schotland, R. A., "Conflicts of Interest within the Financial form ; Regulatory Implications", F. R. Edwards ed., Issues in Financial Regulation. Mc Grow-Hill

1979.

Silber, W. L., ed., Financial Innovation, Lexington Books, 1975.

Silber, W. L., "The Process of Financial Innovation", The American Economic Review, Vol. 73, No. 2, May 1983.

Shaw, E. S., Financial Deepening in Economic Development, Oxford University Press, 1973.

Shim, B, K. et al., A Study of Preferential Interest Rate Structure-The Korea Experience, 1963-1971, October 1972.

Smith, P. F., Money and financial Intermediation : The Theory and Structure of Financial System, Prentice-Hall, Inc., 1978.

Sogang University Research Institute for Economics and Business, Study of Money Market Industrial Investment Financing in Korea, mioreo., November 1970

Patrick, H. T., "Financial Development and Economic Growth in Undeveloped Countries", Economic Development and Cultural Chance, January, 1966.

Wai U Tun,"Interest Rate Outside the Organized Money Market of Underdeveloped Countries", IMF Staff Papers , Vol. 6, No. 1, November 1957.

相沢幸悦,「ユニバーサル・バンクと金融持株会社」, 日本評論社, 1997年.

________,「新しい金融システムの創造」, 中央経済社, 1999년.

伊東和久・山田俊一編,「経済発展と金融自由化」, アジア経済研究所, 1993年.

エドワーズ, F. R.,「金融業の将来-」, 東洋経済新報社, 1998年.

大蔵省,「円・ドル委員会報告書」1984年.

翁 百合,「情報開示と日本の金融システム」, 東洋経済新報社, 1998年.

小谷雅貴, 大野卓也, "利益相反問題と銀行・証券業務-業務分野規制を考える際の一つの観点",「金融研究」第6巻1号, 日本金融研究所, 1987年.

川村雄介,「金融の証券化」, 東洋経済新報社, 1986年.

岸 真清,「経済発展と金融政策-韓国.タイの経験と日本-」東洋経済新報社, 1992年.

金明浩, "韓国の金融改革",「金融」, 全国銀行聯合会, 1994年 3月.

金融研究会, "金融革新と金融システムの変化",「金融研究」 第3巻第3号, 日本銀行研究所, 1984年.

________, "銀行運営と信用秩序の維持",「金融研究」第4巻第2号, 日本銀行研究所, 1984年.

金融制度研究グループ,「銀行・証券の分離政策」, 資本市場研究会, 1988年.

楠本 博,「セキュリタイゼーション一日本型証券化のゆくえ-」, 有斐閣, 1987年.

沈 晩燮, 千田純一,「金融入門」, 中央評論社, 1986年.

細田 隆,「転換期の金融システム-グローバル・スタンダードと日本版ビッグバン一」, 金融財政事情研究会, 1999年.
西条信弘,「金融制度の改革と証券業」, 中央経済社, 1994年.
寺西重郎,「工業化と金融システム」, 東洋経済新報社, 1991年.
衫江雅彦編, 「アジアNIEsの金融・証券市場」, 晃洋書房, 1991年.
首藤　恵, "韓国金融自由化と証券市場の役割-韓国と台湾の比較-",「証券経済研究」第96巻, 日本証券経済研究所, 1991年.
宋　智永, "韓国証券市場の国際化について",「証券経済学会年報」第28号, 日本証券経済学会, 1993年.
________, "韓国における証券業再編成と証券市場改革について-日本との比較を中心に-",「INVESTMENT」第50巻第1号, 大阪証券取引所, 1997年.
________, "韓国の金融再編成と証券業の変化",「証券経済学会年報」第32号, 日本証券経済学会, 1997年.
馬淵紀寿,「金融持株会社」, 東洋経済新報社, 1996年.
二上季代司, "サブプライイム問題と市場型金融システム",「證研レポ-ト」1644號, 日本證券經濟研究所, 2007年.
日本金融制度調査会,「新しい金融制度について」, 1989년.
日本銀行金融研究所,「わが国の金融制度」, 2001年.
館龍一郎 編,「日本の金融［I］新しい見方」, 東京大学出版会, 1987年.
深川由起子,「韓国・先進国経済論-成熟過程のミクロ分析-」, 日本経済新聞社, 1989年.
Friedman, M., "不換紙幣の世界における金融政策",「金融研究」, 日本銀行金融研究所, 第4巻 第4号, 1985年.
法政大学比較経済研究所編,「金融のグローバリーゼーションI,II」, 法政大学出判国, 1988年.
水口広, "金融制度改革とファイアーウォールの存り方",「財界観測」, 野村総合研究所, 1992年2月.

찾아보기

[저자 소개]

성균관대학교 졸업(경제학사)
同志社(DOSHISHA)大學 대학원 졸업(상학석사)
同志社(DOSHISHA)大學 대학원 졸업(상학박사)
한국투자증권[구 동원증권(주)] 근무
수원과학대학교 금융경영과 교수
현재 수원과학대학교 경영학과 교수

〈주요 저서 및 논문〉
『아시아NIEs의金融・證券市場(일본어판)』(晃洋書房, 共著 1991).
『금융기관론(개정판)』(창민사, 2004년)
『증권시장과 증권투자의 이해』(청목출판사, 2005년)
『현대경제학원론』(청목출판사, 2007년)
『금융시장과 금융상품의 이해』(청목출판사, 2008년)
『현대인을 위한 생활경제』(청목출판사, 2012년)
『글로벌 시대의 금융시스템-금융제도와 금융기관-』(형지사, 2012년)
『알기쉬운 재무관리』(3인 공저, 형지사, 2013년)
『현대일본경제론』(청목출판사, 2013년)
『현대금융제도론』(청목출판사, 2014년)
『현대자본시장론』(청목출판사, 2014년)
『경제학의 이해』(청목출판사, 2016년)
『금융시장의 이해와 활용』(청목출판사, 2017년)
『100세 시대의 자산관리를 위한 개인재무설계의 이해』(2인 공저, 삼영사, 2017년)
『증권분석과 증권투자의 이해』(형지사, 2018년)
『자본시장의 이해』(청목출판사, 2019년)
한국에 있어서의 경제발전과 금융제도발전과정의 상호관계에 관한 연구(일본어판)
한국에 있어서의 증권업재편성과 증권시장개혁에 대하여(일본어판)
한국의 금융재편성과 증권업의 변화-일본과의 비교-(일본어판)
금융・자본시장의 환경변화와 증권산업의 대응방안-투자은행업과 자산관리업을 중심으로-
시장중심시스템으로의 전환과 금융개혁의 과제-한국과 일본의 케이스를 중심으로-등 다수

현대금융기관론

2021년 8월 20일 초판인쇄
2021년 8월 25일 초판발행

저 자 송 지 영
발행인 유 성 열
발행처 **청목출판사**
서울특별시 영등포구 신길로 40길 20
전화 (02) 849-6157(代)・2820 / 833-6091
FAX (02) 849-0817
등록 제318-1994-000090호

파본은 바꾸어 드립니다. 값 30,000원

http : //www.chongmok.co.kr

ISBN 978-89-5565-800-2